Die Konfrontation der westlichen, auf individuellen Lebensentwürfen basierenden Gesellschaft
mit Zuwanderung aus traditionell-kollektivistisch
geprägten Strukturen verläuft nicht spannungs-
frei und stellt demokratische Länder vor neue
Herausforderungen. Jenseits von Aufgeregtheit
und Pauschalisierung erörtern die Politikwissenschaftlerin Nina Scholz und der Historiker
Heiko Heinisch die wesentlichen Begriffe und
Aspekte der ebenso aktuellen wie brisanten
Kontroverse um „Islam und Europa" vor dem
Hintergrund der universalen Menschenrechte.
Die Autorin und der Autor verstehen die Debatte
im Kern als eine Auseinandersetzung zwischen
Gegnern und Fürsprechern der Aufklärung;
zwischen jenen, die für die persönliche Freiheit des Einzelnen eintreten, und jenen, die
religiöse, beziehungsweise kulturelle Kollektive
zementieren wollen. Sie beziehen dabei Stellung
auf Seiten der Aufklärung und argumentieren
ideengeschichtlich und historisch fundiert für
die Werte und Ideen der Moderne.

Nina Scholz, geboren in Zeitz/Sachsen-Anhalt,
ist Politikwissenschaftlerin und lebt in Wien.
Heiko Heinisch, geboren in Offenbach/Main,
ist Historiker und lebt in Wien.
Beide haben mehrere Arbeiten zu Nationalsozialismus und Antisemitismus veröffentlicht.

EUROPA, MENSCHENRECHTE UND ISLAM – EIN KULTURKAMPF?

PASSAGEN RELIGION UND POLITIK

Heiko Heinisch, Nina Scholz
Europa, Menschenrechte und Islam –
ein Kulturkampf?

Passagen Verlag

Deutsche Erstausgabe

Gedruckt mit freundlicher Unterstützung des Magistrats der Stadt Wien, MA 7, Referat Wissenschafts- und Forschungsförderung, sowie des Zukunftsfonds der Republik Österreich.
Dieses Buch wurde ermöglicht durch die freundliche Unterstützung der *Passagen Freunde - Freundeskreis des Passagen Verlags.*

der Republik Österreich

Die Deutsche Nationalbibliothek verzeichnet diese Publikation in der Deutschen Nationalbibliografie; detaillierte bibliografische Daten sind im Internet über http://dnb.de abrufbar.

Inhaltsverzeichnis

Vorwort

Anfang 2006 beschäftigte der Karikaturenstreit ganz Europa. Die sich über Monate hinziehende Debatte war angesichts der Proteste, die in gewalttätigen Ausschreitungen in vielen islamischen Ländern gipfelten, von Verwirrung und Unsicherheit geprägt. Manche Stimme – ob aus Angst, Überzeugung oder Indifferenz – schien schnell geneigt, die Meinungs- und Pressefreiheit religiösen Gefühlen unterzuordnen und sich dem Diktat religiöser Eiferer zu beugen. Vertreter lokaler wie weltweiter islamischer Organisationen riefen zum Boykott Dänemarks auf und forderten von europäischen Politikern Entschuldigungen und die Erlassung von Gesetzen, die, wie es hieß, zukünftig jegliche „Diffamierung des Islam" unter Strafe stellen sollten. Rechtspopulisten wiederum entdeckten ihre Liebe zur christlich-jüdischen, abendländischen Kultur und nutzten die Causa, um die Integrationsfähigkeit sämtlicher Muslime zu bestreiten und eine dritte Türkenbelagerung Europas zu beschwören.

Auch jenseits des Karikaturenstreits bestimmen Kontroverse und Emotionalität den Tenor der Debatte über Islam und Europa. Die Konfrontation mit religiösen Verstimmungen, wie sie nicht nur im Karikaturenstreit zu Tage traten, und das damit einhergehende Bedrohungs- und Einschüchterungsszenario wecken Erinnerungen an die eigene Gewaltgeschichte religiöser Auseinandersetzungen, die oft genug von blutigen Kriegen gekennzeichnet waren. Die europäischen Gesellschaften haben nach langem Ringen zu einem Konsens des religiösen Friedens gefunden. Dieser Konsens scheint durch diejenigen Muslime in Frage gestellt, für die Religionszugehörigkeit in erster Linie kollektive Identitätsstiftung bedeutet, und die aus einer konservativen Auslegung der Religion nicht nur persönliche Lebensweisen ableiten, sondern auch Forderungen an die Gesellschaft stellen, die auf eine Privilegierung des Islam hinauslaufen. Hinzu kommen Traditionen, die, ob religiösen Ursprungs oder nicht, gegen die Menschenrechte verstoßen. Diese im heutigen Europa ungewohnte Erfahrung stößt keineswegs nur bei Ressentiment-beladenen Teilen der Bevölkerung auf Befremden, Misstrauen und Angst vor religiöser Intoleranz.

Auf die Probleme und Herausforderungen, die Einwanderung aus islamischen Ländern mit sich gebracht hat, haben Politik und Gesellschaft bislang keine angemessene Antwort gefunden – was dazu beiträgt, dass immer häufiger jenen das Feld überlassen wird, die mit billigem Populismus gegen Ausländer, Minarette und Kopftücher hetzen, aber auch denjenigen, die unter Einsatz der „Islamophobie"-Keule jegliche Kritik abwehren. Menschenrechte werden gegeneinander ausgespielt; Religionsfreiheit gegen Meinungsfreiheit und andere Grundrechte in Stellung gebracht. Verfechterinnen und Verfechter einer multikulturalistischen Doktrin bestreiten oder relativieren reflexartig jedes Problem und versuchen, Kritik an Islam und Tradition in die rechte Ecke zu rücken. Rechte Gruppierungen hingegen – fast schon eine Ironie der Geschichte – gerieren sich als Vorkämpfer von Menschenrechten und sprechen Muslimen im selben Atemzug das Recht auf Religionsfreiheit ab.

Das vorliegende Buch versucht insofern einen Perspektivenwechsel vorzunehmen, als es das Augenmerk auf die universalen Menschenrechte richtet und damit auf einen Konflikt, der häufig in den Hintergrund gerät: Der Konflikt zwischen Individualismus und Kollektivismus. Die Geschichte von der Vorstellung einer allen Menschen angeborenen Würde hin zur Idee der Menschenrechte, und vor allem deren spätere Transformation in positives Recht, spiegeln eine Entwicklung wider, in der das Individuum seine traditionellen kollektivistischen Bindungen überwand. In modernen Gesellschaften ist Recht zu Individualrecht geworden. Kulturelle oder religiöse Kollektive werden erst über das Recht des Einzelnen auf freie Selbstbestimmung zum Gegenstand menschenrechtlicher Überlegungen.[1] Der demokratische Staat bezieht seine Legitimität aus dem Schutz der Rechte der Einzelnen.

Geschichte verläuft selten geradlinig, und so war auch die Geschichte der Menschenrechte von erbitterten Kämpfen und Rückschlägen begleitet. Mit der Befreiung des Individuums wurden in

Gestalt politischer Ideologien auch jene Kräfte geboren, die das Individuum wieder in den Schoß der Kollektive zurückdrängen wollen. Die Auseinandersetzung zwischen beiden Bestrebungen ist Teil der europäischen Geschichte der letzten zwei Jahrhunderte, vom jakobinischen Terror bis zu den Verbrechen der großen ideologischen Bewegungen des 20. Jahrhunderts. Kommunismus, Nationalsozialismus und Faschismus heiligten unisono das Kollektiv.

In den letzten Jahrzehnten sind in Westeuropa zunehmend Migranten aus islamisch geprägten Ländern eingewandert, deren Gesellschaften wesentlich geschlossener, dogmatischer und weniger pluralistisch sind als die europäischen. Vielen fällt es schwer, die freie Wahl von Religion und Lebensstil in europäischen Gesellschaften zu verstehen und zu respektieren; nicht wenige neigen dazu, sich von der anders- oder nichtgläubigen Bevölkerung abzugrenzen. Europäische Gesellschaften sind dadurch mit einer weiteren Form kollektivistischer Ideologie konfrontiert, die statt Rasse oder Klasse die Zugehörigkeit zur religiösen Gemeinschaft der Umma zum Unterscheidungsmerkmal erhebt.

Islamische Gesellschaften zeichnen sich allgemein durch religiöse Homogenität und eine auf traditionellen Bindungen (Familie, Clan) beruhende kollektivistische und somit hierarchische Struktur aus – ungeachtet der Verschiedenheit islamischer Länder und der Tatsache, dass es Menschen gibt, die, wie nicht zuletzt die Aufstände in arabischen Staaten und im Iran gezeigt haben, gegen diese Strukturen aufbegehren und für persönliche Freiheit und Menschenrechte kämpfen. Dass hier Brüche entstehen, zeigt sich besonders in Metropolen islamischer Länder, wo traditionelle und moderne Lebensvorstellungen aufeinanderprallen. Das ändert jedoch nichts an der nach wie vor kollektivistischen Grundstruktur islamischer Gesellschaften, wie sie auch große Teile der türkischen Gesellschaft noch immer kennzeichnet.

Da sich Kollektive in erster Linie durch deutliche Abgrenzung nach außen auszeichnen, erzeugen sie Konformitätsdruck nach innen und weisen eine Affinität zu Zwang und Gewalt auf. Die Existenzberechtigung des Einzelnen hängt von seiner Konformität ab und ist somit immer prekär. Eine kollektivistisch orientierte Gesellschaft wird schwerlich eine Ethik entwickeln, die Leben, körperliche Unversehrtheit und Freiheit des einzelnen Menschen respektiert und schützt. Die Entwicklung einer solchen Ethik geht, wie die europäische Geschichte gezeigt hat, notwendig mit der Aufwertung des Einzelnen einher und kann durchaus als sozial-evolutionärer Prozess betrachtet werden. Er führte im Europa und Nordamerika des 18. Jahrhunderts zur Idee vorstaatlicher Rechte des Individuums – der Menschenrechte.

Akzeptanz und Einhaltung der Menschenrechte sind die Voraussetzungen für das friedliche Zusammenleben in einer pluralistischen Gesellschaft. Die universelle Geltung der Menschenrechte beruht, wie der Philosoph Isaiah Berlin einmal sagte, auf der Überzeugung, dass es bestimmte Güter gibt, etwa Freiheit, Gerechtigkeit und Streben nach Glück, „die im Interesse aller Menschen liegen, insofern sie Menschen sind, nicht insofern sie dieser oder jener Nation oder Religion angehören, diesen oder jenen Beruf oder Charakter haben; und dass es richtig sei, diesen Ansprüchen Genüge zu tun und die Menschen vor denen zu schützen, die diese Ansprüche missachten oder leugnen."[2]

Die oft gestellte Frage, ob Islam, Europa und Menschenrechte kompatibel seien, ist durch diejenigen europäischen Musliminnen und Muslime, die integriert in westlichen Gesellschaften leben, längst beantwortet. Europa, Menschenrechte und Islam sind dann kompatibel, wenn der Islam als Möglichkeit eines individuellen Bekenntnisses betrachtet wird, welches Menschen in Freiheit annehmen oder ablehnen können – eine Haltung, die von vielen hier lebenden Muslimen eingenommen wird. Somit stehen sich in dem beschriebenen Konflikt nicht einfach Islam und Westen gegenüber, sondern jene, die für Menschenrechte und Demokratie und damit für die Freiheit des Individuums eintreten und jene, die – ob religiös, ethnisch oder politisch motiviert – in entsprechenden Kollektiven denken.

In der pluralistischen Gesellschaft stehen weder Tradition noch Religion außerhalb von Beobachtung und Kritik. Traditions- und Religionskritik sind vielmehr Ausdruck demokratischer Gesellschaften, ja mehr noch, sie sind konstitutive Merkmale der Moderne schlechthin. Das vorliegende Buch ist der Versuch, die verschiedenen Aspekte der ebenso aktuellen wie brisanten Kontroverse um Europa, Menschenrechte und Islam jenseits von Aufgeregtheit und Pauschalisierung zu diskutieren. Wenn die Autorin und der Autor dieses Buches gelegentlich aus dem „Brunnen der Vergangenheit" (Thomas Mann) schöpfen, so geschieht das in der Hoffnung, dass manche der untersuchten Konfliktlinien, sowie die Unterschiedlichkeit von Kulturen und Gesellschaften, über ein Wissen um ihre historischen Ursprünge und Entwicklungen besser fassbar werden und simple Dichotomien von Gut und Böse und der eine oder andere Mythos vielleicht in einem anderem Licht erscheinen.

Die einzelnen Kapitel des Buches können – auch wenn sie einer den Autoren sinnvoll erscheinenden Anordnung folgen – ebenso gut in beliebiger Reihenfolge gelesen werden, da jedes einen in sich geschlossenen Beitrag darstellt. Um Wiederholungen gering zu halten, verweisen Pfeile (→) auf jenes Kapitel, in dem ein angesprochenes Detail ausführlicher behandelt wird. Am Ende jedes Kapitels finden interessierte Leserinnen und Leser eine Auswahl weiterführender Literatur.

An dieser Stelle sei all jenen herzlich gedankt, die dieses Buch mit Rat und Tat unterstützt haben: Freundinnen, Freunden und Kollegen für Informationen und Anregungen in zahlreichen Gesprächen, unserem Verleger Peter Engelmann, der dieses Buch von der Idee an mit Interesse und Ermunterung unterstützt hat, Angelika Schuster, Tristan Sindelgruber, Sophie Pfusterschmid und Eva Pesendorfer, die mehrere Kapitel kritisch gelesen haben, John Hansen vom dänischen *Politiken* für Informationen zum Karikaturenstreit, Prof. Gerald Stourzh für wertvolle Hinweise zur Geschichte der Menschenrechte, Prof. Willibald Posch für seine Hilfe bei der Klärung einiger juristischer Fragen, das Internationale Privatrecht betreffend, und unserer Lektorin Cora Bauer für die zahlreichen Verbesserungsvorschläge stilistischer Art und die gute Zusammenarbeit und nicht zuletzt dem *Kreis der Passagen Freunde* für sein Interesse an diesem Buch und die finanzielle Unterstützung.

Nina Scholz und Heiko Heinisch
Januar 2012

Der Begriff Islamophobie

Der Terminus *Islamophobie* ist eine Wortneuschöpfung der angelsächsischen Soziologie der 1990er-Jahre. Der Begriff operiert mit einer aus der Psychologie stammenden Definition irrationaler Angstzustände: Als Phobie oder phobische Störung wird eine krankhafte, unbegründete und anhaltende Angst vor Situationen, Gegenständen, Tätigkeiten, Tieren oder Personen bezeichnet. Der erste Teil der Wortverbindung benennt den jeweiligen Auslöser dieser Angst, der in Verbindung mit dem Wort Phobie ein Krankheitsbild bezeichnet – zum Beispiel Arachnophobie (griechisch Arachno=Spinne), die Angst vor Spinnen oder Klaustrophobie (lateinisch claustrum=Käfig), die Angst vor engen Räumen. Der Auslöser einer Phobie ist demnach wertfrei; etwas, das für sich genommen nicht bedrohlich ist, aber bei der betroffenen Person Angst bis hin zu Panikattacken auslöst und deshalb in der Psychologie als Krankheitsbild beschrieben wird. Die Begriffsverbindung Islamophobie würde demgemäß eine krankhafte, weil unbegründete, Angst vor dem Islam bezeichnen. Dabei wird geflissentlich übersehen, dass Religionen, Weltanschauungen, Ansichten, wissenschaftliche Theorien, kurz, jegliche Denk- und Vorstellungskomplexe nicht wertfrei sind. Sie rufen naturgemäß entweder Anerkennung/Zustimmung oder Kritik/Ablehnung hervor und sind somit von vornherein Auslöser von Diskussion und Wertung. Wir sprechen zu Recht nicht von Christentumsphobie, wenn Menschen die christliche Lehre und Kirchenpolitik kritisieren oder gar bekämpfen. Die Ablehnung der Evolutionstheorie, die mit dem Versuch einhergeht, Darwins Lehre aus dem Schulunterricht zu verbannen, wird nicht mit dem Begriff Evolutionsphobie beschrieben, ebenso wenig wird Kritik an oder Angst vor dem Kommunismus oder Kapitalismus als Phobie bezeichnet, und sei sie noch so emotional vorgetragen.

Der Begriff „Phobie" definiert nicht Voreingenommenheit – sei sie rassistisch, religiös oder politisch begründet – „eine Phobie hat man, unter einer Phobie leidet man, mehr noch, sie hat einen, sie nimmt einen in Beschlag."[1] Religionen und Weltanschauungen zu Gegenständen eines Krankheitsbildes zu machen, hätte zur Folge, dass jede Ablehnung oder Kritik derselben als illegitim, weil pathologisch, betrachtet werden könnte. Das ist weder wissenschaftlich noch wünschenswert, sondern schlichtweg Unsinn.

Die *Islamische Glaubensgemeinschaft in Österreich* schreibt auf ihrer Website: „Der Begriff der ‚Phobie' bringt deutlich zum Ausdruck, dass eine ‚Heilung' davon auch für den Betroffenen wünschenswert ist." Islamophobie, heißt es weiter, bezeichne „ein Verhältnis zum Islam als Religion und mehr noch den Menschen dieses Glaubens, das durch heftige emotionsgeladene Abneigung gekennzeichnet ist. Dabei wird durch tiefsitzende Ängste gegenüber dem Islam eine Dimension erreicht, die eine Einstellungsänderung sehr schwierig gestaltet und einen offenen Zugang zum Thema vorerst so gut wie unmöglich macht."[2]

Auf internationaler Ebene ist die einflussreiche *Organisation der Islamischen Konferenz* (OIC), ein Zusammenschluss sämtlicher islamischer Länder, die stärkste Verfechterin des Begriffs Islamophobie. Im Rahmen einer Kampagne gegen „Diffamierung von Religionen" ist die Verabschiedung einer internationalen „Resolution gegen Islamophobie" eines der erklärten Ziele der Organisation. Alle Staaten der Welt werden darin aufgefordert, Gesetze zu erlassen, die Islamophobie mit abschreckenden Strafen ahnden. Zur Untermauerung dieser Forderung setzte die OIC 2007 eine eigene Beobachtungsstelle ein, die „alle Formen der Islamophobie" weltweit dokumentieren und jährlich einen Bericht veröffentlichen soll.[3] Unter Islamophobie versteht die OIC nach eigener Aussage „die Diffamierung des Islam sowie von Persönlichkeiten und Symbolen, die den Muslimen heilig sind."[4] Es liegt auf der Hand, dass hier jede nicht genehme Äußerung über den Islam als Diffamierung und damit als islamophob klassifiziert werden soll. Neben Künstlern, Schriftstellern und Journalisten, die sich kritisch mit dem Islam auseinandersetzen, wäre auch die wissenschaftliche Forschung betroffen, die durch entsprechende Gesetze denselben Einschränkungen unterliegen würde wie in den meisten Ländern der OIC. Historiker und Islamwissenschaftler etwa, die Mohammed als geschichtliche Figur in Frage stellen oder die Frühzeit des Islam anders beschreiben als die islamische Überlieferung es tut,[5] Archäologen, deren Befunde die islamische Geschichtsschreibung hinterfragen, Kulturwissenschaftler, die einige der Rituale der Wallfahrt in Mekka als ursprünglich heidnische, beziehungsweise buddhistische Bräuche bezeichnen[6] – sie alle würden sich, um nur einige Beispiele aus der Forschung zu nennen, der Verleumdung des Islam schuldig machen. Auch theologische Debatten sollen, geht es nach der OIC, unterbunden werden, wenn sie islamische Dogmen in Frage stellen. Ein Rabbiner dürfte beispielsweise die islamische Deutung der Kaaba als ein von Abraham erbautes Heiligtum nicht bestreiten. Ziel der Bestrebungen der OIC ist, neben einem Schutz vor Kritik, die weltweite Deutungshoheit über das Thema Islam. Das Verbot von Religionskritik, wie es in fast allen islamischen Staaten gesetzlich verankert ist und dort auch von großen Teilen der Bevölkerung als legitim betrachtet wird, soll nach Ansicht der OIC internationale Geltung erhalten.

Der Begriff Islamophobie geistert seit über 20 Jahren durch Medien und wissenschaftliche Publikationen, doch bis heute existiert keine präzise Definition des Begriffs; es obliegt vielmehr jeder und jedem Einzelnen, darunter zu verstehen, was ihr oder ihm beliebt.[7] Der *Runnymede Trust*, ein unabhängiger britischer Antirassismus Think Tank, versuchte 1997 eine Definition des Begriffs Islamophobie, um ihn für die Forschung greifbar zu machen. Die in diesem Zusammenhang entwickelten Kriterien zur Erfassung islamophober Einstellungen offenbaren das Dilemma und zeigen eine oft verblüffende Unkenntnis des Islam und seiner Geschichte.[8] Laut *Runnymede Trust* gilt beispielsweise eine Person dann als islamophob, wenn sie den Islam mit Aussagen wie „der Islam ist..." als monolithischen Block beschreibt, der für Veränderungen unempfänglich sei. Dementsprechend wird in Diskussionen häufig darauf hingewiesen, dass es *den* Islam nicht gebe. Der Althistoriker Egon Flaig fragt zu Recht, was wir mit dieser Erkenntnis wissenschaftlich gewonnen haben, und sieht darin lediglich einen „demagogischen Trick". Selbstverständlich seien Religionen in Bewegung, einem stetigen Wandel ausgesetzt und historisch sowie regional unterschiedlich ausgeprägt, dennoch verfügten sie über „distinktive Züge, mit denen sie sich abgrenzen."[9] Das rechtfertigt, sie in Kategorien zu fassen und auch als solche zu benennen, andernfalls dürften wir auch nicht mehr von *dem* Judentum, *dem* Christentum oder *dem* Kommunismus reden. Kurioserweise reklamieren so gut wie alle Richtungen des Islam für sich, dass genau sie *den* richtigen Islam vertreten, und die untereinander geführten Abgrenzungskämpfe haben, ebenso wie der Vorwurf der Häresie, letztlich das Ziel, die Grenzlinie der Religion festzulegen und zu bestimmen, was *der* Islam ist, wer dazu gehört und wer nicht. Gerade diese Definitionskämpfe, welche in vielen islamischen Ländern in Unterdrückung und Verfolgung münden[10] und auch in Europa zu Ausgrenzungen führen, bestätigen, „dass die intellektuellen und religiösen Eliten aller beteiligten Strömungen den Islam als eine historische Entität betrachten und ihn dazu machen, indem sie sich vehement auf ihn beziehen."[11] Das vom *Runnymede Trust* angeführte Kriterium zur Erfassung von Islamophobie würde somit eine Auffassung, die auch Bestandteil innerislamischer Auseinandersetzungen und Kämpfe ist, als islamophob kennzeichnen.

Verfechterinnen und Verfechter des Begriffs Islamophobie sprechen bezeichnenderweise immer dann verallgemeinernd von *dem* Islam, wenn er mit positiven Eigenschaften konnotiert wird: *Der* Islam sei eine Religion des Friedens, *der* Islam sei tolerant, *der* Islam verdiene Respekt, *der* Islam habe dem Abendland die Philosophie gebracht et cetera. Nun sind beispielsweise gerade diejenigen Muslime des Mittelalters, deren Philosophie im Westen aufgegriffen wurde, zu ihrer Zeit und bis heute von einem maßgeblichen Teil des Islam verfolgt und ihre Schriften vernichtet worden. Der berühmte arabische Philosoph ibn-Ruschd (Averroës), der im 12. Jahrhundert die Werke des Aristoteles ins Arabische übersetzte und kommentierte, fiel noch zu Lebzeiten bei den orthodoxen Kräften in Ungnade, die seine Verbannung aus Cordoba bewirkten. Seine Werke überlebten, ebenso wie diejenigen ibn-Sinas (Avicenna) und einiger anderer islamischer Philosophen, durch die europäische Rezeption; in der islamischen Welt hingegen fiel die Philosophie des 9. bis 12. Jahrhunderts der Orthodoxie zum Opfer, die keine sich auf die griechische Philosophie beziehenden Denker duldete.

Grundsätzlich stellt sich die Frage, ob der *Runnymede Trust* mit seiner Behauptung, islamophob sei, wer im Sinne von „*der* Islam ist..." einen monolithischen Block beschwöre, nicht auf ein Kritikverbot abzielt, denn es ist nicht davon auszugehen, dass lobende und schwärmerische Verallgemeinerungen des Islam als islamophob gewertet werden sollen.

Einem weiteren Kriterium zufolge ist eine Person dann als islamophob zu bezeichnen, wenn sie die Meinung vertritt, der Islam sei dem Westen unterlegen. Dieses „Kennzeichen" versucht, einen Vergleich zwischen einer Religion (Islam) und einem Gesellschaftsmodell (der Westen) zu ziehen, müsste aber – wenn überhaupt – richtigerweise islamisches und westliches Gesellschaftsmodell vergleichen. Diesem Vergleich wiederum widmen sich sowohl modernistisch-islamische als auch islamistische Reformer seit dem frühen 19. Jahrhundert. Sie bedauern den Niedergang und die Unterlegenheit der islamischen Welt und liefern unterschiedliche Antworten auf die Frage nach deren Ursachen. Während erstere die Gründe im starren und einengenden Verständnis des Islam ausmachen und dessen Modernisierung anstreben, sehen Fundamentalisten und Islamisten sie gerade in den Modernisierungstendenzen, die als Abkehr und Entfremdung von den Ursprüngen des „wahren Islam" beschrieben werden. Die Lösung bestehe demnach in der Rückkehr zu diesen Ursprüngen.[12]

Der ägyptische Gelehrte Rifa'a Rafi al-Tahtawi, der sich von 1826 bis 1831 in Paris aufhielt, schrieb in seinem später publizierten *Pariser Tagebuch*, dass die zivilisatorische Überlegenheit der Europäer unverkennbar sei und forderte die Muslime auf, „nach den fremden Wissenschaften und Künsten und Fertigkeiten" zu streben, ohne dabei die kulturelle Moderne zu übernehmen.[13] 1930 erschien in Kairo ein Buch mit dem Titel *Warum sind die Muslime zurück geblieben, und warum kamen andere voran?* Geschrieben hatte es der syrisch-libanesische Journalist, Dichter und Politiker Schakib Arslan, ein Vertreter des Panislamismus, der eine Reform des Islam mit dem Ziel der Wiederherstellung des osmanisch-islamischen Imperiums anstrebte.[14] Muslimische Intellektuelle, wie der marokkanische Historiker Abdallah Laroui, der 1974 eine Textsammlung mit dem Titel *Die Krise der arabischen Intellektuellen* veröffentlichte, sprechen offen von der Rückständigkeit des Orients gegenüber dem Okzident.[15] Die Frage der Unterlegenheit der islamischen Welt spielt bis heute eine zentrale Rolle in der innerislamischen Diskussion. Der marokkanische Philosoph Mohammed Abed al-Jabri hat sich in den letzten

30 Jahren intensiv mit dem Niedergang der arabischen Kultur befasst,[16] und selbst Ahmad Kamal Abul-Magd, ehemaliges Mitglied der ägyptischen Muslimbrüder, beklagt die blockierte Weiterentwicklung der arabisch-islamischen Gesellschaften.[17] Zuletzt hat der in Riad lehrende Wissenschaftler und Direktor des *Islamischen Instituts für Wissenschaft und Technische Entwicklung*, Ali Kettani, nach den Gründen für den seit Jahrhunderten anhaltenden Niedergang der islamischen Wissenschaften gefragt und diese im Überlegenheitsgefühl und der Selbstgefälligkeit vermutet, die durch die jahrhundertelange Größe und Vorherrschaft der Araber entstanden seien.[18] Das Kriterium des *Runnymede Trust* zur Erfassung von Islamophobie würde demnach auch auf eine Reihe distinguierter muslimischer Denker der letzten 200 Jahre zutreffen, was mit Sicherheit nicht beabsichtigt ist. Letztlich läuft auch dieses Kriterium auf ein Kritik- und Diskussionsverbot hinaus. Die Kriterien scheinen ebenso unpräzise und unwissenschaftlich wie der Begriff selbst.

In Deutschland wurde der Begriff *Islamophobie* vor einigen Jahren im Rahmen der von Wilhelm Heitmeyer geleiteten soziologischen Langzeitstudie *Deutsche Zustände* eingeführt.[19] Jürgen Leipold und Steffen Kühnel, die im Rahmen dieser Studie den Bereich *Islamophobie* untersuchten, verstehen darunter sowohl „generelle ablehnende Einstellungen gegenüber muslimischen Personen", als auch gegenüber der Religion an sich, „allen Glaubensrichtungen, Symbolen und religiösen Praktiken des Islams".[20] Der von ihnen erstellte Fragenkatalog zur Erfassung islamophober Einstellungen veranschaulicht diese diffuse Herangehensweise. Danach gilt die Ablehnung folgender Aussage als Zeichen „der kulturellen Abwertung des Islam" und damit als islamophob: „Der Islam hat eine bewundernswerte Kultur hervorgebracht".[21] Der Islam hat zu verschiedenen Zeiten und in verschiedenen Teilen der Welt sehr unterschiedliche Kulturen hervorgebracht. Die Kultur Indonesiens ist ebenso islamisch, wie es die osmanische war, die Kultur der Berber in Algerien ist ebenso islamisch, wie die der Paschtunen in Afghanistan und Pakistan, der Lasen in der Türkei oder der Usbeken. Aber abgesehen von der Verallgemeinerung, die diesem Kriterium inne wohnt, liegt Bewunderung noch immer im Auge des Betrachters; das Adjektiv „bewundernswert" ist nun einmal kein objektivierbares Kriterium.

Auch andere Marker der erwähnten Studie sind nicht in der Lage, eine spezifische Feindschaft gegenüber Muslimen zu erfassen. Den

Aussagen „Muslimen sollte die Zuwanderung nach Deutschland untersagt werden" und „Durch die vielen Muslime hier fühle ich mich manchmal wie ein Fremder im eigenen Land" werden mit hoher Wahrscheinlichkeit auch all jene zustimmen, die *prinzipiell* gegen Zuwanderung sind und weder muslimische, noch christliche oder sonstige Flüchtlinge und Zuwanderer in der Nachbarschaft haben wollen. Ein Problem, das auch die Autoren der Heitmeyer-Studie bemerken,[22] ohne allerdings hieraus den naheliegenden Schluss zu ziehen: Wer ausländerfeindlich eingestellt ist, ist naturgemäß auch feindlich gegenüber Muslimen eingestellt. Eine spezifische Feindschaft gegenüber letzteren lässt sich aus diesen Fragen nicht ableiten. In den meisten Aussagen könnte das Wort Muslime durch Ausländer ersetzt werden und würde zu ähnlichen, wenn nicht zu gleichen Ergebnissen führen. Schon allein dadurch mangelt es dem Fragenkatalog an der für die Erfassung einer spezifischen Ablehnung gegenüber Muslimen notwendigen Präzision.

Es ist nicht verwunderlich, dass religiöse Organisationen und Vertreter islamischer Staaten einen Begriff wie Islamophobie gern zur Einschüchterung und Diffamierung von Kritikerinnen und Kritikern aufgreifen. So nennt die *Islamische Glaubensgemeinschaft in Österreich* „die Position einer entschiedenen Anti-Haltung gegenüber dem Islam" islamophob und sieht in ihr eine „wesentliche Facette der Fremdenfeindlichkeit".[23] Wie sehr der Begriff mittlerweile strapaziert und funktionalisiert wird, zeigt nicht zuletzt die Reaktion des türkischen Ministerpräsidenten Erdoğan, der im Dezember 2011 den Versuch des französischen Gesetzgebers, die Leugnung des Völkermords an den Armeniern unter Strafe zu stellen, als islamophob bezeichnete.[24] So bedenklich es ist, Meinungen unter Strafe zu stellen und Gerichte über geschichtliche Ereignisse befinden zu lassen, statt diese dem öffentlichen Diskurs auszusetzen (das französische Verfassungsgericht hat das Gesetz mittlerweile abgelehnt), so lächerlich ist es, den Vorwurf der „Islamophobie" zur Verteidigung türkischer Politik und offizieller Geschichtsschreibung ins Feld zu führen. In der Türkei steht die Behauptung eines Völkermordes an den Armeniern übrigens bislang noch unter Strafe.

Die Wortschöpfung „Islamophobie" stößt erwartungsgemäß bei denjenigen auf große Resonanz, die sich vor dem „Gespenst des nicht einverstandenen äußeren Beobachters" (Peter Sloterdijk) fürchten.[25] Besonders problematisch wird es, wenn sich wissenschaftliche Institutionen an dieser Kritikabwehr beteiligen. In diesem Zusammenhang scheint es auch gewagt, eine inhaltliche und strukturelle Nähe zwischen Islamophobie und Antisemitismus zu behaupten, wie es etwa das Berliner *Zentrum für Antisemitismusforschung* getan hat. Der Leiter des Zentrums, Wolfgang Benz, zieht (ohne Namen zu nennen) Parallelen zwischen „Islamkritikern" und den Antisemiten des 19. Jahrhunderts.[26] Auch hier werden Religionskritik und Ressentiments gegenüber allen Muslimen in einen Topf geworfen, womit auch die aufklärerische Islamkritik in die Nähe des Antisemitismus gerückt wäre. Gerade in der deutschen und österreichischen Debatte ist zu beobachten, dass mit der Gleichsetzung von Islamophobie und Antisemitismus versucht wird, Islamkritiker ins gesellschaftliche Aus zu stellen. Anders als im Antisemitismus, der Juden die Macht unterstellt, im Verborgenen die Geschicke der ganzen Welt zu lenken, und sie für alle Übel der Welt verantwortlich macht, ist ein ähnlich geschlossenes, verschwörungstheoretisches Weltbild nicht Bestandteil der aufklärerischen Islamkritik. Allenfalls lässt sich bei einigen einschlägigen Webseiten und wenigen Autoren, wie etwa Hans-Peter Raddatz oder Udo Ulfkotte, ein Hang zu verschwörungstheoretischen Konstruktionen beobachten, der jedoch nicht (anders als im antisemitischen Diskurs des 19. und frühen 20. Jahrhunderts) auf gesellschaftlichen Konsens bauen kann und bei seriösen Medien oder der aufklärerischen Islamkritik auf Ablehnung stößt. Der Bezug auf eine verborgene Lenkung der Welt durch Muslime fehlt aber selbst bei den genannten Autoren völlig; bisher ist niemand auf die Idee verfallen, Muslime für alle erdenklichen Probleme der Welt, zum Beispiel für die Krise der Weltwirtschaft, verantwortlich zu machen, was im antisemitischen Diskurs durchaus üblich ist.

Ein Problem der Vorurteilsforschung, wie sie etwa von der Gruppe um Wilhelm Heitmeyer betrieben wird, besteht darin, dass negative Aussagen über den Gegenstand der Forschung (in diesem Fall der Islam) prinzipiell als Vorurteil gewertet werden. Ein etwaiger realer Hintergrund des „Vorurteils" findet hingegen keine Beachtung, was zwangsläufig zu einer verzerrten Analyse führen muss.[27] So stellen etwa Leipold und Kühnel fest, dass „die Wahrnehmung des Islam in Deutschland durch Berichte über Ehrenmorde, Mädchenbeschneidung, Zwangsehen, Terrorzellen und Hassprediger geprägt wird" und sehen darin umstandslos ein Vorurteil.[28] Eine

Studie, die sich mit der Berichterstattung von ARD und ZDF beschäftigt, bescheinigt beiden Sendern, über den Islam negativer zu berichten als über andere Religionen und bewertet dieses Ergebnis als Ausdruck islamophober Vorurteile.[29] Diese Analysen blenden aus, dass derzeit im Namen keiner anderen Religion so viele und so schwere Gewalttaten verübt werden, wie im Namen des Islam, und dass Zwangsehen und Ehrenmorde in islamischen Ländern und Communities durchaus ein reales Problem darstellen und oft genug mit der Religion gerechtfertigt werden. Im Zeitalter globalisierter Medien tragen diese Nachrichten nicht zu einem positiven Bild der islamischen Welt bei. Derartige Nachrichten würden, beträfen sie eine andere Religion als den Islam, dieselben Folgen haben. So hat die Berichterstattung über Missbrauchsfälle in katholischen Einrichtungen dem Ansehen der katholischen Kirche insgesamt geschadet. Die Tendenz zur Verallgemeinerung ist bedauerlich, und es ist wichtig, ihr entgegenzutreten, aber Kritik an Religionen oder negative Berichterstattung pauschal zum Vorurteil zu erklären, wird zumindest einer wissenschaftlichen Auseinandersetzung über Vorurteile nicht gerecht.

Die westliche Gesellschaft hat eine lange Tradition der Religionskritik. Religionskritik ist einer der Grundpfeiler der Moderne. In den meisten Ländern der islamischen Welt werden Religionskritiker bis heute als verrückt, vom Satan verführt oder krank diffamiert. Die Geschichte zeigt, dass monotheistische Religionen durch ihr Selbstverständnis als Trägerinnen von Wahrheitsoffenbarungen stets geneigt waren, Kritik an ihren Lehren und an ihren Weltverbesserungsabsichten zu verhindern, beziehungsweise zu bestrafen. Das Christentum hat sich nach langen Kämpfen mit dem säkularen Staat arrangiert, die meisten christlichen Strömungen haben sich der eigenen Geschichte kritisch gestellt. Diesen Weg wird der Islam in Europa ebenfalls gehen müssen. Kritik in Diffamierung und Diskriminierung umzudeuten, ist eine Fortsetzung der Kritikverbote mit anderen Mitteln und führt in eine Tabukultur.

Das vielleicht gravierendste Problem des Begriffs Islamophobie ist die Verwechslung von Kritik am Islam mit einer Stigmatisierung und Diskriminierung der Gläubigen. Der Begriff „Muslimfeindlichkeit", auf den sich die Arbeitsgruppe *Präventionsarbeit mit Jugendlichen* der *Deutschen Islam Konferenz* im Frühjahr 2011 zur Benennung des Phänomens geeinigt hat, scheint hingegen der geeignete Begriff, um Ressentiments gegenüber Menschen muslimischen Glaubens zu benennen.[30]

Die bewusste oder unbewusste Vermischung von Religionskritik und Ressentiment durch den Begriff Islamophobie verlagert Religionskritik von der intellektuellen Ebene auf die moralische; Kritik, Witze und Karikaturen werden einer Diffamierung gleichgesetzt.[31] Für ein aus der Psychologie entlehntes griffiges Schlagwort verzichtete man darauf, das zu untersuchende Phänomen konzeptionell abzugrenzen. Eine spezifische Feindschaft gegenüber Muslimen, wie sie beispielsweise von rechtspopulistischen Parteien und diversen Stammtisch-Foren im Internet betrieben wird, unterscheidet sich jedoch fundamental – sowohl in Form, als auch in Intention – von aufklärerischer Islamkritik. Während der muslimfeindliche Diskurs unmittelbar auf jeden einzelnen Muslim abzielt und sich jeder Integration in den Weg stellt, geht es letzterem um Religions- und Traditionskritik, die sowohl Partei für die Opfer bestimmter religiöser/kultureller Praktiken ergreift als auch für ein friedliches Zusammenleben in der Gesellschaft eintritt. Muslimfeindschaft lässt sich an Pauschalisierungen erkennen: Gewalt gegen Frauen und Kinder, Zwangsheiraten oder gar islamistischer Terrorismus werden *allen* Muslimen unterstellt. Unter Rückgriff auf Koran und Hadithen wird versucht, negative Absichten von Muslimen zu belegen. So taucht in den einschlägigen Foren immer wieder der Vorwurf auf, Muslime würden „Taqiyya" betreiben, was so viel heiße wie Verstellung und Lüge gegenüber Andersgläubigen. Diese Praxis sei Muslimen durch den Koran nicht nur erlaubt, sondern geradezu vorgeschrieben. Taqiyya ist ein ursprünglich im 9. und 10. Jahrhundert von schiitischen Geistlichen als Reaktion auf die massive Verfolgung durch den herrschenden sunnitischen Islam entwickeltes Konzept, das der Bewahrung des eigenen Glaubens dienen sollte. Ausgehend vom Koran (Sure 16, 106) war es Schiiten erlaubt, in Verfolgungssituationen, unter Zwang, beziehungsweise bei Gefahr für Leib und Leben, auf einzelne rituelle Pflichten zu verzichten und, wenn nötig, den eigenen Glauben zu verheimlichen, solange innerlich am „rechten Glauben" festgehalten würde. Demgegenüber wird Taqiyya im muslimfeindlichen Diskurs als „natürliche" Haltung aller Muslime gegenüber Andersgläubigen beschrieben.

Damit werden alle hier lebenden Muslime als Lügner diffamiert und zu heimlichen Islamisten erklärt. Es ist relativ durchsichtig, dass eine solche Haltung jeder (→)Integration von vornherein eine Absage erteilen will.

Die Schwäche der Diagnose „Islamophobie" zeigt sich darin, den Unterschied zwischen Islamkritik und Muslimfeindschaft nicht wahrzunehmen oder als unerheblich zu betrachten, und damit zu einer Polarisierung in „Islamfeinde" und „Islamfreunde" beizutragen. Kritikerinnen und Kritiker wie etwa Necla Kelek, Henryk M. Broder oder Heinz Buschkowsky laufen Gefahr, als islamophob denunziert und damit in die gleiche Ecke gestellt zu werden wie Rechtspopulisten und Ausländerfeinde. In der Diskussion nach dem Massaker des Rechtsradikalen Anders Behring Breivik auf der norwegischen Ferieninsel Utöya im Sommer 2011 versuchten einige Kommentatoren auf der Suche nach Schuldigen reflexartig, Islamkritikern eine Mitschuld an dieser Tat unterzuschieben. Es ist jedoch – in den Worten des Philosophen und Religionswissenschaftlers Daniele Dell'Agli – „ein Unterschied ums Ganze, ob Rechtspopulisten den Islam bekämpfen, um eine davon gar nicht so verschiedene Version des christlichen Abendlandes zu reanimieren, oder ob der kritische Impuls von politisch liberalen, säkularen, skeptischen Intellektuellen ausgeht, die jede Form religiöser oder sonstwie ideologischer Einmischung in Fragen des Lebensstils, der Weltanschauung, der pädagogischen und medizinischen Kultur, und somit auch in Fragen der Ethik, ablehnen."[32] Vertreterinnen und Vertreter des Begriffs Islamophobie verharmlosen, ohne es zu beabsichtigen, Hasspropaganda und berauben sich der Möglichkeit, diese adäquat zu bekämpfen. Durch die Vermischung der Diskurse ist der Begriff selbst zu einem Kampfbegriff geworden, der einer offenen und kritischen Diskussion im Wege steht. Im wissenschaftlichen Diskurs sollte sich die Verwendung eines so nebulösen Begriffs wie Islamophobie ohnehin von selbst verbieten.

Multikulturalismus

Im Oktober 2010 löste Bundeskanzlerin Angela Merkel auf dem Deutschlandtag der Jungen Union eine über das Land hinausgehende Kontroverse aus. Die Vorstellung von Multikulti nach dem Motto „Jetzt leben wir so nebeneinander her und freuen uns übereinander" sei, so Merkel, „absolut gescheitert".[1] Die *Times of India* sah in diesen Worten einen „unbehaglichen Trend, der durch Europa fegt" und *El Pais* unterstellte der Kanzlerin Populismus. *El Mundo* lobte Merkel dafür, den Finger auf eine Wunde gelegt zu haben, die Europa immer stärker zu schaffen mache. Die multikulturelle Gesellschaft sei ein Mythos und in der Realität zum Scheitern verurteilt.[2] Die Grünen warfen der CDU vor, dem Rechtsextremismus den Boden zu bereiten.[3]

Die Schärfe der Debatte macht deutlich, dass hier nicht über die Vereinbarkeit verschiedener Ess- oder Tanzkulturen gestritten wird. Es handelt sich vielmehr um einen ideologisierten Streit über einen Begriff, dessen Bedeutung relativ verschwommen ist. Merkel hatte weder Einwanderung generell in Frage gestellt, noch die Möglichkeit des Zusammenlebens von Menschen verschiedenster Kulturen bestritten, sondern eine verklärte Wunschvorstellung und deren Konzeptlosigkeit kritisiert. Zweifelsohne hat die Knappheit des Statements zu Missverständnissen beigetragen und viele derjenigen Zuwanderer und ihrer Nachkommen vor den Kopf gestoßen, die sich selbst als Beispiel für funktionierendes Zusammenleben sehen.

Um Verwirrungen zu vermeiden, soll zunächst zwischen zwei Begriffen unterschieden werden: Während *Multikulturalismus* eine – wenn auch sehr vage – Utopie vom gesellschaftlichen Zusammenleben beschreibt[4] und damit ideologische Züge annimmt, meint *multikulturelle Gesellschaft* in unserem Zusammenhang schlicht die Tatsache, dass Menschen verschiedenster Herkunftskulturen in einer Gesellschaft zusammen leben.

Das Erscheinungsbild der europäischen Gesellschaften hat sich in den vergangenen 50 Jahren durch Einwanderung grundlegend verändert. Menschen anderer Länder, vornehmlich islamisch geprägter, haben ihre Kultur, ihre Traditionen und ihre Religionen nach Europa gebracht. Wo unterschiedliche Kulturen aufeinandertreffen, sind Missverständnisse und oft auch Konflikte unvermeidlich. Je stärker kulturelle Normen und Wertvorstellungen differieren, desto größer können diese Konflikte sein. Die europäischen Gesellschaften sind heute multikulturell und multireligiös und damit stellt sich die Frage, wie das Zusammenleben von Menschen verschiedenster Herkunftskulturen und verschiedenster Religionen gestaltet werden kann.

Multikulturalismus und Kulturrelativismus

Der Begriff *Multikulturalismus* wurde 1964 vom Soziologen Charles W. Hobart und dem Historiker Paul Yuzyk in Kanada eingeführt. Zunächst kritisierten sie die eurozentrischen Inhalte des kanadischen Bildungswesens und forderten, dass im Geschichtsunterricht der Schwerpunkt nicht nur auf europäischer Geschichte liegen, sondern den Herkunftsgeschichten der verschiedenen Einwanderergruppen Rechnung tragen solle. Diese Forderung ist durchaus nachvollziehbar, wurde aber mit einer Ideologie ummantelt, die ein Miteinander verschiedener, als gleichwertig betrachteter Kulturen annimmt und die Utopie einer Gesellschaft entwirft, in der Menschen verschiedenster Sprachen, Konfessionen, Herkunft und kultureller Traditionen, ohne Diskriminierung zusammenleben, sich nicht assimilieren, aber auch nicht segregieren und sich gegenseitig respektieren und achten sollen.[5] Jede Kultur, beziehungsweise jede kulturelle Gruppe, gilt als gleichermaßen schützenswert. Die jeweiligen Kulturen haben nach dieser Vorstellung Anspruch auf rechtliche Anerkennung und, falls gewünscht, auf Sonderrechte, wenn diese zur Entfaltung kultureller Besonderheiten benötigt werden. Der Multikulturalismus ist damit in seiner Tendenz kulturrelativistisch.[6]

Kulturrelativismus basiert auf der Behauptung, dass moralische und ethische Prinzipien einer Kultur nur innerhalb dieser Kultur gültig sind. Demnach verbiete sich ein moralisches Urteil über andere Kulturen; diese unterlägen eigenen Prinzipien und seien in ihrer Andersartigkeit zu respektieren. Kulturrelativisten akzeptieren keine übergeordneten Prinzipien, nach denen Handlungen bewertet werden können, wie etwa die Deklaration der Menschenrechte oder grundlegende demokratische Standards. Die allgemeinen Menschenrechte werden als nicht universalisierbar betrachtet, da sie Produkt der westlichen Kultur seien. Die kulturrelativistische Position fordert das Recht auf kulturelle Differenz und betont dabei die Unvergleichbarkeit verschiedener Kulturen, deren moralisch-ethische Prinzipien jeweils die gleiche Gültigkeit beanspruchen könnten.[7] Sie seien daher in ihrer Vielfalt und in ihrem Status Quo zu erhalten. Jeder Versuch etwa, andere Kulturen nach westlichen Werten zu beurteilen, sei eurozentrisch und also zu verwerfen. Dieser Denkweise liegt die Vorstellung von Kultur als grundsätzlich positiver Größe zugrunde.

Der Ethnologe Claude Lévi-Strauss hat 1971 in einem Vortrag vor der UNESCO unter dem Titel *Race et Culture* ein Manifest der Vielfalt und des Ethnopluralismus vorgelegt, auf welches sich in der Folge Anhänger des Multikulturalismus beziehen sollten. In seinen Ausführungen bedauert er die Zerstörung des „alten Partikularismus" zugunsten einer „Weltkultur", deren Bürger nur mehr „bastardhafte Werke, plumpen und läppischen Tand zutage fördern."[8] Bereits 1952 hatte er im Auftrag der UNESCO die Notwendigkeit betont, „in einer von Monotonie und Uniformität bedrohten Welt die Verschiedenheit der Kulturen zu erhalten."[9]

Kulturrelativisten fällt es naturgemäß schwer, heikle beziehungsweise verstörende Aspekte einer Kultur (außerhalb der westlichen) zur Kenntnis zu nehmen und zu bewerten. Wenn moralische und ethische Kriterien nur innerhalb der jeweiligen Kultur gelten sollen, in der sie entwickelt wurden, und es keine übergeordneten Standards geben darf, dann können kulturelle Praktiken wie Steinigungen und andere Körperstrafen, Witwenverbrennungen, weibliche Genitalverstümmelung und Traditionen, die Frauen aus dem gesellschaftlichen Leben und der Öffentlichkeit verbannen, nicht verurteilt werden.

Die Behauptung, alle Kulturen seien gleichwertig und unvergleichbar, beinhaltet von vornherein einen grundlegenden Widerspruch und ist philosophisch schwer haltbar, denn die Behauptung einer Gleichwertigkeit verschiedener Kulturen ist bereits das Ergebnis eines Vergleichs.[10] Der Vergleich ist das analytische Instrument, mit dem wir Menschen die Welt um uns herum wahrnehmen, ordnen und interpretieren. Bei einem Vergleich, der in seinem Ergebnis zu einer Wertung in der Form „A ist besser/schlechter/gleich B" führt, stellt sich ausschließlich die Frage, anhand welcher Kriterien verglichen worden ist. Liegen diese Kriterien auf dem Tisch, dann kann man alles miteinander vergleichen, auch die berühmten Äpfel und Birnen (zum Beispiel nach Süße oder Festigkeit), immer vorausgesetzt, dass *vergleichen* nicht *gleichsetzen* bedeutet, wie es umgangssprachlich oft der Fall ist. Nach diesem Prinzip lassen sich auch Kriterien finden, anhand derer Kulturen miteinander verglichen werden können, wie zum Beispiel die Stellung der Frau, die Bedeutung von Religion, der Umgang mit natürlichen Ressourcen oder auch mit Andersdenkenden und Andersgläubigen.

Wenn nun die Gleichwertigkeit aller Kulturen behauptet wird, stellt sich die Frage, auf welchen Kriterien diese Behauptung basiert. Mit der bloßen Feststellung, man könne und dürfe Kulturen nicht miteinander vergleichen, macht man es sich ein wenig zu einfach. Der kulturrelativistische Blick scheint durch Tabus verstellt und ist in Anbetracht der Tatsache, dass zur Entstehungszeit der Texte von Lévi-Strauss in manchen muslimischen Ländern noch immer gesetzlich legitimierte Sklaverei herrschte, einigermaßen befremdlich.[11] Der Vollständigkeit halber sei jedoch angemerkt, dass Claude Lévi-Strauss durchaus auch kulturkritische Positionen bezogen hat, vor allem dann, wenn er bemerkte, dass auch andere Kulturen gegen sein Postulat der Vielfalt und Gleichwertigkeit verstießen. Nach der Begegnung mit indischen und pakistanischen Muslimen etwa, beschrieb er deren Verhalten gegenüber Menschen anderer Kulturen und Religionen als unduldsam und kritisierte deren Unfähigkeit, „den Anderen als Anderen zu ertragen."[12]

Eine Besonderheit des Multikulturalismus besteht darin, dass seine Vertreterinnen und Vertreter die eigene (westliche) Kultur von der Regel der Gleichwertigkeit der Kulturen ausnehmen. Der Multikulturalismus gibt sich zumeist radikal antiwestlich; der „freie Mensch des Westens nimmt sich die Freiheit, nicht über andere Kulturen urteilen zu wollen", beschrieb Seyran Ateş diese Herangehensweise.[13] Zuwanderern aus anderen Kulturen wird zugestanden, was sonst mitunter zu Recht verpönt wird: Das Bestehen auf „eigener" kultureller und ethnischer Identität. Man stelle sich vor, ethnische Deutsche würden auf ihrem Recht auf unangefochtenes Deutschtum beharren. Der Aufschrei wäre groß, die Protagonisten schnell als Nazis denunziert. Unbeantwortet bleibt die Frage, was an Türktümelei, was an kurdischem oder arabischem Nationalismus und Chauvinismus besser sein soll, als an deutschem. Welchen Unterschied macht es, ob der Politikwissenschaftler Gürsel Dönmez, Berater des türkischen Ministerpräsidenten, sagt: „Ein Türke wird sich immer als Türke fühlen. Wir haben einfach ein sehr starkes Nationalbewusstsein"[14] oder ob die entsprechende Aussage von einem Deutschen gemacht wird?

Indem der westliche Kulturrelativismus andere Kulturen romantisiert oder gar verherrlicht und dem Westen Zerstörungsabsichten und Kulturimperialismus unterstellt, beschwört er ein Weltbild herauf, in dem allen Kulturen eine Daseinsberechtigung zugesprochen wird – außer der eigenen. Der französische Religionsphilosoph René Girard hat beschrieben, wohin eine solche Herangehensweise führt: „In unserer politisch korrekten Welt betrachten wir die jüdisch-christliche Tradition als die einzig unreine Tradition, während alle anderen von jeder Form möglicher Kritik freigehalten werden. Die christliche Religion darf in gewissen Umgebungen nicht einmal erwähnt werden, [...] und man behauptet sogar, dass sie die erste und einzige Verantwortliche für den Schrecken sei, der die heutige Welt durchzieht."[15] Andere Völker und Kulturen können nur als Opfer der eigenen, westlichen Kultur wahrgenommen werden,[16] was zu einer einfältigen Dichotomie von Gut und Böse führt.

Die Ideologie des Multikulturalismus proklamiert das Recht auf kulturelle Differenz. Ausgehend von Claude Lévi-Strauss' Thesen wird kulturelle Vielfalt zum Programm erhoben, wodurch Kultur zu einem Wert an sich wird. Der Kulturwissenschaftler Siegfried Kohlhammer spricht von Kulturabsolutismus; Kulturen werden in ihrem Geltungsanspruch verabsolutiert und dadurch voneinander isoliert.[17] Eine solche Sicht auf Kultur zeigt einen Mangel an Wissen darüber, wie Kulturen entstehen und wie sie sich stetig verändern. Kultur wird hier zur statischen Größe und ihr lebendiges Wesen ignoriert. Kultur ist jedoch, verstanden als gestaltendes Handeln von Menschen, also als die Gesamtheit der von Menschen hervorgebrachten Leistungen und die das Zusammenleben gestaltenden Regeln, einem ständigen Wandel ausgesetzt. Nicht nur Ideen und Erfindungen innerhalb einer kulturellen Gruppe, sondern auch alles von außen wirkende Neue (unabhängig davon, ob dem Neuen aufgeschlossen oder feindlich begegnet wird), erzeugt eine Reaktion dieser Gruppe und bewirkt somit zwangsläufig deren Wandel und Weiterentwicklung. Wäre dem nicht so, würden wir noch immer, beladen mit Steinwerkzeugen, jagend durch die Savanne ziehen oder hätten nicht einmal Steinwerkzeuge hervorgebracht. Douglas Adams hat mit seinem unverwechselbaren Humor einmal über uns Erdenbewohner geschrieben: „Viele kamen allmählich zu der Überzeugung, einen großen Fehler gemacht zu haben, als sie von den Bäumen heruntergekommen waren. Und einige sagten, schon die Bäume seien ein Holzweg gewesen, die Ozeane hätte man niemals verlassen dürfen."[18] Das Wesen von Kultur ist ständiger Wandel. Hinter der denkmalschützerischen, statischen Betrachtung von Kultur verbirgt sich für gewöhnlich eine tief sitzende, wenn auch allzu menschliche Angst vor kulturellen Veränderungen und deren Folgen.

Kulturen waren, historisch gesehen, immer offen für den Transfer von Ideen und beeinflussten sich gegenseitig. Selbst das nach außen hin veränderungsresistent wirkende Saudi-Arabien erlebte seinen Kulturkampf, als König Faisal 1964 die Sklaverei verbot, Schulpflicht auch für Mädchen einführte und die bis dahin übliche genitale Beschneidung von Mädchen gesetzlich untersagte. Große Teile der Bevölkerung wollten ihre kulturellen Traditionen nicht aufgeben und es dauerte einige Jahre, bis sich die Schulpflicht durchsetzen ließ. Die Sklaverei lief noch lange verdeckt weiter und ist bis heute nicht vollständig beseitigt. Die Beschneidung von Mädchen ist in Saudi-Arabien inzwischen eine Seltenheit, die nur noch in abgelegenen Regionen durchgeführt wird und das Königshaus betont, Beschneidung sei nicht Teil der islamisch-arabischen Kultur.

Eine Position, die Kultur als isolierten Wert betrachtet, der um seiner selbst willen erhalten und gegen Veränderung und äußere Einflüsse geschützt werden soll, verweigert kulturelle Entwicklung. Damit würden fremde Kulturen letztendlich zu exotischen Ausstellungsstücken degradiert. Der Philosoph Jürgen Habermas spricht zu Recht davon, dass der ökologische Gesichtspunkt einer Konservierung der Arten sich nicht auf Kulturen übertragen lässt, denn Kulturen reproduzieren sich vor allem dadurch, dass sie ihre Angehörigen (Träger) ständig aufs Neue von sich überzeugen, in dem Sinne, dass sie „zur produktiven Aneignung und Fortführung motivieren."[19]

Aus der Sicht des Multikulturalismus sind die Adressaten des „Rechts auf kulturelle Differenz" kulturelle Kollektive und nicht die einzelnen Individuen als Träger von Kultur. „Ähnlich dem Kommunitarismus ist nicht das Individuum die Bezugsgröße, sondern die jeweilige Gemeinschaft, worin der Einzelne seine Identität finden soll. Es verwundert nicht, wenn die davon abgeleitete Identitätspolitik dann auch Gruppenrechte einfordert. Damit unterminiert sie aber eine ganz wesentliche Errungenschaft der westlichen Gesellschaften, nämlich das Individualrecht", so Ulrike Ackermann.[20]

Migranten und deren Nachkommen werden in multikulturalistischer Diktion auf vermeintliche kulturelle Zugehörigkeit festgelegt, sie werden kulturalisiert, ein Ausbrechen aus der „eigenen" Kultur ist nicht vorgesehen. Daher wird es als besonders verstörend empfunden, wenn Migrantinnen und Migranten das Recht in Anspruch nehmen, ihre Herkunftskultur zu kritisieren (→Dissidenten). Die multikulturalistische Position ist somit antiindividualistisch, denn sie nimmt in Kauf, dass Rechte, die Kollektiven zugesprochen werden, zu Lasten der Rechte Einzelner gehen. Wenn beispielsweise muslimischen Eltern unter Berufung auf ihre kulturellen und religiösen Werte gestattet wird, ihre Töchter vom Schwimm-, Sport- und Sexualkundeunterricht, sowie von Klassenfahrten zu „befreien", dann bedeutet das im Umkehrschluss, diesen Mädchen weniger Recht auf freie Entfaltung ihrer Persönlichkeit und weniger Chancen auf Entwicklung einzuräumen, als ihren Altersgenossinnen. Pascal Bruckner spricht vom Paradoxon des Multikulturalismus. Das Recht auf Differenz führe unweigerlich zur Differenz der Rechte.[21] Die Forderung nach unterschiedlichen Rechten aber ist tendenziell rassistisch, denn sie bemisst sowohl das Recht als auch den Wert des einzelnen Menschen an seiner kulturellen Herkunft und sperrt ihn in seinem angeborenen Kollektiv ein.[22] Die Folgen dieser Herangehensweise wurden uns bereits vor

Augen geführt: Wenn, wie 2007 geschehen, eine Richterin die Prügel eines marokkanischen Mannes nicht als hinreichenden Grund für eine Ehescheidung betrachtet, da eine Frau aus einem muslimischen Land damit rechnen müsse, dass ihr Mann von seinem „islamischen Züchtigungsrecht" Gebrauch macht, dann hat sie letztlich konsequent kulturrelativistisch gehandelt und akzeptiert, dass in anderen Kulturen andere Maßstäbe gelten. Auch bei Ehrenmordprozessen wurde der kulturelle Hintergrund der Täter lange Zeit als strafmildernd gewertet.[23] Hier hat mittlerweile ein Umdenken stattgefunden. Die Verteidigung beziehungsweise Wiederherstellung der „Familienehre" wird heute meist als besonders niedriger Beweggrund gewertet, wodurch das Verbrechen als Mord gilt, wie es im Übrigen auch im türkischen Strafrecht der Fall ist. Der Deutsche Bundestag hat zudem im März 2011 ein Gesetz verabschiedet, dass Zwangsheirat als eigenen Straftatbestand einführt und auch im Ausland erzwungene Ehen unter Strafe stellt. Die betroffenen Frauen und Männer haben ein Rückkehrrecht, sollten sie für die Zwangsheirat außer Landes gebracht worden sein. Obwohl das Gesetz nach Meinung einiger Juristinnen und Juristen noch einer Nachbesserung bedarf, ist hiermit der Schritt in die richtige Richtung getan, um im öffentlichen Bewusstsein zu verankern, dass Zwangsheirat ein Verstoß gegen die Menschenrechte ist.

Der Multikulturalismus ignoriert (oder verleugnet) die Opfer kultureller Praktiken und Traditionen und die dunklen Flecken in der Geschichte anderer Kulturen, weil diese sich dem einfachen Opfer-Täter-Schema entziehen. So werden die (→)Kreuzzüge als aggressive Eroberungen beschrieben, nicht aber die Kriegszüge der Araber und Osmanen, die vor und nach den Kreuzzügen riesige Imperien errichteten. Ein brisantes und für das Thema des vorliegenden Buches relevantes Tabu multikulturalistischer Kreise ist die islamische (→)Judenfeindschaft. Im Herbst 2009 sollte die von mehreren Initiativen entwickelte Wanderausstellung *Die Dritte Welt im Zweiten Weltkrieg*[24] in den Räumen der Berliner *Werkstatt der Kulturen* gezeigt werden. *Die Werkstatt der Kulturen* ist die Organisatorin des jährlich stattfindenden großen *Karneval der Kulturen*. Zwei Wochen vor Ausstellungsbeginn zog die Leiterin, Philippa Ebéné, überraschenderweise ihre Zustimmung zurück. Weil in der Ausstellung nicht nur der Kampf von Afrikanern, Asiaten und Arabern gegen den Nationalsozialismus thematisiert wurde, sondern sich drei Tafeln auch mit dem Thema der Kollaboration der Araber mit dem Nationalsozialismus und deren Rolle bei der Judenverfolgung beschäftigten, war die Leiterin der Werkstatt nicht mehr bereit, diese in ihrem Haus zu zeigen. Ihre Organisation, so die Rechtfertigung Frau Ebénés, wolle die Perspektive derer abbilden, die sonst nicht gehört werden.[25] Unter den kritisierten Tafeln der Ausstellung befand sich eine, die unter der Überschrift „Palästinenserführer und Kriegsverbrecher" zeigt, wie der oberste Repräsentant Palästinas, der Großmufti von Jerusalem, Amin al-Husseini, bei seinem Besuch in Deutschland von Heinrich Himmler zum SS-Gruppenführer ernannt wird. Bereits 1937 hatte al-Husseini dazu aufgerufen, muslimische Länder „judenfrei" zu machen, später rekrutierte er in Bosnien muslimische Freiwillige für die Waffen-SS.[26] Der Berliner Migrationsbeauftragte Günter Piening bekundete Verständnis für die Absage der Ausstellung, da, wie er meinte, ein Stadtviertel wie Berlin-Neukölln[27] eine Ausstellung brauche, welche die Geschichte der Araber im Zweiten Weltkrieg differenziert zeige. Der Widerstand der Araber werde zu wenig gewürdigt.[28]

Exkurs: Großbritannien

Eine auf kultureller Differenz und kulturellen Kollektiven basierende Gesellschaft ohne eine gemeinsame ethische und politische Grundlage hat keinen Zusammenhalt und zerfällt zwangsläufig in ihre Bestandteile, in das, was oft mit dem Begriff „Parallelgesellschaften" bezeichnet wird.[29] Was macht eine Gesellschaft aus, deren Mitglieder sich keinen gemeinsamen Werten, sondern nur denen ihrer jeweiligen kulturellen Kollektive verpflichtet fühlen? Die Ideologie des Multikulturalismus führt nicht in die multikulturelle Gesellschaft, sondern zerschlägt die Gesellschaft in kulturell homogene Teile. Multikulturalismus würde in seiner Konsequenz in die kulturelle Einöde abgeschlossener Einheiten führen. Wo klar definierte Kollektive konstruiert werden, werden Grenzen zwischen einem *Wir* und den *Anderen* errichtet.[30] Multikulturalismus stellt die Unterschiede in den Vordergrund, anstatt der Gemeinsamkeiten.[31] Ein Beispiel für die Folgen dieser Politik ist die britische Stadt Bradford.[32] Hier lebt die drittgrößte muslimische Gemeinde des Landes. Anfang der 1980er Jahre wurden ihr im Rahmen einer multikulturalistischen Politik weitgehende Sonderrechte eingeräumt. Ein offizielles Dokument der Stadt Bradford betonte, dass jede Gruppe in einer „multirassischen und multikulturellen Stadt [...] ein gleiches Recht auf Aufrechterhaltung ihrer Identität, Kultur, Sprache, Religion und Sitten" habe.[33] Was bedeuteten diese Vorgaben in der Praxis?

Die Stadtverwaltung von Bradford förderte fortan insbesondere die Gründung ethnischer Organisationen. Mit dem gut gemeinten Ziel, der muslimischen Gemeinde der Stadt eine Stimme zu geben, betrieb sie die Gründung der *Bradford Council of Mosques* und verhalf damit ausgerechnet den konservativsten islamischen Kräften zu finanziellen Mitteln und Autorität innerhalb der Gemeinde. Moderate islamische oder nicht auf religiöser Basis gegründete Initiativen gerieten ins Abseits, denn allein das *Council of Mosques* und die ihm angehörenden Moscheevertreter hielten von nun an als offizielle Ansprech- und Verhandlungspartner den Kontakt zur Stadtverwaltung und konnten Einfluss auf kommunale Entscheidungsprozesse nehmen. Muslimische Einwohner wurden mit ihren jeweiligen Anliegen an diese „Vertretung" verwiesen, was deren Einfluss weiter anwachsen ließ. Jenes *Council of Mosques* sollte später, 1989, die berühmt berüchtigte Demonstration organisieren, in deren Verlauf die *Satanischen Verse* von Salman Rushdie öffentlich verbrannt wurden.[34]

Im Zuge der neuen Integrationsbemühungen der Stadt Bradford und anderer britischer Städte wurden Migranten bei der Vergabe von Sozialwohnungen besonders berücksichtigt, was zu ihrer Konzentration in bestimmten Stadtteilen und damit zur Ghettobildung beitrug. Statt mittels Förderunterricht den Zugang zur englischen Sprache zu erleichtern, fanden in der Verwaltung die jeweiligen Muttersprachen besondere Berücksichtigung. Dadurch war kaum Anreiz vorhanden, Englisch zu lernen; was angesichts der Tatsache, dass es sich bei den Einwanderern vorwiegend um bildungsferne Schichten handelte, dazu führte, dass diese umso mehr auf ihre ethnische Gruppe zurückgeworfen waren. Was ursprünglich als ein Aufeinanderzugehen gedacht war, wandelte sich zu einem Paternalismus, der interkulturelle Kommunikation und Teilhabe an der Gesellschaft über die Grenzen der ethnischen Herkunftsgruppen hinaus erheblich erschwerte.

Obwohl das britische Gesetz alle Eltern verpflichtet, den regelmä-
ßigen Schulbesuch ihrer Kinder sicherzustellen, übten die Schulbehörden auf diejenigen Migranten, die ihrer Sorgfaltspflicht nicht
nachkamen oder gar ihre Kinder (insbesondere Mädchen) bewusst
nicht in die Schule schickten, keinen Druck aus. Entgegen der gängigen Praxis, die britische Eltern im gleichen Fall sanktioniert und
möglicherweise zum Verlust des Schulplatzes an der jeweiligen
Schule führt, wurden die Lehrer dazu angehalten, die Plätze trotz
Abwesenheit der Kinder für unbegrenzte Zeit freizuhalten und ihre
gelegentliche Anwesenheit als Bereicherung zu betrachten. Ray Honeyford, ehemaliger Schuldirektor einer Mittelschule in Bradford,
kritisierte diese Politik bereits Anfang der 1980er Jahre und merkte
an, dass sie direkt in die Rassentrennung führe: „Ich blieb mit der
ethisch nicht zu vertretenden Aufgabe zurück, einer Schulbesuchs-
politik Folge zu leisten, die nicht, wie das Gesetz verlangt, auf der
individuellen Verantwortung der Eltern beruht, sondern auf dem
Herkunftsland der Eltern – eine offenkundige und offiziell sanktionierte Politik der Rassendiskriminierung."[35]

Honeyford wurde damals von Medien und Politikern angegriffen
und sogar als Rassist bezeichnet. Er erhielt anonyme Todesdrohun-
gen und konnte seine Schule nur noch unter Polizeischutz betreten. Da er keine Unterstützung erfuhr, sondern ihm im Gegenteil
nahe gelegt wurde, die Schule zu verlassen, kündigte er schließlich
1984 seinen Dienst.[36] Doch seine Vorhersagen sollten sich traurig
bewahrheiten. Als Folge der multikulturalistischen Politik entstand
eine sich stetig vertiefende Kluft zwischen ethnischen Briten und
Zuwanderern, die aus Städten wie Bradford Städte der Apartheid
mit streng getrennten Wohngebieten machte. 2001 wurde bekannt,
dass „asiatische Banden" (gemeint waren pakistanische Jugendliche) in ihren Wohngebieten in der Stadt Oldham keine Engländer
mehr duldeten und dies wenn nötig auch gewaltsam durchsetzten.[37]
Der Begriff No-Go-Area geisterte durch die Medien. Viele Briten
drifteten seit den 1980ern in Richtung nationalistischer Parteien
und Gruppen, während bei muslimischen Zuwanderern besonders
die konservativen und islamistischen Gruppen profitierten, die auf
einer harten Identitätspolitik und auf der Abgrenzung zur nichtmuslimischen Gesellschaft bestanden. Seit den 1990er Jahren kam
es wiederholt zu sogenannten Rassenunruhen. 2001 machten Brad-

ford und andere nordenglische Städte wegen tagelanger Straßenschlachten Schlagzeilen. Die britische multikulturalistische Doktrin hatte die Segregation der Gesellschaft nicht nur nicht verhindern können, sondern diese allem Anschein nach sogar gefördert.[38] Seit dieser Zeit hat in Großbritannien ein Umdenken eingesetzt. Man realisierte, dass man ganze Generationen von Jugendlichen aus Einwandererfamilien zu verlieren drohte und zum Teil bereits verloren hatte, und noch immer viel zu wenige dieser Kinder den Aufstieg in der Gesellschaft schafften. Nicht zuletzt nahm die britische Öffentlichkeit mit Erschrecken zur Kenntnis, dass die islamistischen Terroristen des Jahres 2005 in England geborene Muslime und britische Staatsbürger waren. Eine Studie der Universität Cardiff kam 2008 zu dem Schluss, dass es Extremisten in Großbritannien gelingt, immer mehr junge Muslime zu radikalisieren.[39]

Eine weitere Folge multikulturalistischer Politik ist, dass konservative und fundamentalistische muslimische Kreise in ihrer Absonderungspolitik bestärkt werden und mehr und mehr Sonderbestimmungen einfordern, insbesondere die Geltung schariarechtlicher Bestimmungen für „muslimische Gemeinden". Als die Regierung der kanadischen Provinz Ontario, die sich ebenfalls über Jahre der multikulturalistischen Doktrin verschrieben hatte, 2005 plante, neben bereits bestehenden christlichen und jüdischen auch muslimische Schiedsgerichte einzurichten, die im Rahmen des Familienrechts (Heirat, Scheidung, Erbschaft) schariakonform urteilen sollten, war sie höchst erstaunt, dass ausgerechnet Teile der muslimischen Gemeinde dagegen auf die Straße gingen. Vor allem muslimische Frauen liefen gegen dieses Gesetzesvorhaben Sturm, sie fühlten sich von der Regierung im Stich gelassen. „Das ist eine Ohrfeige für all jene, die auf der Suche nach einem sicheren Hafen in dieses Land eingewandert sind", so eine Immigrantin aus dem Iran bei einer der Protestveranstaltungen.[40] Homa Arjomand, eine aus dem Iran stammende Rechtsanwältin in Ontario, erklärte, wie eine Scheidung nach Schariarecht vonstattengeht: „Der Mullah redet nicht mit ihr, sondern nur mit den Männern. Sie muss in einem Raum warten [...] irgendwann kommen dann die Männer und teilen ihr mit, was mit ihr geschehen wird."[41] Die Proteste hatten Erfolg, das Parlament von Ontario schaffte die Institution der religiösen Schiedsgerichte generell ab.

Die Sozialwissenschaftlerinnen Cheryl Benard und Edith Schlaffer, die 1981 die Menschenrechtsorganisation *Amnesty for Women* gründeten, haben auf ein weiteres Feld der Auswirkungen kulturrelativistischer Positionen hingewiesen: Die Entwicklungshilfe. Internationale Hilfsorganisationen, die in islamischen Ländern wie Bangladesch, Afghanistan oder Pakistan im Einsatz waren, weigerten sich mit Verweis auf zu respektierende kulturelle Unterschiede, die in diesen Ländern von männlichen Familienmitgliedern sabotierte Versorgung von Mädchen und Frauen zu durchbrechen oder kapitulierten vorschnell vor den patriarchalischen Strukturen, die Frauen nicht erlaubten, sich in der Öffentlichkeit zu zeigen, zur Schule oder zur Gesundheitsuntersuchung zu gehen. Töchter wurden nicht geimpft, Ehefrauen im Krankheitsfall nicht in die Klinik gebracht, auch wenn dort ausschließlich weibliches Personal und Ärztinnen arbeiteten. In den afghanischen Flüchtlingslagern in Pakistan in den 1980er Jahren ließ man Ehefrauen und Töchter lieber sterben, als dass die Männer sie aus dem abgeschirmten privaten Bereich des Lagers hinausließen. Die Männer aßen zuerst, danach die Söhne und was noch übrig blieb, bekamen die weiblichen Mitglieder der Familie. Ebenso ungerecht wurde mit Kleiderspenden verfahren.[42] Hilfsorganisationen vertraten das sogenannte *Prinzip des Nicht-Interventionismus* in andere Kulturen. Man könne die Situation nicht aus westlicher Perspektive beurteilen, hieß es.[43] UN-Hilfsorganisationen und Organisationen einzelner europäischer Länder bauten beispielsweise reine Jungenschulen und unternahmen nicht einmal den Versuch, Mädchenschulen durchzusetzen. Als der prekäre Ernährungszustand der afghanischen Frauen in den Lagern schließlich nicht mehr zu übersehen war, kamen UN-Organisationen auf die Idee, Proteinkekse auszuteilen („sehr nahrhaft, aber vom Aussehen her nur trockenes, hartes Brot"), welche die Männer gerne den Frauen überließen.[44]

Die Politik des Nicht-Interventionismus setzte sich bis in die europäischen Flüchtlingsunterkünfte fort. Benard und Schlaffer berichten vom Flüchtlingslager Traiskirchen in Österreich, wo es niemanden kümmerte, dass die Männer aufgenommener afghanischer Familien ihre Frauen und Töchter im Zimmer einsperrten, während sie mit den Söhnen ausgingen. Man nahm es hin, dass zu den behördlichen Befragungen nur der Mann erschien und reagierte selbst bei Spuren von Gewalteinwirkung an den Frauen nicht.[45] Benard und Schlaffer werfen den Sozialwissenschaften – auch den feministischen – dieser Zeit vor, paralysiert gewesen zu sein. Weil es der Dritten Welt ohnehin so schlecht gehe, sollte nichts Negatives berichtet werden. Dieses Kritiktabu führte, so Benard und Schlaffer, zu einer Art „Generalamnestie für die Dritte Welt". Die Politik des Nicht-Interventionismus habe sich als Intervention zugunsten der Bevorzugten und Mächtigen entpuppt.[46]

Pluralismus statt Multikulturalismus

Das Gegenteil des Universalismus der Menschenrechte ist ein rechtlicher Partikularismus, wie er von Verfechtern des Multikulturalismus oft vertreten wird. Grundlegende Rechte werden an partikulare Bedingungen geknüpft: Eltern dürfen ihre Töchter von Klassenfahrten befreien, und gewisse Familienkonflikte dürfen vor Schariagerichten entschieden werden, wenn die Beteiligten muslimisch sind. Dieses partikularistische Recht ist somit exklusiv und diskriminierend, wohingegen die Menschenrechte den Anspruch auf Inklusion und Nicht-Diskriminierung schützen. Sie gelten für alle gleichermaßen, darin besteht ihr normativer Universalismus.

Die jeweilige Kultur zum Maßstab zu machen, bedeutet den Verlust *jeglichen* Maßstabs für die Auseinandersetzung mit und zwischen den Kulturen und für die Menschheit als Ganzes.[47] Hinter der kulturrelativistischen Auffassung, es gäbe keinen übergeordneten Maßstab, nach dem sich menschliche Kulturen beurteilen lassen, steckt vielleicht auch die Angst, sich der Realität zu stellen. Man will gar nicht so genau wissen, was dort, bei *den Anderen*, passiert. Damit nimmt man sie allerdings auch nicht ernst. Ein weiteres Motiv der Zurückhaltung von Kritik gegenüber anderen Kulturen ist sicherlich der Befürchtung geschuldet, in die Kerbe von Vorurteilen und Fremdenfeindlichkeit zu schlagen. Die Opfer innerkultureller Gewalt und Unterdrückung werden so allerdings – beabsichtigt oder nicht – im Stich gelassen. Wer sich jede wertende Aussage über andere Kulturen verbietet, muss vor Menschenrechtsverletzungen und Missständen in denselben kapitulieren.[48]

Die allgemeinen Menschenrechte rücken die Würde des einzelnen Menschen und ihren Schutz in den Mittelpunkt der Betrachtung und bilden die Basis westlicher Rechtssysteme. Nicht die kulturelle oder ethnische Identität eines Menschen ist dabei die Grundlage für Anerkennung, Gleichwertigkeit und Gleichberechtigung, sondern das Menschsein als solches verschafft dem Einzelnen Anspruch auf Würde, Respekt und die gleiche Chance auf Selbstverwirklichung wie allen anderen.[49] Das aber bedeutet, dass Verletzungen dieser Würde in keinem Falle hingenommen werden dürfen; niemand kann sich hier auf kulturelle oder religiöse Traditionen berufen.

Nicht der Multikulturalismus, der ein zusammenhangloses Nebeneinander der Kulturen in der Gesellschaft propagiert, sondern der Pluralismus garantiert dem Einzelnen durch Anerkennung verbindlicher Werte wie säkulare Demokratie und Menschenrechte die Verwirklichung der unterschiedlichsten Interessen und Lebensstile und größtmögliche Freiheit, darunter auch die Freiheit, in Gemeinschaft kulturelle und religiöse Traditionen zu pflegen. Jede Freiheit endet aber dort, wo die Menschenrechte anderer verletzt werden.[50] So endet der Brauch, Ehen zu arrangieren in dem Moment, in dem einer der Partner mit dieser Form der Eheschließung nicht einverstanden ist, denn die Menschenrechte beinhalten das Recht auf freie Wahl des Ehepartners. Die bereits erwähnte Anerkennung von Zwangsheirat als eigener Strafbestand in Deutschland war daher eine richtige und längst überfällige Entscheidung. Andere europäische Länder, in denen Zwangsheirat bisher nur unter „Nötigung" subsumiert wird, sollten hier nachziehen. Frauenrechtsorganisationen fordern darüber hinaus, das Beratungsangebot für Mädchen und Frauen weiter auszubauen. Schätzungen zufolge werden in den Europaratsländern jährlich tausende Mädchen und Frauen von ihren Familien zur Heirat gezwungen, vor allem Töchter muslimischer, aber auch jesidischer Familien, sowie Mädchen aus Roma-Familien und solche indischer oder afrikanischer Herkunft.[51] Amartya Sen hat in seinem Buch *Die Identitätsfalle* am Beispiel der Heiratspraktiken gezeigt, wie sich die Ideologie des Multikulturalismus selbst ad absurdum führen kann: Ein junges Mädchen aus einer konservativen Einwandererfamilie möchte einen Mann aus der autochthonen Gesellschaft heiraten. Die Familie des Mädchens setzt alles daran, diesen Versuch multikulturellen Zusammenlebens zu verhindern. Das elterliche Gebot, nur ein Mitglied der eigenen religiös-kulturellen Gruppe zu heiraten, das letztlich einen „pluralen Monokulturalismus" stützt, wird, so Sen, dennoch unter Hinweis auf kulturelle Traditionen von vielen Multikulturalisten verteidigt.[52]

Da sich die durch die Menschenrechte garantierten Freiheiten auf den Einzelnen und nicht auf Kulturen und kulturelle oder religiöse Kollektive beziehen, also eine Ebene tiefer, bei den Trägern der Kultur ansetzen, öffnen sie die Gesellschaft für kulturellen Austausch und ermöglichen dem Einzelnen die freie Wahl. Kulturelle wie religiöse Praktiken und Überzeugungen sind nicht für sich genommen Gegenstand menschenrechtlicher Überlegungen, sondern gelangen erst über das Recht des Einzelnen auf freie Selbstbestimmung „in den Fokus menschenrechtlicher Überlegungen."[53] Kein anderes Gesellschaftsmodell der Neuzeit hat bislang eine ähnliche kulturelle und religiöse Vielfalt integrieren können wie das westliche. Nur Länder, die auf der Basis gesetzlich verankerter Menschenrechte stehen, haben multikulturelle und multireligiöse Gesellschaften hervorgebracht, bei allen bestehenden Schwierigkeiten und Missständen. Wir haben es mit Gesellschaften zu tun, die nicht nur durch Einwanderung verschiedenster Menschen geprägt sind, sondern auch durch Subkulturen innerhalb der Gesellschaften selbst. Es nimmt nicht wunder, dass rechtsradikale und ausländerfeindliche Gruppen, die die multikulturelle Gesellschaft aus Prinzip ablehnen, in der Regel nicht zu den Verteidigern von Demokratie und Menschenrechten gehören. Und es nimmt ebenso wenig wunder, dass in Ländern, in denen die Menschenrechte nicht geachtet werden, keine multikulturellen Gesellschaften existieren, sondern Menschen anderer Herkunft, Religion und Lebensweise gesetzlich diskriminiert und verfolgt werden. Die Behauptung, die Menschenrechte seien eine westliche Erfindung und nicht universalisierbar, steht angesichts der Aufstände, die die arabische Welt seit Dezember 2010 erschüttern, und dem Verlangen eines Teils der dortigen Menschen nach Freiheit und Menschenrechten, ein weiteres Mal auf dem Prüfstand.

Jeder Mensch kann im Rahmen der Menschenrechte seine Herkunftskultur und deren Traditionen pflegen, wird aber gleichzeitig in seinem Recht auf Veränderung geschützt. Eine staatliche „Überlebensgarantie" für bestimmte kulturelle Traditionen ist innerhalb eines freiheitlichen Politikansatzes weder möglich noch erstrebenswert. „Wenn unser Ziel die Erhaltung ethnischer, kultureller und linguistischer Vielfalt um ihrer selbst willen ist, riskieren wir eine Unterordnung moralischer Autonomie unter eine Ästhetik der Pluralität", so die Politikwissenschaftlerin und Philosophin Seyla Benhabib.[54] Die Politik kann lediglich Bedingungen für freie kulturelle Betätigung der Einzelnen schaffen;[55] jeder Versuch, Traditionen zu konservieren, wäre letztlich nur mit Zwang gegenüber denjenigen Menschen durchzusetzen, die der Tradition oder Teilen davon kritisch gegenüberstehen. Eine staatliche „Überlebensgarantie" für Kulturen würde, so Jürgen Habermas, „den Angehörigen genau die Freiheit des Ja- und Nein-Sagens rauben, die heute für die Inbesitznahme und Bewahrung eines kulturellen Erbes nötig ist."[56] Eine pluralistische Gesellschaft trägt auch all jenen Rechnung, die sich nicht auf eine „Herkunftskultur" festlegen lassen wollen.

Kritik am Multikulturalismus bedeutet, wie Bassam Tibi feststellt, keine Ablehnung von Einwanderung, sondern eine Ablehnung der Wertebeliebigkeit und die Verneinung des Anspruchs auf Enklaven für Diaspora-Kulturen.[57] Der multikulturalistische Ansatz, der glaubt, das Zusammenleben der Gesellschaft durch Sonderrechte für kulturelle/religiöse Gruppen zu fördern, ist zu Recht gescheitert, denn er zielt auf ethnisch und kulturell homogene Sub-Gesellschaften, in denen Wert und Rechte des Menschen von seiner Herkunft abhängen, er führt mithin in eine Gesellschaft, die nicht frei ist.

Literatur

Heiner BIELEFELDT, *Menschenrechte in der Einwanderungsgesellschaft. Plädoyer für einen aufgeklärten Multikulturalismus*, Bielefeld 2007.
Stefan LUFT, *Abschied von Multikulti. Wege aus der Integrationskrise*, Gräfelfing 2006.
Charles TAYLOR, *Multikulturalismus und die Politik der Anerkennung*, Frankfurt 1993.

Toleranz

In der Folge der Anschläge vom 11. September 2001, die den Islam und das Leben in den islamischen Ländern vom bestenfalls randständigen Thema zum Tagesgespräch machten, ist über die Toleranz des Islam viel gestritten worden. Die einen werden der Wiederholung nicht müde, dass *der* Islam in Geschichte und Gegenwart eine tolerante und friedliche Religion gewesen sei, während die anderen im Islam und seinem heiligen Buch, dem Koran, den Inbegriff der Intoleranz sehen.

Der Begriff der „Toleranz" hat im Laufe seiner Geschichte einen erheblichen Wandel erfahren. Im Zuge der Reformation, den ihr folgenden Glaubenskriegen im 16. und 17. Jahrhundert und der beginnenden Aufklärung, wurde der Begriff vom Lateinischen *tolerare* (= erdulden) ins Deutsche übernommen. Zunächst bedeutete Toleranz nur die Duldung Andersgläubiger als religiöse Minderheit durch die Mehrheit, beziehungsweise durch den Staat, der bis dahin nicht anders als religiös einheitlich vorstellbar gewesen war. Nach der Reformation galt diese Einheit nicht mehr auf Reichsebene, sondern nur noch auf der Ebene der Fürstentümer.[1]

Im Mittelalter war es Juden erlaubt, in einigen Städten zu siedeln; ihr Status war jedoch durch Sondergesetze festgelegt, die den päpstlichen Vorgaben folgten und sie als Fremdkörper in christlicher Umgebung markierten. Es war Papst Innozenz III., der die Ausgrenzung der Juden aus der christlichen Umwelt zur Perfektion trieb und den Juden den Weg ins Ghetto wies. Auf dem von ihm geleiteten IV. Laterankonzil wurde 1215 beschlossen, dass Christen keine Juden heiraten durften, dass Juden als Zeichen ihrer Stigmatisierung bestimmte Kleidung zu tragen hatten und zu bestimmten christlichen Festen (zum Beispiel in der Karwoche) nicht auf die Straße gehen durften.[2]

Ausländische Händler und Kaufleute erhielten in vielen Städten Privilegien, was in der Folge zu Handelsniederlassungen und temporär auch zu kleinen muslimischen Gemeinden osmanischer Kaufleute führte. Nach der Reformation war nun insofern eine neue Situation entstanden, als die Andersgläubigen plötzlich aus der Mitte der eigenen Gesellschaft kamen und nicht unbedingt eine Minderheit darstellten: Christen, die die päpstliche Oberhoheit ablehnten und Kirche und Glauben reformieren wollten. Die zunächst angestrebte geographische Trennung in rein katholische und rein protestantische Länder und Fürstentümer, verbunden mit dem seit dem Augsburger Religionsfrieden von 1555 bestehenden Recht der Auswanderung in ein Fürstentum des je eigenen Glaubens, war auf Dauer nicht durchführbar.

In der Bedeutung, andere zu dulden, steht Toleranz für ein asymmetrisches Verhältnis, bei dem eine Mehrheit darauf verzichtet, der andersgläubigen Minderheit die eigene Überzeugung aufzuzwingen. Sie ist daher zunächst, wie es der Philosoph Rüdiger Bubner einmal bezeichnete, nur eine „negative Leistung des Verzichts auf Einspruch",[3] und daher nichts anderes als eine „Erlaubnis-Konzeption".[4] Diese Vorstellung von Toleranz fand ihren Niederschlag in zahlreichen sogenannten Toleranzedikten des 16. bis 18. Jahrhunderts, die, wenngleich sie eine Verbesserung zur früheren Situation darstellten, als „Duldungsedikte" verstanden und bei Bedarf verändert oder revidiert werden konnten, ohne dass die zuvor tolerierte Minderheit dies hätte verhindern können. Nach 60 Jahren der Verfolgung etwa erließ Heinrich IV. von Frankreich im Jahre 1598 das Edikt von Nantes, das den Hugenotten Glaubens- und Gewissensfreiheit zusicherte. Ein knappes Jahrhundert später allerdings widerrief Ludwig XIV. dieses Edikt, was eine Massenflucht von Hugenotten in die Niederlande, die Schweiz und nach Preußen auslöste. Es ist diese bis ins 19. Jahrhundert verbreitete Auffassung von Toleranz, die Goethe scharf kritisierte, als er schrieb: „Toleranz sollte eigentlich nur eine vorübergehende Gesinnung sein; sie muss zur Anerkennung führen. Dulden heißt beleidigen."[5]

In Europa begann die Auseinandersetzung um Glaubens- und Gewissensfreiheit bereits im Humanismus des ausgehenden 15. Jahrhunderts und bekam durch die Glaubenskriege neue Nahrung, bis in der Zeit der Aufklärung des 17. und 18. Jahrhunderts allmählich eine moderne Toleranzidee Gestalt annahm. Sowohl Humanismus als auch Reformation lösten einen Individualisierungsschub aus: Ersterer durch seine Idee menschlicher Freiheit und Würde, letzte durch die Betonung der religiösen Unmittelbarkeit des Einzelnen und seiner direkten Verantwortlichkeit gegenüber Gott.[6] Damit führten beide Strömungen zur Reduzierung des kirchlichen Einflusses auf weltliche Belange, nicht nur in protestantischen, sondern auch in katholischen Gebieten. Beispielhaft ist hier die *Konföderation von Warschau* von 1573.[7] Unter dem Schock der Massaker der Bartholomäusnacht, in deren Verlauf in Frankreich tausende Hugenotten ermordet worden waren, beschlossen die polnischen Adeligen ein weitreichendes Toleranzedikt, das über eine bloße Duldung hinausreichte und religiösen Minderheiten Glaubensfreiheit und politische Gleichstellung zusicherte. Ein der Bartholomäusnacht vergleichbares Blutvergießen sollte in Polen ausgeschlossen werden. Der polnische Adel beschloss die *Konföderation* im Vorfeld der anstehenden Königswahl und verpflichtete den neuen König auf die Garantie von Glaubens- und Gewissensfreiheit. Damit stellte sich der polnische Adel offen gegen die katholische Kirche.[8]

Eine ähnliche ideengeschichtliche Entwicklung, den hierzu nötigen selbständigen Adel oder ein freies, selbstbewusstes Bürgertum hat es im islamischen Kulturraum nicht gegeben (→Menschenrechte). Toleranz im heutigen Sinne (als „Pflicht zur Anerkennung Anderer – als Individuen und als Gruppen – nach Maßgabe der Gleichheit"[9] beziehungsweise als Anerkennung des Rechts frei zu sein im Denken und im Glauben, das dem Individuum aufgrund seines Menschseins zukommt[10]) ist ein Konzept der Moderne, das dem Mittelalter und der Neuzeit unbekannt war.

Im Folgenden soll versucht werden, zwei wichtige Fragen in diesem Zusammenhang zu klären: Gab es in den islamischen Reichen eine Toleranz im Sinne von Duldung, und wie tolerant sind vom Islam geprägte Gesellschaften heute? Zur Beantwortung dieser Fragen reicht es nicht aus, die heiligen Schriften des Islam (Koran und Sunna) heranzuziehen, denn dort finden sich sowohl Verse, die sich als Beweis dafür, als auch solche, die sich dagegen anführen lassen. Die Behauptung, der Islam sei eine tolerante Religion, muss sich in Realität und Praxis überprüfen lassen; sowohl in der Geschichte als auch in der Gegenwart. Auch die Inquisition lässt sich nicht mit einem Verweis auf das biblische Gebot der Nächstenliebe aus der Welt schaffen.

Für die gesamte Zeit der arabischen Eroberungen und des arabischen Reichs, bis zur Machtübernahme durch die Abbasiden im Jahr 750, tut sich, angesichts des eklatanten Mangels an Quellen, für Historiker ein großes Problem auf. Es gibt keine außerislamischen schriftlichen Quellen oder archäologische Befunde, die von einer neuen – der islamischen – Religion sprechen. Die uns heute bekannten islamischen Quellen sind unter den Abbasiden, also mit großem zeitlichen Abstand zum darin behaupteten Ablauf der Geschichte, zumeist erst im 9. Jahrhundert zusammengestellt beziehungsweise angefertigt worden und stellen somit literarische Überlieferungen dar. Sie sagen mitunter mehr über die Zeit aus, in der sie verfasst wurden, als über jene, von der sie handeln. Das gilt sowohl für den Koran selbst (dessen älteste überlieferte Fragmente aus dem 8. und dessen älteste erhaltene Exemplare aus dem 9. Jahrhundert stammen), als auch für die Hadithsammlungen und die erste erhaltene Mohammed-Biographie. Diese Quellen werden von gläubigen Muslimen als historisch unbestreitbare Fakten betrachtet. Die meisten Islamwissenschaftler folgen mangels anderer Quellen im Wesentlichen der islamischen Überlieferung. Andere – und hier besonders jüngere Forschungen – gehen davon aus, dass sich der Islam aus einer Linie des arabischen Christentums in einem über 150 Jahre dauernden Prozess schließlich zu einer eigenständigen Religion entwickelte. Außerislamische Quellen, etwa byzantinische oder armenische des 7. und 8. Jahrhunderts, sind zwar vorhanden und berichten auch von arabischen Kriegszügen und Eroberungen, eine neue Religion wird darin jedoch nicht erwähnt. Aus geschichtswissenschaftlicher Sicht liegen die Ereignisse um die Entstehung des Arabischen Reiches noch weitgehend im Dunkeln; die Existenz der in der islamischen Überlieferung genannten vier rechtgeleiteten Kalifen ist historisch nicht verbürgt. Erst mit den Umayyaden-Kalifen treten arabische Herrscher in der zweiten Hälfte des 7. Jahrhunderts ins Licht der Geschichte, allerdings geben uns die diesbezüglichen Quellen noch immer keine Auskunft über die Existenz einer neuen Religion.[11] Quellengestützte Aussagen über den Islam und seinen Umgang mit Andersgläubigen lassen sich daher frühestens für die Zeit der Abbasiden-Kalifen (zweite Hälfte des 8. Jahrhunderts) treffen.

Islamgelehrte und religiöse Organisationen verweisen zur Untermauerung islamischer Toleranz in der Geschichte zumeist auf den sogenannten „Schutzvertrag". Dieser habe Anhängern der Buchreligionen (Juden, Christen, Sabier und Zoroastrier) Glaubensfreiheit zugesichert und ihnen nach islamischem Recht den Status von Schutzbefohlenen (arab. Dhimmi) eingeräumt. Nach islamischer Überlieferung geht dieser Vertrag auf den zweiten Kalifen, Umar, zurück. Dieser habe 639 mit den Christen Jerusalems einen Pakt geschlossen, dem fortan Vorbildcharakter für den Umgang mit Andersgläubigen eingeräumt worden sei. Ob es diesen „Pakt von Umar" gegeben hat, ist fraglich,[12] naheliegender scheint, dass die im arabischen Reich eingeführte Institution der Schutzbefohlenen auf außerislamische Vorbilder zurückgeht. Durch die nachträgliche Zuschreibung dieses Kodexes an den Kalifen Umar (einem der vier sogenannten rechtgeleiteten Kalifen, deren Handlungen für gläubige Sunniten paradigmatisch sind), erfuhr der Vertrag eine Sakralisierung und wurde Teil einer für nachahmenswert angesehenen Tradition islamischer Herrscher.

Die rasante Ausbreitung des arabischen Machtbereichs machte es mangels Erfahrung bei der Verwaltung eines derart großen Gebietes notwendig, auf vorhandene Verwaltungsstrukturen zurückzugreifen. Beispielgebend waren hier vor allem das Byzantinische und das Persische Reich. Byzanz verlor seine gesamten afrikanischen und östlichen Mittelmeergebiete an die Araber, und das sassanidische Persien wurde von ihnen zur Gänze okkupiert. In beiden Reichen hatte es vor dem Auftauchen der Araber eine ganz ähnliche Praxis gegenüber Andersgläubigen und ethnischen Minderheiten gegeben, die nun zur Vorlage arabischer Politik wurde. Armenier und Juden waren im Byzantinischen Reich ähnlich organisiert, wie nun als Dhimmi-Gruppen im Arabischen; gleiches hatte für die nestorianischen Christen unter den zoroastrischen Persern gegolten. Der Kulturwissenschaftler Siegfried Kohlhammer hat die Praxis der Dhimmi-Institution als „Variante zahlreicher vorgegebener Modelle imperialer Einbindung von religiös und kulturell heterogenen minoritären oder majoritären Bevölkerungsgruppen" bezeichnet, „auf deren Wirtschaftskraft, Steuergelder und Expertise man nicht verzichten wollte und die deshalb vor der Tötung, Ausweisung oder Zwangsassimilation und -konversion bewahrt wurden."[13]

Auch im mittelalterlichen christlichen Europa, und hier vor allem in den Handelsstädten, gab es jüdische und muslimische Bevölkerungsgruppen, die unter „Schutz" gestellt wurden und ihrem Glauben und ihren Geschäften nachgehen konnten.[14] So erlaubte etwa der Normannenherrscher Roger I. nach der Eroberung Siziliens im Jahr 1091 den dort lebenden Muslimen die Beibehaltung ihres Glaubens und gliederte arabisch-muslimische Kontingente in sein Heer ein. Eine solche Praxis gründete selbstverständlich nicht auf Toleranz, sondern trug allein praktischen Gründen Rechnung, wie der Sicherung und Konsolidierung von Macht, beziehungsweise dem Wunsch nach einem florierenden Handel. Roger I. zeigte sich in denjenigen Städten, die nur eine unbedeutende muslimische Minderheit aufwiesen, weitaus weniger großzügig und ließ Zwangstaufen vornehmen. Zugeständnisse an Andersgläubige wurden dort gemacht, wo man auf deren Kollaboration zwingend angewiesen war.[15] Nicht anders handelten die Araber und später auch die Osmanen.

Der sogenannte Schutzvertrag war, auch wenn er in der islamischen Literatur als solcher bezeichnet wird, kein Vertrag im eigentlichen Sinne, denn er beruhte nicht auf beiderseitiger Freiwilligkeit, hing doch das Leben jedes einzelnen Andersgläubigen von der Zustimmung ab. Es handelte sich mithin um ein Angebot, das nicht abgelehnt werden konnte.[16] Die mit dem islamischen „Schutzvertrag" verbundenen Regelungen boten Juden und Christen zwar eine gewisse Sicherheit in Bezug auf Leben, Eigentum und Religion, diese musste allerdings mit einer Sondersteuer, der sogenannten Dschizya (Kopfsteuer/Tribut), erkauft werden. Erst mit dieser Zahlung wurde der „Vertrag" gültig. Der Dhimmi zahlte also den neuen Herrschern dafür, dass er nicht vertrieben oder ermordet wurde – eine klassische Form der Schutzgeldzahlung.[17] Diese Steuer, die bis ins 19. Jahrhundert hinein in islamischen Ländern erhoben wurde, gehörte über Jahrhunderte hinweg zu den wichtigsten Einnahmequellen islamischer Herrscher. Das mag auch erklären, warum viele Machthaber nicht unbedingt an einer Konversion der andersgläubigen Untertanen interessiert waren – im Gegensatz zu den Rechtsgelehrten, die eher geneigt waren, dem Übertritt zum Islam Priorität einzuräumen.

Dass der „Schutzvertrag" mit Toleranz im modernen Sinne wenig zu tun hatte, ergibt sich aus den einzelnen Bestimmungen des „Vertrages", die einen dezidiert demütigenden Charakter hatten. Schon die Zahlung der Kopfsteuer war ein Akt der Unterwerfung und Demütigung. Sie wurde mit dem Koran, Sure 9,29[18], begründet, in der es heißt: „Kämpfet gegen diejenigen, die nicht an Gott und den jüngsten Tag glauben und nicht verbieten, was Gott und sein Gesandter verboten haben, und nicht der wahren Religion angehören – von denen, die die Schrift erhalten haben – kämpft gegen sie, bis sie kleinlaut aus der Hand Tribut entrichten." Mahmud ibn Umar al-Zamachschari (1075-1144), der einen Standardkommentar zum Koran verfasste, deutete diese Stelle als Aufforderung, den Tribut auf eine erniedrigende Art und Weise einzutreiben. Der hanbalitische Rechtsgelehrte Ibn al-Naqqash rechtfertigt im 15. Jahrhundert die demütigende Behandlung der „Ungläubigen" und gibt seiner Hoffnung Ausdruck, dass diese gerade dadurch zum Islam finden und so von ihrem „schmählichen Joch" erlöst werden würden.[19]

Juden und Christen unterlagen besonderen Kleidervorschriften und durften nur auf Eseln reiten. Ihre Häuser mussten niedriger sein als die ihrer muslimischen Nachbarn. Viele Vorschriften des „Schutzvertrages" waren Benimmregeln – eine Art Knigge für Dhimmis – die darauf hinausliefen, jedem einzelnen Muslim Achtung und Respekt erweisen zu müssen. So sollten Dhimmis bei Bedarf Muslimen den Sitzplatz überlassen, hatten als erste zu grüßen, mussten auf der Straße ausweichen und ähnliches. In Aufzeichnungen von Reisenden, beziehungsweise Abgesandten aus europäischen Ländern finden sich anschauliche Schilderungen von diesen alltäglichen Demütigungen. So schrieb der englische Reisende George Beauclerk im Jahr 1828, dass Kinder in Marokko Juden auf der Straße mit Steinen bewürfen und sie bespuckten, während diese es nicht wagten, sich zur Wehr zu setzen. Einen Muslim zu schlagen bedeute, das Leben aufs Spiel zu setzen.[20] Die bis heute unkritische islamische Geschichtsschreibung rechtfertigt die Einhebung der Sondersteuer, indem sie behauptet, Dhimmis wären zum Ausgleich dazu nicht zum Militärdienst verpflichtet gewesen.[21] Laut „Schutzvertrag" war es ihnen jedoch generell untersagt, Waffen zu tragen. Wie in vielen anderen Kulturen, so war es auch im Islam nur freien – und das hieß in diesem Fall muslimischen – Männern erlaubt, eine Waffe zu tragen. Zum anderen sollte auf diesem Weg jeder Widerstand von vorneherein ausgeschlossen werden.

Im Osmanischen Reich wurde die Dhimmi-Frage über das sogenannte Milletsystem geregelt: Religionsgemeinschaften wurden wie
eigene Nationen innerhalb des Osmanischen Reiches behandelt und
als Millet bezeichnet. So gab es etwa das Millet der Juden, das Millet der griechisch-orthodoxen und das der armenisch-apostolischen
Christen. Gemäß dem „Schutzvertrag" wurde ihnen Glaubens- und
Rechtsautonomie im Familien- und Privatrecht zugestanden. Nach
außen waren die Mitglieder der Millets jedoch, ebenso wie unter
arabischer Herrschaft, als Dhimmis den Muslimen rechtlich untergeordnet. Da Christen die Mehrheitsbevölkerung in weiten Teilen
des Osmanischen Reiches stellten, ist die oft verwendete Bezeichnung des Milletsystems als Minderheitenrecht etwas irreführend.
Große Teile der anatolischen Westküste, des am dichtesten besie-
delten anatolischen Gebietes, und südöstlicher Gebiete waren beispielsweise bis zur Vertreibung und Ermordung der Armenier und
Assyrer und dem „Bevölkerungsaustausch" mit Griechenland in
Folge des Vertrages von Lausanne 1923, überwiegend christlich.

Christen, Juden und persische Zoroaster hatten innerhalb ihrer
Gemeinden weitgehende Gerichtshoheit; Auseinandersetzungen
mit Muslimen fielen jedoch in die Zuständigkeit islamischer Gerichte. Vor diesen wiederum hatten Dhimmis kein Zeugnisrecht und
somit auch keine Möglichkeit, sich angemessen zu verteidigen. Der
Islamwissenschaftler Tilman Nagel hat darauf hingewiesen, dass
nach islamischen Recht nur Muslime uneingeschränkt rechtsfähig
sind: „Hieraus folgt, dass Andersgläubige, auch wenn sie auf Dauer
auf dem Gebiet eines islamischen Gemeinwesens leben, niemals im
vollen Sinne Rechtsgenossen der Muslime sein können."[22] Gelang
es ihnen nicht, muslimische Zeugen zu kaufen – wovon oft berichtet
wird – und gegebenenfalls auch noch den Richter zu bestechen,[23] zogen sie zwangsläufig den Kürzeren. Besonders gravierend konnten
die Folgen einer Anzeige wegen Blasphemie sein, weil dieses „Vergehen" mit dem Tod bestraft wurde. Eine Gesetzgebung, die ganze
Bevölkerungsgruppen diskriminiert, indem sie ihnen Rechte vor-
enthält, öffnet, wie die Schaffung von Sondergesetzen überhaupt,
dem Denunziantentum Tür und Tor. Leicht vorzustellen, wie groß
die Versuchung war, Nachbarschaftskonflikte und Streitigkeiten
mit Christen oder Juden durch Anzeigen wegen „Beleidigung des
Islam" ein für alle Mal zu lösen.

Es liegt auf der Hand, dass viele in der Konversion einen Ausweg aus diesem Dilemma sahen. Somit war das Gerichtswesen auch ein Mittel der „Bekehrung".[24] Die Bestimmung, das Zeugnis eines Nicht-Muslims vor Gericht nicht zuzulassen, war, von wenigen Ausnahmen abgesehen, in der gesamten islamischen Hemisphäre bis weit ins 19. Jahrhundert hinein gültig. In einem Brief des britischen Vizekonsuls in Bosnien heißt es noch 1877: „Der derzeitige Quadi von Travnik lehnt vor Gericht hartnäckig jegliches Zeugnis von Christen ab, und obwohl die muslimischen Zeugen ja immer für Geld empfänglich sind, kann man, da solche Praktiken herrschen, außer einem Justizirrtum nichts erwarten."[25]

Das Islamische Recht kennt die Möglichkeit der Reue. Todesstrafen bei Apostasie und Blasphemie mussten nicht vollstreckt werden, wenn der vom Glauben abgefallene Muslim „reumütig den Weg zum Islam zurückfindet."[26] Ist der Beschuldigte Christ oder Jude, muss er zunächst zum Islam konvertieren, um ein Zeugnisrecht vor Gericht zu erlangen. Da er mit der Konversion zugleich unter Beweis gestellt hat, dass er seinem alten Glauben abgeschworen, sich dem Islam unterworfen und seine „blasphemische Handlung" bereut hat, wurde die Strafe üblicherweise aufgehoben.[27]

Auf Druck verschiedener Staaten sah sich das Osmanische Reich 1839 gezwungen, seine Rechtsprechung zu reformieren, und nun auch die Aussage von Juden und Christen vor Gericht anzuerkennen. Die Umsetzung der Maßnahmen verlief jedoch sehr zögerlich, weil viele islamische Rechtsgelehrte sie als unvereinbar mit der Scharia ansahen. Gegen die osmanischen Reformen, die zu einer rechtlichen Gleichstellung aller Bürger führen und auch die diskriminierende Kopfsteuer abschaffen sollten, regte sich neben dem Widerstand der Rechtsgelehrten auch Unmut in Teilen der Bevölkerung, die die Abschaffung der Dhimmi-Gesetze als Verstoß gegen die von Gott geschaffene Ordnung und damit auch gegen ihre Privilegien betrachteten – eine Haltung, die nach Jahrhunderten der Gewohnheit nicht verwundert. In Gebieten des Osmanischen Reiches, vor allem an seinen Rändern, wo der einst starke Arm des Sultans schon seit längerem Schwäche zeigte, kam es zu mehreren Aufständen gegen die geplante Gleichstellung von Juden und Christen, wie etwa 1860 im Maghreb, in Palästina, Syrien und dem Libanon. In ihrem Verlauf wurden, einem Memorandum des britischen

Generalkonsuls in Konstantinopel, Sir Philip Francis, zufolge, allein in Syrien und dem Libanon circa 20.000 Christen ermordet.[28] In Ägypten verlief die Umsetzung der Gesetze relativ reibungslos. Der dortige osmanische Vizekönig Muhammad Ali war ein reformfreudiger Mann, der den Anschluss an die europäische Moderne suchte und das Land am Nil bereits in den Jahrzehnten zuvor schrittweise modernisiert hatte, allerdings mit eiserner Hand.

Der „Schutzvertrag" garantierte den Dhimmis zwar einen gewissen Eigentumsschutz und das Recht auf Religionsausübung, aber auch dieses war eingeschränkt. Überall dort, wo sich die Herrschaft des Islam durchsetzte, mussten Juden und Christen den Großteil ihrer Synagogen und Kirchen an die neuen Herren abtreten. Angesichts der Tatsache, dass Muslime in den Jahrhunderten nach der arabischen und später auch der osmanischen Eroberung noch immer eine Minderheit waren und der Moscheebedarf entsprechend klein, hatte diese Maßnahme ausschließlich demonstrativen und, mit der Etablierung des islamischen Kultes in wichtigen Kirchen wie beispielsweise der Hagia Sophia in Konstantinopel, vor allem Symbolcharakter. Weniger bedeutende Kirchen und Synagogen wurden als Steinbrüche verwendet oder verfielen.

Die Aufhebung des „Schutzvertrages" und die Gleichstellung von Andersgläubigen war nicht das Resultat einer innergesellschaftlichen Debatte, denn es gab keine gesellschaftlich relevanten Gruppen, die sie gefordert hätten. Das Osmanische Reich schaffte die diskriminierenden Bestimmungen gegenüber Christen und Juden erst ab, als es wirtschaftlich und militärisch auf Hilfe europäischer Mächte angewiesen war und daher Zugeständnisse machen musste. Gleiches gilt im Übrigen auch für die Sklaverei, die auf Druck Großbritanniens 1857 offiziell abgeschafft wurde, mit Ausnahme der damals zum Osmanischen Reich gehörenden arabischen Halbinsel, wo sie noch bis 1964 (!) erlaubt war.

Die Durchsetzung der Bestimmungen des Dhimmi-Vertrags war abhängig vom Glaubenseifer des jeweiligen Herrschers und variierte je nach Ort und Zeit. So war es um 1655 herum Christen in Smyrna (Izmir), die dort die Bevölkerungsmehrheit stellten, durchaus erlaubt, Prozessionen durchzuführen, während zur gleichen Zeit auf Zypern damit begonnen wurde, auch die wenigen noch verbliebenen Kirchen in Moscheen umzuwandeln. Noch im

Jahre 1855 wurde die Restaurierung einer Synagoge in Jerusalem erlaubt, eine beantragte Vergrößerung und Verschönerung jedoch nicht.[29]

Der „Schutzvertrag" untersagte Juden und Christen jegliche Machtposition im islamischen Gebiet. Wer Ambitionen verspürte, in die Gesellschaft aufzusteigen, musste Muslim werden. Aus dem muslimischen Spanien ist uns ein drastisches Beispiel dafür überliefert, was ein Verstoß gegen dieses Verbot auslösen konnte. Schmuel ha-Nagid wurde, obgleich Jude, Großwesir im Königreich Granada, was auf seine Freundschaft zum Herrscher zurückging. Als der König verstarb, verhalf er dessen ältestem Sohn auf den Thron und blieb im Amt des Wesirs. Nach seinem eigenen Tod erbte sein Sohn, Joseph ibn Naghrela, ebenfalls jüdischen Glaubens, die Wesirwürde. Nun eskalierte die Situation. Am 30. Dezember 1066 stürmte eine fanatisierte Menschenmenge den Palast, kreuzigte den Wesir und zog anschließend durch das jüdische Viertel Granadas. Fast 4.000 Menschen, beinahe die gesamte jüdische Gemeinde, musste mit dem Leben dafür bezahlen, dass ein Jude es gewagt hatte, die zweithöchste Position im Staate einzunehmen – der älteste bekannt gewordene Pogrom auf europäischem Boden. Der „Schutzvertrag" stellte nicht den einzelnen Dhimmi unter Schutz, sondern die Gemeinde als Ganze, dementsprechend wurde bei einem „Vertragsbruch" auch die gesamte Gemeinde bestraft.

Der jüdische Reisende Josef Israel Benjamin besuchte Mitte des 19. Jahrhunderts Persien und beschrieb die Situation der dort lebenden Juden. Seinen Ausführungen zufolge war es ihnen unter anderem untersagt, in einem Geschäft die Waren zur Begutachtung in die Hand zu nehmen; wenn sie es taten, mussten sie sie zu jedem verlangten Preis kaufen. Sie durften ihre Häuser nicht verlassen, wenn es regnete, denn weil sie im religiösen Sinne als „unrein" galten, hätte der Regen ihren Schmutz abwaschen und Muslime damit in Kontakt bringen können. Diese extreme dualistische Sicht, mit ihrer Aufteilung der Welt in „rein" und „unrein", ist vor allem im Schiitismus zu finden. Hier scheinen die strengen zoroastrischen Reinheitsvorstellungen auf die Ausprägung des Islam eingewirkt zu haben. Noch Khomeini nannte in seinem *Leitfaden für Muslime* unter den elf Dingen, die unrein machen, an achter Stelle die „Ungläubigen".[30] Es versteht sich von selbst, dass Andersgläubige im islamischen Herrschaftsbereich nicht missionieren durften; entsprechende Bestimmungen haben sich bis heute gehalten.[31]

Seit dem Mittelalter entwickelte sich ein umfangreiches Schrifttum, das mit Polemiken und Schmähschriften die systematische Abwertung von Christen und Juden betrieb. Die Bezeichnungen „Affen" (für Juden) und „Schweine" (für Christen) sind die darin gängigen Stereotypen,[32] die von fundamentalistischen Strömungen des Islam bis heute verbreitet werden und über Satellitensender, Internet, Schulbücher und Printmedien ihren Weg auch in die muslimischen Communities Europas finden (→Judenfeindschaft).

Der Koran verbietet Zwangsbekehrungen, aber der „Schutzvertrag" machte es Andersgläubigen schwer, im eigenen Glauben zu verbleiben. Zu den „Ungläubigen" zu gehören bedeutete vor allem Ungleichheit und Unterlegenheit, es bedeutete Diskriminierung und immer wieder auch Verfolgung. Die Konversion zum Islam hingegen versprach Zugehörigkeit und bessere Chancen für die Nachkommen.

Buddhisten, Hinduisten oder Animisten, die unter islamische Herrschaft gerieten, waren in einer wesentlich schlechteren Lage. Da sie nicht zu den geduldeten Buchreligionen gehörten, standen sie vor der Alternative Zwangsbekehrung oder Tod beziehungsweise Sklaverei.[33] Mit der Ausbreitung des Islam wurde in der Regel die gesamte religiöse Infrastruktur dieser Religionen nachhaltig zerstört.[34] Die Sprengung der Buddha-Statuen von Bamiyan durch die Taliban im März 2001 war nur der jüngste Ausdruck einer Aggression, an deren Anfang die Auslöschung buddhistischer Gemeinden und Heiligtümer in Asien stand, darunter das damalige geistige Zentrum der buddhistischen Welt, die Universitäts- und Klosterstadt Nalanda in der Provinz Bihar in Indien im Jahr 1202.[35]

Auch Christen und Juden fielen von Zeit zu Zeit Zwangsbekehrungen durch religiös eifernde Herrscher zum Opfer. So wurden etwa im Jahre 1058 die griechischen und armenischen Einwohner Antiochias unter Folter zum Islam gezwungen,[36] und der Almohaden-Kalif Abd al Mumin „bot" den Christen und Juden in Tunis 1159 den Islam an; „wer Muslim wurde, blieb unbehelligt, wer sich weigerte, wurde getötet", berichtet der muslimische Historiker Ibn al-Athir (1160-1233).[37]

Pogrome gegen Juden sind vom Hochmittelalter bis in die jüngere Geschichte belegt. 1033 fielen in Fez 6.000 Juden einem Pogrom zum Opfer. Nach dem bereits erwähnten Massaker von Granada 1066 kam es in der Stadt im Jahre 1090 neuerlich zum Pogrom gegen die gerade wieder angewachsene jüdische Gemeinde. 1465 breitete sich von Fez eine Pogromwelle durch den ganzen Maghreb aus, an deren Ende das Judentum dort fast vollständig vernichtet war. Einer der letzten antijüdischen Pogrome Nordafrikas fand 1945 in Tripolis statt. Unter den Augen der britischen Besatzer wurden in drei Tagen mehr als 140 Juden ermordet und neun Synagogen zerstört.[38]

Als Beispiel für einen toleranten Islam wird immer wieder al-Andalus ins Feld geführt, der einst muslimische Teil der Iberischen Halbinsel. Während dieser achthundert Jahre dauernden, maurischen Epoche hätten, unter dem Schutz und Patronat eines aufgeschlossenen und konzilianten Islam, die drei monotheistischen Religionen in friedlicher Koexistenz miteinander gelebt. Dieser Mythos hat seinen Ursprung im Europa der Aufklärung. Auf der Suche nach Vorbildern für die eigenen Vorstellungen von menschlicher Vernunft, Bildung und Wissenschaft, sowie der Idee von religiöser Toleranz blickte man in die Vergangenheit und über den Rand des intoleranten Christentums hinaus. Al-Andalus wurde zum Sehnsuchtsort, in dem Toleranz und Harmonie unter den Religionen, wie in Lessings Ringparabel idealisiert, Wirklichkeit gewesen sei. Das lokalisierte Ideal der Aufklärer hatte dabei insofern einen historisch wahren Kern, als es in al-Andalus für kurze Zeit tatsächlich eine – für damalige Verhältnisse – weltoffene, wissenschaftsfreundliche und kulturell produktive Phase gab. Al-Andalus war ein Gebiet am äußersten Rand der islamischen Welt, stand in Opposition zum Kalifat in Bagdad und verbrachte einen großen Teil seiner Geschichte in Gegnerschaft zur restlichen islamischen Welt. Eine im Vergleich mit dem Europa jener Zeit tolerante Periode von etwa 50 Jahren begann, als Abd ar-Rahman III. im Jahre 929 das Kalifat von Cordoba ausrief. Durch seinen Anspruch auf den Kalifentitel und damit die Nachfolge des Propheten und die Herrschaft über alle Gläubigen (Kalif, vom arabischen Chalifa = Nachfolger/Stellvertreter) zog er sich die Feindschaft des Kalifen von Bagdad zu. Abd ar-Rahman III. leitete eine Modernisierung seines Reiches ein, indem er Techniker, Wissenschaftler und Künstler aus der islamischen wie nichtislamischen Welt – Christen, Juden und Muslime –

in sein Kalifat rief. Durch diese Öffnung gelang es ihm innerhalb kürzester Zeit, Cordoba neben Konstantinopel und Bagdad zu einem der bedeutendsten Wirtschafts- und Kulturzentren der damals bekannten Welt zu machen. Sein Sohn und Nachfolger al-Hakam II., selbst ein Gelehrter ersten Ranges, setzte diese Politik fort und baute eine der größten Bibliotheken der damaligen Zeit auf. Diese kurze Blütezeit endete mit dem Tod al-Hakams, begründete jedoch einen Mythos, der in der europäischen Aufklärung auf alle Gebiete und die gesamte Zeit des muslimischen Spaniens übertragen wurde, um später auch von der islamischen Geschichtsschreibung aufgegriffen zu werden. Tatsächlich jedoch mutet die Vorstellung einer über fast 800 Jahre hinweg andauernden friedlichen und toleranten Herrschaft und eines ebensolchen Zusammenlebens der Menschen untereinander etwas realitätsfern an und widerspricht jeder historischen Erfahrung, insbesondere, wenn sich ein Gebiet einer ständigen äußeren Gefährdung gegenüber sieht, wie das bei den islamischen Reichen in Spanien der Fall war. In solchen Situationen neigt Herrschaft gewöhnlich zur Repression nach innen und nicht zur Toleranz.

Die Nachfolger al-Hakams II. bereiteten dem Aufbruch Cordobas alsbald ein Ende. Bereits sein unmittelbarer Nachfolger, Almansur,[39] ließ die kostbare Bibliothek und mit ihr die Ergebnisse der wissenschaftlichen Forschungen al-Hakams unter dem Beifall islamischer Rechtsgelehrten und des Volkes wieder zerstören.[40] War es bereits vor den goldenen Jahrzehnten immer wieder zu antijüdischen und antichristlichen Pogromen gekommen,[41] nahmen die Repressionen nun erneut zu. Die 1091 aus Nordafrika eindringenden strenggläubigen Almoraviden und die ihnen 1130 folgenden (für ihren Fanatismus bekannten) Almohaden verwandelten Nordafrika und al-Andalus in einen Schauplatz von Zwangskonversionen, Vertreibungen und Massakern, die der Präsenz von Juden und Christen ein vorübergehendes Ende bereiteten.[42] Die der städtischen Kultur al-Andalus' abgeneigten und der Orthodoxie zugeneigten Berber vertrieben weite Teile der intellektuellen Elite, darunter auch den berühmten islamischen Philosophen ibn-Ruschd (Averroes) und den jüdischen Philosophen ibn-Maimun, bekannt als Maimonides.

Zu dieser Zeit gelang es den Christen Nordspaniens, Gebiete zurückzuerobern; unter anderem Toledo. Die christlichen Fürsten waren daran interessiert, die muslimische Bevölkerung zu halten, und die vor den Almohaden aus dem Süden geflüchteten Juden aufzunehmen und zeigten sich daher vergleichsweise tolerant. In der zweiten Hälfte des 13. Jahrhunderts fanden sich die zahlenmäßig jeweils größten jüdischen und muslimischen Gemeinden des christlichen Europas im Norden Spaniens. Die Kreuzritter, die Ferdinand III. 1248 bei der Eroberung Sevillas unterstützt hatten, zeigten sich konsterniert darüber, dass Ferdinand sowohl Juden als auch Muslimen Stadtrechte gewährte und den Bau von Kulthäusern erlaubte. Ferdinands hoch gebildeter Sohn Alfons X. – Verfasser von Gedichten und wissenschaftlichen Werken – war ein Bewunderer der arabischen Wissenschaften, gründete in Toledo Übersetzerschulen und nahm von der islamischen Orthodoxie verfolgte und vertriebene Intellektuelle und Wissenschaftler an seinem Hof auf. Gleichzeitig führte er als überzeugter Anhänger der Reconquista Kreuzzüge gegen die noch verbliebenen islamischen Gebiete. Die antijüdische Politik der Päpste des 13. Jahrhunderts beeinflusste schließlich auch Spanien immer mehr und entlud sich ab dem 14. Jahrhundert in zahlreichen Pogromen, die 1392 in Sevilla ihren Höhepunkt erreichten.[43]

In den beiden Jahrhunderten nach der Almohadenherrschaft wuchs die jüdische Gemeinde im muslimischen al-Andalus wieder an, bevor sie 1492 neuerlich vertrieben wurde: Diesmal von den christlichen Herrschern Spaniens, König Ferdinand II. und Königin Isabella I., die die Reconquista erfolgreich abgeschlossen hatten. Der Glaubenseifer des katholischen Königspaares richtete sich zuvorderst gegen die Juden; die verbliebenen Muslime wurden zunächst geduldet, bis auch sie nach einem weiteren Jahrzehnt vertrieben werden sollten. 1609 ließ Philipp III. selbst noch die Nachkommen der längst zum Christentum konvertierten Araber vertreiben.

Die Geschichte vom einzigartig toleranten, muslimischen al-Andalus und seinem intoleranten christlichen Widerpart ist ein Mythos, der der historischen Überprüfung nicht standhält. Im 20. Jahrhundert erhielt dieser Mythos auch in Spanien neue Nahrung, begründet durch die Opposition gegen Franco, der eine Art Reconquista-Politik für ein christliches Spanien propagierte. Für Antifaschisten und Intellektuelle war es geradezu selbstverständlich, die Gegenposition einzunehmen und dabei die Verfolgung von Juden und Muslimen im christlichen Spanien hervorzuheben, was zweifelsohne als Verdienst gewertet werden kann. Weniger verdienstvoll war die gleichzeitige Verklärung muslimischer Herrschaft in Spanien.[44]

In der Realität hing das Schicksal religiöser Minderheiten in christlichen wie muslimischen Gebieten von der persönlichen Disposition und den politischen Interessen der jeweiligen Herrscher ab und ähnelte auf beiden Seiten einer Pendelbewegung zwischen Duldung und Verfolgung.[45] Hier wie dort fanden sich Herrscher bereit, Vertriebene aufzunehmen. Juden fanden etwa in christlichen Ländern wie Polen, Litauen und Savoyen eine neue Bleibe; ein beträchtlicher Teil der 1492 vertriebenen spanischen Juden im Osmanischen Reich, ein anderer Teil von ihnen in Venedig und Florenz. Ihre Aufnahme wurde jedoch in keinem Fall vom Gedanken des Mitleids oder der Toleranz geleitet, sondern von wirtschaftlichen und manchmal auch demographischen Erwägungen. Sie wurden wegen ihrer handwerklichen Fähigkeiten und ihrer Kenntnisse im Handel als nützlich betrachtet. Sultan Bayezid II. nahm die spanischen Juden vor allem deswegen auf, weil die Wiederbesiedelung Konstantinopels 40 Jahre nach der Einnahme durch die Osmanen nach wie vor ein ungelöstes Problem darstellte. 1453 war ein Großteil der christlichen Bevölkerung während der Eroberung entweder getötet worden oder geflohen, und mehrere Pestwellen hatten sämtliche Bemühungen, die neue Hauptstadt durch Zwangsansiedlung aus eroberten Gebieten oder Einladungen zur Ansiedlung zu beleben, zunichte gemacht. Hier kamen einige tausend spanische Juden, denen noch dazu ein Ruf als tüchtige Handwerker vorauseilte, gerade recht.[46] Wenige Jahre zuvor noch hatte derselbe Sultan die christlichen und jüdischen Beamten seiner Administration verjagt, die strenge Einhaltung der Dhimmi-Bestimmungen befohlen und eine Reihe von Synagogen schließen lassen.[47]

Ähnlich wie im islamisch beherrschten Teil Spaniens konnten sich auch in der übrigen islamischen Welt aufgeschlossene Herrscher nicht dauerhaft durchsetzen und eine mehr als episodische wissenschaftliche und philosophische Entwicklung einleiten. Zu stark waren die restaurativen Strömungen, die letztlich immer wieder die Oberhand gewannen.

Ulugh Beg, der Enkel des Mongolenherrschers Timur Lenk, war einer der herausragenden islamischen Herrscher in Zentralasien, der seine Hauptstadt Samarkand in der ersten Hälfte des 15. Jahrhunderts zu einem bedeutenden Wissenschaftszentrum ausbaute. Das unter ihm errichtete Observatorium, ein gigantischer Rundbau, zog Forscher aus aller Welt an. Ulugh Beg hatte in den Islamgelehrten von Beginn an starke Feinde und nach seiner Ermordung 1449 wurde das Observatorium zerstört und geplündert. Einige astronomische Arbeiten und Gegenstände gelangten mit flüchtenden Wissenschaftlern nach Tabriz und tauchten bald darauf auch im Abendland auf, wo sie aufgenommen und weiterentwickelt wurden.[48] Die Toleranz eines Machthabers in Bezug auf wissenschaftliche Forschung kann nicht umstandslos als allgemeine Toleranz gelesen werden. Ein Herrscher konnte durchaus Wissenschaftler, Philosophen oder Künstler an den Hof holen und gleichzeitig seine christlichen und jüdischen Untertanen verfolgen.

Ein besonderes Beispiel für einen toleranten islamischen Herrscher ist der indische Großmogul Jalaluddin Muhammad Akbar im 16. Jahrhundert. Im Dialog mit sämtlichen Glaubensrichtungen schaffte er die Sondersteuer für Nichtmuslime ab und verfügte, dass jeder zu der Religion wechseln dürfe, die ihm gefalle.[49]

Im Osmanischen Reich prägten zwei Besonderheiten den Umgang mit andersgläubigen Gruppen: Der in der Literatur als Knabenlese (türk.: Devşirme=Sammlung) beschriebene Raub christlicher Kinder, und die häufigen Zwangsumsiedelungen. Jahr für Jahr wurde aus wechselnden Provinzen der eroberten europäischen Gebiete, hauptsächlich vom Balkan und aus Griechenland, ein bestimmter Prozentsatz männlicher Kinder für den Sultan geraubt. Sie wurden zu Muslimen erzogen und nach entsprechender Ausbildung entweder in der Verwaltung des Reiches eingesetzt oder im Janitscharenkorps, der Eliteeinheit des Sultans, die bis zum Ende des 17. Jahrhunderts ausschließlich auf geraubte Knaben zurückgriff. Die „Knabenlese" wurde im späten 14. Jahrhundert eingeführt und existierte über drei Jahrhunderte hinweg bis ins frühe 18. Jahrhundert hinein. Dieser Brauch entstand aus dem Bedürfnis des Sultans, über eine Elitetruppe von Männern zu verfügen, deren Loyalität weder einer Familie noch einem Stamm gehörte, sondern ihm allein. Eine nicht unerhebliche Anzahl osmanischer Wesire entstammte der „Knabenlese", die überwältigende Mehrheit der Geraubten jedoch wurde auf allen erdenklichen Verwaltungsposten eingesetzt. Die Zahl der Betroffenen lässt sich nur schätzen: Wenn man davon ausgeht, dass die Janitscharen in der Regel 10 Jahre aktiven Militärdienst leisteten und man die Verluste durch die häufigen Kriege mit einbezieht, sind nach derzeitigem Forschungsstand etwa zwei Millionen Jungen versklavt worden. Der Historiker David Stacton geht – inklusive der für den Staatsdienst benötigten- von insgesamt fünf Millionen geraubten Christenkindern aus.[50]

Eine Gesellschaft, die es über Jahrhunderte hinweg als ihr selbstverständliches Recht betrachtete, Kinder der andersgläubigen Bevölkerung zu verschleppen und diese für den Islam in Dienst zu nehmen, kann selbst nach damaligen Maßstäben und im Vergleich mit anderen Ländern dieser Zeit schwerlich als tolerant bezeichnet werden. Bis zum heutigen Tag hat kein einziger türkischer Präsident es für notwendig erachtet, sich bei den betroffenen Ländern zu entschuldigen. Gleiches gilt für die Haremssklaverei, für die abertausende Frauen aus den eroberten Gebieten in die Privathäuser der Oberschicht verschleppt wurden, für die Sklaverei allgemein und für die Politik der Zwangsumsiedelungen nichtmuslimischer Untertanen. Nach den Eroberungen Belgrads (1521) und Budas (1524) etwa wurde eine nicht zu beziffernde Anzahl von Menschen in die zentralen Städte des Reiches (Istanbul, Edirne, Izmir) zwangsumgesiedelt, weil dort Bedarf an Menschen bestand.[51]

Islam und Toleranz heute

Der Mangel an Toleranz kennzeichnet auch heute nicht nur die Regierungen, sondern auch das zwischenmenschliche Leben in den meisten Ländern der islamischen Welt. Intoleranz trifft dabei sowohl Juden und Christen als auch Muslime, deren Bekenntnis der offiziellen Auslegung des Islam des jeweiligen Landes widerspricht oder deren Lebensstil nicht den Vorgaben der Sittenwächter entspricht. Religiöse Dominanz und religiöse Bevormundung stellen eine wesentliche Behinderung für die Entwicklung *sämtlicher* Bereiche der Gesellschaft dar. Der frühere pakistanische Justizminister Allah Bukhsh K. Brohi beschreibt dieses Problem für den Bereich der Rechtswissenschaften:

In der islamischen Welt muss sich die Forschung auf dem Gebiet des Rechts auch gegen die Intoleranz der sogenannten *Ulama* [die Religionsgelehrten; Anmerkung des Verfassers] durchsetzen, die sich selbst für die Bewahrer des Glaubens halten und, was noch schlimmer ist, im Falle der allergeringsten möglichen Abweichung, die in den Schriften selbst akademisch gebildeter Autoren zum Thema Recht und gesetzliche Institutionen wahrnehmbar sein könnte, sich dazu berufen fühlen, die dafür verantwortlichen Schriftsteller als Häretiker zu brandmarken. Das Ergebnis ist, dass es kaum nennenswerte Beiträge zur Literatur des Islam aus der Feder von Denkern in Muslim-Ländern gibt.[52]

In Albanien, wo sich 70% der Bevölkerung zum sunnitischen Islam bekennen und in Bosnien und Herzegowina, wo das knapp die Hälfte der Bevölkerung tut, gestaltet sich das Zusammenleben zwischen den verschiedenen Glaubensgemeinschaften weitgehend friedlich, wenngleich Saudi-Arabien mit Ölgeldern versucht, Einfluss zu gewinnen und die besonders intolerante salafistische Strömung auf dem Balkan zu etablieren. In Saudi-Arabien selbst, wo alle Religionen außer dem herrschenden sunnitischen Islam verboten sind, werden Schiiten offen diskriminiert und ihre Lehre als „jüdische Verschwörung" betrachtet.[53] Millionen von Gastarbeitern können ihre Religion bestenfalls heimlich in den Wohnunterkünften ausüben, Juden, ganz gleich aus welchem Land kommend, wird die Einreise verwehrt.

In Indonesien finden fundamentalistische Strömungen in den letzten Jahrzehnten Zuspruch in Teilen der Bevölkerung, was eine vermehrte Intoleranz gegenüber anderen Religionsgemeinschaften zur Folge hat. Der Bau von Kirchen ist zwar administrativ dem Bau von Moscheen gleichgestellt, aber seit den 1960er Jahren sind weit über 1.000 Kirchen zerstört worden.[54] Zuletzt zündeten aufgebrachte Muslime im Februar 2011 zwei Kirchen an, um gegen ein für zu milde gehaltenes Gerichtsurteil gegen einen Christen zu protestieren. Dieser war wegen „Beleidigung des Islam" zur Höchststrafe von fünf Jahren verurteilt worden, die aufgebrachte Menge aber forderte seinen Tod.[55]

In Pakistan ist der Blasphemieparagraph, der im Jahr 1986 eingeführt wurde, zum Kampfmittel gegen Andersgläubige und Kritiker geworden. Anfang 2011 saßen allein in der Provinz Punjab 130 Menschen wegen Blasphemievorwürfen im Gefängnis: Christen, Ahmadis und andere Muslime. In abgelegenen Dörfern führt der Vorwurf der Blasphemie immer wieder zu Selbstjustiz.[56]

Die etwa fünf Millionen Menschen zählende islamische Glaubensgemeinschaft der Ahmadiyya in Pakistan wurde 1974 von der *Islamischen Weltliga* zur nichtmuslimischen Minderheit erklärt. Ihre Anhänger durften sich fortan nicht mehr Muslime nennen und ihre Bethäuser nicht mehr Moschee, was ihrer Verfolgung als Apostaten Tür und Tor geöffnet hat.[57] Dass viele pakistanische Migranten auch in Europa die Definitionshoheit über den Islam und den von Intoleranz und Feindschaft geprägten Umgang mit Andersgläubigen für ihr selbstverständliches Recht halten, zeigt sich an der Forderung pakistanisch-britischer Organisationen, die britische Regierung möge die Ahmadis und ihren „gottlosen Glauben" auch in Großbritannien verbieten.[58]

In Syrien war es Christen unter der Herrschaft der Familie Assad möglich, in hohe Staatsämter zu gelangen, was weniger ein Zeichen von Toleranz, sondern der Tatsache geschuldet war, dass das alevitische Herrscherhaus selbst zu einer religiösen Minderheit im sunnitischen Syrien gehört und daher zu seinem Schutz gern Angehörige anderer Minderheiten in Militär und Staatsdienst um sich scharte. Seit einigen Jahren werden auch aus Syrien vermehrt Übergriffe von Muslimen auf Christen gemeldet.[59]

In der Türkei leben heute noch etwa 100.000 Christen. Ihre Kirchen haben keinen gesicherten Rechtsstatus, was den Bau neuer Gotteshäuser, den Besitz von Immobilien und die Ausbildung von Priestern erschwert.[60] Im Sommer 2011 beschloss die türkische Regierung die Rückerstattung allen seit 1936 beschlagnahmten Eigentums christlicher und jüdischer Stiftungen, beziehungsweise dessen Entschädigung zu aktuellen Marktpreisen. Dabei handelt es sich allein in Istanbul um hunderte Immobilien in bester Lage. Dies ist auch deswegen ein Schritt in die richtige Richtung, weil sich in den letzten Jahren vor allem im Südosten des Landes Angriffe auf Christen und ihr Eigentum mehren. Othmar Oehring, Menschenrechtsbeauftragter und Berater der türkischen Bischofskonferenz, berichtet, dass es zu Brandanschlägen auf Weinberge und Felder gekommen sei und christliche Türken von nationalistischer wie von islamistischer Seite wie Ausländer betrachtet würden.[61] Obwohl Religion von Gesetz wegen als Privatsache gilt, wird davon ausgegangen, dass ein Türke immer auch ein Muslim ist – eine Haltung, die auch vielen areligiösen Türken das Leben schwer macht.[62] Im

Sommer 2011 sorgte ein türkisches Schulbuch für Aufsehen, in dem Christen als Landesverräter bezeichnet werden, die aus wirtschaftlichen Gründen die Türkei verlassen hätten, um sich im Ausland „zum Werkzeug der politischen und religiösen Interessen" des Westens machen zu lassen.[63] Der Versuch Atatürks, die islamische Umma durch das Kollektiv der Türken zu ersetzen, führte letztlich nur zur Verschmelzung von Türkentum und Islam, der türkische Nationalismus ist zugleich ein religiöser.

Nach orthodoxem sunnitischem Verständnis sind Aleviten mit ihrer dem Schiitismus verwandten Glaubensauffassung keine wahren Muslime. Selbst in der Türkei werden sie als Glaubensgemeinschaft nicht anerkannt, obwohl sie circa 10-15% der Bevölkerung ausmachen.[64] Ihr Anteil an türkischen Zuwanderern in Deutschland und Österreich dürfte ähnlich hoch sein. Seit 2002 sind sie in Deutschland als Religionsgemeinschaft anerkannt. In Österreich mussten Aleviten 2010 bis vor das Verfassungsgericht ziehen, weil der Staat ihnen die Anerkennung als Religionsgemeinschaft mit dem Argument verweigert hatte, es gebe schon eine Vertretung für Muslime – in Verkennung der Tatsache, dass Aleviten von dieser nicht anerkannt werden.[65]

Im heutigen Iran zeigt sich die unterschiedliche Wertigkeit der Bewohner des Landes deutlich im sogenannten „Blutgeld", jener Summe, die nach Scharia-Recht vom Täter gezahlt werden muss, wenn sich die Angehörigen des oder der Ermordeten auf Kompensation statt Wiedervergeltung (Hinrichtung) einlassen. Der Mord an einem Muslim ist dabei achtmal so teuer, wie der Mord an einem Christen, Juden oder Zoroaster – einen Bahai zu töten, kostet gar nichts. Im Gespräch mit dem Schriftsteller Navid Kermani äußert sich ein christlicher Bauer zu diesem Gesetz: „Es geht nicht um die Geldsumme; es geht um unser Selbstwertgefühl als Iraner; darum, dass wir von unseren Kindern gefragt werden, weshalb sie weniger wert sind als ihre muslimischen Freunde."[66]

Homosexualität

Die Intoleranz gegenüber abweichenden Lebensstilen zeigt sich besonders deutlich an der Ablehnung und Verfolgung Homosexueller.[67] In sieben Ländern der Erde wird Homosexualität mit der

Todesstrafe bedroht, alle sieben sind islamisch: Iran, Sudan, Jemen, Mauretanien, Somalia, Niger und Saudi-Arabien. Amnesty International zufolge wurden allein im Iran seit der Revolution von 1979 4.000 Homosexuelle hingerichtet.[68] Im UN-Menschenrechtsrat stimmten im Jahr 2011 islamische und afrikanische Staaten gegen eine Resolution, die gleiche Rechte für alle Menschen unabhängig von ihrer sexuellen Orientierung forderte. Die Resolution konnte dennoch mit knapper Mehrheit (23 zu 19 Stimmen) verabschiedet werden.[69]

Auch unter muslimischen Zuwanderern Europas ist eine feindliche Haltung gegenüber Homosexuellen weit verbreitet. In Berlin und anderen deutschen Großstädten werden in den letzten Jahren vermehrt Belästigungen und gewalttätige Übergriffe muslimischer Jugendlicher auf Homosexuelle registriert. Das arabisch-deutsche Anzeigenmagazin *AL-SALAM* („Der Friede") veröffentlichte im April 2008 einen Artikel über Homosexuelle, gegen den Homosexuellen-Initiativen Anzeige erstatteten. Mit Verweis auf Koran und Sunna wird darin vor den vermeintlichen Gefahren gewarnt, die von Homosexuellen ausgingen. Diese würden bei Berührung ansteckende Krankheiten übertragen, weshalb es ratsam sei, ihnen nicht die Hand zu geben. Durchgängig werden Homosexuelle als „Anormale" bezeichnet, auf die Gottes Strafe warte. Muslime werden aufgerufen, sich von ihnen fern zu halten.[70] Einer Studie aus dem Jahre 2007 zufolge sind 79% der türkischstämmigen Jugendlichen in Deutschland schwulen- und lesbenfeindlich eingestellt.[71] Mehrere islamische Berliner Vereine[72] gaben im September 2008 als Reaktion auf zunehmende Übergriffe auf Homosexuelle eine Stellungnahme ab, die sich vom üblichen Tenor unterscheidet. Darin heißt es: „Ausgehend von den Aussagen des Korans gibt es unter muslimischen Gelehrten den Konsens, dass homosexuelle Handlungen theologisch als Sünde zu betrachten sind." Aber:

Gleichzeitig sind wir der festen Überzeugung, dass die sexuelle Orientierung, der Konsum von Alkohol, oder was auch immer in der islamischen Theologie als Sünde betrachtet wird, Privatsache ist. Ob wir etwas gutheißen oder nicht, wird und kann die Freiheit des Einzelnen in keiner Weise beschränken. Für uns handelt hier jeder Mensch eigenverantwortlich und wird im Jenseits – dies ist fester Bestandteil unserer islamischen Glaubensvorstellung – vor seinem Schöpfer für sein gesamtes Handeln Rechenschaft ablegen müssen. [...] Nicht die Glaubensvorstellung führt zu

Homophobie, sondern vielmehr ein mangelndes Verständnis über die Freiheit des Einzelnen. [...]Entscheidend ist [...] die Vermittlung eines richtigen Verständnisses für die vielfältige Freiheit des Einzelnen beziehungsweise des Anderen unabhängig von den eigenen Überzeugungen, die jeder Mensch wiederum für sich frei wählen kann.[73]

Diese Erklärung ist auch deswegen bemerkenswert, weil die beteiligten Vereine darin die Essenz für das friedliche Miteinander in einer pluralistischen Gesellschaft und für die Toleranz gegenüber anderen auf den Punkt gebracht haben. Toleranz beruht darauf, den Anderen als Menschen mit eigener Würde und dem Recht auf ein selbstbestimmtes Leben zu akzeptieren, auch wenn seine Einstellungen und sein Tun nicht nach eigenem Geschmack sind. Ob sich diese Haltung auch in die Moscheegemeinden und Koranschulen fortsetzt, wird sich zeigen müssen.

Glaubenswechsel und -austritt

Der Austritt aus einer Religionsgemeinschaft ist, ebenso wie der Übertritt zu einer anderen, eine für konservative Muslime ungewöhnliche, um nicht zu sagen unmögliche Vorstellung. Die Abwendung vom Islam wird nicht toleriert. Die meisten der areligiösen Frauen und Männer türkischer oder arabischer Herkunft lösen das Problem, indem sie um ihre Haltung kein großes Aufheben machen und einer Konfrontation mit der eigenen Familie, der Nachbarschaft et cetera aus dem Weg gehen.[74] Wenn sich ehemalige Muslime dafür entscheiden, ihren Werdegang öffentlich zu machen, oder gar einen Verein gründen, wie das in mehreren westeuropäischen Ländern geschehen ist,[75] sorgt das unter Muslimen für große Aufregung und bedeutet für die Geouteten selbst nicht selten eine Gefahr. In den meisten islamischen Ländern wäre etwas derartiges ohnehin nicht möglich, ohne sich gesellschaftlicher Ächtung und/oder staatlicher Verfolgung auszusetzen. Seit vielen Jahren wird in Europa eine Zunahme von Glaubensübertritten – sowohl zum Islam hin, als auch vom Islam weg (in der Regel zum Christentum) – beobachtet. Da die zum Islam Konvertierten ihren Glauben frei zeigen können und nicht mit Morddrohungen rechnen müssen, ist ihre Zahl einfacher zu bestimmen, als die Zahl der zum Christentum übertretenden Muslime. Pfarrer und Kirchenbeauftragte handhaben diese Übertritte meist auf Wunsch der Betroffenen äußerst diskret. In der Regel fallen sie, im Gegensatz zu muslimischen Konvertiten, die ihren Wechsel oft durch Kleidung anzeigen und mitunter öffentlich auftreten, weniger auf.[76] Der durch extremistische Positionen bekannt gewordene, nach wie vor legal operierende *Europäische Fatwa- und Forschungsrat* (ECFR) mit Sitz in Irland verteidigt in seinen Empfehlungen für in Europa lebende Muslime ausdrücklich das Recht islamischer Länder, Abtrünnige hinzurichten. Die Abwendung vom Islam sei ein Übel und eine Gefahr für die Gemeinschaft. Der Einzelne habe keineswegs das Recht, frei über seinen Glauben zu entscheiden. Der ECFR rechtfertigt seine Haltung mit dem Hinweis darauf, dass auch moderne Rechtsstaaten den Tatbestand des Hochverrats kennen und unter Strafe stellten.[77] Nun zeigt gerade dieser Hinweis die Selbstverständlichkeit der Verbindung von Staat und Religion im konservativen Islam.

Neben anderen Kriterien zählt die Anerkennung der freien Wahl der Religion und damit auch die selbstverständliche Möglichkeit, aus einer Glaubensgemeinschaft wieder auszutreten, zu den Grundvoraussetzungen für die staatliche Anerkennung als Glaubensgemeinschaft.

Fazit

Angesichts der Geschichte und der gegenwärtigen Verhältnisse in islamischen Ländern kann von einem toleranten Islam keine Rede sein. Überall, wo der Islam Staatsreligion ist oder in einer besonderen Nähe zur staatlichen Macht steht, ist Intoleranz gegenüber Andersgläubigen oder anders lebenden Menschen ein selbstverständlicher Bestandteil des Umgangs mit ihnen, von wenigen Ausnahmen abgesehen. Da aufklärerische Positionen im Islam bislang eher randständig sind, und von der Mehrheit der islamischen Strömungen die Gleichstellung aller Menschen mit dem Hinweis auf eine höhere – *islamische* - Gerechtigkeit abgelehnt wird, verbleiben Andersgläubige und erst recht Agnostiker und Atheisten in einem prekären Status. Der syrische Philosoph Sadik al-Azm betont daher die Notwendigkeit, sich ein für alle Mal von sämtlichen Gesetzen und Regeln der Scharia zu verabschieden, die sich auf nichtmuslimische Minderheiten beziehen und diese auch de jure zu widerrufen. Hierzu bedürfe es allerdings des Eingeständnisses, „dass die Prinzipien der Scharia, die sich auf nichtislamische Religionen beziehen, nicht mehr gültig und nicht mehr anwendbar sind, ebenso wenig wie jene Gesetze und Vorschriften der Scharia, die einst die Sklaverei in muslimischen Ländern und Gesellschaften regelten." Dieses Eingeständnis sei, so al-Azm, die Voraussetzung dafür, dass die arabischen Staaten zu Staaten für *alle* ihre Bürger würden.[78]

Der Geschichtsmythos vom toleranten Islam hilft niemandem weiter und steht einer kritischen Aufarbeitung der islamischen Geschichte im Weg. Ein Begriff wie Toleranz scheint zur Beurteilung mittelalterlicher Gesellschaften – islamischer wie christlicher – ohnehin untauglich, insbesondere wenn wir ihn – im modernen Sinne – als Toleranz aus Überzeugung und nicht als Duldung aus pragmatischen Gründen definieren.

Religiöse Intoleranz ist ein verbreitetes gesellschaftliches Phänomen islamischer Länder. Die jüngsten Proteste und Aufstände in den arabischen Staaten und im Iran haben einerseits gezeigt, dass es eine Schicht gibt, der die Trennung von Religion und Staat und die Befreiung aus religiöser Bevormundung ein Anliegen sind, aber sie offenbaren andererseits auch, wie stark und organisiert konservative religiöse Kräfte sind und wie viel Zuspruch sie aus der Bevölkerung erhalten. Gegenwärtig sieht es so aus, als ob der Sturz der Diktatoren zum Erstarken dieser Kräfte und damit zu einer repressiveren religiösen Haltung und zu neuen Verfolgungen andersgläubiger und anderslebender Menschen führt.

Die Erschütterungen in der arabischen Welt bergen die Gefahr einer Verstärkung der kollektivistischen Strukturen arabischer Gesellschaften. In Ägypten werden Andersgläubige, vor allem Kopten, seit Frühjahr 2011 vermehrt zur Zielscheibe; Verschwörungstheorien gegen Christen, Juden und den Staat Israel haben Hochkonjunktur.[79] Zwischen die Fronten geraten dabei diejenigen, die sich für Aufklärung, Freiheit und Menschenrechte einsetzen – in Ägypten ein maßgeblicher Teil derer, die die Proteste gegen Mubàrak überhaupt erst initiiert haben.

Wie gering die Zahl derjenigen ist, die den Mut haben, gegen religiöse Tabus zu verstoßen, zeigt sich vielleicht am deutlichsten am

Schicksal des ägyptischen Bloggers Maikel Nabil Sanad. Der 26-jährige wurde im Frühjahr 2011 vom Militärrat für einen militärkritischen Kommentar zu drei Jahren Haft verurteilt. Er hatte dem Militär vorgeworfen, nicht auf der Seite der Aufständischen zu stehen und damit eine Doktrin der Post-Mubarak-Ordnung angegriffen. Im gleichen Text kritisierte er den „Jungfräulichkeitstest", den das Militär an ägyptischen Aktivistinnen vorgenommen hatte. Für den Militärrat ist Sanad ein leichtes Opfer, weil er nur einen kleinen Unterstützerkreis hat. Das hat zwei Gründe: Sanad setzt sich für den Frieden mit Israel ein und hat israelischen Opfern von Terroranschlägen sein Bedauern ausgesprochen und – Sanad ist Atheist.

Einige ägyptische Blogger wurden relativ schnell wieder freigelassen, weil sie Massen mobilisieren konnten. Sanad jedoch verstößt in einer Gesellschaft, in der Religion das tägliche Leben einer großen Mehrheit maßgeblich bestimmt, gegen mehrere Tabus, und die Aufständischen waren nicht bereit, für ihn auf die Straße zu gehen. Es ist internationalem Druck zu verdanken, dass Sanad im Januar 2012 im Rahmen der Amnestie zum ersten Jahrestag der „Revolution" freigelassen wurde.[80]

Monotheistische Offenbarungsreligionen, mit dem ihnen eigenen Wahrheitsanspruch, tendieren, wie politische Ideologien, zur Intoleranz,[81] umso mehr, wenn ihre Mitglieder sich als religiöse Kollektive begreifen. Eine Gruppenidentität bildet notwendigerweise eine Grenze zu allen anderen Gruppen. Diese Abgrenzung ist dem Kollektivismus immanent und lebensnotwendig, definiert sich doch erst dadurch das Kollektiv. So legen konservative Islamgelehrte, wie die des erwähnten *Europäischen Fatwa-Rats*, nicht nur deswegen besonderen Wert auf die strikte Einhaltung der Speisegesetze, weil diese von Koran und Sunna gefordert werden, sondern weil sie, wie betont wird, ein eindeutiges Unterscheidungskriterium gegenüber Andersgläubigen seien.[82] Das Kollektiv bezieht seine Legitimation gegenüber der übrigen Gesellschaft aus seinem *Anders-Sein*, das immer auch ein *Besser-Sein* bedeutet. Abgrenzung nach außen erzeugt zudem Konformitätsdruck nach innen. Kollektivistisches Denken kann deshalb weder abweichendes Verhalten innerhalb der Gruppe, noch andere über die Stufe der Duldung hinaus tolerieren.

Toleranz im modernen Sinne setzt voraus, dem Anderen Würde und Anerkennung allein aufgrund seines Menschseins zuzusprechen, unabhängig davon, ob seine Ansichten und sein Lebensstil gefallen oder nicht. Toleranz, so der Philosoph Rainer Forst, bedeute nicht, Meinungsverschiedenheiten zu verneinen oder aus dem Wege zu räumen, sondern mit ihnen zu leben. „Toleranz heißt dann, sich von dem eigenen Urteil zu distanzieren, ohne es aufzugeben; es bleibt bestehen, aber man sieht stärkere Gründe, weshalb man mit sozialer Differenz leben muss."[83]

Toleranz kann nur dann über die Stufe der Duldung hinausgeführt werden, wenn sie auf den einzelnen Menschen bezogen wird, der trotz seines Andersseins als gleichberechtigt anerkannt wird. Aus dieser Einsicht heraus wurde nach den Erfahrungen des Zweiten Weltkrieges die *Allgemeine Erklärung der Menschenrechte* formuliert: Als „Anerkennung der angeborenen Würde und der gleichen und unveräußerlichen Rechte aller Mitglieder der Gemeinschaft der Menschen".[84]

Die aus ihnen resultierende Freiheit des Individuums war und ist nicht unumstritten. Das Heraustreten des Individuums aus dem Kollektiv, wie es Europa seit der Aufklärung erlebt hat, war mit schweren gesellschaftlichen Umbrüchen und Kämpfen verbunden, die den Kontinent über mehrere Jahrhunderte hinweg erschüttert haben. Das Ende der traditionell kollektivistischen Gesellschaften setzte nicht nur das Individuum frei, sondern gebar zugleich jene politischen Bewegungen, die es wieder in ein Kollektiv zwingen wollten: Nationalismus, Faschismus, Nationalsozialismus, Kommunismus. Diese erscheinen ebenso wie der Islamismus, bei allen Unterschieden, als moderne Varianten archaischen Stammesdenkens. Vielleicht ist es deshalb auch nicht verwunderlich, dass kollektivistische Ideologien stets umso erfolgreicher waren, je mehr sie an archaische Muster appellierten. *Abstammung* etwa war erfolgreicher als *Klasse* und nationalistische Ideologien haben größeren Zuspruch gefunden als kommunistische.

Die Genozide des 20. Jahrhunderts und nicht zuletzt der Zweite Weltkrieg und die Vernichtung der europäischen Juden haben die Gewalt offen gelegt, die kollektivistischen Weltbildern innewohnt. Nach diesen Erfahrungen machten die Staaten West-Europas die allgemeinen Menschenrechte und damit die Freiheit des Einzelnen zur Grundlage ihrer Verfassungen.[85]

Nur die persönliche Freiheit kann – im Gegensatz zur politischen, die bereits das klassische Athen kannte – modern genannt werden,[86] denn nur sie entbindet den Einzelnen aus der kollektivistischen Umklammerung, in der der Stamm, der Staat oder die Religionsgemeinschaft bestimmen, was das „richtige Leben" ist. Die Voraussetzung für diese Freiheit ist die Übereinkunft darüber, dass Konflikte ausschließlich mit Worten und nicht mit Waffen ausgetragen werden (Friedensgebot) sowie ein religions- und weltanschauungsneutraler, mit einem Gewaltmonopol ausgestatteter Staat, der über den innergesellschaftlichen Frieden wacht. Dieser innergesellschaftliche Frieden ist die Voraussetzung für das Nebeneinander unterschiedlicher Lebensentwürfe, die nur dort eine Einschränkung erfahren dürfen, wo sie andere und deren Freiheit gefährden.

Bei Teilen der europäischen Muslime sind das Festhalten am Kollektiv und eine zunehmende Identifizierung mit der Religion unübersehbar.[87] Kollektivistisches Denken ist auch bei der autochthonen Bevölkerung in Europa keineswegs überwunden. Es zeigt sich besonders – aber nicht nur – in vermeintlichen oder tatsächlichen Krisensituationen, in denen viele Menschen dazu tendieren, sich der Eigengruppe zu vergewissern. Im Anschluss an die Revolutionen von 1989 etwa blühte in Teilen Osteuropas der Nationalismus auf und führte zu teils blutigen Auseinandersetzungen und Kriegen. Aktuell haben rechtspopulistische Gruppierungen Zulauf, die mit einer national-völkischen Propagierung eines *Wir* gegen *die Anderen* erfolgreich auf Stimmenfang gehen, wenngleich sich in einigen Ländern wie etwa Deutschland und Schweden in den jüngsten Wahlergebnissen ein Rückgang gezeigt hat. Allerdings hat der Stammtisch durch das Internet eine größere Verbreitung als je zuvor; in Foren wird offen gegen Ausländer im Allgemeinen und Muslime im Besonderen gehetzt, Bürgerinitiativen und Volksabstimmungen wenden sich gegen den Bau von Moscheen und Minaretten. Nun gehören Volksabstimmungen als Element der direkten Demokratie zum politischen System der Schweiz und funktionierten bislang sehr gut. Die Initiatoren der Minarett-Initiative haben jedoch eine demokratische Spielregel gebrochen, indem sie über die Rechte einer Minderheit abstimmen ließen. Aber auch die moderne Demokratie steht unter Vorbehalt der Menschenrechte und – entgegen landläufiger Meinung und im Übrigen auch entgegen der Auffassung der Erfinder der Demokratie, der alten Griechen – ist die Mehrheit nicht berechtigt, über die Rechte einer Minderheit abzustimmen. „Demokratie", so der Philosoph Giovanni Sartori, *„ist nicht* unqualifizierte (und damit unbeschränkte) Mehrheitsherrschaft."[88] Über das Schweizer Minarett-Bauverbot wird der Europäische Gerichtshof für Menschenrechte entscheiden müssen und es ist absehbar, dass dieses Verbot dort keinen Bestand haben wird.[89]

Die Rückkehr in den Schoß vermeintlich schützender nationaler, völkischer oder religiöser Kollektive bedroht den gesellschaftlichen Frieden und die Freiheit der Menschen in Europa. Toleranz zeigt sich weder in starrer Abgrenzung noch in gleichgültiger Zulassung von anderen Lebensgewohnheiten. Vielmehr wird sie sichtbar in der Akzeptanz der Freiheit anderer, Überzeugungen zu vertreten und eine Lebensgestaltung zu wählen, die den eigenen Wertigkeiten mitunter völlig zuwider läuft, solange sie nicht gegen die Freiheit anderer verstoßen.[90] Toleranz kann nur gedeihen in einem Klima des gesellschaftlichen Konsens über den Umgang miteinander und im Vertrauen in die Werte einer pluralistischen Gesellschaft.

Literatur

Sabine HERING (Hg.), *Toleranz - Weisheit, Liebe oder Kompromiss? Multikulturelle Diskurse und Orte*, Opladen 2004.

Rainer FORST, *Toleranz im Konflikt. Geschichte, Gehalt und Gegenwart eines umstrittenen Begriffs*, Frankfurt/Main 2003.

Bernard LEWIS, *Die Juden in der islamischen Welt. Vom frühen Mittelalter bis ins 20. Jahrhundert*, München 1987.

Siegfried KOHLHAMMER, *Toleranter Islam? Duldung und Demütigung, in: Merkur.* Deutsche Zeitschrift für europäisches Denken, 56. Jahrgang, Heft 7, Juli 2002, S. 589-600.

Meinungsfreiheit

„Das Grundrecht auf freie Meinungsäußerung ist als unmittelbarster Ausdruck der menschlichen Persönlichkeit in der Gesellschaft eines der vornehmsten Menschenrechte überhaupt [...]. Für eine freiheitlich-demokratische Staatsordnung ist es schlechthin konstituierend, denn es ermöglicht erst die ständige geistige Auseinandersetzung, den Kampf der Meinungen, der ihr Lebenselement ist [...]. Es ist in gewissem Sinn die Grundlage jeder Freiheit überhaupt", so das deutsche Bundesverfassungsgericht in seinem berühmten Lüth-Urteil von 1958.[1] Der Hamburger Senatsdirektor Erich Lüth hatte 1950 in seiner Eröffnungsrede zur *Woche des Deutschen Films* zum Boykott des Regisseurs Veit Harlan aufgerufen. Der im Nationalsozialismus mit seinen antisemitischen Propagandafilmen wie *Jud Süß* bekannt gewordene Regisseur wollte auf diesem Filmfestival seine erste Nachkriegsproduktion *Unsterbliche Geliebte* zeigen. Als die Produktionsfirma Lüth zu einer Entschuldigung aufforderte, verteidigte dieser sich mit einem offenen Brief und bezeichnete darin Veit Harlan als den „Nazifilm-Regisseur Nr. 1" und einen „der wichtigsten Exponenten der Judenhetze".[2] Es sei daher nicht nur das Recht eines anständigen Deutschen, sondern vielmehr seine Pflicht, sich im „Kampf gegen diesen unwürdigen Repräsentanten des deutschen Films über den Protest hinaus auch zum Boykott bereitzuhalten."[3] Die Produktionsfirma erwirkte eine einstweilige Verfügung gegen Lüth, die ihm untersagte, Kinobetreiber und Publikum zum Boykott aufzurufen. Das Gericht argumentierte, Harlan sei nach dem Krieg trotz seiner Beteiligung an dem Film *Jud Süß* vom Vorwurf des „Verbrechens gegen die Menschlichkeit" freigesprochen worden und unterliege nach einem Entnazifizierungsverfahren keinen Berufsbeschränkungen mehr. Daher sei es sittenwidrig, ihn an seinem Wiederauftreten als Regisseur zu behindern. Lüth legte gegen dieses Urteil Beschwerde beim Bundesverfassungsgericht ein, weil er sich in seinem Recht auf freie Meinungsäußerung eingeschränkt sah. Das Bundesverfassungsgericht war erstmals damit konfrontiert, Grundrechtsprobleme zwischen Privatpersonen und nicht, wie bisher, zwischen Bürgern und Staat zu lösen. Es prüfte insbesondere die Wechselwirkung zwischen Grundrechten, in diesem Fall Lüths Recht auf Meinungsfreiheit, und allgemeinen Gesetzen, in diesem Fall das Verbot sittenwidriger Handlungen. In seinem bis heute weit über die Grenzen Deutschlands hinaus viel beachteten Urteil gab das Verfassungsgericht Lüth Recht und betonte, dass die Grundrechte nicht allein Freiheitsrechte des Einzelnen gegenüber dem Staat seien, sondern die „objektive Wertordnung" für alle Rechtsbereiche darstellten und in diese ausstrahlten. Die Gesetzgebung, die Rechtsprechung, ja selbst die Verwaltung müsse sich in allen Bereichen an den Grundrechten orientieren.[4] Das Urteil des Verfassungsgerichts stellte heraus, dass jegliche Einschränkung von Menschenrechten, also auch die der Meinungsfreiheit, nur zum Schutz der Freiheitsrechte anderer überhaupt denkbar sei.[5]

Manche Journalisten und Sozialwissenschaftler sehen demgegenüber Meinungsfreiheit an Verantwortung gekoppelt: „Meinungsfreiheit ist ein hohes Gut, aber Freiheit ohne Verantwortung ist lediglich ein Zerrbild davon", heißt es etwa in einem Kommentar der österreichischen Tageszeitung *Kurier* zum Film *Fitna* von Geert Wilders.[6] Bernhard Debatin, Professor für Publizistik im US-Staat Ohio, geht noch einen Schritt weiter, wenn er angesichts des Streits um die dänischen Mohammed-Karikaturen schreibt, dass die Ausübung des Rechts auf freie Meinungsäußerung mit einem „höheren Gut" korrelieren sollte.[7] Oft wird argumentiert, dass Karikaturen oder andere islamkritische Äußerungen die (→)Religionsfreiheit von Muslimen beeinträchtigen würden.

Das Recht auf Religionsfreiheit garantiert jedoch die freie *Ausübung* einer Religion, und nicht einen, wie auch immer gearteten, staatlichen Schutz vor dem offenen Diskurs und dem freien Wettbewerb der Ideen, dem sich auch Religionen stellen müssen.[8] Dabei muss zwischen Kritik oder auch Beleidigung einer Religion auf der einen und der Beleidigung von Gläubigen auf der anderen Seite deutlich unterschieden werden, denn Menschenrechte, wie etwa das Recht auf Religionsfreiheit, schützen den einzelnen Menschen, aber nicht Religionen, Weltanschauungen oder Ideen. Im Zusammenhang mit dem Islam wird dieser einfache Unterschied häufig verwischt.

Wenn Menschen ihre Identität stark an Religion und die Gemeinschaft der Gläubigen binden, wie das bei einem Teil der Muslime der Fall ist, empfinden sie Kritik und Infragestellung ihrer Religion schnell als persönliche Kränkung und halten die Rücksichtnahme auf ihre Befindlichkeiten für selbstverständlich. Es gelingt ihnen nicht, auf Kritik sachlich zu reagieren, weil jedwede Kritik die persönliche Identität im Kern trifft und so beinahe zwangsläufig als Beleidigung empfunden wird; ein Teufelskreis, der allen Beteiligten schadet. Entsprechend leicht lassen sich die Gefühle der Gläubigen von muslimischen Organisationen instrumentalisieren, um mit ihrer Hilfe Drohszenarien aufzubauen, die demokratische Gesellschaften vor neue Herausforderungen stellen (→Karikaturenstreit). Aber wie heftig auch immer Kritik oder Spott subjektiv empfunden werden mögen, eine Einschränkung der Religionsfreiheit lässt sich in keinem Fall daraus ableiten. Die deutsche Rechtsprechung anerkennt explizit das Recht, Kritik auch in schärfster und übersteigerter Form zu äußern. Die Öffentlichkeit solle sich selbst eine Meinung von jedweder Kritik bilden können, auch von solcher, die, wie das Verfassungsgericht vermerkt, ohne jede Begründung „höhnisch-ironisch" oder „schimpfend-polternd" vorgetragen wird.[9]

Die *Organisation der Islamischen Konferenz* (OIC) und die *Arabische Liga* versuchen seit Jahren, ein internationales Verbot der „Diffamierung von Religionen" durchzusetzen. Seit 1999 legt die OIC dem UN-Menschenrechtsrat jährlich eine entsprechende Resolution zur Abstimmung vor. Im Dezember 2005 wurde diese im UN-Menschenrechtsrat[10], trotz Protesten von 180 Menschenrechtsorganisationen, erstmals angenommen. Der darin geforderte Schutz von Religionen ist aus menschenrechtlicher Sicht mehr als problematisch, würde doch mit einem solchen Diffamierungsverbot nicht das Recht eines Menschen begründet, sondern das Recht eines Glaubenssystems, beziehungsweise einer Weltanschauung. Im Gegenzug würde zwangsläufig das Menschenrecht auf Meinungsfreiheit eingeschränkt. Das Ziel der OIC wird deutlich, wenn man sich die eingebrachten Resolutionen genauer ansieht. Die einzige darin namentlich genannte Religion ist der Islam.[11] Im Kern geht es der OIC

darum, die in der *Kairoer Deklaration der Menschenrechte*[12] festgehaltene Definition der Meinungsfreiheit zum internationalen Standard
zu erheben. Dort heißt es: „Alle haben das Recht, ihre Meinung frei
auf eine Weise auszudrücken, die der Scharia nicht zuwiderläuft."[13]

Das mit der UN-Resolution geforderte Verbot der Verbreitung
von gegen den Islam gerichteten Meinungen kommt einer Selbstdemontage des UN-Menschenrechtsrates gleich. In wohlmeinender
Absicht gegründet, ist dieser insofern zu einer mehr als fragwürdigen Institution geworden, als über die Hälfte der vertretenen
Länder nach Einschätzung der unabhängigen Organisation *Freedom
House* als unfrei oder nur teilweise frei bezeichnet werden können,
etwa Saudi-Arabien, China und Libyen. Libyen erhielt 2003 gar mit
der Mehrheit der Stimmen den Vorsitz dieses Gremiums.[14] Henryk
M. Broder bezeichnet den Menschenrechtsrat zu Recht als „Kartell der Täter". Da die Länder der OIC ungefähr ein Drittel der
Mitglieder stellen, verhindern sie regelmäßig Verurteilungen islamischer Länder. Ihre zahlenmäßige Vertretung erklärt auch den
Umstand, dass Israel das einzige Land der Welt ist, mit dem sich
der UN-Menschenrechtsrat regelmäßig und öfter als mit jedem anderen Land befasst. Als 2008 der britische Historiker David Littman im Auftrag einer NGO über die Steinigung von Frauen und
Mädchen in Scharia-Ländern berichten wollte, hinderten ihn die
Vertreter Ägyptens und Pakistans durch Zwischenmeldungen am
Weiterreden. Der Vertreter Pakistans sagte wörtlich: „Es beleidigt
unseren Glauben, die Scharia in diesem Forum zu diskutieren", der
Vertreter Ägyptens wies darauf hin, dass die Scharia im Menschenrechtsrat nicht zur Diskussion stünde. Schlussendlich verfügte der
Vorsitzende des Gremiums, dass jede weitere Diskussionen über die
Scharia im Zusammenhang mit Menschenrechten hinfort zu unterlassen sei.[15]

Die Intention, Gott selbst oder seinen Propheten vor Beleidigung zu schützen, lässt sich nicht durch ein Menschenrecht begründen, denn „Gott ist kein Grundrechtsträger und seine Ehre
kein Rechtsgut. Religiöse Ziele und Aufgaben liegen jenseits des
innerweltlichen Horizonts des Verfassungsstaates."[16] Der deutsche
Rechtsgelehrte Paul Johann Anselm von Feuerbach formulierte bereits 1801 sehr prägnant: „Dass die Gottheit injuriiert werde, ist unmöglich; dass sie wegen Ehrenbeleidigung sich an Menschen räche,

undenkbar; dass sie durch Strafe ihrer Beleidiger versöhnt werden müsse, Torheit."[17]

Es sind nicht nur die Repräsentanten islamischer Staaten, die keinen Spaß verstehen, wenn es um den Islam geht. Auch Vertreter europäischer muslimischer Organisationen beweisen ein zumindest ambivalentes Verhältnis zur Meinungsfreiheit, sobald es um ihre Religion geht. Ali Kizilkaya, der Bundesvorsitzende des *Islamrats für die Bundesrepublik Deutschland* vertritt die Meinung, dass die Grenzen der Freiheit durch die Ethik, die Gesetze und durch beleidigte Menschen gezogen würden, denn keine Freiheit sei grenzenlos.[18] Verletzte Gefühle sind jedoch als Rechtsgut untauglich. Wer sollte sie messen? Daher gehen Gerichte bei einer Anzeige wegen Ehrenbeleidigung auch nicht der Frage nach, ob das Opfer sich subjektiv beleidigt fühlt, sondern ob objektiv eine Beleidigung vorliegt. Sie prüfen dafür zunächst, ob eine Äußerung in der Situation, in der sie gemacht wurde, einen beleidigenden Charakter aufweist, also auch von Außenstehenden als Angriff auf die Ehre der betroffenen Person wahrgenommen werden würde. Darüber hinaus ist entscheidend, ob die Äußerung mit dem Vorsatz der Beleidigung getätigt wurde. So wäre etwa die Äußerung „alle Anwälte sind Halsabschneider" nur dann als Beleidigung zu werten, wenn sie nicht allgemein dahin gesagt wird, sondern in Anwesenheit oder im Zusammenhang mit konkreten Anwälten und in der Absicht, diese zu beleidigen, ausgesprochen würde.

Im Februar 2010 demonstrierten muslimische Taxifahrer in Oslo gegen den Abdruck einer Mohammed-Karikatur in der norwegischen Zeitung *Dagbladet*. Ein Teilnehmer dieser Demonstration wird mit den Worten zitiert: „Wir reagieren auf den Missbrauch der Meinungsfreiheit. Wir machen das nicht auf brutale Art, wollen aber zeigen, dass wir dagegen sind, dass unsere Werte missbraucht werden."[19] Die hier implizierte Forderung nach einem Schutz religiöser Werte ist in einer demokratischen Gesellschaft unerfüllbar. Wenn jeder darauf bestünde, dass seine Religion oder Weltanschauung unantastbar bliebe, gäbe es für eine gesellschaftliche Auseinandersetzung und für Meinungsfreiheit nur noch wenig Raum, denn der Sinn der Meinungsfreiheit besteht nun gerade darin, über alles – also auch über Werte – kontrovers debattieren zu können. Das eingangs zitierte Lüth-Urteil spricht in diesem Zusammenhang vom

Kampf der Meinungen als „Lebenselement" der freiheitlich demo-kratischen Staatsordnung. Ein Missbrauch der Meinungsfreiheit liegt nur dann vor, wenn andere direkt und unmittelbar in ihren Rechten eingeschränkt werden. Ob das der Fall ist, müssen unab-hängige Gerichte entscheiden.

Der *Europäische Gerichtshof für Menschenrechte* (EGMR) legt das Recht auf Meinungsfreiheit jedoch bewusst sehr weit aus. Wird beispielsweise eine Verurteilung wegen Ehrenbeleidigung, die von einem nationalen Gericht ausgesprochen wurde, vor den EGMR getragen, weil der oder die Verurteilte darin eine Einschränkung der Meinungsfreiheit sieht, prüft dieser zunächst, ob die durch das Urteil des nationalen Gerichts vollzogene Einschränkung der Meinungsfreiheit „in einer demokratischen Gesellschaft im In-teresse des Schutzes des guten Rufes anderer unentbehrlich" ist. Der EGMR geht insbesondere der Frage nach, ob die öffentliche Äußerung, die Anlass des Streits ist, einen Beitrag zu einer Debat-te von öffentlichem Interesse darstellt, denn in diesem Fall seien Einschränkungen der Meinungsfreiheit nur in besonders engen Grenzen zulässig.[20] Das Recht auf freie Meinungsäußerung bedeu-te nämlich nicht nur das Recht, eine Meinung zu äußern, sondern in gleichem Maße das Recht, „ohne Eingriff öffentlicher Behör-den" Nachrichten zu empfangen und sich zu informieren.[21] Eine Einschränkung der Meinungsfreiheit einer Person wäre demnach zugleich die Einschränkung der Freiheit aller Mitglieder einer Ge-sellschaft, sich über diese bestimmte Meinung in einer Debatte zu informieren.

Meinungsfreiheit ist, wie jede Freiheit, an individuelle Ver-antwortung gekoppelt. Was bedeutet diese an sich triviale Fest-stellung? Der frei und selbstbestimmt handelnde Einzelne trägt durch eben jene Freiheit auch die Verantwortung für die Folgen seiner Handlungen. Auf dieser Verantwortung basieren die Rechts-systeme demokratischer Staaten. Wer eine Meinung öffentlich äu-ßert, ist für diese verantwortlich. Verbreitet er eine Lüge oder äu-ßert eine Meinung, die andere beleidigt oder die öffentliche Sicher-heit gefährdet, wie etwa ein Aufruf zu Hass und Gewalt, muss er sich dafür gegebenenfalls vor einem Gericht (zum Beispiel wegen Ehrenbeleidigung, Volksverhetzung et cetera) verantworten. Eine darüber hinausgehende moralische Verantwortung, die den Einzelnen gleich einer Zensur davon abhalten soll, bestimmte Meinungen zu äußern, lässt sich daraus nicht konstruieren, denn welche Instanz sollte die Kriterien für eine moralisch gerechtfertigte Meinung bestimmen? Die Diskussionen um Verantwortung und Meinungsfreiheit wurden in Europa zuletzt im Zusammenhang mit den dänischen Karikaturen geführt. Dabei versuchten die Gegner der Karikaturen, jenen Zeitungen, die sie abdruckten, die moralische Verantwortung für die Empörung unter Muslimen, die damit verbundenen direkten oder indirekten Drohungen und die zum Teil gewalttätigen Demonstrationen zuzusprechen. Die Karikaturisten oder Zeitungsherausgeber für Handlungen verantwortlich zu machen, die sie weder begangen noch initiiert haben, ist eine eklatante Verdrehung von Verantwortung. Die Demonstrationen und brutalen Gewaltakte, die der Veröffentlichung der Karikaturen folgten, liegen ausschließlich in der Verantwortung jener, die zu diesen Taten aufgerufen oder an ihnen teilgenommen haben. Der Grund für die öffentliche Debatte über moralische Verantwortung ist weniger im Inhalt der Karikaturen zu suchen, als vielmehr in den heftigen Reaktionen auf dieselben. Angst und Überforderung scheinen hier die Diskussionen maßgeblich mitbestimmt zu haben. Ohne die gewalttätigen Reaktionen stünden die Karikaturen in einer Reihe unzähliger anderer, Religionen und Weltanschauungen aufs Korn nehmender Karikaturen oder anderer Arten der Meinungsäußerung, die tagtäglich erscheinen und sowohl Verärgerung als auch Belustigung auslösen. Der Regisseur Robert Dornhelm gibt sich in einem Interview verwundert darüber, dass die kritische Moses-Darstellung in seinem Film *Die Zehn Gebote* statt Empörung auszulösen, einen Preis erhielt. Immerhin hatte er Moses als Wahnsinnigen, der Stimmen hört, einen großen Teil seiner Gefolgschaft ermordet und als ersten Fundamentalisten bezeichnet.[22]

Der Europäische Gerichtshof für Menschenrechte erwähnt in einem Urteil aus dem Jahr 1977, dass das Recht auf Meinungsfreiheit nicht nur für günstig aufgenommene oder als unwichtig oder unschädlich betrachtete Informationen und Meinungen gelte, „sondern auch für die, welche den Staat oder irgendeinen Bevölkerungsteil verletzen, schockieren oder beunruhigen. So wollen es Pluralismus, Toleranz und Aufgeschlossenheit, ohne die es eine ‚demokratische Gesellschaft' nicht gibt."[23] Friedrich August von Hayek bemerkte einmal, die Freiheit sei eine Gelegenheit gut zu handeln, aber nur dann, wenn sie auch eine Gelegenheit sei, schlecht zu handeln.[24] Die möglichen Konsequenzen einer Meinungsäußerung sind in einem Rechtsstaat verhältnismäßig übersichtlich. Sie reichen von öffentlichem Widerspruch bis hin zu zivil- und strafrechtlichen Maßnahmen bei Verstoß gegen die Gesetze. Eine Meinungsäußerung hingegen als moralisch unverantwortlich zu bezeichnen und sie möglichst verhindern oder verbieten zu wollen, weil sie Gefühle verletzt, beleidigt oder parodiert, geht am Kern der Menschenrechte vorbei und würde darauf hinauslaufen, das Recht auf Meinungsfreiheit auf wohlgefällige, beziehungsweise in den Augen der jeweiligen Kritiker akzeptable Äußerungen einzuschränken.

In diesem Zusammenhang sollten auch bestehende, beziehungsweise gerade angedachte Gesetze im Sinne der Meinungsfreiheit sorgfältig überdacht werden. Das nur in Österreich bestehende sogenannte *Verbotsgesetz*, das eine „Betätigung in nationalsozialistischem Sinne" unter Strafe stellt, ist in einigen Teilen durchaus fragwürdig, nämlich dort, wo bereits die bloße Äußerung einer Meinung als „Betätigung" gewertet und mit langjährigen Haftstrafen bedroht wird.[25] Mit den entsprechenden Paragraphen wird eine moralische Grenze, die im Lichte des Zweiten Weltkriegs und vor allem der Vernichtung der Juden nachvollziehbar und richtig ist, zu einer strafrechtlich relevanten Grenze, deren Übertretung nicht nur Widerspruch, sondern Gefängnisstrafen nach sich zieht. War man unmittelbar nach dem Krieg der Meinung, auch jede verbale Äußerung müsse als nationalsozialistische Betätigung strafrechtlich verfolgt werden, um die junge Demokratie zu festigen und eine Restauration des Nationalsozialismus zu verhindern, so scheint diese Gefahr 67 Jahre nach Kriegsende nicht mehr gegeben zu sein. Ähnliches gilt für den Volksverhetzungsparagraphen 130, Absatz 4 des deutschen StGB, der 2005 verschärft wurde. Danach kann bestraft werden, wer die „nationalsozialistische Gewalt- und Willkürherrschaft billigt, verherrlicht oder rechtfertigt." Nun zeigt allein schon die Tatsache, dass für eine bestimmte Meinung ein eigenes gesetzliches Verbot geschaffen werden musste, dass eben diese Meinung an sich noch keine Menschenrechtsverletzung darstellt. Hinzu kommt, dass die Einführung von Sonderrecht gegen eine bestimmte Meinung eindeutig gegen das Menschenrecht auf Meinungsfreiheit verstößt. In diesem Dilemma befand sich wohl auch das deutsche Bundesverfassungsgericht, das zu einer historisch neuen und fragwürdigen Argumentation griff, um den Paragraph 130 für verfassungskonform erklären zu können: Der Paragraph sei, obwohl er kein „allgemeines Gesetz" darstelle mit der Meinungsfreiheit vereinbar, da die Bundesrepublik sich als Gegenentwurf zum NS-Staat verstehe, daher sei dem Artikel 5 GG „eine Ausnahme vom Verbot des Sonderrechts für meinungsbezogene Gesetze immanent."[26]

Eine ähnliche Kritik gilt für Teile des umstrittenen deutschen Paragraphen 129a, in denen ebenfalls bereits die bloße Meinungsäußerung unter Strafe gestellt wird; oder für Teile des in Österreich geplanten Terrorismuspräventionsgesetzes, das unter anderem bereits das Gutheißen von Straftaten unter Strafe stellen will. Die vage Behauptung, geäußerte Meinungen stünden in einem Zusammenhang mit tatsächlichen Verbrechen, lässt sich kaum, um nicht zu sagen, gar nicht nachweisen, und habe daher vor Gericht nichts verloren, argumentiert der Journalist Robert Treichler.[27]

Eine demokratische Gesellschaft wird damit leben müssen, dass es Menschen gibt, die extremistische, schwer zu ertragende oder abstoßende Meinungen vertreten. Erst aktive Hetze jedoch und Aufrufe zur Gewalt stellen eine Gefahr für den öffentlichen Frieden dar und können mittels bereits vorhandener Werkzeuge, wie Gesetzen gegen Volksverhetzung oder Verleumdung geahndet werden. Behörden zur Überprüfung der Verfassungsmäßigkeit von Parteien, Vereinen und Glaubensgemeinschaften sind ein weiterer Bestandteil demokratischer Kontrolle.

Die mitunter vorgetragene Auffassung, die Ausübung des Rechts auf Meinungsfreiheit sei an ein höheres Gut[28] gebunden, entpuppt sich bei genauerem Hinsehen als gefährlich. Was ist ein *höheres Gut*? Und vor allem: Wer bestimmt, was ein *höheres Gut* ist? Ein solches war in der Geschichte stets kultur- und systemabhängig. Die Machthaber der sozialistischen Staaten waren der Ansicht, dass alle Bürger das Recht auf freie Meinungsäußerung haben, solange diese nicht dem Sozialismus widerspricht. Im Nationalsozialismus war die „Volksgemeinschaft" oder die „arische Rasse" das höhere Gut, in Saudi Arabien oder im Iran sind es der Islam und die Prinzipien der (→)Scharia. Die Befürworter eines *höheren Gutes* mögen hier einwenden, mit diesem Gut seien selbstverständlich humanistische Werte und die Ideale der Aufklärung gemeint. Doch dieser Einwand führt lediglich zurück in eine Diskussion darüber, was ein höheres Gut sei und wer es definiere – das Problem löst er nicht. Menschenrechte müssen mit keinem höheren Gut korrelieren, sondern sind als unveräußerliche Freiheiten das höchste Gut. Die einzige Einschränkung für den Inhaber dieser Rechte besteht in der Unverletzbarkeit der Rechte anderer.

Die Idee des höheren Gutes erinnert an Rousseaus Vorstellung vom *volonté générale* (Gemeinwille), der per definitionem die beste und richtigste Entscheidung vorgebe, da er ausschließlich dem Gemeinwohl diene.[29] Dem Gemeinwillen habe sich jeder zu fügen, sei dieser doch von höchster Vernunft geleitet: „Wer dem Gemeinwillen den Gehorsam verweigert, muss durch den ganzen Körper dazu gezwungen werden. Das heißt nichts anderes, als dass man ihn dazu zwingt, frei zu sein."[30] Rousseaus Konzept führt in die Diktatur der Mehrheit, in der Freiheit letztlich darin besteht, den *volonté générale* zu erkennen und sich ihm zu unterwerfen. Nicht von ungefähr haben sich die sozialistischen Staaten gern auf Rousseau berufen, wenn es galt, die Herrschaft der Kommunistischen Partei zu rechtfertigen, die als Avantgarde des Volkes den Gemeinwillen erfasst habe. Dementsprechend populär war Engels berühmter Satz von der Freiheit als „Einsicht in die Notwendigkeit", mit dem dieser sein Verständnis von Hegel auf den Punkt brachte.

Freiheit an ein höheres Gut zu binden, würde die Freiheit zerstören, die letztlich genau darin besteht, ungebunden zu sein. Meinungsfreiheit bedeutet dementsprechend, die eigene Meinung auch dann äußern zu dürfen, wenn sie ein – wie auch immer geartetes – höheres Gut in Frage stellt oder dem gesellschaftlich-moralischen Konsens zuwiderläuft, ja selbst dann, wenn allgemein die Auffassung besteht, dass diese Meinung falsch oder der Betreffende moralisch im Unrecht ist.[31]

Neben subtilen Versuchen, Meinungsfreiheit zu unterlaufen, wird sie vor allem von jenen in Frage gestellt, die Einschüchterung und Gewalt für geeignete Mittel halten, unangenehme oder verhasste Meinungen zu unterdrücken. Dies geschieht leider mit einigem Erfolg, wenn etwa Redakteure und Verleger aus Angst Karikaturen nicht abdrucken, oder Kabarettisten sich entschließen, das Thema Islam zu meiden. So haben Hape Kerkeling und Harald Schmidt freimütig eingeräumt, Witze über den Islam seien ihnen zu heikel,[32] und Kaya Yanar bemerkte, er würde keine Späße über den Islam machen, weil er noch etwas länger leben wolle.[33] Angesichts des tatsächlichen Bedrohungspotentials und den bisherigen Erfahrungen ist diese Angst durchaus verständlich.

Je größer die Anzahl derjenigen in einer Gesellschaft ist, die auf der Privilegierung ihrer Meinung bestehen und zum Beleidigtsein neigen, desto beschränkter ist die Freiheit aller anderen. Aus der Forderung nach gleicher Freiheit für alle Menschen ergibt sich die Einschränkung der Freiheit jedes Einzelnen durch die Freiheit aller anderen. Auf diesem Prinzip basieren die Menschenrechte. Demnach kann Meinungsfreiheit nur eingeschränkt werden, um die Verletzung der Freiheit anderer zu verhindern. Das wäre der Fall bei Aufrufen zur Gewalt, weil diese das gesellschaftliche Friedensgebot und das staatliche Gewaltmonopol gefährden; bei Beschimpfung und Diffamierung anderer Menschen, und bei Verletzung der Persönlichkeitsrechte anderer.[34] Alle weiteren gesetzlichen Einschränkungen der Meinungsfreiheit wären in diesem Sinne schwerlich aus den Menschenrechten heraus begründbar. Die Meinungsfreiheit ist ein hohes und hart erkämpftes Gut und sie zeigt sich nicht in der Anpassung an allgemein anerkannte Auffassungen und allen wohlgefällige Meinungen (sofern es die überhaupt geben sollte), sondern vor allem darin, dass nicht konforme, abweichende, ja auch anstößige und beleidigende Meinungen sanktionsfrei ausgesprochen werden dürfen. Das Recht auf Meinungsfreiheit entwickelte sich historisch betrachtet gerade aus der Sorge um diejenigen, die eine abweichende Meinung vertraten.

Literatur

Bernhard DEBATIN, *Der Karikaturenstreit und die Pressefreiheit*, Berlin 2007.
Eckart KLEIN (Hg.), *Meinungsäußerungsfreiheit versus Religions- und Glaubensfreiheit*, Berlin 2007.

Bilderverbot

Durch den (→)Karikaturenstreit erfuhr die breitere Öffentlichkeit im Westen erstmals von einem in der islamischen Welt üblichen, religiös begründeten Bilderverbot. Im Oktober 2005 hatte die dänische Zeitung *Jyllands Posten* zwölf Karikaturen zum Thema „Mohammed" abgedruckt, die in der islamischen Welt eine Welle gewalttätiger Demonstrationen mit Verletzten und Toten auslösten. Vertreter muslimischer Organisationen und Institutionen beriefen sich bei der Ablehnung der Karikaturen neben der Beleidigung religiöser Gefühle auch auf ein strenges Bilderverbot im Islam. Auch manche und mancher westliche Intellektuelle machte sich diese Sicht zu Eigen. Günther Grass zum Beispiel kommentierte die Proteste lapidar mit der Bemerkung, den Zeitungsherausgebern sei bekannt gewesen, dass die Darstellung Allahs oder Mohammeds in der islamischen Welt verboten sei.[1] Ist sie das wirklich? Und wenn ja, was hat die übrige Welt mit diesem Verbot zu tun?

Bereits Anfang 2002 hatte es in mehreren islamischen Ländern eine ähnliche, wenn auch weniger heftige Reaktion auf einen „Verstoß" gegen das Bilderverbot gegeben, der in Europa allerdings kaum wahrgenommen worden war. Kenneth L. Woodward, Journalist und Redakteur für Religionsthemen der amerikanischen Zeitschrift *Newsweek*, hatte im Februar 2002 seinen Artikel „In the Beginning There Were the Holy Books" mit einer Abbildung des Propheten Mohammed illustriert.[2] Die al-Ashar-Universität in Kairo, eine der höchsten sunnitischen Autoritäten, verwies umgehend auf das Verbot der bildlichen Darstellung des Propheten und prangerte Newsweek wegen Übertretung desselben an. In der Folge wurde *Newsweek* in Indonesien und Bangladesch verboten, und in Teilen der islamischen Welt kam es zu wütenden Protesten.[3] Bei der Abbildung in *Newsweek* handelte es sich nicht um eine Karikatur, sondern um eine osmanische Buchillustration aus dem Jahr 1583, mithin ein Stück islamischer Kunst.

2008 brachte die Religionspädagogin und Islamwissenschaftlerin Lamya Kaddor gemeinsam mit Rabeya Müller in Deutschland eine Ausgabe des Korans speziell für Kinder heraus,[4] die den Zorn strenggläubiger Muslime auf sich zog. Die *Islamische Gemeinschaft in Deutschland,* eine im *Zentralrat der Muslime in Deutschland* vertretene Organisation, beschwerte sich darüber, dass die Autorinnen es gewagt hatten, die Reihenfolge der Suren und Verse für ein besseres Verständnis des Textes zu ändern und einzelne, gewaltbejahende Verse auszulassen. Den meisten Unmut aber erregten die Illustrationen dieser Koranausgabe, darunter eine persische Miniatur aus dem 18. Jahrhundert, die Jesus und Mohammed nebeneinander reitend darstellt.[5] Die Proteste beschränkten sich glücklicherweise auf Pressemitteilungen und wütende Kommentare im Internet.[6]

Was hat es mit dem islamischen Bilderverbot auf sich? Das Bilderverbot stammt aus der jüdischen Tradition. Im jüdischen Gott Jahwe vereinigten sich im Jerusalem des 10. Jahrhunderts v. Chr. Attribute und Eigenschaften des ägyptischen Wetter- als auch des Sonnengottes. „Ein so aspektreicher und so wichtige Phänomene transzendierender Gott hatte gute Chancen, zum einen und einzigen Gott aufzusteigen."[7] Der Ägyptologe Jan Assmann erwähnt, dass bereits der ägyptische Sonnengott bildlos vorgestellt wurde: „Gerüsteter, Gerüsteter, dessen Wesen man nicht kennt und von dem es keine Bilder der Künstler gibt", heißt es in einem altägyptischen Hymnus.[8] Es gibt Hinweise darauf, dass im Jerusalem des 8. Jahrhunderts der Sonnenaspekt des Gottes Jahwe in den Vordergrund trat. So wurde auf Siegeln und Stempelabdrücken jener Zeit die ägyptische Sonnensymbolik verwendet.[9]

Im Dekalog im Zweiten Buch Moses 20,4-5 heißt es: „Du sollst dir kein Bildnis machen und keinerlei Gestalt dessen, was im Himmel oben und was auf Erden unten und was im Wasser unter der Erde ist. Du sollst dich vor ihnen nicht niederwerfen und ihnen nicht dienen, denn ich, der Ewige, dein Gott, bin ein eifernder Gott[...]."[10] In dieser grundsätzlichen Form wurde das Verbot vermutlich erst im 6. /7. Jahrhundert v. Chr. formuliert, denn frühere Texte der jüdischen Bibel weisen auf Kultbilder wie einen Stier im Nordreich Israel, eine Schlange und eine Statue der Fruchtbarkeitsgöttin Aschera hin und berichten vom Streit über ein Jahwe-Bildnis nach babylonischem Vorbild.[11]

Das den Gläubigen in den Versen des Dekalogs auferlegte Bilderverbot bezieht sich auf Idole. Die Gläubigen sollten sie weder anfertigen, noch sich vor ihnen niederwerfen. Man muss sich vor Augen halten, dass die alten Israeliten zur Entstehungszeit dieser Verse Skulpturen oder Bildwerke allein zu sakralem Gebrauch, zur Anbetung und Verehrung, anfertigten. Eindrucksvoll wettert der Prophet Hosea über den Kult der Stierbilder und über Menschen, die „Kälber küssen": „Dann sündigten sie noch mehr und machten sich ein Gussbild [...], kunstvoll, Götzenbilder, ein Werk von Künstlern alles." (Hos 13,2) Das Abbildungsverbot richtete sich nicht gegen künstlerische Darstellung im heutigen Sinne, weil es diese noch nicht gab. Mit der Entstehung des Monotheismus wurde die Produktion von Idolen zunehmend verpönt, hatte man doch jetzt *einen* Gott, der als unvorstellbar und transzendent gedacht wurde. Jede figürliche oder bildliche Darstellung wäre ein Verstoß gegen den Eingottglauben gewesen, weil das Idol als Konkurrenz zu dem einen, einzigen Gott betrachtet wurde. Das Idol stand nicht als Symbol für einen Gott, vielmehr wurde angenommen, im Idol sei Gott gegenwärtig (Idolatrie). Geschichten wie jene über das Goldene Kalb (2. Moses, 32,1-4) berichten uns von den frühen Auseinandersetzungen um die Durchsetzung des Eingottglaubens und dem damit verbundenen Kampf gegen Idole als Personifikation anderer Götter.

Das Christentum kennt aufgrund seiner Herkunft aus dem Judentum und der Berufung auf die jüdische Überlieferung ebenfalls Auseinandersetzungen um die Abbildbarkeit Gottes und der Heiligen. Von Beginn an hat es Christen gegeben, die dem Bilderkult abgeneigt waren, so genannte Ikonoklasten. Aus Byzanz ist uns aus dem 8. und 9. Jahrhundert eine über einhundert Jahre andauernde Auseinandersetzung zwischen Bilderverehrern und Ikonoklasten überliefert, die das Reich an den Rand eines Bürgerkriegs brachte. In der Ostkirche wird noch heute am ersten Sonntag der Fastenzeit mit dem ‚Fest der Orthodoxie' jener Tag gefeiert, an dem im Jahre 843 dieser Streit endgültig zu Gunsten der Bildbefürworter entschieden wurde. In der Westkirche rief die Reformation im 16. Jahrhundert durch ihre Annäherung an das jüdische Gesetz für kurze Zeit wieder Bilderstürmer auf den Plan, die in weiten Teilen

Europas unermessliche Kunstschätze zerstörten. Letztendlich konnte sich aber auch hier die bilderfreundliche Sicht durchsetzen.

Der Islam hat durch seine historische Verknüpfung mit Judentum und Christentum das Bilderverbot übernommen. Im Gegensatz zur jüdischen Thora, beziehungsweise zum Alten Testament, enthält der Koran selbst allerdings keinen Hinweis auf ein solches Verbot. In Sure 5,90 wird lediglich die Anbetung von Opfersteinen als Ausdruck des Polytheismus verboten,[12] und Sure 21,52–73 berichtet von Abraham, der Götzenbilder zerstörte und auf der Anbetung des einen Gottes bestand. In beiden Fällen handelt es sich nicht um ein Bilderverbot, sondern um eine Polemik gegen Götzenanbeter und Polytheisten.[13] Erst in den Hadithen (nach islamischer Überlieferung die Aussprüche und Handlungen des Propheten Mohammed) wird ein Bilderverbot erwähnt, jedoch nicht ausdrücklich gefordert, auch nicht in Bezug auf eine bildliche Darstellung Gottes oder des Propheten. Die Entstehungszeit der frühesten Hadith-Sammlungen fällt in die erste Hälfte des 9. Jahrhunderts, also in die Hochzeit des Bilderstreits in Byzanz. Vor dieser Zeit lässt sich ein Bilderverbot im Islam nicht nachweisen und es scheint naheliegend, dass sich der byzantinische Ikonoklasmus in der islamischen Überlieferung widerspiegelt.[14] Der Gedanke des Bilderverbots hat in der Folge in die umfangreichen Abhandlungen, welche die islamischen Rechtsschulen in den vergangenen tausend Jahren verfasst haben, Einzug gehalten. Ein Abbildungsverbot ergibt sich erst in der Interpretation durch diese verschiedenen Rechtsschulen.

Ein weiteres Motiv des Bilderverbots im Islam liegt in der Unterstellung, der Künstler maße sich durch die „Schöpfung" eines Bildes einen gottähnlichen Status an. Der Akt der Schöpfung aber stehe nur Gott allein zu. Daher wird Malern, die Lebendiges, also Tiere oder Menschen malen, in einigen Hadithen mit Höllenqualen im Jenseits gedroht: „Da sagte der Gesandte Gottes: Die Verfertiger dieser Bilder werden am Tag der Auferstehung Qualen zu leiden haben. Und es wird zu ihnen gesagt werden: Macht lebendig, was ihr erschaffen habt! [...] Die Engel betreten kein Haus, in dem sich Bilder befinden."[15]

Ein wichtiges Motiv der islamischen Überlieferungsliteratur zum Thema „Abbildung" war, wie im frühen Judentum, die Angst vor einem Rückfall in den Polytheismus und die damit verbundene Götzenanbetung. Immer wieder wird die Befürchtung ausgedrückt, dass Bilder den Gläubigen vom Gebet abhalten oder, schlimmer, Bilder angebetet werden könnten. So heißt es in einigen Hadithen, dass Bilder auf Teppichen, über die man geht, oder auf Kissen, auf denen man sitzt, erlaubt, hingegen Bilder auf Wandteppichen oder Vorhängen, die zum Anschauen geeignet sind, verboten seien.[16]

Da sich die unterschiedlichen Ausrichtungen des Islam auf verschiedene Hadithsammlungen beziehen, und diese Texte selbst mehrdeutig und zum Teil widersprüchlich sind, hängt es von der jeweiligen Richtung des Islam beziehungsweise von der jeweiligen Rechtsschule ab, was im Einzelnen verboten beziehungsweise erlaubt ist. Alle Rechtsschulen sind sich weitgehend darin einig, dass dreidimensionale Darstellungen („alles was Schatten wirft") verboten sind,[17] vermutlich, weil sie am ehesten an die auch schon im Koran verpönten Götzenbilder vorislamischer Zeit erinnern. Allerdings verweisen selbst in diesem Zusammenhang einige Gelehrte auf ein Hadith, in dem Mohammed Puppen als Spielzeug für Mädchen ausdrücklich erlaubt, dienten sie doch der pädagogischen Vorbereitung auf die spätere Mutterrolle.[18] Eine weitere Ausnahme bildet die Glaubensgemeinschaft der Ahmadiyya,[19] die mit Koran und Sunna (Summe der überlieferten Taten und Aussprüche Mohammeds) gegen ein generelles Bilderverbot argumentieren, aber auch sie sind sich mit vielen Muslimen darin einig, dass das Abbilden der Propheten und Heiligen verboten sei, weil Abbildungen nicht der Würde und Heiligkeit derselben entsprechen könnten.[20]

Nach manchen Rechtsmeinungen sind, wie bereits erwähnt, Tier- und Menschenbilder als Bodenschmuck oder auf Kissen erlaubt, an Wänden jedoch verboten. Einige Rechtsschulen lehnen mit Verweis auf die Hadithen Bilder von Lebendem gänzlich ab, also auch die Darstellung von Pflanzen. Andere verbieten nur die Darstellung von Menschen und Tieren, wieder andere lassen deren Darstellung zu, solange die dargestellten Lebewesen eindeutig „nicht lebensfähig" sind. Daher finden sich hin und wieder Bildwerke in der islamischen Kunst, in denen der Maler sowohl die dargestellten Menschen, als auch die Tiere mittels eines Striches quer über den Hals symbolisch geköpft hat, um zu verdeutlichen, dass das von ihm Erschaffene nicht lebendig ist.[21] Die Vorstellung von der „Lebensfähigkeit" von Bild- oder Bildhauerwerken legt die Vermutung nahe, dass sich hier Relikte einer vorislamischen Kultur voller Magie erhalten haben, in der alles, die gesamte Natur, aber auch Bildwerke, wesenhaft erschienen.

Die Widersprüchlichkeiten in der Auslegung haben in der islamischen Welt schon immer für Verwirrung gesorgt und auch in der Kunst ihren Niederschlag gefunden. In der Zeit der Umayyaden (661-750) wurden Paläste und Herrenhäuser mit einer Fülle figurativer Motive ausgestattet,[22] wie wir sie beispielsweise im Hischam Palast bei Jericho, einem Palast des Umayyaden-Kalifen Hisham ibn Abd al-Malik, noch heute bewundern können. Darunter befinden sich Skulpturen in Menschengestalt (heute im Rockefeller Museum in Jerusalem). Im Palast Qusayr'Amra des Kalifen Al-Walid I, im heutigen Jordanien, sind Fresken erhalten, die Tiere und Menschen, darunter auch nackte Frauen, zeigen.[23] Anders als jüngere Forschungen, die die Ummayadenherrscher noch im Christentum verhaftet sehen wollen,[24] beschreibt die islamische Überlieferung diese Epoche als frühen Islam. Mit der Behauptung, der Islam verbiete bildliche Darstellungen, distanzieren sich Muslime demnach auch von der eigenen frühen Tradition.

In Persien wurde die Miniaturmalerei im 13. Jahrhundert zu höchster Blüte entwickelt. Die Buchillustrationen machte auch vor dem Propheten Mohammed nicht Halt. Sein Gesicht wurde dabei je nach Epoche und Auftraggeber verschleiert oder als heller Fleck dargestellt, aber auch immer wieder voll ausgeführt.[25] In der osmanischen Kultur war die Buchillustration eine angesehene Kunst, und auch hier finden sich Mohammed-Darstellungen mit Gesicht.[26]

Schiitische Autoritäten vertreten das Bilderverbot weit weniger rigoros als sunnitische.[27] Im Iran sind Abbildungen von Märtyrern auch heute noch üblich. Riesige Wandgemälde glorifizieren zum einen Märtyrer, die im Krieg gegen den Irak gefallen sind, zum anderen sind Bilder von Khomeini und dem aktuellen geistlichen Führer allgegenwärtig. In keiner Teestube fehlen die an Jesusdarstellungen erinnernden Bildnisse von Hussain ibn Ali, der zentralen Figur des schiitischen Islam, der laut Überlieferung im Jahr 680 in der Schlacht von Kerbela den Truppen des Umayyaden Kalifen Yazid I. unterlag und getötet wurde. An dieses Ereignis erinnert das jährliche Aschura-Fest, bei dem auf öffentlichen Plätzen vor der Kulisse riesiger Schlachtengemälde die Passion Hussains erzählt wird.

Einigen Hadithen zufolge ist auch die Darstellung des Kreuzes verboten.[28] Auf diese beziehen sich strenge Auslegungen des Islam wie die wahabitische in Saudi Arabien. Das Kreuz gilt dem Wahabismus als „Symbol der Feinde des Islam". Es darf daher weder als Schmuck, noch in sonst einer Form öffentlich gezeigt werden und ist auch in Flugzeugen der saudischen Fluglinie verboten.

Doch wie lange diese Auseinandersetzung um das Bilderverbot in den theologisch geschulten Kreisen des Islam auch noch andauert, und zu welchen Schlüssen die einzelnen Rechtsschulen auch immer gelangen: Gültigkeit kann ein solcher Richtspruch ohnehin nur für die Anhänger der jeweiligen Rechtsschule beanspruchen. Das Bilderverbot ist ein religiöses islamisches Gebot, das für Menschen außerhalb dieser Glaubenswelt keine Bedeutung hat.

Der österreichische Bundespräsident Heinz Fischer äußerte am Höhepunkt des Karikaturenstreits vor dem EU-Parlament folgende Meinung: „Wenn eine Religion ein Abbildungsverbot hat, dann soll und darf man dagegen nicht verstoßen."[29] Auch wenn Fischer sich hier möglicherweise diplomatischen Kategorien der Höflichkeit verpflichtet fühlte, ist diese Aussage für den Präsidenten eines säkularen Rechtsstaates recht befremdlich und in ihren Konsequenzen wenig durchdacht, trägt er doch Verantwortung für die Werte der demokratischen Gesellschaft. Eine solche, von Politikern und mitunter auch von Künstlern und Intellektuellen vertretene Position, bezieht darüber hinaus Stellung auf Seiten der islamischen Orthodoxie und trägt dazu bei, moderatere Ansichten über das Bilderverbot ins Abseits zu stellen. Die Durchsetzung der radikalen Positionen in den letzten Jahrzehnten hat beispielsweise zur Folge, dass immer mehr Sammler und Museen, vor allem in der islamischen Welt, vor der Präsentation entsprechender Miniaturen zurückschrecken.

Würden alle Religionen den von vielen Muslimen für den Islam eingeforderten privilegierten Status auch für sich reklamieren, dürfte etwa niemand gegen ein Verbot des Verzehrs von Schweinefleisch (Islam, Judentum) oder Rindfleisch (Hinduismus) verstoßen, nebst zahlreichen anderen religiösen Verboten und Geboten aller vorhandenen Religionen. Der bekannte amerikanische Jazzmusiker Yusef Abdul Lateef beispielsweise macht als praktizierender Muslim weltweit gegenüber Konzertveranstaltern ein Verbot des Alkoholausschanks zur Bedingung für seinen Auftritt. Es genügt ihm nicht, sich selbst an die Vorschriften seiner Religion zu halten, er möchte, dass auch das Publikum das islamische Alkoholverbot befolgt. Einige Clubs in Europa sind auf seine Forderungen aus Rücksicht auf seine religiösen Gefühle eingegangen. Hier stellt sich, nebenbei gesagt, die Frage, ob auch noch strengeren Auffassungen, wie beispielsweise der Forderung, dass Frauen dem Konzert nur hinter einem Vorhang stehend folgen dürfen, oder, im Sinne einer strikten Geschlechtertrennung, ganz ausgeschlossen bleiben, nachgegeben worden wäre. Hinter dem Versuch, die eigenen religiösen Gebote auch auf andere zu übertragen, verbirgt sich der Wunsch nach Vereinheitlichung, der Wunsch danach, andere Lebensweisen und Religionen aus dem Bereich der eigenen Wahrnehmung zu verbannen.

Wir leben in einem säkularen Staat, dessen Rechtssystem auf den (→)Menschenrechten basiert und nicht auf „göttlichen" Geboten und religiösen Grundsätzen. In der Demokratie kann jeder Mensch seinen Glaubensgrundsätzen im Rahmen bestehender Gesetze folgen. Jeder religiöse Mensch hat das Recht, sich an die Gebote und Verbote seiner Religion zu halten, aber auch, diese zu vernachlässigen. Jeder nicht religiöse Mensch hat das Recht, ein von religiösen Geboten und Verboten freies Leben zu führen.

Als im Januar 2008 in einer Unterschriftenaktion 90.000 Muslime in Großbritannien von der Internet-Enzyklopädie Wikipedia forderten, die bildlichen Darstellungen (islamische Miniaturen) aus dem Eintrag „Mohammed" zu entfernen,[30] lehnte Wikipedia ab und stellte eine zusätzliche Variante online, auf der nach Anmeldung alle Einträge ohne Bilder aufgerufen werden können.[31] Die Unterschriftenaktion und die zunehmenden Beschwerden über bildliche Darstellungen können als Hinweis darauf gelesen werden, dass orthodoxe Ansichten immer größere Verbreitung finden, berufen sich ihre Protagonisten doch entgegen der Vielfältigkeit des kulturellen islamischen Erbes auf eine strenge Auslegungen des „Bilderverbots", wenn sie behaupten, Bilder des Propheten Mohammed seien im Islam nicht erlaubt.

So, wie ein strenggläubiger Katholik den Restaurants seiner Umgebung nicht aufzwingen kann, an Freitagen nur Fisch statt Fleisch zu servieren, kann ein strenggläubiger Muslim weder Museen, Galerien, Verlagen noch anderen Menschen – Muslimen wie Nichtmuslimen – ein islamisches Bilderverbot aufzwingen. Religiöse Gebote und Verbote sind in demokratischen Gesellschaften an Freiwilligkeit gekoppelt. An das islamische Bilderverbot sind nur die gebunden, die sich ihm freiwillig unterwerfen. Sie werden in ihren Wohnungen und Moscheen auf Bilder verzichten und sind nicht gezwungen, sich Mohammed-Darstellungen in Museen für islamische Kunst anzusehen. Alle anderen aber haben das Recht, zu malen, zeichnen, bildhauern, anzusehen und auszustellen, was immer sie wollen – auch den Propheten Mohammed.

Literatur

Almir IBRIC, *Islamisches Bilderverbot. Vom Mittel- bis ins Digitalzeitalter,* Wien-München 2006.

M.S. IPSIROGLU, *Das Bild im Islam. Ein Verbot und seine Folgen,* Wien-München 1971.

Silvia NAEF, *Bilder und Bilderverbot im Islam,* München 2007.

Rudi PARET, „Textbelege zum islamischen Bilderverbot", in: Hans FEGERS (Hg.), *Das Werk des Künstlers,* Stuttgart 1960, S. 36–48.

Karikaturenstreit

Im Februar 2006 beherrschen diese Bilder die Nachrichten: Tausende aufgebrachte Demonstranten sowohl in islamischen Ländern als auch in Europa, brennende Botschaften in Damaskus, Teheran und Beirut, Hunderte von Toten und Verletzten in den Straßen. Was war geschehen?[1]

Kåre Bluitgen, einer der erfolgreichsten Kinderbuchautoren Dänemarks, arbeitete im Sommer 2005 an einem Buchprojekt. *Das Leben des Propheten Mohammed* sollte dänischen Kindern die Entstehungsgeschichte des Islam und die Person des Religionsgründers näher bringen. Bluitgen hatte die besten Absichten, aber ein Problem: Er fand keinen Illustrator, der bereit gewesen wäre, den Propheten Mohammed zu zeichnen. Die drei angefragten Künstler hatten eine Mitarbeit abgelehnt, nicht etwa, weil sie Anhänger des (→)Bilderverbots gewesen wären, sondern schlicht aus Angst davor, von radikalen Muslimen angegriffen zu werden. Der Mord an dem niederländischen Regisseur Theo van Gogh durch einen muslimischen Fanatiker im November 2004 war noch kein Jahr her und kurz zuvor hatte an der Universität von Kopenhagen ein Überfall auf einen Dozenten für arabische und hebräische Sprachen stattgefunden, weil dieser – als Nichtmuslim – in seiner Vorlesung aus dem Koran vorgelesen hatte.[2] Im September 2005 erzählte Bluitgen am Rande einer Veranstaltung einem Journalisten der unabhängigen dänischen Nachrichtenagentur *Ritzau* von seinen Problemen mit dem Kinderbuch. Daraufhin erging eine Agenturmeldung von *Ritzau* an sämtliche dänische Medien: „Dänische Künstler haben Angst vor Kritik am Islam." Die Schlagzeile traf zwar nicht den Kern der Sache, sollte doch das Kinderbuch den Islam nicht kritisieren, sondern, im Gegenteil, der Verständigung zwischen den Religionen dienen, doch der Artikel deckte ein schon lange schwelendes Unbehagen auf und löste eine rege Debatte über Selbstzensur, Redefreiheit und den Islam aus. Der Vorsitzende des dänischen Schriftstellerverbandes, Peter Legård Nielsen, warnte vor Beschränkungen der Meinungsfreiheit und die Zeitung *Kristeligt Dagblad* forderte in ihrem Leitartikel dazu auf, Zivilcourage zu zeigen: „Zeichnet los!"

An dieser Stelle trat die Redaktion der *Jyllands Posten* auf den Plan. Ressortleiter Flemming Rose stellte die Frage, ob die Angst vor dem Islam wirklich so groß sei, dass ein Kinderbuchautor keinen Illustrator mehr für sein Buch fände.[3] Die Redaktion beschloss, sich an bekannte Zeichner zu wenden: „Jyllands Posten steht auf der Seite der Meinungsfreiheit. Wir möchten Dich deshalb gerne einladen, Mohammed so zu zeichnen, wie Du ihn siehst."[4]

Zwölf der vierzig angefragten Cartoonisten schickten einen Beitrag. Einige davon setzten sich weniger mit dem eigentlichen Thema auseinander, sondern nahmen vielmehr humorvoll Kåre Bluitgen aufs Korn, dem sie unterstellten, einen PR-Coup für sein nächstes Buch landen zu wollen. Selbst die Redaktion der *Jyllands Posten* wurde zum Gespött: In einer Karikatur ist ein Junge namens Mohammed zu sehen, der in arabischen Buchstaben den folgenden Satz auf eine Tafel schreibt: „Die leitenden Redakteure von Jyllands Posten sind ein Haufen reaktionärer Provokateure."

Die Karikatur, die später am meisten Anstoß erregen sollte, kam von Kurt Westergaard. Sie zeigt Mohammed mit einem Turban in Form einer Bombe, deren Lunte brennt. Damit wollte Westergaard seinen Worten nach auf jene islamistischen Extremisten Bezug nehmen, die ihre Religion als Geisel für blutige Terroranschläge nähmen. Keinesfalls habe er den Islam in seiner Gesamtheit gemeint – aber für solche Feinheiten war in der folgenden Auseinandersetzung kein Platz mehr.

Am 30. September 2005 wurden die zwölf Karikaturen veröffentlicht und zunächst passierte wochenlang gar nichts. Im Hintergrund allerdings begannen einige radikale dänische Imame mit der Vorbereitung einer Kampagne gegen die Karikaturen, gegen *Jyllands Posten* und Dänemark. Allen voran Raed Hlayhel, ein in Medina ausgebildeter Imam palästinensischer Herkunft, der in seinen Freitagsgebeten gelegentlich die Meinung vertreten hatte, Frauen seien ein Instrument des Satans gegen die Männer. Hlayhel ernannte sich nun zum Sprecher einer Gruppe mit Verbindungen zu einer

Moschee in Århus, die von der fundamentalistischen Organisation *Gleichheit und Brüderlichkeit* betrieben wurde und in Dänemark wegen ihrer Kontakte zu extremistischen Kreisen in die Schlagzeilen geraten war. Gemeinsam wurde ein Schlachtplan entworfen. In Kopenhagen sollte eine Demonstration organisiert werden, die Botschafter islamischer Länder sollten Druck auf die dänische Regierung ausüben, islamische Gelehrte in aller Welt und die großen Medien im Nahen Osten sollten dazu bewogen werden, über diesen „Angriff auf den Islam" zu berichten.

Wenige Wochen nach der Veröffentlichung der Karikaturen fand in Kopenhagen zunächst eine friedliche Demonstration statt. Zu diesem Zeitpunkt hatten jedoch bereits zwei der Karikaturisten Morddrohungen erhalten und hielten sich versteckt. Raed Hlayhel äußerte in diesem Zusammenhang, dass die Proteste niemanden bedrohen sollen, setzte aber hinzu: „Wenn man gesehen hat, was in Holland passiert ist und die Karikaturen trotzdem gedruckt werden, ist dies dumm." Diese Anspielung auf den Mord an Theo van Gogh war zweifelsohne darauf ausgerichtet, Ängste zu schüren und passt in ein Muster, das bei ähnlichen Auseinandersetzungen immer wieder zu Tage tritt. Offizielle Vertreter islamischer Gruppen drohen zwar nicht offen mit Gewalt, aber sie weisen darauf hin, dass *andere* zum Mittel der Gewalt greifen *könnten*. Geschickt wird ein Zusammenspiel der verschiedenen Kräfte und Gruppen arrangiert, die ein Ziel eint: Zu verhindern, dass in der Öffentlichkeit eine kritische Diskussion über den Islam geführt wird.

Am 17. Oktober druckte die ägyptische Zeitung *al-Fagr* sechs der Karikaturen nach, in der Absicht die Leser auf den „Rassismus in Dänemark" aufmerksam zu machen, wie es hieß.[5] War zuvor von muslimischen Vertretern noch beklagt worden, jegliche Abbildung Mohammeds verstoße gegen das religiöse Bilderverbot, so spielte dieses in Ägypten offenbar keine Rolle mehr. Zwei Tage später baten die Botschafter elf islamischer Staaten, unter der Führung Ägyptens, um ein Gespräch mit dem dänischen Ministerpräsidenten Rasmussen. Rasmussen wurde aufgefordert, mit den verantwortlichen Karikaturisten und Redakteuren hart ins Gericht zu gehen und weitere Schmähungen des Islam zu verbieten. Bereits am 12. Oktober hatte der Ministerpräsident einen Brief verschiedener Botschafter arabischer Staaten erhalten, in dem sie darauf hinwiesen, dass die

Karikaturen nicht mit den dänischen Menschenrechtsstandards zu vereinbaren seien, und ihn davor warnten, dass die Veröffentlichung heftige Reaktionen in muslimischen Ländern und muslimischen Gemeinden Europas auslösen *könnte*. Es zeugt von vollkommenem Unverständnis gegenüber dem Wesen der Demokratie, wenn arabische Herrscher annehmen, ein Staatschef könne und müsse der freien Presse etwas verbieten. Und vor dem Hintergrund, dass im eigenen Land alle Religionen außer der jeweils herrschenden Richtung des Islam bedroht und unterdrückt werden, gehört schon eine gewisse Chuzpe dazu, angeblich mangelnde Religionsfreiheit in einem anderen Land anzuprangern. Rasmussen lehnte das Treffen mit der Begründung ab, die Forderung, er solle in die freie Berichterstattung eingreifen, sei schlicht keine Grundlage für ein Gespräch.

Daraufhin befasste Ägypten die UNO, die *Arabische Liga* und die *Organisation der Islamischen Konferenz* (OIC) mit der Causa. Der Generalsekretär der OIC, Ekmelledin Ihsanoglu, lies verkünden: „Die Lage ist so kritisch, dass wir die Krise nicht in den Griff bekommen, wenn es keine juristischen Verpflichtungen gibt. Wir können uns nicht mit losen Erklärungen begnügen." Auch hier das schon bekannte Muster: Die Drohung, eine „Krise nicht in den Griff" zu bekommen, verbunden mit der Forderung nach Zugeständnissen und Fügung. Als Preis für den Frieden im Karikaturenstreit sollte Europa die „Kränkungen" des Islam zurücknehmen, Witze und Spott über die Religion und ihre heiligen Symbole gesetzlich verbieten und nebenbei ein demokratisches Grundrecht aushebeln.

Noch im Herbst 2005 traf der ägyptische Botschafter mit dänischen Imamen zusammen, darunter der schon erwähnte Raed Hlayhel, sowie Ahmed Akkari und Ahmed Abu Laban, der Führer eines großen Moscheevereins und Mitverfasser eines Dossiers über die Karikaturen. Der ägyptische Botschafter sagte zu, die Organisatoren der Proteste bei einer Propaganda-Tournee durch mehrere islamische Länder zu unterstützen und Treffen mit einflussreichen Politikern, Religionsführern und Medienvertretern zu organisieren. Diese Tour fand Ende Dezember statt. Im Gepäck hatten die Männer besagtes Dossier, das außer den schon bekannten zwölf Karikaturen einige weitere mit deftigem Inhalt enthielt, die allerdings nirgendwo gedruckt, sondern schlicht gefälscht worden waren. Offenbar hielt man die tatsächlichen Karikaturen für zu harmlos und nicht effektiv genug, und gedachte die Situation für äußerste Wirksamkeit zuzuspitzen. Später, nach Aufdeckung der Fälschungen durch die westlichen Medien, sollten die Verfasser behaupten, jene Karikaturen stammten aus anonymen Zuschriften an Muslime, und wären beigefügt worden, um das schlimme Ausmaß der Islamfeindschaft in Dänemark zu verdeutlichen, allerdings werden im Dossier, welches die Imame auf ihrer Tour verteilten, auch diese Fälschungen der Zeitung *Jyllands Posten* untergeschoben. Auf einer der gefälschten Karikaturen ist Mohammed mit Schweineohren zu sehen, auf einer anderen beim sexuellen Verkehr mit einem Hund. Das Dossier wurde auch auf dem Gipfel der OIC im Dezember 2005 in Mekka verteilt.

Je weiter sich die Informationen aus Dänemark in der islamischen Welt verbreiteten, desto kurioser wurden sie. Es war ein bisschen wie „Stille Post". Aus zwölf Zeichnungen wurden 120, aus einer unabhängigen dänischen Zeitung ein Regierungsblatt. Kåre Bluitgen wurde unterstellt, er wolle kein Kinderbuch, sondern einen neuen, verfälschten Koran verfassen – natürlich im Auftrag der dänischen Regierung. Verschwörungstheorien gegen Dänemark und den Westen machten die Runde.

Als am 10. Januar 2006 das muslimische Opferfest begangen wurde, hatte der bekannte saudische Imam der Großen Moschee in Mekka, Abdul Rahman Ibn Abdul Aziz as-Sudais, ein riesiges Publikum für seine Predigt: Zwei Millionen Muslime in Mekka und geschätzte 100 Millionen vor den Fernsehgeräten rund um den Erdball. Er nutzte die Gunst der Stunde, sprach von einer zielgerichteten Kampagne gegen den Propheten und rief alle Muslime weltweit auf, sich zu widersetzen. Von nun an wurde in bedeutenden arabischen Medien, wie zum Beispiel dem Fernsehsender *al-Dschasira*, der Presse und in den Freitagspredigten überall auf der Welt zum Boykott dänischer Waren aufgerufen und letztlich ein Kulturkampf beschworen.

In dieser Situation beschlossen einige europäische Zeitungen, die Karikaturen aus Solidarität mit den angegriffenen Dänen nachzudrucken und so dem Recht auf Meinungs- und Pressefreiheit in Europa Nachdruck zu verleihen. In Deutschland druckte *Die Welt* alle zwölf Karikaturen, *Die Zeit*, die *FAZ*, *Der Tagesspiegel*, die *Berliner Zeitung*, *Emma* und die *taz* druckten jeweils einzelne nach. Auch das

Online-Magazin *Perlentaucher* zeigte alle Karikaturen. In Österreich druckten die *Kronen Zeitung,* die *Kleine Zeitung* und die *Sonntags-Rundschau* die Karikaturen ab. In Norwegen konnten die Leser der Zeitung *Aftenposten* die Karikaturen sehen. Die französische Satirezeitung *Charlie Hebdo* druckte die Karikaturen ebenfalls nach und ergänzte sie durch eigene. Daraufhin klagte der islamische Dachverband *Conseil français du culte musulman* die Zeitschrift auf Beleidigung. Das zuständige Gericht wies die Klage ab.

In der Folge kam es in der europäischen Öffentlichkeit zu kontroversen Auseinandersetzungen und – ob aus Angst oder Überzeugung – auch zu bemerkenswerten Konsequenzen: Der Chefredakteur von *France Soir,* Jaques Lefranc, wurde entlassen, nachdem er die Karikaturen unter dem Titel „Ja, wir haben das Recht, Gott zu karikieren!" veröffentlicht hatte. Ebenso erging es dem finnischen Redakteur Jussi Vilkuna vom Kulturmagazin *Kaltio.* Allerdings nicht, weil er die Karikaturen nachgedruckt hatte, sondern weil er sich geweigert hatte, einen Cartoon über den Karikaturenstreit von der Website des Magazins wieder zu entfernen.[6] Einige Firmen beugten sich aus Angst vor Marktverlusten sehr tief. Nestlé etwa fühlte sich bemüßigt, seinen saudischen Kunden zu versichern, dass sein Milchpulver nicht von dänischen Kühen stamme, und der französische Carrefour-Konzern nahm in seiner Kairoer Filiale freiwillig alle dänischen Produkte aus den Regalen.

In mehreren islamischen Ländern gab es jedoch auch mäßigende und kritische Stimmen: Zwei jordanische Zeitungen druckten einige der Karikaturen nach. In der Zeitung *Shihan* fragte der Chefredakteur in einem Kommentar: „Was ist schlimmer? Solche Bilder oder Selbstmordanschläge?" – Er wurde entlassen, die Auflage eingestampft. Im Jemen wurde die Schließung der Wochenzeitung *Al-Hurya* (Die Freiheit) angeordnet und ein Haftbefehl gegen den Verleger erlassen, nachdem dieser die Karikaturen nachgedruckt hatte.

Im vorletzten Akt der Geschichte betrat der Fernsehprediger Yussuf al-Qaradawi – eine Autorität im sunnitischen Islam – die Bühne. Es handelt sich um eben jenen al-Qaradawi, der im bereits erwähnten *Europäischen Rat für Fatwa und Forschung,* den er selbst mitbegründete, Ratschläge an europäische Muslime erteilt. In seiner wöchentlichen Sendung auf *al-Dschasira* rief er für den 3. Februar 2006 zu einem „Tag des Zorns" auf: „Die ganze Nation soll zornig sein und sich erheben, um ihren Zorn auch zu zeigen. Zorn ist notwendig." An die weltumspannende islamische Gemeinschaft, die Umma, gerichtet, rief er: „Wir sind keine Nation von Eseln. Wir sind eine Nation von Löwen."

An jenem 3. Februar kam es nach den Freitagsgebeten zu Demonstrationen rund um den Globus. Der Mob begann zu toben. In Jarkarta, Indonesien, griffen Demonstranten die dänische Botschaft an. Just an diesem Tag streuten dänische Imame das Gerücht, extremistische Dänen planten die öffentliche Verbrennung des Korans auf dem Rathausplatz in Kopenhagen. Initiator dieses Gerüchts war einmal mehr Raed Hlayhel, der auch gleich die übliche Drohung nachschob: „Es wird der Teufel los sein, wenn diese Extremisten den Koran verbrennen." Für die weltweite Verbreitung dieses Gerüchts sorgte der in Kopenhagen lebende Scheich Mouhammed Fouad al-Barazi, der es mit Tränen in den Augen in die Kameras von *al-Dschasira* verkündete. Der Koran wurde zwar nicht verbrannt, der Teufel aber war dennoch los. Am 4. Februar setzten Demonstranten in Damaskus die Botschaften von Dänemark und Norwegen in Brand, tags darauf brannten die dänischen Botschaften in Beirut und Teheran. Auch das deutsche Kulturzentrum in Gaza wurde in Brand gesetzt. Auf gewalttätigen Demonstrationen in diesen Tagen kamen mindestens 150 Menschen ums Leben, viele weitere wurden verletzt.

2002 hatte der österreichische Karikaturist Gerhard Haderer sein Buch *Das Leben des Jesus* veröffentlicht, in dem er Jesus als haschischrauchenden Hippie darstellt. Die katholische Kirche und viele Gläubige waren durchaus empört. Kardinal Schönborn forderte eine öffentliche Entschuldigung, Klagen wurden, wenn auch erfolglos, eingebracht, einzelne Buchhandlungen nahmen das Buch wieder aus den Regalen; die Polizei musste einem Drohanruf nachgehen. In Griechenland wurde Haderer wegen „Religionsbeschimpfung" verurteilt, das Urteil jedoch später wieder aufgehoben. Bei aller Heftigkeit der öffentlichen Debatte blieb es bei einer mit zivilen Mitteln ausgetragenen Auseinandersetzung. Es kam weder zu gewalttätigen Demonstrationen, Fahnenverbrennungen oder Brandanschlägen auf Verlagshäuser oder Buchhandlungen, noch riefen Geistliche zu Gewalt oder gar Mord auf.[7]

In der europäischen Debatte um die dänischen Karikaturen wurde die Auseinandersetzung auf die Formel Meinungs- beziehungsweise Pressefreiheit versus Religionsfreiheit heruntergebrochen und weitgehend auf die Frage reduziert, ob die freie Meinungsäußerung so weit gehen darf, religiöse Gefühle zu verletzen. Günther Grass bezeichnete die Zeitung *Jyllands Posten* als rechtsradikales, fremdenfeindliches Blatt.[8] Die *Deutsche Muslim-Liga* setzte noch eins drauf und zog einen Vergleich zu den antisemitischen Karikaturen des nationalsozialistischen Wochenblatts *Der Stürmer*.[9] Die Intention solcher Angriffe liegt auf der Hand: Ist eine Person oder Zeitung erst einmal als rechtsradikal, fremdenfeindlich und antisemitisch denunziert, erübrigt sich jede weitere inhaltliche Debatte. An der Beantwortung der eigentlichen Frage jedoch gehen solche Anwürfe vorbei: Was ist (→)Meinungsfreiheit und welche Grenzen werden ihr gesetzt?

„Jeder Mensch hat das Recht auf freie Meinungsäußerung; dieses Recht umfasst die Freiheit, Meinungen unangefochten anzuhängen und Informationen und Ideen mit allen Verständigungsmitteln ohne Rücksicht auf Grenzen zu suchen, zu empfangen und zu verbreiten." – lautet Artikel 19 der *Allgemeinen Erklärung der Menschenrechte*. Das deutsche Bundesverfassungsgericht wies im bereits im Kapitel „Meinungsfreiheit" erwähnten *Lüth-Urteil* 1958 ausdrücklich darauf hin, dass das Grundrecht auf Meinungsfreiheit für eine freiheitlich-demokratische Staatsordnung konstituierend sei. Die Grundrechte stellten das oberste, objektive Prinzip der gesamten Rechtsordnung dar. Jede Einschränkung müsse demnach wiederum durch die Menschenrechte begründet sein.[10]

Das Recht auf Meinungsfreiheit hat also, wie alle Rechte, eine Grenze. Sie liegt da, wo andere, ebenfalls durch die Menschenrechte festgelegte Freiheiten anderer eingeschränkt werden oder wo besondere Schutzbedürfnisse bestehen: „Diese Rechte finden ihre Schranken in den Vorschriften der allgemeinen Gesetze, den gesetzlichen Bestimmungen zum Schutze der Jugend und in dem Recht der persönlichen Ehre." (Grundgesetz, Art. 5)

In diesem Licht betrachtet entbehren die Argumente der Gegner der Karikaturen jeder Grundlage. Der Vorwurf etwa, der Abdruck durch die *Jyllands Posten* und andere Zeitungen, sei nicht als Kampf für Presse- und Meinungsfreiheit zu verstehen, sondern bloße Provokation,[11] ist ein ebenso untauglicher Einwand wie der Hinweis auf die mangelnde Qualität einiger Karikaturen.[12] Der Kampf um Meinungsfreiheit schließt den Einsatz bewusster Provokationen nicht aus, ja gerade das Mittel der verbalen Provokation ist durch die Meinungsfreiheit ausdrücklich gedeckt. Wäre dem nicht so, könnte es keine Meinungsfreiheit geben, denn eine öffentlich vorgetragene Meinung stellt für die Gegenseite in der Regel eine Provokation dar. Menschenrechte sind prinzipiell voraussetzungslos, jeder Mensch hat sie und darf sie jederzeit in Anspruch nehmen.

Die Diktatur der Beleidigten

„Die Freiheit der Rede hat den Nachteil, dass immer wieder Dummes, Hässliches und Bösartiges gesagt wird. Wenn wir aber alles in allem nehmen, sind wir doch eher bereit, uns damit abzufinden, als sie abzuschaffen." Diese Aussage Winston Churchills hat bis heute nichts von ihrer Gültigkeit verloren, vor allem in Anbetracht der Tatsache, dass überall da, wo die Meinungsfreiheit abgeschafft wurde, zumeist nur noch Dummes, Hässliches und Bösartiges gesagt wurde.

Der im Karikaturenstreit mitunter vorgebrachte Einwand, hier sei die Meinungsfreiheit missbraucht worden, um eine Minderheit und ihre Religion verächtlich zu machen, anstatt sie zu nutzen, um gegen Stärkere oder die Herrschenden aufzutreten,[13] entbehrt angesichts der weiteren Entwicklung der Ereignisse nicht einer gewissen Komik. Mit der Internationalisierung des Konflikts und vor allem mit der Eskalation hin zu offener Gewalt haben Muslime eine Position der Stärke aufgebaut und ein Bedrohungsszenario geschaffen, das in seinem Einschüchterungspotential außerordentlich wirksam ist.

Andererseits reklamieren eben jene Muslime, von denen diese Drohungen ausgehen, für sich die Opferrolle einer unterdrückten Minderheit mit Anrecht auf Verschonung von Kritik. Diese Haltung wird von Teilen der öffentlichen Meinung gelegentlich übernommen, dabei wird übersehen, dass in der demokratischen Praxis auch Minderheiten nicht per se von Kritik ausgeschlossen sind, es sei denn, man nähme sie nicht ernst.

Jeder hat das Recht, sich beleidigt zu fühlen. Wer sich beleidigt und in seinen Grundrechten verletzt glaubt, kann ein Gericht zur

Entscheidung anrufen – denn ob eine strafrechtlich relevante Beleidigung vorliegt, entscheiden ausschließlich Gerichte. Wäre das nicht so, läge die Entscheidungshoheit in den Händen des Beleidigten, und wir hätten eine Diktatur der subjektiven Empfindung, eine Diktatur der Beleidigten.

Im *Manifest gegen den neuen Totalitarismus* vom März 2006, das von namhaften Künstlern und Wissenschaftlern unterzeichnet wurde, heißt es: „Wenn man es zum Prinzip macht, dass kein religiöser Glaube verletzt werden darf, dann werden die Schlüssel dieser Freiheit in die Hände des Gläubigen und seiner Empfindungen gelegt. Mit der offensichtlichen und paradoxen Folge, dass die Grenzen der Meinungsfreiheit umso enger werden, je stärker sich diese Empfindlichkeit – die bis zum Fanatismus gehen kann – äußert."[14]

Karikaturen und Religionsfreiheit

Das Recht auf Religionsfreiheit schützt per definitionem nicht die Religion, sondern das Recht eines Menschen, seine Religion frei auszuüben. Mit der Veröffentlichung der Karikaturen wurde das Recht auf Religionsfreiheit in keiner Weise verletzt. Karikaturen hindern niemanden am Gebet, sie fordern keine Schließung von Moscheen und kein Verbot islamischer Lehre. Sie mögen religiöse Gefühle verletzt haben, aber diese Gefühle können, wie bereits dargelegt, kein Rechtsgut sein. Wer die Religionsfreiheit „als Anspruchsnorm für religiös motivierte Zensurforderungen ins Feld führt und gegen Meinungsfreiheit oder Kunstfreiheit ausspielt, hat den menschenrechtlichen Sinn der Religionsfreiheit nicht verstanden."[15]

Das Recht auf Religionsfreiheit umfasst zum einen das Recht, seiner Religion nachzugehen und für diese öffentlich zu werben, zum anderen das Recht, die Religion zu wechseln oder keiner Religion anzugehören. Daher ist es folgerichtig, dass sie auch das Recht auf negative Werbung umfasst. Eine Religionsgemeinschaft, die ihre Vorstellungen und Werte öffentlich vertritt, muss mit gegenteiligen Meinungen und Kritik rechnen. Keine Meinung kann ein höheres Maß an Öffentlichkeit fordern als eine andere. Dieser Auffassung schloss sich im Jahre 2006 auch der *Deutsche Presserat* an: „Auch Religionsgemeinschaften und ihre Mitglieder müssen Kritik – auch scharfe – ertragen."[16] Da eine religiöse Anschauung nach außen letztlich nichts anderes darstellt als eine Meinungsäußerung ("Meine Religion ist gut, weil..."), ist das Recht auf Äußerung einer gegenteiligen Meinung ("Nein, Deine Religion ist nicht gut, weil...") genauso hoch zu bewerten.

Chauvinismus und Verachtung anderer Religionen und Kulturen gegenüber und die selbstverständliche Besserstellung der eigenen Religion (→Toleranz) haben in der Geschichte der islamischen Welt eine Kultur hervorgebracht, in der Kritik, Witze und Polemik gegen den Islam unverständlich und unakzeptabel erscheinen. Indes sparen Prediger, Zeitungen und Fernsehsender der islamischen Welt nicht mit Kritik und Spott an Christentum, Judentum und anderen Religionen. Würde der Rest der Welt mit ebenso wenig Selbstbewusstsein und ebenso fanatisch und gewalttätig reagieren, wäre der Weltfrieden ernsthaft gefährdet.

Man sollte sich ferner vergegenwärtigen, dass die gegenseitige religiöse Polemik eine lange Geschichte hat, deren Anfänge sich im Koran selbst finden. Nicht nur, dass dort die Gottessohnschaft Jesus (ein zentraler Punkt aller christlichen Bekenntnisse) vehement bestritten wird; Christen und Juden wird auch mehrfach vorgeworfen, den ihnen einst offenbarten wahren Glauben verfälscht und verraten zu haben.[17] Derartige Auffassungen müssen Christen und Juden ebenso aushalten, wie Muslime Kritik an ihrer Religion. Nichtreligiöse Menschen müssen mit dem gelegentlich vorgebrachten Vorwurf leben, ohne Religion über keinerlei moralische Maßstäbe zu verfügen und Gottgläubige müssen mit gesalzenen Polemiken von Atheisten leben. Eine Demokratie kann und muss kontroverse Meinungen aushalten, genau das sichert erst ihren Pluralismus.

Der in Deutschland lebende Politikwissenschaftler und Journalist Hamed Abdel-Samad führte 2009 ein Interview mit Flemming Rose, dem für die Karikaturen verantwortlichen Redakteur bei *Jyllands Posten* und bot es der liberalen ägyptischen Tageszeitung *El-Youm El-Sabei* an, für die er eine regelmäßige Kolumne schreibt. Die Zeitung hatte in der Vergangenheit mit der Forderung nach Freiheit von Zensur von sich reden gemacht. Das Interview führte in der Redaktion zu heftigen Kontroversen und zeigt das große Tabu der Religionskritik in der islamischen Welt. Der Kulturredakteur, der, so Abdel-Samad, in Flemming Rose offenbar einen hasserfüllten

Islamfeind erwartet hatte, äußerte Verwunderung: „Dieser Mann klingt so vernünftig." Das Interview wurde nicht gedruckt. Es erschien kurzzeitig in der Internetausgabe, wurde aber auch dort wegen zahlreicher Leserproteste nach einer Stunde wieder entfernt.[18] Niemand wollte hören, was Flemming Rose zu sagen hatte.

Im Februar 2008 forderten Muslime in Berlin das Verbot einer Ausstellung der dänischen Künstlergruppe *Surrend*. Stein des Anstoßes war eines der ausgestellten Plakate, das die Kaaba in Mekka zeigte, die von Pilgern umrundet wird, die in Sprechblasen Verdächtigungen gegen Juden äußern. Die Bildunterschrift lautete schlicht „Dummer Stein". Der Berliner Innensenator Erhard Körting verteidigte die Ausstellung mit den Worten: „Kunst ist provokativ. So ist das eben. So war das immer." Er sei selbst evangelischer Christ und glaube an einiges, was andere leugnen: „Soll ich deshalb Steine auf den Koran schmeißen?" Aber auch Berliner islamischen Glaubens haben sich schützend vor die Ausstellung gestellt. Unter ihnen befand sich der Vorsitzende der *Türkischen Gemeinde in Deutschland*, Kenan Kolat, der mit Verweis auf das Grundgesetz sagte: "Kunst und Wissenschaft, Forschung und Lehre sind frei".[19] Es ging beim Karikaturenstreit und anderen ähnlich gelagerten Auseinandersetzungen um den Versuch islamischer Gruppen oder Staaten, die Deutungshoheit darüber zu beanspruchen, was Islam ist. Dieser Versuch begann mit der Behauptung, der Abdruck der Karikaturen verstoße gegen das islamische Abbildungsverbot.[20] Fatwas, die zum Mord an den dänischen Karikaturisten auffordern, argumentieren zudem mit dem „Strafbestand" der Prophetenbeleidigung und beziehen sich dabei auf die folgende Stelle aus dem Koran: „Und wenn du sie fragst (und wegen ihrer spöttischen Bemerkungen zur Rechenschaft ziehst), sagen sie: ‚Wir haben nur geplaudert und gescherzt.' Sag: Wie konntet ihr euch über Gott und seine Zeichen und seinen Gesandten lustig machen? Ihr braucht keine Entschuldigung vorbringen. Ihr seid ungläubig geworden, nachdem ihr gläubig waret." (Koran 9,65f.)[21]

Man muss kein Islamgelehrter sein, um zu erkennen, dass sich diese Stelle auf gläubige Muslime bezieht, denen vorgeworfen wird, durch spöttische Bemerkungen vom Glauben abgefallen zu sein. Hiermit soll nicht gesagt werden, dass diese Bestrafung für Muslime gerechtfertigt wäre (nach orthodoxer Auffassung steht auf Glaubensabfall der Tod!), aber auf Nichtmuslime kann sie nicht einmal nach islamischem Recht angewandt werden. Die größenwahnsinnige Ausweitung eigener Glaubensbestimmungen auf alle Menschen ist Ausdruck eines Islam, der eine privilegierte Stellung beansprucht.

Die Kampagne rund um die Mohammed-Karikaturen diente letztlich den gleichen Zielen wie die Bemühungen der OIC: Verhinderung jeglicher Kritik am Islam und Einführung islamisch motivierter Blasphemie Gesetze und damit Scharia-Recht in Europa.

Wurde jede kritische Auseinandersetzung mit dem Islam in den meisten muslimischen Ländern bisher erfolgreich unterdrückt, unternehmen die OIC und andere islamische Organisationen seit etwa zwei Jahrzehnten den Versuch, diese Politik auch international durchzusetzen. Das Muster ist mehr oder weniger gleich: Vertreter islamischer Verbände und Vereine zeigen sich beleidigt und empört und warnen, meist mit Hinweis auf Gewalttaten der Vergangenheit, vor neuerlicher Gewalt. Gleichzeitig werden Medienkampagnen initiiert. Anonyme Morddrohungen gegen die betreffenden Künstler, Journalisten, Schriftsteller et cetera folgen auf dem Fuß. Mitunter kommt es zu tatsächlicher Gewalt, auch gegenüber in islamischen Ländern lebenden Christen, die als Geiseln betrachtet werden, und deren Kirchen, Verlagen und anderen Einrichtungen:

- Nach Veröffentlichung des Romans *Die Satanischen Verse* von Salman Rushdie kam es 1989 in der islamischen Welt zu gewaltsamen Demonstrationen mit Dutzenden Toten. Khomeini forderte die Gläubigen in aller Welt auf, Salman Rushdie und alle an dem Buch Beteiligten zu töten. Daraufhin wurden mehrere, zum Teil tödliche Anschläge auf Übersetzer verübt (→Dissidenten).
- Als sich im Jahr 1997 der Oberste Gerichtshof der USA weigerte, dem Verlangen des *Council on American Islamic Relations* stattzugeben, einen Fries aus den 1930er Jahren im Hauptgerichtssaal des U.S. Supreme Court in Washington D.C. zu entfernen, auf dem unter insgesamt achtzehn Gesetzgebern – also in einem durchaus positivem Zusammenhang – auch Mohammed dargestellt ist, kam es zu schweren Krawallen von Muslimen, vor allem in Indien.[22]
- Die Regensburger Papstrede 2006 führte zu gewalttätigen Demonstrationen, *al-Qaida* drohte mit Morden.[23] In Mogadischu

wurden die italienische Ordensschwester Leonella und ihr Leib-
wächter ermordet.

- Die amerikanische Zeichentrick-Serie *South-Park* darf Mohammed
  nicht mehr zeigen und erwähnen. Die Episode 200 wurde nach
  ihrer ersten Ausstrahlung vom Sender *Comedy Central* zurückgezogen und Episode 201 zensiert ausgestrahlt, nachdem Morddrohungen an die Autoren Trey Parker und Matt Stone ergangen
  waren, weil sie sich in diesen Folgen über das Verbot der Darstellung Mohammeds lustig gemacht hatten. Eine Gruppe namens
  Revolution Muslim drohte den Autoren: „Wir müssen Matt und
  Trey warnen, dass das, was sie tun, dumm ist und sie vielleicht
  des Ausstrahlens dieser Show wegen wie Theo Van Gogh enden
  werden." Beide *South-Park* Folgen kreisten um das Thema Zensur
  und hielten sich auf originelle Weise an das Abbildungsverbot:
  Der Prophet steckte in einem Bärenkostüm.[24]
- Die amerikanische Karikaturistin Molly Norris lebt seit Juni 2010
  unter neuem Namen an einem unbekannten Ort. Sie erhielt
  Morddrohungen, nachdem sie zu einem „Everybody Draw Mohammed Day" aufgerufen hatte, um gegen die Zensur der Car-
  toon-Serie *South-Park* zu protestieren.[25]

Nach Erscheinen des Films *Fitna* des niederländischen Politikers
Geert Wilders äußerte die Sprecherin der *Islamischen Glaubensgemeinschaft Österreichs*, die im Film vorgenommene Gleichsetzung
von Islam und Terror könnte zu „emotionalen Reaktionen" einiger
„Glaubensbrüder" führen.[26] „Emotionale Reaktionen" ist hier der
übliche Euphemismus für Gewalt.

Auf Londoner Demonstrationen gegen die dänischen Karikaturen
wurden im Februar 2006 Plakate hochgehalten, auf denen zu lesen
war: „Behead those who insult islam" (Köpft die, die den Islam beleidigen), „Butcher those who mock islam" (Schlachtet die, die den
Islam verspotten), „Kill those who insult islam" (Tötet die, die den
Islam beleidigen) oder gar „Europe remember 9/11", und einige Teilnehmer vervollständigten das Drohpotential, indem sie stolz Nachbil-
dungen von Sprengstoffgürteln trugen.[27]

Ebenso wie die Hetze und die Gewaltbereitschaft Rechtsradikaler
bedrohen islamische Fanatiker den sozialen Frieden. In beiden Fällen handelt es sich nicht um eine Handvoll Terroristen, sondern um

hunderte, teilweise tausende Menschen, die sich öffentlich zur Gewalt als Mittel der Auseinandersetzung bekennen und denen konsequent entgegengetreten werden muss.

Obwohl es oft wie eine konzertierte Aktion wirkt, bedarf es keiner zentralen Planung solcher Kampagnen, es gibt keine islamische Verschwörung, die Sache ist vielmehr recht banal: Alle Beteiligten, ob Islamisten, Vertreter offizieller islamischer Organisationen oder einfache Gläubige setzen ihre jeweils eigenen Mittel ein, die sich nach und nach zu einer Kampagne regelrecht hochschaukeln. In der Botschaft nämlich sind sich alle Beteiligten einig: Kritiker sollen – bei Androhung von Strafe – mundtot gemacht werden. Jede kritische Äußerung läuft Gefahr zu einem Flächenbrand zu werden. In einem Klima der Angst soll sich jede und jeder fragen müssen: „Darf ich das – oder riskiere ich Ärger oder gar Gewalt?" Diese Angst zeigt längst Wirkung:

- 2006 sagte die Intendantin der Deutschen Oper Berlin eine Aufführung der Mozart Oper *Idomeneo* aus Angst vor Angriffen radikaler Muslime ab. Am Ende des Stücks sollten die abgeschlagenen Köpfe von Poseidon, Jesus, Buddha und Mohammed gezeigt werden. Erst eine breite und kritische öffentliche Diskussion über diese Vorgehensweise führte schließlich dazu, dass die Aufführung stattfand. Auch die *Deutsche Islam Konferenz* sprach sich einhellig für die Wiederaufnahme der Oper aus.[28]
- 2007 zog das Gemeindemuseum in Den Haag eine geplante Fotoausstellung der aus dem Iran stammenden Künstlerin Sooreh Hera zurück, da einige der Fotos Mohammed als Homosexuellen zeigen. Die Fotografin wollte auf den Umgang mit Homosexuellen im Iran aufmerksam machen.[29]
- Die *Tate Gallery of British Art* in London entfernte 2005 eine Skulptur des Künstlers John Latham aus einer Ausstellung. Das Gleiche wiederholte sich in einem Museum in Göteborg. Die Skulptur ist Teil der Serie *God is Great*, in der sich der Künstler mit den heiligen Schriften der drei monotheistischen Religionen auseinandersetzte und Buchseiten aus diesen für die Skulptur verwendete.[30]
- Die Übersetzer eines Buches der Islamkritikerin Ayyan Hirsi Ali bestanden darauf, anonym zu bleiben.[31]

- Ein deutscher Wissenschaftler, der sich mit der Geschichte des Islam und der Entstehung des Korans befasst, griff bei Veröffentlichung seiner philologischen Studien zum Koran auf ein Pseudonym (Christoph Luxenberg) zurück, weil er befürchtete, dass seine Ergebnisse in religiösen Kreisen auf Empörung stoßen. Luxenbergs Arbeit geht davon aus, dass dem Koran über weite Strecken ein syro-aramäischer Text zu Grunde liegt und der Islam an seinem Beginn eine christliche Häresie war, die sich erst später zu einer eigenständigen Religion entwickelte. Damit widerspricht er der islamischen Auffassung, nach welcher der Koran von Gott in arabischer Sprache herabgesandt wurde und Mohammed eine neue Religion begründete.[32]
- Die Yale University veröffentlichte 2009 eine wissenschaftliche Untersuchung zum „Karikaturenstreit".[33] Unmittelbar vor Drucklegung wurden aus dem Manuskript die zwölf Karikaturen wieder entfernt. Wie sich die Leserinnen und Leser ein Urteil bilden sollen, wenn ihnen das *Corpus Delicti* vorenthalten wird, bleibt ein Rätsel. Zu allem Überfluss wurden neben den Karikaturen auch alle anderen Illustrationen wieder entfernt, darunter auch der Stich *Dantes Inferno* von Gustav Doré aus dem 19. Jahrhundert und alte osmanische Drucke, von denen man befürchtete, Muslime könnten daran Anstoß nehmen.[34]

Doch diese Entwicklung ist weder neu, noch durch die Mohammed-Karikaturen ausgelöst worden. Bereits 1993 gelang es einer Allianz, bestehend aus den Brüdern Tariq und Hani Ramadan, der Kulturamtsleiterin und dem grünen Kulturminister des Kantons Genf, eine geplante Aufführung von Voltaires Tragödie *Le Fanatisme ou Mahomet le Prophète* im Rahmen der Feiern zum 300. Geburtstag Voltaires zu verhindern. So fiel im Namen religiöser Gefühle ausgerechnet einer der größten Verteidiger der Meinungsfreiheit der Zensur zum Opfer.[35] Der ganze Kulturbetrieb habe offensichtlich Angst, aber nicht etwa „vor Klagen wegen Religionsbeleidigung, sondern vor purer Gewalt", so der Comic-Zeichner Ralf König.[36]

Empörte Muslime müssen sich die Frage gefallen lassen, warum Proteste ausbleiben, wenn islamische Terrorgruppen den Namen Mohammeds für ihre Aktionen missbrauchen und diskreditieren, indem sie sich *Armee Mohammeds* (Jaish-e-Mohammad) nennen, wie jene pakistanischen Islamisten, die 2007 in die Kämpfe um die „Rote Moschee" in Islamabad involviert waren, oder die gleichnamige jemenitische Gruppe, die für Anschläge auf britische und amerikanische Einrichtungen verantwortlich zeichnet. Hier entsteht eine deutliche Schieflage der Wertung.

Ein Teil der dänischen Karikaturisten hat letztlich nichts anderes getan, als auf den Zusammenhang zwischen Terror und Islam hinzuweisen, auf islamische Terrorgruppen, die leider ein Puzzleteil im zeitgenössischen islamischen Erscheinungsbild sind. Knapp, aber prägnant formuliert der österreichische Journalist Michael Prüller die Quintessenz der Auseinandersetzung: „Wenn die Idee der demokratischen Freiheit gewinnt, wird sie noch immer ziemlich viel Islam zulassen. Wenn der radikale Islam gewinnt, bleibt aber von der Freiheit nicht mehr viel übrig."[37]

Das Verlagshaus der *Jyllands Posten* wurde nach dem Karikaturenstreit zu einer Festung umgebaut: Überwachungskameras, ein doppelter Zaun, Sicherheitstüren zwischen den verschiedenen Bereichen und Panik-Räume im Keller.[38] Maßnahmen, die nach den Anschlägen auf die Übersetzer der *Satanischen Verse* 1989 sicher nicht übertrieben sind. Mitten in Europa leben und arbeiten die Mitarbeiter einer Zeitungsredaktion unter ständiger Bedrohung, weil sie von ihrem Recht auf Pressefreiheit Gebrauch gemacht hatten. Anders als in den meisten islamischen Ländern, in denen Kritiker der Religion oder des Staates seit eh und je gefährlich leben, ist dieser Zustand im heutigen Europa etwas Neues und Ungewöhnliches.

Im September 2010 wurde dem Karikaturisten Kurt Westergaard in Potsdam der *M100 Medien Preis* verliehen. Einen Monat später erhielt er in Leipzig den *Preis für die Freiheit und Zukunft der Medien*. Bundeskanzlerin Angela Merkel, die in Potsdam den Preis überreichte, sagte in ihrer Laudatio: „Bei dem Mann, den Sie heute auszeichnen, dem dänischen Zeichner und Karikaturisten Kurt Westergaard, geht es um die Meinungs- und Pressefreiheit. Bei ihm geht es darum, ob er in einer westlichen Gesellschaft mit ihren Werten seine Mohammed-Karikaturen in einer Zeitung veröffentlichen darf, ja oder nein, egal ob wir seine Karikaturen geschmackvoll finden oder nicht, ob wir sie für nötig und hilfreich halten oder eben nicht. Darf er das? Ja, er darf."[39]

Das Kinderbuch von Kåre Bluitgen über das Leben des Propheten
Mohammed ist unterdessen erschienen. Es ist illustriert. Der Name
des Illustrators wird nicht genannt.

Literatur

Bernhard DEBATIN (Hg.), *Der Karikaturenstreit und die Pressefreiheit*, Berlin 2007.

Dissidenten

Sie werden beschimpft, verleumdet und manchmal mit dem Tod bedroht, müssen mitunter Polizeischutz in Anspruch nehmen und melden sich dennoch immer wieder zu Wort. Sie sind religiöse wie nichtreligiöse Frauen und Männer, sie stammen aus muslimischen Familien und sie sind, bei aller Unterschiedlichkeit, Dissidenten. Manche aus bewusster Entscheidung, manche wider Willen: Irshad Manji, die in Uganda geborene kanadische Journalistin, die für einen modernen Islam und gegen verkrustete Traditionen eintritt. Die Berliner Rechtsanwältin Seyran Ateş, die sich seit den 1980er Jahren für die Rechte muslimischer Frauen in Berlin einsetzt und 1984 die Schüsse eines Attentäters nur knapp überlebte. Nach Erscheinen ihres mutigen Buches *Der Islam braucht eine sexuelle Revolution* im Jahr 2009 wurde ihr vorgeworfen, den Islam zu diskreditieren und keine richtige Muslimin zu sein. Der ägyptische Religionsgelehrte und Universitätsprofessor Nasr Hamid Abu Zaid, der bis zu seinem Tod 2010 für eine zeitgemäße Auslegung des Islam eintrat, und der in Ägypten unter dem Vorwurf, er sei vom Islam abgefallen, von seiner Frau zwangsgeschieden wurde und seine Heimat verlassen musste. Seine Frau ging mit ihm ins niederländische Exil. Da das ägyptische Recht es Frauen schwer macht, sich scheiden zu lassen, witzelten ägyptische Zeitungen, „die einzige Frau in Ägypten, die bei ihrem Mann bleiben will, wird geschieden."[1] Cahit Kaya, Obmann des *Zentralrats der Ex-Muslime in Österreich,*[2] und Mina Ahadi in gleicher Funktion in Deutschland, kämpfen für ihr Recht auf ein Leben ohne Religion, für das Recht, dem Islam ungestraft den Rücken kehren zu können. Necla Kelek, Ayaan Hirsi Ali, Bassam Tibi, Abdelwahab Meddeb, Güner Yasemin Balcı, Serap Çileli, Salman Rushdie, Sema Meray, Sabatina James, Hamed Abdel-Samad und viele andere Schriftsteller, Wissenschaftler, Journalisten und Künstler engagieren sich öffentlich für Menschenrechte und Demokratie.

Als Ayatollah Khomeini 1989 die „Todesfatwa" gegen Salman Rushdie, den Autor der *Satanischen Verse*, erließ, war die Solidarität im Westen noch groß. Von muslimischer Seite war Rushdie Verfälschung und Beleidigung der islamischen Überlieferung, Beleidigung des Propheten und der Heiligtümer, sowie Abfall vom Glauben vorgeworfen worden: „Verbrechen", die in den Augen Khomeinis die Todesstrafe verdienten. Weder sahen alle Muslime in Rushdies Buch eine Beleidigung – für viele säkular eingestellte Muslime war er ein Held, weil er sowohl gegen Rassismus als auch gegen Klerikalismus auftrat[3] – noch sahen alle Beleidigten die Todesstrafe für gerechtfertigt an; aber es waren ausreichend viele, um eine Welle des Terrors loszutreten, die in ihrer Folge zahlreiche Verletzte und Tote forderte. Schon vor Erscheinen der Fatwa war es in Indien und in England zu gewalttätigen Ausschreitungen gekommen, Rushdies Buch wurde öffentlich verbrannt. Die Fatwa richtete sich nicht nur gegen den Autor des Romans. „Auch die informierten Verleger solcher Inhalte sind zum Tode verurteilt", heißt es im Text. „Ich fordere die mutigen Muslime auf, überall, wo sie diese finden, sie sofort hinzurichten, damit sich niemand mehr traut, die Heiligtümer der Muslime zu beleidigen. Jeder, der auf diesem Wege stirbt, ist ein Märtyrer", so Khomeini.

Der japanische Übersetzer der *Satanischen Verse*, Hitoshi Igarashi, wurde im Sommer 1991 vor seinem Büro erstochen, der italienische Übersetzer, Ettore Capriolo, und William Nygaard, der norwegische Übersetzer, wurden bei Anschlägen im gleichen Jahr schwer verletzt,[4] und bei dem Versuch, den türkischen Übersetzer Aziz Nesin zu ermorden, kam es 1993 während eines alevitischen Kulturfestivals in Sivas zu einem Pogrom. Das Hotel, in dem viele Teilnehmer untergebracht waren, wurde nach dem Freitagsgebet von 20.000 aufgebrachten Demonstranten belagert und schließlich in Brand gesetzt. Die Menge skandierte „Allahu Akbar" und „Nieder mit dem Laizismus". 37 Menschen kamen in den Flammen ums Leben.[5] Einigen Tätern gelang die Flucht nach Deutschland, wo sie bis heute unbehelligt leben.[6] Im März 2012 stellte das türkische Strafgericht in Ankara das Verfahren gegen Drahtzieher und Teilnehmer des Massakers nach 19 Jahren ein. Der Grund: Verjährung.

In Großbritannien riefen Vertreter muslimischer Gemeinden zu Demonstrationen und Protesten auf und versuchten, ein Verbot des Romans zu erwirken, indem sie Klagen in Großbritannien und beim Europäischen Gerichtshof für Menschenrechte einbrachten, und die britische Regierung aufforderten, den Roman zu verbieten. Beide Versuche scheiterten. Die Gerichte wiesen die Klagen zurück; die Regierung eines demokratischen Landes ist ohnehin nicht befugt, derartige Verbote zu erlassen – eine Tatsache, die vielen muslimischen Autoritäten bis heute fremd geblieben ist.

Regierungen demokratischer Länder verteidigten Salman Rushdie öffentlich. Der US-Senat verkündete einstimmig „das Recht jeder Person zu schützen, Bücher zu schreiben, zu veröffentlichen, zu verkaufen, zu kaufen und zu lesen, ohne Angst vor Gewalt" haben zu müssen[7] und bekräftigte damit eine der Grundlagen der offenen Gesellschaft: Die (→)Meinungsfreiheit.

Rushdies Buch wurde in viele Sprachen übersetzt. Für eine Veröffentlichung in Deutschland fand sich zunächst kein Verlag, bis die *Arbeitsgemeinschaft der deutschen Verlage* eigens für die Herausgabe dieses Buches den *Artikel 19 Verlag* gründete, benannt nach dem Artikel zur Meinungsfreiheit in der *Allgemeinen Erklärung der Menschenrechte*. Während das Buch in fast allen muslimischen Ländern verboten wurde, fanden rund um den Erdball Lesungen statt. Diese Welle der Solidarität war dem Schock zu verdanken, dass ein Staatsoberhaupt und klerikaler Machthaber sich angemaßt hatte, zum Mord an Bürgern anderer Staaten aufzurufen, und dem Entsetzen darüber, dass ein Stück Literatur der Auslöser derartiger Reaktionen sein konnte.

Nur 20 Jahre später scheint von der Entschlossenheit, religiösem Eifer und Intoleranz entgegenzutreten, nicht mehr viel übrig zu sein, und es ist mehr als ungewiss, wie die westliche Öffentlichkeit heute auf den gleichen Sachverhalt reagieren würde. Gerade in linksalternativen und multikulturalistischen Kreisen macht sich eine Entsolidarisierung mit muslimischen Dissidenten bemerkbar. Es scheint, als würden diese nunmehr als Störenfriede wahrgenommen.

Im Jahr 2006 fühlten sich 60 Migrationsforscher und -forscherinnen bemüßigt, auf das Buch *Die fremde Braut* der Sozialwissenschaftlerin Necla Kelek mit einem offenen Brief zu reagieren, in dem sie sowohl die Autorin, als auch andere Dissidenten angreifen. Kelek machte in ihrem Buch auf den Brauch, Ehen zu arrangieren und unter Zwang zu schließen, aufmerksam und beschrieb das Schicksal der türkischen „Importbräute". Ihre Absicht war es, wie sie im Vorwort schrieb, „den Teufelskreis von falscher Toleranz und Schweigen aus Solidarität" aufzubrechen.[8] Die Tatsache, dass Zwangsheirat in Deutschland heute ein eigener Straftatbestand ist, verdanken wir engagierten Frauen wie Necla Kelek.

Verstörend ist nicht der Umstand, dass Wissenschaftlerinnen und Wissenschaftler die Positionen Keleks kritisieren – das ist ihr gutes Recht und wissenschaftlicher Alltag – sondern die Art und Weise, in der dies geschieht. Der offene Brief trägt den pathetischen Titel „Gerechtigkeit für die Muslime", was zunächst auch deshalb erstaunt, weil es sich sowohl bei Kelek als auch bei den anderen Kritisierten um Muslime handelt. Keleks Bücher werden in Bausch und Bogen als „reißerische Pamphlete", voller „schwülstiger Episoden", denunziert, ihre Forschungen als „unwissenschaftlich" und „unseriös" diskreditiert. Im Ton einer Beschimpfung wirft man Kelek vor, sich als „Ansprechpartner für alles, was mit ‚den Türken' oder ‚dem Islam' zu tun hat, in Szene zu setzen [...] von der taz bis zur ZEIT wird Kelek gern konsultiert", heißt es. Sie sei „gern gesehene Beraterin im Bundesamt für Migration und Flüchtlinge". Die Unterzeichnerinnen und Unterzeichner des offenen Briefes kritisieren die Vergabe des Geschwister-Scholl-Preises an Kelek, und beklagen, dass „die differenzierte wissenschaftliche Forschung" kaum wahrgenommen werde.[9] Man wird das Gefühl nicht los, dass hier Neid eine gewisse Rolle spielt, dass Pfründe verteidigt werden und die Unterzeichner sich selbst als die kompetenteren Experten anpreisen wollen. Necla Keleks Analyse, Zwangsheirat sei Bestandteil einer traditionell islamischen Kultur, wird bestritten und im Gegenzug behauptet, dass arrangierte Ehen „unter anderem die Folge von ‚Heiratsmärkten' zwischen Herkunfts- und Einwanderungsländern" seien. „Solche ‚Märkte' muss man nicht begrüßen, aber man soll ihren Entstehungskontext begreifen: Sie sind das Ergebnis der Abschottungspolitik Europas gegenüber geregelter Einwanderung. [...] In diesem Sinne macht es keinen – schon gar nicht wissenschaftlichen – Sinn, solche Phänomene pauschal ‚dem Islam' zuzuschreiben."[10] Diese etwas dürftige Analyse scheint eher Glaubenspostulaten als Forschungsergebnissen geschuldet zu sein. Es stellt sich vor allem die Frage, in welchem „Entstehungskontext" Zwangsheiraten in den islamischen Ländern selbst zu begreifen sind. Der Sozialwissenschaftler Hartmut Krauss wirft den Unterzeichnerinnen und Unterzeichnern des offenen Briefes vor, davon auszugehen, dass sich negative Merkmale der Migranten immer aus dem Hypertheorem „Rassismus der Aufnahmegesellschaft" ableiten lassen müssten; „niemals darf die normative Prägekraft des Islam als Ursache in Erscheinung treten".[11]

Im März 2010 schreibt die Wiener Stadtzeitung *Falter* im Zusammenhang mit der Gründung des Österreichischen *Zentralrats der Ex-Muslime*:

„Die Gefahr besteht darin, dass sie, anstatt Teil der Lösung zu werden, Teil des Problems bleiben und auf muslimischer Seite keine selbstkritischen Debatten auslösen, sondern nur Abwehrreaktionen hervorrufen." Diesen Satz schrieb die Süddeutsche Zeitung einmal über die holländische Islamkritikerin Ayaan Hirsi Ali und ihre Mitstreiter. Er könnte sich aber ebenso gut auf den neuen Zentralrat beziehen. Denn wie dessen Exponenten da so im Republikanischen Club sitzen und gegen den Islam rasen, erwecken sie nicht den Eindruck, als würden sie für die 95 Prozent der heimischen Muslime sprechen, die keine Moschee besuchen, sondern für jene 30 Prozent Österreicher, die laut Umfragen nicht neben Muslimen leben wollen.[12]

Eine derartige Reaktion auf eine Religions-Austritts-Bewegung nimmt gerade in Österreich wunder, wo in den letzten Jahren einige Kirchenaustrittswellen zu verzeichnen waren, wo atheistische und kirchenkritische Vereine existieren, denen die linksliberale und linksalternative Presse bislang Verständnis entgegengebracht hatte. Warum sollte es ausgerechnet die Aufgabe von Ex-Muslimen sein, „selbstkritische Debatten" unter Muslimen auszulösen? Schließlich handelt es sich hier nicht um islamische Reformer. Es geht dem *Zentralrat der Ex-Muslime* um das schlichte Recht, aus einer Religion auszutreten und auf eigene Interessen aufmerksam zu machen, ohne dafür angegriffen oder gar unter Berufung auf die Scharia mit dem Tod bedroht zu werden. Zu allem Überdruss stellt der Artikel die Ex-Muslime in die Nähe zu rechten, beziehungsweise ausländerfeindlichen Teilen der Bevölkerung und damit ins gesellschaftliche Aus.

Westliche Intellektuelle, die einst selbst gegen autoritäre, verkrustete Strukturen der Gesellschaft oder der Kirche angetreten sind, fallen den Aufmüpfigen von heute in den Rücken. Was steckt hinter dieser oft verbissenen Ablehnung der muslimischen Dissidenten?

Ähnlich den freiheitsliebenden Dissidenten des Ostblocks, die seinerzeit als „Störenfriede der Entspannungspolitik" zwischen Ost und West in Ungnade gefallen waren, ergehe es heute den muslimischen Dissidenten, so die Politikwissenschaftlerin Ulrike Akkermann. Mit ihrer Kritik störten sie den „Dialog der Kulturen".[13] Der Vergleich ist richtig, erscheint doch im Diskurs von Linken und Multikulturalisten der demokratische und kapitalistische Westen lediglich als menschenunwürdiges System, das für alle Probleme der Welt verantwortlich ist. Die Verdammung des eigenen politischen Systems – des einzigen, das öffentliche Systemkritik überhaupt ermöglicht – führte während des Kalten Krieges ganz nach dem Motto, „der Feind meines Feindes ist mein Freund", zu einer indirekten oder direkten Unterstützung des sozialistischen Blocks. Während die Verbrechen des Westens offen kritisiert wurden, verharmloste oder verschwieg man die Verbrechen der Sowjetunion und anderer sozialistischer Länder. Die Dissidenten der sozialistischen Staaten konnten in dieser Diktion nur als Querulanten wahrgenommen werden. DDR-Dissidenten etwa stießen auf Misstrauen und Ablehnung in der westdeutschen Friedensbewegung, weil sie mit ihrem Wunsch nach Unterstützung und Einbeziehung der staatlich unterdrückten DDR-Friedensbewegung die „Einheitsfront gegen den wahren Feind", den US-Imperialismus, infrage stellten. „Wir sollten lieber draußen bleiben mit unseren ‚Menschenrechtsfragen', weil alles schon kompliziert genug sei", so der aus der DDR zwangsausgebürgte Schriftsteller Jürgen Fuchs.[14] Indem sie auf Menschenrechtsverletzungen hinwiesen, torpedierten die Dissidenten der sozialistischen Länder die Deutungshoheit der Linken und vieler Intellektueller, die sich selbst gern als die eigentlichen Kämpfer für Menschenrechte sahen. Die aus der DDR stammende Schriftstellerin Monika Maron, die ähnliche Erfahrungen machte, spricht vom Versuch, Dissidenten von ihrem eigenen Konflikt zu enteignen und zieht Parallelen zum Umgang mit muslimischen Dissidenten.[15]

Die heutigen Linken und Linksalternativen verbreiten in gleicher Tradition ein negatives Bild der westlichen Demokratie. Zwar wird der realexistierende Islam der Staaten, in denen er Staatsdoktrin ist, nicht unbedingt gutgeheißen, aber ganz im Sinne eines Kulturrelativismus, dessen eigentliche Aussage in der Verdammung der westlichen Gesellschaft besteht, wird alles, was *dem Westen* entgegensteht, zunächst einmal willkommen geheißen. Dissidenten, die darauf hinweisen, dass die islamische Kultur überall dort, wo sie Leitkultur ist, eine Wirklichkeit der Intoleranz, Frauenunterdrückung und Menschenrechtsverletzungen bedeutet, erscheinen in dieser Logik als Spielverderber im alten Freund-Feind-Spiel und als Störer eines multikulturalistischen Traums. Man unterstellt ihnen gern, den Kampf der Kulturen zu schüren.[16]

Kritiker islamischer Dissidenten nehmen meist für sich in Anspruch, für die Rechte von Muslimen zu kämpfen. Geht es den meisten muslimischen Dissidenten um die Rechte des *Einzelnen,* die sie in muslimischen Communities oft verletzt sehen, geht es Ihren Gegnern vor allem um den Schutz der jeweiligen „Minderheitenkultur". Opfer innerkultureller Gewalt werden ausgeblendet.

Bei genauerem Hinsehen haben wir es mit unterschiedlichen Vorstellungen von (→)Menschenrechten zu tun. Die Auseinandersetzung, die sich hier offenbart, ist nicht neu, sie begleitet die europäische Geschichte seit der Aufklärung, wenn nicht seit Platon.[17] Auf der einen Seite stehen Vertreter des Individualismus, die für eine Gesellschaft freier Individuen eintreten, auf der anderen Seite Vertreter des Kollektivismus, die den Einzelnen in erster Linie als Mitglied *seiner* Gruppe wahrnehmen. Zwar berufen sich auch letztere auf die Menschenrechte, aber diese mutieren so verstanden zu Sonderrechten kultureller und religiöser Gruppen. Derartige Sonderrechte, wie sie in den Kapiteln *Multikulturalismus* und *Scharia* angesprochen werden, würden die Menschenrechte nicht nur unterhöhlen, sondern letztlich abschaffen, weil sie zu bloßen Glaubenssätzen des Westens ohne universelle Gültigkeit degradiert würden.

Die Kritik an den Dissidenten wird immer wieder mit der Besorgnis begründet, diese könnten eine feindliche Haltung von Teilen der Bevölkerung gegenüber dem Islam bestätigen und damit die Stimmung gegenüber Muslimen anheizen. Der Migrationsforscher Mark Terkessidis befürchtet, dass durch die Aussagen von Wissenschaftlerinnen wie Necla Kelek letztlich alle Personen türkischer Herkunft unter Verdacht geraten könnten, „an einer organisierten Form der Menschenrechtsverletzung beteiligt zu sein."[18] Ähnlich argumentiert die Soziologin Elisabeth Beck-Gernsheim, wenn sie sagt: „Necla Kelek ist die Zeugin der Anklage. Sie liefert denen die Argumente, die immer schon wussten, wie ‚die' Türken sind, wie fremd, wie bedrohlich."[19] Abgesehen davon, dass Kelek das Recht abgesprochen werden soll, ihre Herkunftskultur zu kritisieren, handelt es sich auch hier um den Versuch, unliebsame Kritik in die rechte Ecke zu stellen und Kelek zum Spielball ausländerfeindlicher Deutscher zu degradieren.

Der Historiker Timothy Garton Ash greift darüber hinaus zu dem Argument, dass Dissidenten, die ihrer Religion den Rücken gekehrt haben, wie Ayaan Hirsi Ali, nicht in der Lage seien, sich wissenschaftlich mit dieser auseinanderzusetzen. Beeindruckt von einem Gespräch mit dem 86-jährigen Gamal al-Banna, dem jüngeren Bruder des Gründers der Muslimbruderschaft, welcher, so Garton Ash, ein lebenslanges Studium des Islam vorzuweisen habe, stellt er mit Verweis auf Hirsi Ali die Frage: „Wer von beiden, denken Sie, zeigt hier ein tieferes historisches Wissen des Islam?"[20] Dieses absurde Argument würde – umgelegt auf Europa – bedeuten, dass Wissenschaftlerinnen und Wissenschaftler, beziehungsweise Kritikerinnen und Kritiker, die sich mit dem Christentum befassen, danach sortiert werden müssten, ob sie religiös oder nicht religiös sind, um die kompetenten von den weniger kompetenten zu trennen. Umgelegt auf den Kommunismus hieße das, dass nur die Kritikerinnen und Kritiker kompetent und glaubwürdig sind, die für einen besseren Kommunismus eintreten.

Anders als noch vor zwanzig Jahren, haben wir es heute mit einer immer größer werdenden Gruppe gut gebildeter, akademisch geschulter und selbstbewusster Frauen und Männer aus Einwandererfamilien zu tun. Dadurch hat sich die Arbeitssituation für „alteingesessene" Wissenschaftlerinnen und Wissenschaftler im Bereich der Migrations- und Integrationsforschung grundlegend geändert. Bisher mit unumschränkter Deutungshoheit ausgestattet, sind sie seit spätestens einem Jahrzehnt mit der Tatsache konfrontiert, dass sich Teile ihrer ehemaligen Klientel heute selbst mit den Problemen ihrer Herkunfts-Communities auseinandersetzen und in diesem Bereich forschen, mit durchaus unterschiedlichen Ergebnissen. Konnten Sozialwissenschaftler bisher relativ unwidersprochen die Probleme in Migranten-Communities ausschließlich auf Rassismus der alteingesessenen Gesellschaft und ihrer Institutionen, sowie auf Versäumnisse der Politik zurückführen, so sind sie neuerdings zunehmend konträren Analysen, ausgerechnet von Forscherinnen und Forschern „mit Migrationshintergrund", ausgesetzt, was nicht zuletzt die Strategie, unbequeme Kritiker ins rechte Lager abzuschieben, erschwert.

Die aktuelle Debatte scheint auch die Folge eines Paradigmenwechsels in der Anti-Rassismus-Politik linksliberaler und alternativer Kreise zu sein. Ging es noch Anfang der 1990er Jahre vor allem um Forderungen nach Gleichberechtigung, Teilnahme und Teilhabe von Migranten an der Gesellschaft, ist seither eine Tendenz zur Kulturalisierung von Migranten bemerkbar. Die Verteidigung religiöser und kultureller Belange ist stärker in den Vordergrund getreten. So fällt es heute beispielsweise vielen schwer, die Teilnahme von Mädchen aus muslimischen Familien an Klassenfahrten oder Sport-, Schwimm- oder Sexualkundeunterricht zu verteidigen, im vermeintlichen Glauben, dass das Recht auf kulturelle Selbstbestimmung eine Einmischung nicht erlaube. So verteidigen sie – ob gewollt oder ungewollt – die Forderung streng muslimischer Eltern nach Geschlechtertrennung als kulturelles Recht und übergehen damit das Recht der Mädchen auf Chancengleichheit und freie Entwicklung. Haben Linksliberale vor über zwanzig Jahren Salman Rushdie uneingeschränkt verteidigt, argumentieren heute viele, dass man auf religiöse und kulturelle Empfindlichkeiten Rücksicht nehmen müsse. Befindlichkeiten kultureller Gruppen erscheinen höherwertig als das Recht auf Meinungs- und Redefreiheit.[21] Die Politologin Elham Manea sieht in dieser Form von „Toleranz" gegenüber kulturellen Praktiken eine Gleichgültigkeit, die genau dort anfange, wo Unrecht im Namen der Kultur gerechtfertigt werde und Rechte in diesem Sinne relativiert würden. Damit wird eine bestimmte Gruppe – die Minderheit innerhalb der Minderheit – dauerhaft benachteiligt.[22]

Der kürzlich verstorbene ägyptische Philosoph Fuad Zakariya beschrieb in den 1990er Jahren die Probleme, die das Fehlen einer umfassenden Säkularisierung für Intellektuelle in der islamischen Welt mit sich bringe. Der Anwurf der „Ungläubigkeit" schwebe wie ein Damoklesschwert über den kritischen Geistern, die ihre Argumente einer permanenten Selbstkontrolle unterwerfen würden. Die Veröffentlichung von Schriften, die das religiöse Dogma kritisch hinterfragen, sei in Ägypten undenkbar:

Ganz im Gegenteil vermeiden diejenigen unter uns, die gemeinhin als Säkularisten gelten, alles, um nicht irgendwelchen Ignoranten einen Vorwand zu liefern, uns der Ungläubigkeit zu bezichtigen. Dementsprechend ist unser öffentlicher Diskurs gehalten: Selbst der leisesten Kritik wird das islamische Glaubensbekenntnis vorangestellt, und meistens begnügen wir uns mit einer rein internen Kritik, auf der Basis von Gegen-Exegesen islamistischer Texte – anstatt diese radikal zu negieren. Man kann daran ermessen, wie weit wir in unseren Ländern von einer konsequenten Säkularisierung noch entfernt sind.[23]

Der eingangs erwähnte Hamid Abu Zaid hatte Glück, er wurde „nur" aus Ägypten vertrieben. Sein Landsmann Farag Fouda hingegen wurde 1992 von Extremisten ermordet, nachdem er öffentlich für eine Trennung von Staat und Religion plädiert und dadurch eine Fatwa der Al-Azhar-Universität, der höchsten Autorität des sunnitischen Islam, wegen „Gotteslästerung" auf sich gezogen hatte. Der sudanesische Theologe Mahmoud Taha wurde 1985 in Khartum hingerichtet, weil er die Scharia als historisches Konstrukt bezeichnet hatte.[24] Der schiitische Religionsgelehrte und spätere Religionskritiker Ali Dashti wurde 1979 im Iran verhaftet und starb zwei Jahre später an den Verletzungen, die ihm in der Haft zugefügt worden waren. Im Februar 2008 wurde der Student Sayed Pervez in Afghanistan zum Tode verurteilt, weil die von ihm öffentlich vertretene Auslegung des Korans ein Dorn im Auge der Religionshüter war. Eine internationale Kampagne führte schließlich dazu, dass er Afghanistan verlassen konnte. Selbst in der als säkular geltenden Türkei ziehen Intellektuelle leicht den Vorwurf der „Beleidigung des Islam" auf sich. So musste sich der bekannte türkische Schriftsteller Nedim Gürsel 2009 wegen seines Romans *Allahs Töchter* vor Gericht verantworten. Die Staatsanwaltschaft warf ihm „religiöse Verhetzung" vor, die türkische Religionsbehörde empfand einzelne Abschnitte als Beleidigung des Propheten. Das Gericht allerdings sprach Gürsel frei.[25]

Auch Kritiker, die weniger den Islam, als vielmehr Traditionen und Missstände in ihren Ländern als Menschenrechtsverletzungen anprangern, sind mit erheblichem Widerstand konfrontiert. Sogar die Fernsehmoderatorin Schahira Amin, in Ägypten ein Star, die Anfang 2011 ihren Dienst beim staatlichen Fernsehen quittierte, um sich auf die Seite der Aufständischen auf dem Tahir-Platz zu stellen, hatte während ihrer Arbeit große Probleme, kulturelle

Bräuche zu kritisieren. Als sie das erste Mal eine Geschichte über Genitalverstümmelung von Mädchen in Oberägypten machen wollte, herrschte allgemeine Empörung beim Sender, weil sie es gewagt hatte, dieses Tabu überhaupt anzusprechen. Schahira Amin wurde vorgeworfen, dem Ansehen Ägyptens in der ganzen Welt schaden zu wollen. Nur die Tatsache, dass sich auch die First Lady gegen die Beschneidung von Töchtern äußerte, ermöglichte schließlich die Ausstrahlung der Reportage.[26]

Der syrische Menschenrechtsaktivist und Publizist Yayha al-Aous war bereits nach dem „Damaszener Frühling" 2002 wegen kritischer Artikel über das Assad-Regime zu zwei Jahren Gefängnis verurteilt worden. Nach seiner Freilassung begann er, sich für Frauenrechte zu engagieren, da er diese für grundlegend für die Verwirklichung der Menschenrechte ansah. Er gründete *At-Thara* (die Erde/ der Boden) und steht seither unter ständiger Beobachtung. Als besonderen Auswuchs kritisierte *At-Thara* die Praxis von Zwangsehen in Syrien, insbesondere die von armen und ungebildeten Mädchen mit deutlich älteren Männern. Wegen seines 2005 zusammen mit der iranischen Schriftstellerin Shada Rujawan auf Arabisch veröffentlichten Buches *Nimm das Kopftuch ab* wurde er mit neuen Einschränkungen durch das syrische Regime belegt, ihm wurde das Kommentieren religiöser Themen untersagt.[27] Die Argumente, mit denen Kritikerinnen und Kritiker in islamischen Ländern abgewehrt werden, sind oft dieselben, die auch in Europa zu hören sind, wenn auf Missstände in muslimischen Communities hingewiesen wird: Zwangsehen und Ehrenmorde beträfen nur eine kleine Gruppe, die Kritik sei verallgemeinernd und diskreditiere die ganze Gemeinschaft.

Werden in Deutschland Missstände wie Gewalt oder sexueller Kindesmissbrauch in der Familie oder innerhalb der Kirche aufgedeckt und diskutiert, käme niemand auf die Idee, Kritikern vorzuwerfen, sie würden *alle* Deutschen als gewalttätige Kinderschänder hinstellen oder den gesamten Klerus als pädophil. Wenn Zuwanderer als Teil der Gesellschaft betrachtet werden, kann Kritik vor ihnen nicht haltmachen. Lange genug haben uns die Opfer von Gewalt und Unterdrückung in Migranten-Communities nicht interessiert, sie waren das Problem der Anderen, die als nicht zugehörig betrachtet wurden.

Die zugewanderte, hauptsächlich ländliche türkische und kurdische Bevölkerung, die das Gros der Arbeitsmigranten ausmachte, hatte auch die rückständigen religiösen und kulturellen Traditionen im Gepäck – ein Problem, das auch die Binnenmigration in der Türkei kennzeichnet. Die Zuwanderung von Millionen anatolischer Landbewohner in die türkischen Großstädte, führte und führt zu Spannungen und Auseinandersetzungen mit modernen städtischen Schichten. Auch das Phänomen der Ehrenmorde hat sich in türkischen Großstädten durch Zuwanderung verstärkt.

Seit den Aufständen in der arabischen Welt hoffen alle europäischen Kommentatoren auf die Entstehung von Zivilgesellschaften und demokratischen Systemen, in denen kritische Stimmen nicht mehr verfolgt werden, auch diejenigen nicht, deren Kritik sich gegen den Islam und religiöse Autoritäten richtet. Hamed Abdel-Samad legt den Maßstab mit Recht noch etwas höher: „Was den Islam betrifft, werden wir eine muslimische Zivilgesellschaft erst haben, wenn wir muslimische Atheisten haben, die unbehelligt auf der Straße laufen und ihre Gedanken frei ausdrücken können."[28] Eine reflexive Traditionskritik als Merkmal der Moderne, so Gudrun Krämer, sei bisher in den Demokratiebewegungen der arabischen Welt noch nicht auszumachen und es müsse sich erst noch zeigen, ob sich tatsächlich „Felder für freies Denken und auch für abweichende Lebensentwürfe" öffneten.[29]

Literatur

Hamed ABDEL-SAMAD, *Der Untergang der islamischen Welt. Eine Prognose*, München 2010.

Nasr Hamid Abu ZAID, *Ein Leben mit dem Islam*, Freiburg–Basel–Wien 1999.

Mina AHADI, *Ich habe abgeschworen. Warum ich für Freiheit und gegen den Islam kämpfe*, München 2008.

Ayaan Hirsi ALI, *Mein Leben, meine Freiheit. Die Autobiographie*, München 2006.

Seyran ATEŞ, *Der Islam braucht eine sexuelle Revolution. Eine Streitschrift*, Berlin 2009.

Güner Yasemin BALCI, *ArabQueen oder der Geschmack der Freiheit*, Frankfurt 2010.

Necla KELEK, *Himmelsreise. Mein Streit mit den Wächtern des Islam*, Köln 2010.

Irshad MANJI, *Der Aufbruch. Plädoyer für einen aufgeklärten Islam*, Frankfurt 2003.

Judenfeindschaft

Der Begriff Antisemitismus, geprägt im 19. Jahrhundert, hat sich mittlerweile im allgemeinen Sprachgebrauch für alle Formen der Judenfeindschaft durchgesetzt, wobei die unterschiedliche Genese in verschiedenen Regionen und Kulturen außer Acht bleibt. Zum besseren Verständnis der Unterschiede und Gemeinsamkeiten jedoch scheint für unser Thema ein Blick auf die historische Entwicklung der Judenfeindschaft in Islam und Christentum hilfreich.

Der europäische Antisemitismus hat seine Wurzeln im christlichen Antijudaismus und reicht in die ersten Jahrhunderte des Christentums zurück. Seit der Abspaltung der frühen Christen vom Judentum war das Weiterbestehen der jüdischen Religion die gelebte Infragestellung christlicher Heilsvorstellung, denn die Juden warteten weiterhin auf jenen Messias, den die Christen mit Jesus bereits gekommen sahen. Die Existenz des Judentums traf die christliche Identität in ihrem Kern. Doch die Juden waren, obgleich als verstockt und verdammt angesehen, auch, wie Ernst Gombrich einmal feststellte, integraler Teil der christlichen Erlösungsgeschichte. Sie waren „Gottes erste Liebe" (Friedrich Heer), das Volk, mit dem Gott den ersten Bund geschlossen hatte, mit ihnen teilte man das Alte Testament.[1] In dieser theologischen Verflechtung, die Herausforderung und ständige Provokation zugleich war, liegt die Ursache dafür, dass Juden im christlichen Diskurs von Beginn an Gegenstand der Auseinandersetzung und dominantes Feindbild waren und das Christentum eine solche Fülle an judenfeindlichen Schriften hervorbrachte. Zentraler Punkt war hierbei der schon für das zweite christliche Jahrhundert belegte Vorwurf des Gottesmordes: Mit Jesus, dem Sohn Gottes, hätten die Juden Gott selbst in seiner menschlichen Gestalt getötet.[2] Ausgehend von diesem Vorwurf wurde bis ins Mittelalter hinein ein von Rache und Rechtfertigungszwang beeinflusster Vorurteilskorpus aufgebaut, aus dessen Annahmen und konkreten Anwürfen noch der moderne Antisemitismus des 19. und 20. Jahrhunderts schöpfen sollte.[3] Selbst die wirtschaftlichen Anfeindungen gegen die Juden als „Schmarotzer", „Wucherer" und „Betrüger" waren keine neuen Erfindungen, denn eine antijüdische, wirtschaftsethische Fragen aufgreifende Theologie hatte es bereits im 12. Jahrhundert gegeben.[4] Der semantische und ideologische Konnex zwischen Jude und Geld wurde bereits in der gleichnishaft-anschaulichen Welt der Evangelien angedeutet und später in den mittelalterlichen Passionsspielen versinnbildlicht. Judas Ischariot, der Jesus für 30 Silberlinge verriet und dadurch in den Besitz eines anrüchigen Vermögens gelangte, sowie die von Jesus aus dem Tempel vertriebenen Geldwechsler wurden zum Inbild des „geldgierigen Juden". Vor allem das Judasmotiv wurde zum Allgemeingut des antisemitischen Diskurses, von seinen religiösen Anfängen über den Nationalsozialismus bis heute. Abgeleitet vom skrupellos erworbenen Reichtum des Judas erschien der Reichtum jedes Juden von fragwürdiger Natur.[5]

Antisemitismus war nie ein starres Dogma, sondern konnte jederzeit flexibel an aktuelle politische und wirtschaftliche Fragen und Entwicklungen anknüpfen. Der moderne europäische Antisemitismus ist ohne die religiöse Judenfeindschaft und die Wahrnehmung der Juden als *besondere*, dem Christentum feindliche und fremde Gruppe nicht denkbar. Sie brachte die Antisemiten des 19. Jahrhunderts erst auf die Idee, auf die Juden als Sündenböcke zurückzugreifen; sie beeinflusste Romantiker und Nationalisten[6] in ihren Vorstellungen von Homogenität und „Heilsgemeinschaft", in denen Juden die Rolle des Gegenparts zugewiesen wurde. Christlicher Antijudaismus und moderner Antisemitismus unterschieden sich auf der Ebene der Definition des Juden, wenngleich beide letztlich eine Welt ohne Juden wollten. Der Unterschied zwischen religiöser und rassischer Definition war, angesichts des Fortgangs der Geschichte, ein Unterschied ums Ganze. Die religiöse Sicht, die die Juden über ihren Glauben definierte, betrachtete deren Konversion zum Christentum als Teil des göttlichen Plans zur Erlösung aller Menschen. Für den modernen, biologisch-rassischen Antisemitismus hingegen konnte es eine Konversion nicht mehr geben: Das Volkstum wurde als im Blut liegend betrachtet, der Ausschluss der Juden damit unumkehrbar und endgültig. Die Nationalsozialisten haben diesen Gedanken des Ausschlusses der Juden bis zur „Endlösung" getrieben. Die antijüdischen Stereotype waren indes beiden Formen der Judenfeindschaft gemein und man kann Friedrich Heers Bemerkung zustimmen, dass frühe kirchliche Autoritäten, wie Chrysostomos, Hieronymos und Augustinus, jenes Bild des Juden geprägt haben, das dann für eineinhalb Jahrtausende in Krisensituationen und Umbruchszeiten seine Wirkung entfaltete und auf neurotische Persönlichkeiten so faszinierend gewirkt hat.[7]

Im islamischen Diskurs ist seit rund 120 Jahren die zunehmende Übernahme von antisemitischen Inhalten europäischer Prägung zu beobachten. Ihre Wurzeln hat die islamische Judenfeindschaft jedoch in der religiösen Überlieferung (Koran, Sunna und Prophetenbiographie). Darin findet sich die Erzählung über drei jüdische Stämme in Medina, die mit den Feinden Mohammeds kollaborierten und sich weigerten, den Islam anzunehmen. Mohammed befahl deshalb die Vertreibung zweier Stämme, die Männer des dritten wurden liquidiert, Frauen und Kinder in die Sklaverei geführt.[8] Darüber hinaus finden sich im Koran eine ganze Reihe von Beschuldigungen und Vorwürfen gegenüber Juden, wie etwa folgende: Sie brachen den Bund mit Gott (4,155; 5,13), sie töteten ihre Propheten (2,61; 3,21,112,181; 4,155; 5,13), wurden vertragsbrüchig, begingen Verrat (2,100; 5,13) und brachten andere um ihr Geld (4,161; 9,34). Wenn man jene Verse außer Acht lässt, die sich allgemein mit „Ungläubigen" beschäftigen und nur diejenigen betrachtet, die sich ausdrücklich mit Juden oder Christen befassen, dann fällt auf, dass Juden wesentlich häufiger und deutlich abschätziger erwähnt werden als Christen. Diese explizit judenfeindliche Sicht der islamischen Überlieferung deutet auf eine starke Beeinflussung durch die zeitgenössische christliche Judenfeindschaft zum Zeitpunkt der Kanonisierung der Schriften hin. Angesichts der geographischen Überschneidung darf die Kenntnis des christlich-theologischen Diskurses vorausgesetzt werden.[9]

In islamistischen wie islamisch-orthodoxen Kreisen gehören die Geschichte der Vertreibung und Vernichtung der jüdischen Stämme von Medina und die antijüdischen Koranzitate zum Grundbestand der Propaganda gegen Juden, der in Koranschulen und im Religionsunterricht, auch in Europa, gelehrt wird. Der islamischen

Judenfeindschaft fehlte allerdings ein wesentliches Element der christlichen: Der Vorwurf der Schuld an der Kreuzigung Jesu. Die Kreuzigung schien im christlichen Diskurs nur durch eine große, geradezu unheimliche Macht der Juden möglich gewesen zu sein. Hier mag der Ursprung der Idee einer jüdischen Weltverschwörung liegen; eine Vorstellung, welche, angereichert mit dem Vorwurf der Hostienschändung und des Ritualmordes, das gefährliche, die Christenheit bedrohende Potential der Juden illustrieren sollte. Die Ritualmordlegende, nach der Juden das Blut christlicher Kinder für den Pessach-Ritus verwenden, machten sich noch die National-sozialisten zunutze, die im Mai 1934 eine Sonderausgabe des *Stürmer* zum Thema „Ritualmord" herausbrachten. Der Vorwurf der Weltverschwörung markiert im Übrigen auch einen wesentlichen Unterschied zwischen Antisemitismus und dem Rassismus gegenüber anderen Gruppen.

Der Islam, der Jesus nur als einen unter vielen Propheten kennt und nicht als Gottes Sohn oder als den Gekreuzigten, sah in den Juden, die unter seine Herrschaft gerieten, keine Gefahr, sondern stets nur Unterlegene. In der christlichen Überlieferung töteten die Juden den Propheten, während in der islamischen der Prophet die Juden tötete.[10] Daher ist es erklärungsbedürftig, wie der Vorwurf einer jüdischen Weltverschwörung im 19. Jahrhundert in die islamische Welt kommen konnte und dort mit großer Bereitschaft aufgenommen wurde.

Der Nahostkonflikt hat – vom Beginn der jüdischen Einwanderung im Jahre 1881 an, als Juden vor Pogromen in Russland nach Palästina flüchteten – der islamischen Judenfeindschaft immer wieder neue Nahrung gegeben, als ihre Ursache kann er jedoch nur bedingt betrachtet werden. Bis 1897, das Jahr, in dem Theodor Herzl sein Buch *Der Judenstaat* veröffentlichte und das als Beginn des Zionismus betrachtet werden kann, hatte die jüdische Zuwanderung nach Palästina zu 18 Siedlungen mit insgesamt 5.000 Einwohnern geführt. In den folgenden 17 Jahren bis zum Beginn des Ersten Weltkriegs sollte sich ihre Zahl auf 40.000 erhöhen.[11] Von einer Masseneinwanderung konnte zu diesem Zeitpunkt noch keine Rede sein. Ablehnung von Juden und die damit einhergehenden verbalen und physischen Angriffe können bis zur Entstehung des Zionismus aus traditioneller islamischer Judenverachtung auf der einen Seite und fremdenfeindlichen Ressentiments gegenüber den einwandernden russischen Juden auf der anderen erklärt werden.

Die Stellung der Juden und Christen als Dhimmis bestimmte über Jahrhunderte hinweg ihr Dasein in den islamischen Gesellschaften und machte sie zu Parias und Menschen zweiter Klasse. In der ersten Hälfte des 19. Jahrhunderts war das im Niedergang befindliche Osmanische Reich jedoch dringend auf wirtschaftliche und militärische Unterstützung des christlichen Europa angewiesen. Eine der Maßnahmen, die auf Druck der westlichen Staaten durchgesetzt wurden, war die 1839 beschlossene rechtliche Gleichstellung von Juden und Christen. In der Bevölkerung stieß diese Reform jedoch auf Ablehnung, die sich in verschiedenen Gebieten des Osmanischen Reiches in den nächsten Jahrzehnten immer wieder in antijüdischen und antichristlichen Pogromen entlud (→Toleranz).[12] Anders als die Christen hatten die Juden jedoch keine Lobby, die schützend die Hand über sie gehalten hätte. Zwar versuchte Großbritannien, mangels schutzbedürftiger protestantischer Untertanen der Osmanen, die Unterdrückung der Juden zum Anlass zu nehmen, um wie die anderen Großmächte direkten Einfluss auf die Politik des Osmanischen Reiches auszuüben, scheiterte dabei jedoch am Widerstand des Sultans.[13] Die mehrheitlich der Orthodoxie angehörenden orientalischen Christen hatten mit Russland, aber auch den Westmächten starke Schutzmächte, die immer wieder zu ihren Gunsten intervenierten.[14]

Seit dem Ende des 18. Jahrhunderts war die wirtschaftliche und militärische Unterlegenheit der Osmanen, die mit großen Gebietsverlusten einherging, nicht mehr zu übersehen. Einerseits verlor das Reich durch die Unabhängigkeitskriege der Serben, Griechen, Bulgaren und anderer den größten Teil seiner europäischen Gebiete, andererseits entledigten sich erste arabische Gebiete der Osmanischen Hoheit. Diese Schwäche des Reiches nutzten Frankreich und England, um sich Teile der osmanisch-arabischen Welt einzuverleiben, und Russland eroberte weite Teile Zentralasiens und des Kaukasus, wodurch erstmals Millionen Muslime unter christliche Herrschaft gerieten. Der Verlust der Weltmachtstellung führte in der islamischen Welt zu einem tiefen Trauma und weckte den Ruf nach dem „wahren" Islam, nach einer Rückbesinnung auf die Ursprünge, mit dem Ziel, die verloren gegangene Größe und Domi-

nanz in der Welt zurückzugewinnen. Diese von verschiedenen islamischen Denkern[15] vertretene rückwärtsgewandte Utopie kann
durchaus als Trauma-Bewältigung begriffen werden, wie sie häufig
mit dem Zusammenbruch einst mächtiger Reiche oder mit großen
Krisen einhergeht. Sie ist die frühe geistige Wurzel der islamistischen Bewegungen und entstand aus dem Unvermögen, die tradierte Rolle der „islamischen Gemeinschaft" als Inhaberin göttlicher
Wahrheit und Auserwähltheit mit der neuen Realität in Einklang
zu bringen. Die in der islamischen Welt kaum vorhandene Tradition
eines offenen und kritischen Diskurses und der Selbstkritik leistet
bis heute der Bereitschaft Vorschub, sich zum Opfer zu stilisieren
und an Verschwörungstheorien zu glauben.[16] Die Idee einer jüdischen Weltverschwörung, wie sie von europäischen Antisemiten des
19. Jahrhunderts vertreten wurde, fand auf der Suche nach Schuldigen bereitwillige Aufnahme. Der europäische Antisemitismus
lieferte der arabischen Welt die „Beweise" für die Allmacht eines
Gegners, dem die eigene Niederlage und Marginalisierung angelastet werden konnte. Bereits 1894 wurde August Rohlings berühmtes
antisemitisches Standardwerk, *Der Talmud-Jude* ins Arabische übersetzt.[17] 1920 folgten die *Protokolle der Weisen von Zion*[18], eine Fälschung
des russischen Geheimdienstes. In den nächsten Jahren wurden die
Bücher aller namhaften Antisemiten ins Arabische übertragen, von
den bereits erwähnten über Henry Fords *The International Jew, the
World's Foremost Problem* bis zu Adolf Hitlers *Mein Kampf*. Alle diese
Werke schienen den Hass der Juden auf alles Nichtjüdische und ihre
Omnipotenz zu belegen.

Kein Werk wurde so häufig aufs Neue ins Arabische übersetzt wie
die *Protokolle der Weisen von Zion*;[19] es zählt bis heute zu den Bestsel-
lern. Das ist angesichts der Situation des arabischen Buchmarktes
mehr als erstaunlich. Im *Arab Human Development Report 2002* der
UN wird die geringe Übersetzungstätigkeit in arabischen Ländern
beklagt: „Derzeit werden in der arabischen Welt lediglich 330 Bücher jährlich übersetzt; etwa ein Fünftel der Anzahl von Büchern,
die ins Griechische übertragen werden. Allein Spanien übersetzt pro
Jahr ebenso viele Bücher wie in den vergangenen 1.000 Jahren ins
Arabische übersetzt wurden. Dabei hätten die arabischen Länder
den enormen praktischen Vorteil, eine gemeinsame Sprache zu besitzen", heißt es im Report.[20] Während es den Nationaltürken un-

ter der Führung Mustafa Kemal Atatürks gelang, am Ende des 1. Weltkriegs die Initiative zu ergreifen und durch eine konzertierte militärische Kraftanstrengung den Kern des Osmanischen Reiches zu erhalten und als Türkei eine nationale Identität zu entwickeln, verstärkte sich die Identitätskrise der arabischen Welt. Die unter Atatürk eingeleiteten Reformen, die den Einfluss des Islam auf Politik und Gesellschaft zurückdrängten und eine über tausendjährige religiöse Institution – das Kalifat – abschafften, beraubten die Muslime ihres religiösen Bezugspunktes. Dass eine fremde Macht, Großbritannien, in der Balfour-Deklaration von 1917 dem jüdischen Volk eine „nationale Heimstätte" in Palästina zusicherte, empfanden die Araber als weitere Demütigung.

Die Identitätskrise der arabischen Hemisphäre bereitete den Boden für die politische Bewegung des Islamismus, die den Ruf nach einer Erneuerung des Islam mit Judenfeindschaft und dem Weltverschwörungsgedanken europäischer Antisemiten verband. In Palästina spielte Amin al-Husseini, der aus einem mächtigen arabischen Clan stammende spätere Mufti von Jerusalem, fortan eine bedeutende Rolle. Als erbitterter Gegner der jüdischen Einwanderung organisierte er bereits 1920 und 1921 Angriffe auf die alten jüdischen Viertel von Jerusalem und Jaffa. In Flugblättern und Schriften jener Zeit wurden Juden unter Bezug auf die *Protokolle der Weisen von Zion* zu den ewigen und schlimmsten Feinden der Muslime erklärt.[21] Zu den blutigsten Ausschreitungen dieser Zeit gehören die Massaker in Hebron und Safed im Jahr 1929 mit insgesamt 133 Toten. Im Gegensatz zu den eingewanderten zionistischen Siedlern, die ihre Siedlungen militärisch verteidigten und ihrerseits Muslime angriffen, waren die autochthonen Judengemeinden ein leichteres Ziel.

Nach der Machtergreifung der Nationalsozialisten in Deutschland diente sich al-Husseini den Deutschen an, die jedoch zunächst zurückhaltend reagierten. Zum einen strebte Hitler zu diesem Zeitpunkt ein Bündnis mit Großbritannien, der Mandatsmacht im Nahen Osten, an, zum anderen hielt er die Araber für eine nicht ebenbürtige „Rasse", waren sie doch ebenfalls Semiten. Erst als deutlich wurde, dass ein Bündnis mit Großbritannien nicht zustande kommen würde, zog man die Araber als nützliche Helfer in Betracht. Ab 1938 erhielt al-Husseini nachweislich Geld und Waffen aus Berlin, um sowohl den Kampf gegen Briten und Juden zu führen, als auch seine innerpalästinensische Konkurrenz, den mächtigen Clan der Nashashibis, der für eine moderate Politik der bedingten Zusammenarbeit mit Briten und Zionisten eintrat,[22] auszuschalten. Mit der Ausstrahlung eines arabischsprachigen Programms des Nazi-Senders *Radio Zeesen* bei Berlin, des damals leistungsstärksten Kurzwellensenders der Welt, erhielten die Araber auch propagandistische Unterstützung. Die Orientredaktion des Senders strahlte täglich ein zutiefst antisemitisches Programm in die muslimische Welt aus. Al-Husseini, der nach einem gescheiterten Aufstand gegen die Briten 1941 in Berlin Aufnahme fand, übernahm dort die Leitung des arabischsprachigen Programms.[23] Mit Rückgriff auf die koranische Geschichte verband er die alte, islamisch argumentierte Ablehnung der Juden mit dem modernen Antisemitismus:

Dieses Volk ist der Feind der Araber und des Islam seit dessen Bestehen. Der Heilige Koran hat diese alte Feindschaft in den folgenden Worten ausgesprochen: „Du wirst finden, dass die den Gläubigen am feindlichsten Gesinnten die Juden sind." Sie versuchten, den verehrungswürdigen Propheten zu vergiften, leisteten ihm Widerstand, waren ihm feindlich gesonnen und intrigierten gegen ihn. Dies war vor mehr als 1300 Jahren der Fall. Seit jener Zeit haben sie nicht aufgehört, gegen die Araber und Mohammedaner ihre Intrigen zu spinnen.[24]

Die Anschauungen des Muftis wiesen, im Hinblick auf die Projektion in die Vergangenheit und die Untermauerung mit religiösen Schriften, Parallelen zum modernen Antisemitismus auf, wo ebenfalls Bezüge zur religiösen Überlieferung hergestellt und die zeitgenössischen Juden zu „Gesinnungsbrüdern der Golgathahenker" erklärt wurden.[25] Al-Husseini betonte stets die weltanschauliche Verbundenheit des Islam mit dem Nationalsozialismus, die seiner Meinung nach in gleichen Anschauungen über Führung, Gehorsam und Disziplin, Gemeinschaft und das Verhältnis zu den Juden bestünde.[26]

Besondere Unterstützung erfuhr die Politik des Muftis in Ägypten, wo der Volksschullehrer Hassan al-Banna 1928 die Muslimbruderschaft gegründet hatte, durch die der Islamismus binnen weniger Jahre zur Ideologie einer Massenbewegung wurde. Bis heute sind die Muslimbrüder der ideologische Bezugspunkt aller islamistischen Bewegungen. 1938 verfügten sie bereits über 200.000 Mitglieder und begannen, mit Unterstützung aus dem nationalsozialistischen Deutschland, eine eigene militärische Organisation aufzubauen. Die finanzielle und propagandistische Hilfe aus dem Dritten Reich ermöglichte es den Islamisten, in Palästina und Ägypten zu einem wichtigen Faktor der arabischen Politik zu werden. In der Zeitschrift der Organisation erschien eine regelmäßige Kolumne mit dem Titel „Die Gefährlichkeit der Juden in Ägypten", die den Juden wahnhaft alles Böse, vom Kommunismus bis zur Prostitution, anlastete. Der Journalist Sayyid Qutb, der sich 1951 den Muslimbrüdern anschloss, wurde durch seine Schriften zum wichtigsten Denker und Propagandisten des Islamismus. Sein Werk *Unser Kampf gegen die Juden* gehört seither zu den meist gelesenen Büchern der islamischen Welt. Qutb entwirft darin das Szenario einer weltweiten jüdischen Verschwörung gegen den Islam. Alles Negative in der Geschichte des Islam gehe, so Qutb, von den Juden aus, die sogar hinter der Abschaffung des Kalifats stünden.[27]

Die arabischen Nationalisten – obgleich politische Gegner der Islamisten – waren in ähnlicher Weise von Judenfeindschaft und Bewunderung für den Nationalsozialismus durchdrungen. Inwieweit die Tatsache, dass einige ihrer Führer durch die politische und ideologische Schule der Muslimbrüder gegangen waren, dabei eine Rolle spielte, kann hier nur vermutet werden. Jassir Arafat, ein Großneffe des Großmuftis al-Husseini, begann seine politische Karriere ebenso bei den Muslimbrüdern wie Nasser und Sadat.[28] Der Sieg Nassers in Ägypten 1952 war ein maßgeblicher Verdienst der Muslimbrüder, denen neben Nasser selbst 13 weitere Putschisten angehörten, beziehungsweise nahestanden. Erst nach seiner Machtergreifung wendete sich Nasser von der Bruderschaft ab;[29] was ihn allerdings nicht daran hinderte, die Lektüre der *Protokolle der Weisen von Zion* öffentlich zu empfehlen.[30] Interessantes Detail am Rande: In der Folge des von Nasser ins Leben gerufenen Panarabismus als arabischer Nationalismus wurden die Muslimbrüder in Ägypten, später auch in Syrien massiv verfolgt, eingesperrt und liquidiert, was dazu führte, dass viele in Westeuropa Asyl suchten und fanden. Einer dieser islamistischen Flüchtlinge war der 1995 verstorbene Said Ramadan, der Schwiegersohn Hassan al-Bannas, der in Deutschland 1957 an der Errichtung der Münchner Moschee, aus der später das *Islamische Zentrum München* hervorgehen sollte, beteiligt war. Das 1958 in Genf gegründete *Islamische Zentrum* geht ebenfalls auf seine Initiative zurück.

Aufstieg und Machtergreifung der NSDAP stießen bei arabischen Nationalisten vor allem deshalb auf wohlwollendes Interesse, weil das im Dritten Reich propagierte Gefühl nationalen Stolzes auch das Ideal einer großen arabischen Nation belebte und man in den Juden einen gemeinsamen Feind sah.[31] Es scheint nur folgerichtig, dass nach 1945 viele hochrangige Nazis in Ägypten und anderen arabischen Ländern Unterschlupf fanden.[32]

Die militärischen Auseinandersetzungen rund um die Gründung des Staates Israel 1948 und die daraus folgende Vertreibung und Flucht hunderttausender Palästinenser aus ihrer Heimat[33] verstärkten die Judenfeindschaft in der gesamten islamischen Welt. Schon im Vorfeld der Staatsgründung hatte die Al-Azhar-Universität in Kairo als Reaktion auf Vertreibung und Massenflucht der Palästinenser, alle islamischen Länder aufgefordert, ihre jüdische Bevölkerung zu vertreiben. Der gemeinsame Versuch der arabischen Armeen, Israel unmittelbar nach seiner Gründung wieder zu vernichten, endete in einer schweren Niederlage, in deren Folge die Juden in allen arabischen Staaten zu Geiseln der Politik wurden und Ressentiments und Rache seitens der Bevölkerung ausgesetzt waren. Von den Regierungen wurden sie je nach Opportunität entweder an der Ausreise gehindert oder vertrieben; langfristig setzte sich jedoch eine Politik der systematischen Vertreibung durch. Insgesamt wurden über 800.000 Juden ihres Eigentums beraubt und mussten ihre Heimatländer verlassen, womit die Existenz von zum Teil über 2.000 Jahre alten jüdischen Gemeinden ein Ende fand.[34]

Die Hamas, 1988 aus der palästinensischen Sektion der Muslimbrüder hervorgegangen, vertritt in ihrer Charta eine ähnliche Mischung aus islamisch-religiöser Judenfeindschaft und modernem Antisemitismus, wie einst der Mufti von Jerusalem. Die Charta erklärt, unter Berufung auf einen Hadith, der Prophet habe gelehrt, dass die Zeit der Auferstehung nicht anbrechen würde, „bevor nicht die Muslime die Juden bekämpfen und sie töten; bevor sich nicht die Juden hinter Felsen und Bäumen verstecken, welche ausrufen: Oh Muslim! Da ist ein Jude, der sich hinter mir versteckt; komm und töte ihn!"[35] Die Juden stünden „hinter der Französischen Revolution, [...] den kommunistischen Revolutionen und den meisten Re-

volutionen hier und da", wird weiter ausgeführt. Den Ersten Weltkrieg hätten sie genutzt, um das Islamische Kalifat auszulöschen,
den Zweiten, um die Etablierung des Staates Israel vorzubereiten.
„Sie inspirierten die Errichtung der Vereinten Nationen und des
Sicherheitsrates, um den Völkerbund zu ersetzen und die Welt mithilfe ihrer Mittelsmänner zu beherrschen. Es gab keinen Krieg, an
welchem Ort auch immer, der nicht ihre Fingerabdrücke trägt", so
die Charta.[36] Die Juden hätten ihr Programm in den *Protokollen der
Weisen von Zion* niedergelegt, und ihr gegenwärtiges Verhalten sei
der beste Beweis für das, was dort geschrieben stehe.[37]

In der islamischen Welt wird heute kaum Anstoß daran genommen, wenn offizielle Vertreter des Glaubens oder hochrangige Politiker offen antisemitisch auftreten. Mohammed Sayyid Tantawi, bis
zu seinem Tod im Jahre 2010 Großscheich der Al-Azhar-Universität
in Kairo, ist Autor eines Buches mit dem Titel: *Das Volk Israel in Koran
und Sunna*, in dem er den Nahostkonflikt aus religiöser Perspektive
behandelt. Im Kapitel *Das jüdische Unheilstiften auf Erden* kombiniert
er alle gängigen Stereotypen der islamischen Judenfeindschaft mit
denen des christlichen sowie des modernen Antisemitismus. Die
mittelalterliche Ritualmordlegende wird um muslimische Opfer er-
weitert. Selbstredend beruft sich Tantawi auf die *Protokolle der Weisen
von Zion* und offenbart seine Bewunderung für Adolf Hitler, dessen
berühmtes Zitat aus *Mein Kampf* er wörtlich zitiert: „Indem ich mich
des Juden erwehre, kämpfe ich für das Werk des Herrn."[38] Um die
Tragweite der Ansichten Tantawis – seinerzeit immerhin eine der
höchsten Autoritäten des sunnitischen Islam – zu verdeutlichen,
mag es hilfreich sein sich vorzustellen, diese Ansichten würden in
einem Buch des Papstes vertreten (bei aller Unterschiedlichkeit der
Ämter).

Der für seine antijüdischen Ausfälle bekannte, langjährige Pre-
mierminister von Malaysia (1981-2003), Mahathir bin Mohamad,
eröffnete im Jahre 2003 die Jahrestagung der *Organisation der Islamischen Konferenz* (OIC) vor 2.200 Journalisten aus aller Welt mit
seinen Vorstellungen von der „jüdischen Weltverschwörung": „Die
Juden beherrschen heute mittels ihrer Strohmänner diese Welt. Sie
lassen andere für sich kämpfen und sterben." Im Anschluss daran
trug er die bekannte Liste „jüdischer Erfindungen" von Sozialismus über Demokratie bis Menschenrechte vor. Letztere hätten die

Juden sich ausgedacht, „damit sie sich der gleichen Rechte erfreuen dürfen wie andere" und die mächtigsten Länder kontrollieren können.[39] Es fand sich nicht eine Stimme innerhalb der OIC, die Mahathir widersprochen hätte. Alle Teilnehmer der Tagung bekundeten ihre Zustimmung mit standing ovations.[40] Die Ansichten des Malaysischen Premiers und die Ergebnisse einer indischen Studie, die der Psychoanalytiker Sudhir Kakar in den 1990er Jahren unter Islamisten seines Landes durchführte, zeigen, wie verbreitet das *Feindbild Jude* über die arabischen Länder hinaus in der gesamten islamischen Welt ist. Die Befragten der Studie hatten beispielsweise den Hindu-Muslim-Konflikt in Indien auf jüdische Machenschaften zurückgeführt.[41] Judenfeindschaft gehört in der islamischen Welt zum gesellschaftlichen Konsens und ist über alle sonstigen Differenzen hinweg das einigende Band zwischen den verschiedenen politischen und gesellschaftlichen Strömungen. Sowohl Vernichtungsgedanken gegen Israel als auch grob antisemitische Hetze gehören in vielen arabischen Medien zum selbstverständlichen Umgangston.[42] Mehr als 20 arabische Fernsehstationen übernahmen 2003 die vom Hisbollah-nahen libanesischen Fernsehsender *al-Manar* („Der Leuchtturm") mit syrischer Unterstützung produzierte Fernsehserie *al-Schatat* („Diaspora")[43] und strahlten sie während des Ramadans zur besten Sendezeit aus. Es handelt sich dabei um eine Art Verfilmung der *Protokolle der Weisen von Zion*. In expliziten Bildern sieht man den „Ritualmord" an einem christlichen Kind, dem die Kehle durchgeschnitten wird; eine andere Szene erinnert an den Nazi-Propagandafilm *Der ewige Jude*: Amschel Rothschild beauftragt auf dem Totenbett liegend seine Söhne, die nichtjüdischen Völker auszulöschen, bis die Herrschaft über die Welt in Händen der Juden läge.[44] Der Sender *al-Manar* ist auch der Urheber der berühmten Verschwörungstheorie zum 11. September. Noch am Tag der Anschläge hatte der Sender behauptet, 4.000 Juden seien nicht an ihren Arbeitsplätzen im World Trade Center erschienen, weil sie vorab gewarnt worden seien.[45] Diese „Nachricht" verbreitete sich wie ein Lauffeuer in der islamischen Welt und auch in den muslimischen Communities im Westen und erfreut sich bis heute großer Beliebtheit.

Im April 2002 veröffentlichte die zweitgrößte ägyptische Tageszeitung *Al Akhbar* einen Kommentar, in dem der Holocaust geleugnet wird und der Verfasser sich im gleichen Atemzug an Hitler persönlich wendet: „Wenn du es nur getan hättest, mein Bruder, wenn es doch nur wirklich geschehen wäre, sodass die Welt ohne ihr Übel und ihre Sünde erleichtert aufseufzen könnte."[46] Hannah Arendt hatte bereits 1961 anlässlich des Eichmann-Prozesses beobachtet, dass dem Angeklagten in der arabischen Welt Sympathien entgegengebracht wurden.[47] Die jordanische Zeitung *Jerusalem Times* publizierte damals einen „Offenen Brief an Eichmann", in dem es hieß: „Mit der Liquidierung von sechs Millionen (Juden) haben Sie der Menschheit einen wahren Dienst erwiesen. [...] Es wird Sie trösten, dass dieser Prozess eines Tages in der Liquidierung der verbliebenen sechs Millionen gipfeln wird, um Ihr Blut zu rächen."[48]

Auch in der Türkei spielt Antisemitismus in der politischen Auseinandersetzung mitunter eine große Rolle. Der türkische Schriftsteller und bekennende Kemalist Ergün Poyraz veröffentlichte im Jahr 2007 ein Buch mit dem Titel *Musa´ nın Çocukları* (Die Kinder des Moses). Auf dem Umschlag sind Premier Erdoğan und seine Frau eingerahmt von einem Davidstern abgebildet.[49] Damit ist der Inhalt des Buches im Wesentlichen bereits skizziert: Poyraz argumentiert – in typisch antisemitischer Diktion – dass Erdoğan ein verkappter jüdischer Agent sei, der die Türkei für seine amerikanischen Auftraggeber verkaufe. Seine Frau trage das Kopftuch nur zur Tarnung. Poyraz ist in der Türkei ein bekannter Autor, der mit 75.000 verkauften Büchern in der Bestsellerliste 2010 noch vor Orhan Pamuk liegt.[50] Antisemitische Verschwörungstheorien haben auch in der Türkei eine lange Geschichte, allerdings gingen sie zumeist von religiöser Seite aus. Die Revolution der Jungtürken von 1908, die die Wiedereinführung der Verfassung von 1876 und damit die völlige Gleichstellung aller Bürger, unabhängig von Sprache, Religion und Volkszugehörigkeit, erzwang, galt manchen religiösen Kreisen als jüdische Konspiration.[51] Selbst Atatürk wird in islamistischen Kreisen immer wieder bezichtigt, Jude zu sein, und die Tatsache, dass er das Kalifat abschaffte, ist einigen Grund genug, diesen Glauben bis heute aufrechtzuerhalten.[52]

Via Satellit gelangt antisemitische Propaganda aus dem arabischen Raum auch in europäische Wohnzimmer. Nach massiven Protesten gegen die Ausstrahlung des Senders *al-Manar* in Frankreich, die von mehreren Parteien und Bürgerrechtsorganisationen wie *SOS Racisme* und säkularen Organisationen arabischstämmiger Franzosen getragen wurden, befasste sich der oberste Gerichtshof im Jahr 2004 mit der Causa und verbot dem französischen Satellitenbetreiber Eutelsat die weitere Ausstrahlung des Senders.[53] 2009 untersagte auch Deutschland die Ausstrahlung von *al-Manar*. Da der Sender über ägyptische Satelliten nach wie vor Europa erreicht, bedeutet dieses Verbot zunächst nur, dass er an öffentlich zugänglichen Orten wie Hotels, Bars oder Vereinslokalen nicht mehr ausgestrahlt werden darf. Die permanente antijüdische Propaganda, die von arabischen und mitunter auch türkischen Sendern, Zeitungen und dem Internet ausgeht, ist neben antijüdischer und fremdenfeindlicher Hetze aus dem rechtsextremen Spektrum eines der großen Probleme europäischer Gesellschaften; ihre Unterbindung liegt zweifellos in der Verantwortung des Rechtsstaates. In diesem Sinne wurde 2004 beispielsweise der hessische Verlag *Yeni Akit*, Herausgeber der Zeitung *Anadoluda Vakit* (Die Zeit in Anatolien), verboten, weil in dieser immer wieder antisemitische Artikel erschienen waren.[54] Aber auch die Zeitung *Milli Gazette*, die der Organisation *Milli Görüş* nahe steht, ist in der Vergangenheit immer wieder durch antisemitische Artikel aufgefallen.[55] Unter Mitgliedern von *Milli Görüş* in Deutschland kursiert, wie das ZDF-Magazin *Frontal 21* 2006 aufdeckte, ein Video der iranischen Fernsehserie *Zehras blaue Augen*, in der Israel unterstellt wird, palästinensische Kinder als menschliche Ersatzteillager für reiche Juden zu missbrauchen. Diese Serie wurde im Frühjahr 2006 auch vom *Milli Görüş* nahestehenden türkischen Fernsehsender *TV 5* ausgestrahlt und war sowohl in Deutschland, als auch in Österreich zu empfangen.[56] In diesem Zusammenhang ist es bedenklich, dass der neue Präsident der *Islamischen Glaubensgemeinschaft in Österreich*, Fuat Sanaç, der *Milli Görüş* nahe steht, es trotz Nachfrage versäumt hat, sich vom Antisemitismus der Organisation zu distanzieren.[57]

Befragt vom Zentrum für Antisemitismusforschung in Berlin, gaben Jugendliche palästinensischer Herkunft an, dass ihre ablehnende Haltung gegenüber den Juden durch Erzählungen in der Familie und durch die Darstellung in den Medien, insbesondere in den arabischen, beeinflusst sei.[58]

Saudi-Arabien nutzt seinen Reichtum zur Verbreitung des Wahabismus,[59] einer extremistischen Variante des Islam. Durch Gründung und Unterstützung religiöser Einrichtungen wie Moscheen, Schulen und Verlage versucht das saudische Regime, europäische Muslime zu beeinflussen. Die 1995 in Bonn/Bad Godesberg gegründete *König-Fahd-Akademie* macht seit 2003 Schlagzeilen. Es handelt sich um eine islamische Schule mit zwölf Jahrgangsstufen (und integrierter Moschee), an der nach saudischen Lehrplänen und Schulbüchern in arabischer Sprache unterrichtet wird. Ein Team der ARD-Sendung *Panorama* hatte aufgedeckt, dass dort kontinuierlich zum Hass gegen Juden und zum (→)Dschihad aufgerufen wurde. Um die als Prestigeprojekt gehandelte „Diplomatenschule" besuchen zu dürfen, bedurfte es einer Ausnahmegenehmigung, da die Schule nicht der deutschen Schulaufsicht unterlag. In der Vergangenheit wurden diese Ausnahmegenehmigungen großzügig erteilt, denn der Staat ersparte sich auf diesem Weg, die etwa 500 Schülerinnen und Schüler (überwiegend arabischer Herkunft) auf deutschen Schulen unterzubringen. Nur wenige Schüler waren tatsächlich Diplomatenkinder, die überwiegende Mehrheit stammte aus Migranten- und Flüchtlingsfamilien, zwei Drittel besaßen die deutsche Staatsbürgerschaft. Die König-Fahd-Schule nutzte ihre Stellung und ihren Ruf, um religiös-ideologischen Einfluss auf diese Kinder auszuüben. Der Kölner Regierungspräsident Jürgen Roters wollte die Schule nach den Enthüllungen der ARD schließen lassen, aber das Auswärtige Amt intervenierte, weil es diplomatische Verstimmungen mit Saudi-Arabien befürchtete. So blieb es bei einer Ermahnung und der Auflage, Lehrpläne und Schulbücher zu überarbeiten. Die Stadtregierung versuchte daraufhin eine Strategie der Austrocknung von unten: Ausnahmegenehmigungen für ständig in Deutschland lebende Kinder wurden zurückgezogen und keine weiteren erteilt. Eine neuerliche Untersuchung der Schule im Jahre 2008 ergab, dass sich an Schulbüchern und Lehrplänen nicht viel

geändert hatte. Die König-Fahd-Akademie in Bonn und ihre De-
pendance in Berlin existieren bis heute. 2010 hat Saudi-Arabien von
der Stadt Berlin ein Grundstück gekauft, um einen Neubau für 400
Schulkinder zu errichten.[60]

In Großbritannien, wo der saudi-arabische Einfluss auf die im
Land lebenden Muslime ebenfalls für Beunruhigung sorgt, hat sich
die BBC im Jahr 2010 mit dem Unterrichtsstoff britischer Islam-
schulen beschäftigt. An zahlreichen islamischen Wochenend- und
Abendschulen werden saudische Schulbücher verwendet, die Hass
gegen Juden schüren, den Tod für Homosexuelle fordern und die
islamischen Körperstrafen, wie das Amputieren von Händen und
Füßen, ausführlich erläutern und rechtfertigen. Auch die bereits
bekannten Verunglimpfungen von Juden als Schweine und Affen
finden sich in den an der König-Fahd-Akademie in London und
anderen saudischen Einrichtungen verwendeten Schulbüchern wieder.[61] An islamischen Schulen in Österreich wurde in der Vergangenheit ebenfalls antisemitisches, aus Saudi-Arabien stammendes
Lehrmaterial verwendet.[62]

Eine von der *Europäischen Stelle zur Beobachtung von Rassismus und
Fremdenfeindlichkeit* (EUMC) in Auftrag gegebene Studie kam bereits
2003 zu dem Ergebnis, dass Antisemitismus in der EU deutlich an-
steige und in unmittelbarem Verhältnis zu den Ereignissen im Nahen Osten stehe. Neu an den Ergebnissen war, dass neben Rechts-
extremisten auch junge Muslime arabischer Herkunft für diesen
Anstieg verantwortlich zeichneten. Die Studie stellte eine Zunahme antisemitischer Stereotype fest, die um die „geheime Macht der
Juden" kreisten, und ein vermehrtes Umschlagen von Israel- und
Amerikakritik in Judenhass. Auch der beobachtete Zuwachs an antisemitischen Straftaten in Europa ginge zum Teil auf das Konto von
Jugendlichen mit muslimischem Hintergrund. Vor allem in Ländern wie Frankreich, Belgien, Großbritannien und den Niederlanden, mit traditionell großer Einwanderung aus arabischen und asia-
tischen islamischen Ländern, wurden vermehrt körperliche Attak-
ken von Muslimen auf Juden und Sachbeschädigungen an jüdischen
Einrichtungen beobachtet. Die EUMC wollte die Studie zunächst
nicht veröffentlichen, weil sie befürchtete, die Ergebnisse könnten
„Islamophobie" befördern. Nachdem sowohl der wissenschaftliche
Leiter der Studie, Werner Bergmann, als auch EU-Abgeordnete al-

ler Parteien protestierten, dauerte es nicht lange, bis die Studie inoffiziell ins Internet gelangte. Daraufhin stellte auch die EUMC die Studie, mit kritischen Kommentaren versehen, online.[63]

Lehrerinnen und Lehrer an Berliner Schulen beobachten, dass neben „Du Opfer" auch „Du Jude" ein gängiges Schimpfwort unter muslimischen Jugendlichen geworden ist. Ihren Aussagen zufolge sei in Schulklassen mit hohem Anteil muslimischer Schülerinnen und Schüler ein Besuch des Jüdischen Museums problematisch, er würde als Zumutung empfunden und mit antisemitischen Begründungen abgelehnt.[64]

Die Veranstalter eines multikulturellen Stadtteilfestes in Hannover mussten 2010 mit großem Entsetzen erleben, dass die Ankündigung einer jüdischen Tanzgruppe von Sprechchören wie „Juden raus!" aus dem Publikum beantwortet wurde. Als sich die aufgebrachten Jugendlichen vom Veranstalter nicht beruhigen ließen und schließlich sogar begannen, die Tanzgruppe mit Steinen zu bewerfen, musste der Auftritt abgebrochen werden – die Veranstaltung allerdings ging weiter. Der Vorfall geriet zum Skandal; die Polizei konnte zwölf Tatverdächtige ermitteln, elf davon waren arabischer Herkunft und zwischen 9 und 19 Jahren alt.[65]

Die doppelte Bedrohung von rechtsextremer und muslimischer Seite macht Juden in Deutschland zunehmend Sorgen. Der Vorsitzende der Jüdischen Gemeinde Berlin, Gideon Joffe, berichtet, dass viele sich nicht mehr trauten, die Insignien ihres Glaubens öffentlich zu tragen. Der *Zentralrat der Juden in Deutschland* hält die Gewaltbereitschaft im muslimischen Lager für ebenso groß wie im rechtsextremen.[66] In Frankreich und Belgien werden immer wieder Juden tätlich angegriffen, Friedhöfe geschändet; auf jüdische Schulen und Synagogen wurden Anschläge verübt.[67]

Vonseiten linker wie rechter Ideologen wird die Judenfeindschaft muslimischer Kreise oft als Reaktion auf den Nahostkonflikt und als Anteilnahme am Schicksal der Palästinenser entschuldigt. Die schon für sich genommen bedenkliche, gegen Frieden und Versöhnung gerichtete Haltung vieler Muslime gegenüber Israel geht mit einem allgemeinen Judenhass einher, der dem friedlichen Zusammenleben der Menschen in Europa zuwider läuft. Die zu beobachtende Zunahme von Angriffen auf Juden und jüdische Einrichtungen ist ein ernstzunehmendes Signal. Die Tatsache, dass

Migrantinnen und Migranten gegenüber Juden und zum Teil auch gegenüber anderen Minderheiten (Roma, Homosexuelle) dasselbe diskriminierende Verhalten an den Tag legen, dem sie selbst häufig ausgesetzt sind, mag für manche eine verstörende Erkenntnis sein, die fest gefasste Weltbilder und Überzeugungen ins Wanken bringt. Das sollte jedoch nicht dazu führen, Antisemitismus in islamischen Communities zu verschweigen oder gar zu rechtfertigen, dieser bedarf vielmehr einer ebenso entschiedenen Absage, wie der Antisemitismus des rechtsextremen Milieus. Neben der Verfolgung strafrechtlich relevanten Handelns sollte hier auch auf verstärkte aufklärerische Konzepte in der Kinder- und Jugendarbeit gesetzt werden.

Der alte Spruch „Wehret den Anfängen" ist weiter gültig – auch gegenüber islamischer Judenfeindschaft.

Literatur

Matthias KÜNTZEL, *Islamischer Antisemitismus und deutsche Politik*, Berlin 2007.

Ders., *Djihad und Judenhass. Über den neuen antijüdischen Krieg*, Freiburg 2003.

Bernard LEWIS, *Die Juden in der islamischen Welt. Vom frühen Mittelalter bis ins 20. Jahrhundert*, München 1987.

Integration

In einer pluralistischen Gesellschaft bedeutet Integration die Einbeziehung möglichst vieler – idealerweise aller – Menschen in die Gesellschaft. Der Begriff steht für deren gleichberechtigte Teilhabe am ökonomischen, sozialen, politischen und kulturellen Leben und betrifft keineswegs nur Migranten. So stellte unlängst der Anwalt Mehmet Daimagüler zu Recht fest, dass die Integration von Teilen der Jugendlichen in den neuen deutschen Bundesländern fehlgeschlagen sei. Je offener und pluralistischer eine Gesellschaft ist, umso größer sind die Möglichkeiten der individuellen Lebensgestaltung, und desto besser wird sie die verschiedensten Lebensentwürfe in sich vereinen. Die demokratischen Gesellschaften haben in den letzten 60 Jahren eine Entwicklung hin zu mehr Freiheit und Pluralismus gemacht, in deren Verlauf ehemals starre Normen aufgeweicht worden sind und die Integration von individueller Vielfalt in bislang unbekannten Dimensionen möglich wurde. Was noch vor wenigen Jahrzehnten als abweichendes Verhalten gesellschaftlich geächtet und sozial sanktioniert wurde, scheint heute weitgehend akzeptiert: Zusammenleben ohne Trauschein, homosexuelle Partnerschaften, alleinerziehende Elternteile und außerhalb der Ehe geborene Kinder, aber auch subkulturelle Experimente und differierende äußere Erscheinungsbilder. Noch im ersten Viertel des 20. Jahrhunderts rief das Erscheinen Hosen tragender Frauen große Aufregung hervor, die ersten Jeans und der Rock'n'Roll in den 1950er Jahren waren für die ältere Generation gleichbedeutend mit totalem Sittenverfall, und in den 1960er Jahren sorgte der Anblick von langhaarigen jungen Männern und Mädchen im Minirock für empörte Reaktionen. Die westlichen Gesellschaften waren noch bis in die Mitte des letzten Jahrhunderts sehr homogen, ein hohes Maß an Konformität war selbstverständlich. Auch wenn sich heute noch genügend Beispiele für Intoleranz, Vorurteile und Diskriminierung finden lassen, der Spielraum des Einzelnen und damit seine Freiheit haben sich beträchtlich ausgeweitet. Im Verlaufe dieses Prozesses, der mit einer Verflachung gesellschaftlicher Hierarchien einherging, wurden Geschmack, sexuelle Orientierung und der Lebensstil allgemein weitgehend außer Streit gestellt. Solange kein anderer geschädigt wird, darf jeder Mensch nach seiner Fasson glücklich werden. Dabei ist es nicht unbedingt nötig, die Lebensstile der jeweils anderen gut zu finden, es genügt, sie als gleichberechtigt zu akzeptieren oder zumindest hinzunehmen. Pluralismus bedeutet somit auch, die andere Meinung, das andere Aussehen und andere Lebensvorstellungen auszuhalten. Die moderne Gesellschaft basiert nicht mehr auf ethnisch-kultureller Homogenität oder einem vorherrschenden Lebensstil, sondern auf der Akzeptanz individueller Freiheit.

Die Integration von Zuwanderern stellt die westliche Gesellschaft vor besondere Herausforderungen, die umso größer sind, wenn diese konträre gesellschaftliche und kulturelle Wertvorstellungen mitbringen. Durch die Zuwanderung aus islamisch geprägten Ländern sieht sich Westeuropa zunehmend mit Gesellschaften konfrontiert, die wesentlich uniformer, geschlossener und dogmatischer sind als die europäischen. Diese Konfrontation unterschiedlicher Lebensvorstellungen finden wir heute auch in den islamischen Ländern selbst, wo eine meist kleine, aufgeklärte Bildungsschicht traditionell geprägten und wertkonservativen Teilen der Bevölkerung gegenübersteht.

Ein Blick in die Vergangenheit

Einige Argumente der aktuellen Integrationsdebatte existieren seit es Wanderbewegungen gibt. Die Schriftsteller und Geschichtsschreiber des Altertums bezeugen das Misstrauen gegenüber Neuankömmlingen, ebenso wie deren Angst, sich zu assimilieren und ihre angestammten Traditionen in der Fremde zu verlieren. Mehrere außerbiblische antike Texte über den Auszug der Juden aus Ägypten etwa zeugen von der Virulenz von Fremdenfeindlichkeit im Altertum. Die Geschichtsschreiber Diodorus und Flavius Josephus sehen in der Ablehnung gegenüber den Israeliten als Fremde die Ursache für den Auszug aus Ägypten,[1] und im antiken Griechenland galten Nicht-Griechen automatisch als Barbaren (bárbaros, griechisch für fremd/nicht-griechisch/unkultiviert). Andererseits berichtet uns die religiöse Überlieferung in den Prophetenbüchern vom Bedürfnis der Juden, im Babylonischen Exil den Glauben, die Traditionen und damit die Identität als jüdisches Volk zu bewahren, und in den Psalmen wird die Angst offenbar, im Vielvölkergemisch des Babylonischen Reiches unterzugehen. Die Scheu vor Fremden gehört, wenn man anthropologischen Forschungen glauben darf, zu den Universalien menschlichen Verhaltens, die unser soziales Zusammenleben von Anbeginn beeinflusst haben. Die gute Nachricht: Auch Neugier auf Unbekanntes und Fremdes ist eine Konstante menschlichen Verhaltens.[2]

Fremdenfeindlichkeit auf der einen und Angst vor Identitätsverlust auf der anderen Seite lassen sich durch die Geschichte weiter verfolgen. Die Stadt Frankfurt erlebte im 16. Jahrhundert eine starke Zuwanderung niederländischer „Exulanten", die schließlich fast 20% der Bevölkerung ausmachten. Diese waren wirtschaftlich erfolgreich und trugen stark zur Prosperität der Stadt bei. Aber der Wirtschaftsboom kannte, wie zu allen Zeiten, auch Verlierer, und die alteingesessenen lutherischen Frankfurter waren sich bei der Suche nach Schuldigen an den weniger erfreulichen Seiten der Entwicklung schnell einig: Die zugewanderten Calvinisten. Ein Jahrhundert später waren es die zugewanderten Katholiken aus Italien, die als Sündenböcke herhalten mussten.[3]

Benjamin Franklin, einer der Gründerväter der Vereinigten Staaten und Mitautor der amerikanischen Unabhängigkeitserklärung, schrieb 1751 in einem Essay zum amerikanischen Bevölkerungswachstum: „Warum sollte Pennsylvania, von Engländern gegründet, eine Kolonie von Ausländern werden, die schon bald so zahlreich sein werden, dass sie uns germanisieren, statt dass wir sie anglifizieren, und die niemals bereit sein werden, unsere Sprache und unsere Gewohnheiten anzunehmen".[4] Was Franklin hier beunruhigte, war nichts anderes als die Angst vor „Überfremdung", wie sie sich zu allen Zeiten immer dann, wenn sich das gesellschaftliche Gefüge verschob, Ausdruck verschaffte – auch im klassischen Einwanderungsland Amerika. Die Fremden sind bei Franklin die Deutschen, die zu seiner Zeit in großen Scharen einwanderten. Sie sprachen zunächst nur ihre Muttersprache, wie es die meisten Angehörigen der ersten Einwanderergeneration zu tun pflegen. Sie brachten ihre Bräuche und Gewohnheiten mit und heirateten am liebsten untereinander. Der puritanischen angelsächsischen Mehrheit waren sie lange Zeit nicht geheuer. Ihre Feierfreudigkeit, Sängerfeste und Vereinstreffen in Biergärten (mit der ganzen Familie, und noch dazu an Sonntagen, wie eifrig moniert wurde) stießen auf wenig Gegenliebe. In Chicago, wo sich rund einhundert Jahre später ebenfalls eine große Anzahl von Zuwanderern aus Deutschland niederließ, wurden sogar eigens Gesetze gegen den Bierausschank an Sonntagen erlassen, um dem Spaß der Deutschen ein Ende zu bereiten. Diese wollten sich das Verbot nicht gefallen lassen und zettelten im März 1855 die berühmten Chicagoer „beer riots" an.[5] Auch die Zuwanderung der katholischen Iren rief große Abwehr hervor, bezweifelte man doch aufgrund ihrer Papsttreue die Loyalität zu Amerika. Gewalttätige Auseinandersetzungen blieben auch hier nicht aus.

Im letzten Viertel des 19. Jahrhunderts wanderten Polen ins Ruhrgebiet ein. Binnen weniger Jahrzehnte stieg ihre Zahl von einigen wenigen auf circa 500.000. Damit stellten sie rund 15% der Bevölkerung, die sich in bestimmten Regionen konzentrierten. Nicht wenige Deutsche hatten den Eindruck, die Polen würden das Land „übernehmen". Sie galten als fünfte Kolonne Warschaus, sprachen in ihren Gottesdiensten polnisch und wurden deshalb, obwohl genauso katholisch wie das Ruhrgebiet selbst, mit Argwohn betrachtet. Die Ressentiments waren durchaus beidseitig, viele Polen zeigten Vorbehalte gegen die deutsche Bevölkerung. So rief die polnische Migranten-Zeitung, die den programmatischen Namen *Wiarus Polski* (Polnischer Streiter) trug, die Polen auf, ihre Namen nicht durch eine deutsche Schreibweise zu verunglimpfen, ihre Kinder nur polnisch reden zu lassen und sich auf keinen Fall mit Deutschen zu mischen. Wer weiß heute noch, dass der deutsche Bundesliga-Verein Schalke 04 einst als „Polackenclub" verschrien war?[6] An die Geschichte der polnischen Einwanderung ins Ruhrgebiet erinnern nur noch die deutschen Orlowskis, Schimanskis und Kowalskis. Ähnlich erging es den obengenannten Niederländern und Italienern in Frankfurt und anderen Städten. Wer denkt beim deutschen

Romantiker Clemens Brentano noch daran, dass er ein Nachfahre jener italienischen Einwanderer des 17. Jahrhunderts war? Auch die vereins- und bierfreudigen Deutschen sind Amerikaner geworden; an deutsche Traditionen erinnert die alljährlich in New York mit großer Begeisterung begangene Steuben-Parade.

Die wenigsten Nachkommen deutscher, italienischer, polnischer oder sonstiger Zuwanderer sprechen noch die Sprache der vor Generationen eingewanderten Vorfahren, es sei denn, sie wurde bewusst erlernt. Diese wenigen Spots auf die Geschichte sollen aktuelle Fragen und Probleme nicht zur Seite kehren, zeigen aber, dass Integrationsprobleme weder neu noch unlösbar sind.

Integration und Assimilation

Der Blick in die Geschichte macht deutlich, dass Integration mit Assimilation zwangsläufig Hand in Hand geht, denn ohne eine gewisse Angleichung an die Aufnahmegesellschaft ist erfolgreiche Eingliederung nicht möglich. Schon die landläufigen Definitionen der beiden Begriffe zeigen einen Zusammenhang auf. Bedeutet Integration laut *dtv-Lexikon* „die Verbindung einer Vielheit von Einzelnen oder Gruppen zu einer gesellschaftlichen Einheit, die sich in der Annahme kulturspezifischer Wertvorstellungen und sozialer Normen durch die Beteiligten äußert", so wird Assimilation als „Verähnlichung und Angleichung im gesellschaftlichen Leben" beschrieben, als „Vorgang der Durchdringung und Verschmelzung, bei dem Einzelne oder Gruppen die Traditionen, Wert- und Verhaltensmuster anderer Gruppen übernehmen und in diesen allmählich aufgehen."[7] Das Ergebnis beider Vorgänge ist letztlich immer ein von großen Teilen der Gesellschaft getragener Wertekonsens. Es würde wenig Sinn machen, die beiden Begriffe zu einem Gegensatzpaar zu stilisieren und den einen positiv, den anderen hingegen negativ zu besetzen, denn eine klare Scheidung existiert nur in der Theorie und wird dem realen Leben und der Komplexität des Prozesses nicht gerecht. Die Annäherung an die Gesellschaft des Einwanderungslandes bedeutet nicht, dass Zuwanderer in Deutschland von nun an Schweineschnitzel essen und im Trachtenverein tätig werden sollten, oder in Finnland am Handy-Weitwurf-Wettbewerb teilnehmen müssten. Aber das Leben wird sich mit einem Landeswechsel zwangsläufig ändern. Die Nachkommen der Einwanderer entfremden sich erfahrungsgemäß schon in der zweiten Generation der Heimat ihrer Eltern.

Wer seine Sprache und alle mitgebrachten Bräuche und Traditionen deckungsgleich verpflanzen will, kann nur scheitern; wer seine Nachkommen von der Gesellschaft – sei es aus Angst, Vorurteilen oder geistiger Trägheit – abschotten und nur innerhalb der eigenen Großfamilie oder Community verheiraten will, versperrt sich und seinen Kindern den Weg in die Gesellschaft.

Wenn Integration die erfolgreiche Teilhabe an der bestehenden Gesellschaft bedeuten soll, ist die Kenntnis der Sprache, der Werte und Gesetze des Landes bis zu einem gewissen Grad Voraussetzung. Der von Bassam Tibi eingeführte Begriff der Leitkultur, der den gesellschaftlichen Wertekonsens Europas (Demokratie, Menschenrechte und individuelle Freiheit) beschreiben sollte, mag unglücklich gewählt sein – zu sehr ist vor allem im Deutschen der Kulturbegriff missverständlich und historisch belastet – aber es war der Versuch, für Einwanderergesellschaften übergeordnete, nicht an ethnische und somit exklusive Kriterien gebundene Werte zu definieren. Es ging Tibi gerade darum, die ethnische Identifikation zu Gunsten einer wertebasierenden aufzuheben, nach der jede und jeder französischer, deutscher oder schwedischer Citoyen werden kann, indem sie oder er die Werte der pluralistischen europäischen Gesellschaft akzeptiert und sich loyal zu ihrer Verfassung verhält – angelehnt an das amerikanische Modell, in dem „Amerikaner-werden" in diesem Sinne verstanden wird.[8] Der Begriff Leitkultur ist in der Folge von verschiedensten Seiten kritisiert und instrumentalisiert worden und hat sich letztendlich als ungeeignet erwiesen, Tibis Intention zu transportieren.

Das Verhältnis zwischen der aufnehmenden Gesellschaft und den Zuwandernden ist naturgemäß kein egalitäres. Abgesehen davon, dass die Mitglieder der autochthonen Bevölkerung mit den Werten, Gesetzen und Regeln des Zusammenlebens vertraut und allein dadurch im Vorteil sind, besteht für sie keine existentielle Notwendigkeit, sich mit Lebensgewohnheiten, Ansichten und Traditionen der verschiedenen Zuwanderer zu beschäftigen. Diese hingegen müssen sich zwangsläufig mit der Aufnahmegesellschaft auseinandersetzen, um die alltäglichsten Verrichtungen zu meistern, denn schon ein Besuch beim Arzt oder auf Ämtern ist ohne Sprachkenntnisse schwierig. Sie werden in der Regel umso besser Fuß fassen und umso erfolgreicher sein, je vertrauter sie mit dem Land und der Sprache werden. Das ungleiche Verhältnis zwischen Alteingesessenen und Neu-Hinzu-Kommenden lässt sich auch in kleinerem Maßstab beobachten, wenn etwa eine neue Mitarbeiterin in eine Firma oder ein neuer Schüler in einen bestehenden Klassenverband eintritt: Die/der Neue trifft auf bereits bestehende Strukturen und Regeln, ohne deren Kenntnis sie/er nur schwer einen Platz in der Gruppe finden wird. Selbstverständlich sollte auch die Gruppe auf die Neuen zugehen, aber das begründet noch kein egalitäres Verhältnis. Über den Umstand hinaus, dass die Hauptleistung zur Integration notgedrungen von den Zuwanderern erbracht werden muss, ist die Erwartung der Aufnahmegesellschaft an Menschen, die freiwillig einwandern, Werte und Rechtssystem anzuerkennen, durchaus verständlich, und es ruft zurecht Erstaunen hervor, dass Menschen nach Europa wollen, die der offenen Gesellschaft ablehnend oder sogar mit Verachtung begegnen.

Eine Annäherung an die Aufnahmegesellschaft ist, von Ausnahmen abgesehen, erfahrungsgemäß ein Generationenprojekt. Abgesehen davon, dass Menschen ohnehin unterschiedliche Begabungen für Sprache mitbringen, fällt es den meisten im Erwachsenenalter schwerer, eine neue Sprache so zu erlernen, dass sie sich darin zu Hause fühlen. Hinzu kommt, dass wir Menschen, von den Abenteuerlustigen abgesehen, eher konservativ sind und oft das Risiko und die Ungewissheit scheuen, die mit der Annäherung an etwas Neues und Fremdes verbunden sind. Dieses ruft zunächst Angst und Verunsicherung hervor und führt oft zu einem verstärkten Festhalten an den heimatlichen Traditionen, die Geborgenheit und Sicherheit vermitteln.

Integration und Aufnahmegesellschaft

Integration fordert auch die Aufnahmegesellschaft, die Zuwanderern die gleichen Teilhaberechte gewähren muss wie allen anderen. Hier sind vor allem gleiche Bildungschancen und gleiche Chancen am Arbeits- und am Wohnungsmarkt gemeint. Die Ghettobildung im Wohn- und Schulbereich, die in vielen westeuropäischen Ländern zu einem großen Problem geworden ist, geht auf frühe Fehler und Versäumnisse zurück. In den ersten beiden Jahrzehnten der Arbeitsmigration gingen Einheimische, genau wie Zuwanderer selbst, von einem nur vorübergehenden Aufenthalt aus. Das schlug sich zuallererst in der Wohnungspolitik nieder, oder besser gesagt: In der Unterbringungspolitik. Zumeist wurden die „Gastarbeiter" in wenigen Bezirken, in sozial schwachen Gebieten, zum Teil auch in Baracken- und Werkssiedlungen untergebracht.[9] Ökonomische Gründe veranlassten die Zuwanderer später, von sich aus in billige Wohngebiete zu ziehen, waren die meisten doch ungelernte Arbeiter, die versuchten, so viel ihres Einkommens wie möglich an die Familien in den Heimatländern zu überweisen, beziehungsweise für eine spätere Existenz ebendort zu sparen. Mit der fortgesetzten Zuwanderung (vor allem aus der Türkei) und insbesondere mit dem Familiennachzug verstärkte sich die Konzentration in wenigen Stadtvierteln. Die damit einhergehende Entstehung einer spezifischen Infrastruktur (Geschäfte, Dienstleistung, Moscheen, Teestuben und so weiter) verstärkte ihrerseits diesen Trend. Dreißig Jahre später hatten sich in einigen europäischen Städten Viertel herausgebildet, in denen überwiegend Familien aus der Türkei oder arabischen Staaten wohnten. Diese Ghettoisierungstendenzen wurden durch diskriminierende Maßnahmen staatlicher Stellen weiter gefördert. Der bekannte Berliner Blogger Cengiz Dursun illustriert diese Politik mit Erfahrungen aus seiner Kindheit im Berliner Wedding der 1990er Jahre, einer Gegend mit hohem Zuwandereranteil. Nach der Grundschule versuchten seine Eltern lange Zeit vergeblich, eine Wohnung in einem Bezirk mit geringerem Migrantenanteil zu finden, um ihren Kindern den Besuch einer besseren Schule zu ermöglichen. Von den Wohnungsgesellschaften wurden sie regelmäßig abgewimmelt, und nur der Hartnäckigkeit des Vaters war es zu verdanken, dass sie schließlich in einen attraktiveren Bezirk umziehen konnten. Als Cengiz auf die Gesamtschule wechseln musste, schickte ihn der Schulsenat jedoch nicht in die nächst gelegene, sondern in eine der Problemschulen Nord-Neuköllns. Offenbar sah die Berliner Schulpolitik türkische Kinder und Jugendliche in erster Linie als „Problemfälle", die am besten in „Problem-

schulen" aufgehoben seien. „Für mich war das eine fremde Welt",
schreibt Cengiz Dursun, „eine Welt, in der man bedroht wird, wenn
man gepflegtes Deutsch spricht; regelmäßig verprügelt wird, wenn
man nicht zurück schlägt; und am Ramadan so tun muss, als ob
man fastet, da man sonst als ‚Ungläubiger' bezeichnet wird."[10] Die
Diskriminierung durch Wohnungs-, Schul- und andere Behörden
war beileibe kein Einzelfall und tat ein Übriges, Zuwanderer in bestimmte Wohngebiete zu drängen. In Österreich ist es noch nicht
allzu lange her, dass Wohnungsanzeigen mit dem Zusatz „nur Inlän-
der" versehen und geförderte Gemeindewohnungen nur an gebür-
tige Österreicher vergeben wurden.

Zu einer Politik der Nicht-Diskriminierung gehört die Möglichkeit,
Religion und Traditionen zu leben, solange diese nicht mit gelten-
dem Recht in Konflikt geraten. Muslime haben das Recht, sich wie
jede andere Religionsgemeinschaft, eine religiöse Infrastruktur zu
schaffen, zum Beispiel Moscheen zu errichten – ganz nach Wunsch
mit oder ohne Minarett – und Religionsunterricht anzubieten.

Der Erwerb der Staatsbürgerschaft nach klar verständlichen Regeln ist wichtiger Bestandteil jeder guten Integrationspolitik, denn
erst die Staatsbürgerschaft ermöglicht die volle Teilhabe an der und
politisches Engagement in und für die Gesellschaft. Der Erwerb der
Staatsbürgerschaft setzt jedoch eine gewisse Integrationsleistung
voraus: Es würde wenig Sinn machen, aus wirtschaftlichen und demographischen Notwendigkeiten heraus unhinterfragt Menschen
aufzunehmen, die die Werte und Freiheiten der pluralistischen Gesellschaft ablehnen, die Lebensweise verachten und die Fundamente der politischen Ordnung nicht anerkennen.[11] Eine 2009 durch-
geführte Studie des *Berlin-Instituts für Bevölkerung und Entwicklung*
hat einen Zusammenhang zwischen Staatsbürgerschaft und Integration festgestellt: Eingebürgerte, so heißt es, seien generell besser integriert als Menschen ohne deutsche Staatsbürgerschaft. Die
Autoren der Studie merken jedoch an, dass die Frage nach Ursache
und Wirkung hierbei ungeklärt bleibt: „Es ist auch denkbar, dass
die besser integrierten mehr Anstrengungen unternehmen, sich
einbürgern zu lassen."[12]

Die Ansprüche gegenüber Zuwanderern, die sich dauerhaft
niederlassen oder die Staatsbürgerschaft erwerben wollen, recht-

fertigen jedoch nicht, sie einem Gesinnungstest zu unterziehen, sondern müssen sich auf praktisch überprüfbare Fakten beschränken, wie etwa Sprachkenntnisse, Erfüllung der Schulpflicht der Kinder, Lebensunterhalt oder Einhaltung der Gesetze. Ein Fragenkatalog wie der des Innenministeriums von Baden-Württemberg schießt mit einer Frage wie folgender weit über das Ziel hinaus: „Stellen Sie sich vor, Ihr volljähriger Sohn kommt zu Ihnen und erklärt, er sei homosexuell und möchte gerne mit einem Mann zusammenleben. Wie reagieren Sie?"[13] Auch wenn offene und tolerante Mitbürgerinnen und Mitbürger wünschenswert wären, mit dieser Frage (und beinahe allen anderen Fragen des Katalogs) wird nicht die Integrationsleistung überprüft. Bürgerinnen und Bürger (auch zukünftige) einer Gesinnungsprüfung zu unterziehen, ist mit den Menschenrechten unvereinbar. Der Staat ist zur Gestaltung der Politik zwar auf die Meinung der Bürger angewiesen und sollte sich insofern auch für diese interessieren, aber er kann seine Bürger nicht zur Offenlegung ihrer Meinung und Gesinnung zwingen. Die Vorstellung, eine Person müsse, um eingebürgert zu werden, Homosexualität bejahen, ist darüber hinaus grundsätzlich bedenklich. In einer pluralistischen Gesellschaft muss, wie eingangs erwähnt, nicht jeder Einzelne die Lebensvorstellungen der jeweils anderen gut und richtig finden, wohl aber das Recht jedes anderen auf ein selbstbestimmtes Leben akzeptieren.

Integration und Religion

Die Diskussion um Integration dreht sich heute in erster Linie um Menschen, die aus der islamischen Welt in den Westen gekommen sind. Diese stellen eine der größten Zuwanderergruppen in Europa und geraten allein dadurch stärker ins Blickfeld. Hinzu kommt, dass sich unter ihnen eine zahlenmäßig relevante Gruppe befindet, die der Religion eine weitaus größere identitätsstiftende Rolle zuweist, als das bei religiösen Menschen in Europa gewöhnlich der Fall ist, und die ihre Religion öffentlich zur Schau stellt, sei es durch Kleidung, öffentliches Beten (wie vor allem in England praktiziert) oder die Forderung, dem islamischen Glauben in verschiedensten Bereichen Sonderrechte einzuräumen. Muslimische Schülerinnen und

Schüler fordern Gebetsräume an staatlichen Schulen oder treffen sich zum Gebet in den Gängen der Schule und stören mit diesem Verhalten den Schulfrieden, wie jüngst das Bundesverwaltungsgericht für ein Berliner Gymnasium bestätigt hat;[14] Eltern versuchen ihre Kinder von bestimmten Unterrichtsfächern abzumelden; von Arbeitgebern wird Rücksichtnahme auf die Gebetszeiten gefordert und in Krankenhäusern sollen muslimische Frauen nicht von männlichen Ärzten und Pflegern behandelt werden. Das sind im heutigen Europa ungewohnte Erfahrungen, die keineswegs nur bei Ressentiment-beladenen, jeder Einwanderung ohnehin ablehnend gegenüberstehenden Teilen der Bevölkerung auf Befremdung, Angst oder zumindest Misstrauen stoßen und das Gespenst religiöser Intoleranz heraufbeschwören. Zu den ersten Opfern religiöser Intoleranz gehören in der Regel auch Muslime, die, wie Berichte aus Schulen und bestimmten Stadtteilen zeigen, von Strenggläubigen unter Druck gesetzt werden, sich deren Vorstellungen von Islam unterzuordnen.[15] Nach Jahrhunderten religiöser Auseinandersetzungen, die den inneren Frieden empfindlich gestört und immer wieder zu Kriegen, Vertreibungen und Massakern geführt hatten, haben die meisten europäischen Gesellschaften in einem langwierigen und aufreibenden Prozess schließlich zu einem Konsens des religiösen Friedens gefunden. Religion wurde außer Streit gestellt. Sie galt fortan als Privatsache jedes Einzelnen und nicht mehr als Merkmal sich voneinander abgrenzender und verfeindeter religiöser Kollektive. Die Kirchen haben zwar eine gesellschaftliche Funktion und Relevanz, sind jedoch nur ein Angebot unter vielen auf dem Weltanschauungs- und Identifikationsmarkt. Sie sind integraler Teil der Gesellschaft geworden und können keine Vormachtstellung beanspruchen. Der gesellschaftliche Frieden baut darauf auf, dass alle Gruppen, inklusive der religiösen, das gemeinsame, in Verfassung oder Grundgesetz festgeschriebene Wertesystem respektieren. In Gesellschaften, die einen signifikanten Anteil an religiösen Dogmatikern aufweisen, wie es in islamischen Ländern der Fall ist, kämpfen Andersgläubige beziehungsweise Andersdenkende nach wie vor oft ums Überleben. Auch in Israel und in Teilen der USA kommt es, wenn auch bislang nur in begrenztem Maße, immer wieder zu inneren Konflikten, wenn religiöse Fundamentalisten versuchen, Einfluss auf Politik und Gesellschaft auszuüben.

In Europa wird der Konsens des übergeordneten Wertesystems durch einen Teil der muslimischen Zuwanderer in Frage gestellt. Das deutsche Innenministerium stellte 2007 in Erhebungen fest, dass für 47% der Muslime in Deutschland die Befolgung der Glaubensgebote wichtiger ist als die Demokratie,[16] was nicht heißen muss, dass sie den Koran gelesen haben und regelmäßig in die Moschee gehen. Zu einem ähnlichen Ergebnis kam eine Befragung in Österreich: Die Mehrzahl der türkischen Zuwanderer (57%) stellt demnach religiöse Gebote über staatliche Gesetze, nur 28% halten die staatlichen Gesetze für übergeordnet, während alle anderen befragten Zuwanderergruppen die umgekehrte Tendenz aufweisen: Zuwanderer kroatischer Herkunft beispielsweise halten zu 61% die staatlichen Gesetze für übergeordnet (16% votieren für religiöse Gebote), Zuwanderer polnischer Herkunft zu 66% (gegenüber 21%).[17]

Zu diesen Befragungen gesellt sich eine Vielzahl von Studien der letzten Jahre, die Zuwanderern aus islamischen Ländern die schlechtesten Ergebnisse im Bereich der Integration bescheinigen. Unter ihnen befinden sich die meisten Schulabbrecher und die wenigsten Abiturienten, Studenten, Erwerbstätigen und Selbständigen.[18] Zudem haben sie die wenigsten sozialen Kontakte über ihr eigenes sprachliches und kulturelles Milieu hinaus.[19] In diesen Zusammenhang gehört auch, dass 80% der in Deutschland lebenden türkischen Zuwanderer fast ausschließlich türkischsprachige Radio- und Fernsehsender hören und sehen. Das bestätigte eine repräsentative Umfrage zuletzt im Oktober 2010 – also kurz nach dem Höhepunkt der Sarrazin-Debatte. 62% der Befragten hatten zu diesem Zeitpunkt noch nichts von der Kontroverse um den Bestseller gehört.[20]

Die schlechten Ergebnisse im Bereich Bildung und Integration lassen sich nicht umstandslos durch besondere Diskriminierung erklären, was am Beispiel serbischer, kroatischer oder vietnamesischer Zuwanderer deutlich wird. Die sozialen und ökonomischen Bedingungen vietnamesischer Vertragsarbeiterinnen und -arbeiter, die nach dem Zusammenbruch der DDR in Deutschland geblieben waren, sind denen der türkischen Zuwanderer durchaus ähnlich: Europa und seine Kultur waren ihnen ebenso fremd und sie wurden ebenso als Fremde wahrgenommen. Dennoch schließen 80% ihrer Kinder ein Gymnasium ab.[21] Studien aus anderen europäischen

Ländern bestätigen, dass es unter Muslimen eine große Gruppe gibt, deren Anliegen nicht unbedingt die Teilhabe an der Gesellschaft und die Bildung ihrer Kinder ist und die sich und ihre Kinder bewusst oder unbewusst segregieren.[22] Auf der anderen Seite finden wir eine große Anzahl gut integrierter Musliminnen und Muslime quer durch alle gesellschaftlichen Schichten, die zeigen, dass Integration und islamisches Religionsbekenntnis kein Gegensatzpaar sind. Umso drängender ist die Frage, warum den einen die Integration gelingt und den anderen nicht.

Zuwanderer aus den ländlichen, traditionellen und religiös-dogmatischen Milieus Anatoliens oder der arabischen Staaten sind häufig überkommenen Traditionen verhaftet, die mitunter mit einem islamischen Überlegenheitsgefühl und der Ablehnung der westlichen Gesellschaften einhergehen. Die Abgrenzung vom Rest der Gesellschaft wird damit argumentiert, dass die westliche Lebensweise mit dem Islam nicht vereinbar sei. Schulen mit 80% oder mehr Kindern aus bildungsfernen, konservativen Zuwandererfamilien tragen zur Zementierung dieser Einstellungen und damit des Problems bei. Gezielte Bildungsförderung der Kinder dieser Familien scheint hier einer der wichtigsten Schlüssel einer erfolgreichen Integrationspolitik zu sein. Politikerinnen und Politiker, die im September 2011 mit Jugendlichen aus Berliner „Problemschulen" diskutierten, an denen mehr als 80 Prozent der Schülerinnen und Schüler aus Einwandererfamilien stammen, zeigten sich überrascht über die Einschätzungen und Forderungen mancher Jugendlicher: Bessere Schülermischung mit Schülern deutscher Herkunft, Pflichtdeutschkurse für die Eltern, Kindergeldentzug bei Schwänzen und autoritärere Lehrer.[23]

Integration und Dialog

Alarmiert von den schlechten Ergebnissen versuchen staatliche Stellen in den letzten Jahren verstärkt, Integrationsprobleme mithilfe religiöser islamischer Verbände und Vereine zu lösen. Hier stellt sich zunächst die Frage, warum sich der Staat in weltlichen Belangen an religiöse Organisationen wendet.[24] Diese sind zweifelsohne die richtige Adresse, wenn es um Fragen geht, die die Religion betreffen, also etwa den Religionsunterricht, Regelungen zur Freistellung an hohen Feiertagen, Errichtung von Moscheen oder ähnlichem.[25] Durch die Praxis jedoch, religiöse Organisationen als Ansprechpartner für Fragen der Integrations-, Bildungs- und Sozialpolitik zu betrachten, werden Zuwanderer aus der Türkei oder arabischen Ländern auf ihre religiöse Zugehörigkeit reduziert und Organisationen aufgewertet, die, abgesehen davon, dass sie nur einen sehr kleinen Teil der hier lebenden Muslime vertreten, häufig den Schwerpunkt ihrer Arbeit im Erhalt einer orthodoxen islamischen Identität und der Abgrenzung von der westlichen Gesellschaft sehen.

Die *Islamische Glaubensgemeinschaft in Österreich* (IGGiÖ) etwa empfahl muslimischen Religionslehrern als Unterrichtsbehelf das Buch des Islamisten und Fernsehpredigers Yusuf al-Qaradawi *Erlaubtes und Verbotenes im Islam* und gab zu diesem Zweck eine deutsche Übersetzung mit einem Geleitwort versehen heraus. Al-Qaradawi ist ein berühmter und in konservativen Kreisen sehr geachteter Rechtsgelehrter. In Europa wurde er vor allem dadurch bekannt, dass er die Todesstrafe für den Abfall vom Islam, 100 Peitschenhiebe als Strafe für Homosexuelle, und Selbstmordattentate von Palästinensern befürwortet, den Holocaust für eine Strafe Gottes hält und Hitler für den Mann, dem es gelungen sei, die Juden zurechtzuweisen.[26] In seinem Buch, das er im Auftrag der Al-Azhar-Universität Kairo verfasste, erklärt er, warum muslimische Frauen keine nichtmuslimischen Männer heiraten dürfen, muslimische Männer jedoch nichtmuslimische Frauen. Er erläutert, dass Frauen ohne Zustimmung ihres Mannes nicht ausgehen und sich ihm sexuell nicht verweigern dürfen, und führt aus, in welchen Fällen und auf welche Weise der Mann seine Frau schlagen darf. Söhne werden aufgefordert, ihre Eltern um Erlaubnis zu fragen, wenn sie am Dschihad, der äußerst verdienstvoll sei, teilnehmen wollen.[27] Nach öffentlichen Protesten musste die IGGiÖ ihre Empfehlung für al-Qaradawis Buch nach 15 Jahren im Jahr 2005 endlich zurückziehen.[28] Verschiedene europäische Islamverbände und -vereine empfehlen das Buch weiterhin auf ihren Webseiten, etwa der *Zentralrat der Muslime in Deutschland*[29], das *Forum der Musliminnen in Tirol*[30] oder der deutsche Buchversand *muslimbuch.de*.[31] Der Vizepräsident der IGGiÖ, Nebi Uysal, ist ebenfalls Verfasser eines höchst umstrittenen, in Österreich jedoch noch immer verwendeten, islamischen Religionsbuchs, in dem das Märtyrertum heroisiert wird.[32]

In der *Deutschen Islamkonferenz*, deren Ziel laut Innenministerium darin besteht, „eine bessere religions- und gesellschaftspolitische Integration der muslimischen Bevölkerung und ein gutes Miteinander aller Menschen in Deutschland, gleich welchen Glaubens" zu erreichen[33], saßen Vertreter von Vereinen und Verbänden am Tisch des deutschen Bundesinnenministers, deren Nähe zu islamistischen Gruppen ebenso bekannt war, wie ihre orthodoxe Einstellung zu Religion und Gesellschaft: Der *Zentralrat der Muslime in Deutschland* und der *Islamrat für die Bundesrepublik Deutschland*, zwei der bekanntesten deutschen islamischen Dachverbände. 2010 sah sich das Innenministerium genötigt, letzteren von der weiteren Teilnahme auszuschließen, nachdem bekannt geworden war, dass gegen Mitglieder wegen Bildung einer kriminellen Vereinigung ermittelt wurde. Bei der Eröffnung der Islamkonferenz im Jahr 2006 war allerdings längst bekannt, dass die dem *Islamrat* angehörende Organisation *Millî Görüş* islamistische und antisemitische Einstellungen vertritt und Verbindungen zur islamistischen Szene hat.[34]

Zu dem in der *Islamkonferenz* verbliebenen *Zentralrat der Muslime in Deutschland* wiederum gehört unter anderem die *Islamische Gemeinschaft in Deutschland* (IGD), eine Organisation der Muslimbruderschaft. Der Verfassungsschutzbericht des Jahres 2010 fasst die Haltung der IGD wie folgt zusammen: „Die Organisation strebt zielgerichtet und beharrlich die Schaffung von gesellschaftlichen ‚Freiräumen' an, in denen säkulare gesellschaftliche Konventionen und westlich geprägte pluralistische Normen nicht gelten, sondern die von der Organisation praktizierten islamistischen Wertvorstellungen Anwendung finden sollen."[35] Wegen ihrer weit verzweigten Verbindungen in die islamistische Szene Deutschlands und dem Verdacht, islamistischen Terror im Nahen Osten finanziell zu unterstützen, steht sie unter Beobachtung.[36]

Auf der Webseite des *Zentralrates der Muslime in Deutschland* heißt es: „Der Islam erlaubt es den Ehepartnern nicht, sich ohne berechtigten Grund oder willkürlich zu verweigern", mit der einzigen Einschränkung, dass in Fällen psychischer oder physischer Beeinträchtigung Sex nicht erzwungen werden dürfe.[37] Hierbei handelt es sich bereits um eine revidierte Fassung, in der bis 2008 zu lesenden Version hieß es noch: „Der Islam erlaubt es der Frau nicht, sich ihrem Mann ohne berechtigten Grund (also willkürlich) sexuell zu verweigern."[38] Neben weiteren bedenklichen Aussagen tritt der *Zentralrat* offen für Segregation ein und stellt die Einhaltung der deutschen Gesetze unter den Vorbehalt der Kompatibilität mit dem Islam. In Deutschland lebende Muslime betrachtet der *Zentralrat* als Vertragspartner Deutschlands, weil sie durch ihren Aufenthalt in einem nichtmuslimischen Land einen Vertrag mit demselben abgeschlossen hätten[39] – eine Einstellung, die mit der vom modernen Citoyen wenig gemein hat. Es verwundert nicht, dass der *Zentralrat* analog dazu über Nichtmuslime in islamischen Ländern schreibt, diese hätten Anspruch auf den „Dhimmistatus" als Schutzbefohlene (→Toleranz).[40] Der *Zentralrat* kann, befangen in traditionellen Vorstellungen von der islamischen Umma, Menschen nicht als Individuen einer pluralistischen Gesellschaft wahrnehmen, sondern lediglich als Mitglieder religiöser Kollektive. Hinzu kommt, dass die im *Zentralrat* und im *Islamrat* vertretenen Organisationen sowohl ihre Mitgliederzahlen, als auch ihre Absichten nach außen hin zu verschleiern suchen, oft durch komplizierte Organisationsgeflechte, die das Nachverfolgen ihrer Tätigkeiten erschweren. Grundsätzlich ist zu beobachten, dass orthodoxe und islamistische Positionen solange verbreitet werden, bis öffentliche Kritik einen Rückzieher nötig macht. Im Bemühen, nach außen hin moderat zu erscheinen, kultivieren diese Organisationen einen doppelbödigen Diskurs.

Abgesehen davon, dass suspekte und unter Beobachtung des Verfassungsschutz stehende Organisationen bis zur Klärung der gegen sie erhobenen Vorwürfe nicht als Gesprächspartner in einer staatlich organisierten Dialogrunde sitzen sollten, stellt sich die Frage, was Politiker und Politikerinnen sich in Sachen Integration von religiösen Organisationen erwarten, die gegenüber ihren Mitgliedern offen für Segregation eintreten und auf einer Sonderrolle für Muslime als Kollektiv bestehen. Durch die Einladung zur *Deutschen Islamkonferenz* wertet die Bundesregierung ausgerechnet orthodoxe und islamistische Organisationen in der Öffentlichkeit auf und hilft diesen Verbänden, sich als Vertreter aller Muslime in Deutschland zu präsentieren. Die Erfahrungen in Großbritannien zeigen, dass eine solche Vorgehensweise dazu beiträgt, bisher unabhängige Muslime in die Arme dieser Gruppen zu treiben, die nun bei jeder Gelegenheit mit ihren Verbindungen in die hohe Politik und ihrem Einfluss werben können.

Begreift man Integration als volle Teilhabe jedes Einzelnen an der Gesellschaft, so ergibt es keinen Sinn, mit Organisationen in Dialog zu treten, die auf ethnischer oder religiöser Identität beharren und sich als Gruppen in die Gesellschaft stellen wollen, denn dadurch wird einzig der Minderheitenstatus verfestigt. Es sind nicht Gruppen oder Religionen, sondern einzelne Menschen – ob religiös oder nicht –,die sich in die Gesellschaft integrieren.

Ghettobildung

Stadtteile, in denen sich Einwanderer aus ein und demselben Herkunftsland konzentrieren, verändern sich durch die Etablierung einer spezifischen Infrastruktur und bekommen oft ein vollkommen neues Gesicht: Geschäfte, die Einwanderer mit Waren aus der alten Heimat versorgen, religiöse Zentren und Kulturvereine entstehen. Die Großstädte der USA sind ein Beispiel für Veränderungen, die große Einwanderungsbewegungen mit sich bringen. Die meisten Einwanderer in der Geschichte New Yorks etwa strandeten in der Lower East Side Manhattans, deren Charakter und äußeres Erscheinungsbild sich mit jeder Einwanderungsgruppe aufs Neue veränderte. Nach den holländischen Gründern und den Briten kamen in den 1820er Jahren die Iren, wenige Jahrzehnte später viele Deutsche, die nach 1848 ihre Heimat verlassen hatten. Kurzfristig hieß ein Teil der Lower East Side „Little Germany", während ein anderer Teil zu „Little Italy" wurde und ab der Wende zum 20. Jahrhundert „Chinatown" entstand. Ab den 1880er Jahren kamen in mehreren Wellen verfolgte Juden aus Osteuropa. Nach einer Phase der Akklimatisierung beschritten die meisten von hier aus den Weg in die amerikanische Gesellschaft. Little Italy ist heute ein auf wenige Straßen begrenztes und längst nicht mehr ethnisch geschlossenes Wohngebiet, das in erster Linie touristische Erwartungen bedient. Chinatown hingegen wächst durch die anhaltende Zuwanderung aus ostasiatischen Ländern nach wie vor.

Nicht nur die Zuwanderer, sondern auch die Alteingesessenen sind mit Veränderungen konfrontiert, insbesondere diejenigen, die in Stadtteilen mit großem Zuzug leben. Ihre Welt verändert sich oft rasant: Die ehemalige Bäckerei weicht einem türkischen Reisebüro, das alte Café einer Teestube für Männer. Menschen verlieren durch die Veränderung der Infrastruktur etwas von dem, was ihnen ihr Zuhause war. Die damit verbundenen Verlustängste und Frustrationen sind noch kein Zeichen von Rassismus. Hinzu kommen in den letzten Jahren spezifische kulturelle Probleme: Der Neuköllner Bürgermeister Heinz Buschkowsky schätzt, dass sich 20-30% der muslimischen Bevölkerung seines Stadtteils „in Distanz zu Demokratie und Toleranz befinden" und ein fundamentalistisches religiöses Gedankengut pflegen, in dem westliche Lebensart als *Haram*, und somit als Sünde gilt.[41] Wer Nachbarn und Passanten als „Scheiß Deutsche" beschimpft, ist letztlich „ähnlich gestrickt wie ein Angreifer, der ‚Scheiß Kanaken' brüllt."[42]

Immer mehr Alteingesessene ziehen weg, zurück bleiben jene, die sich eine Veränderung nicht leisten können oder diese aus Altersgründen nicht mehr in Betracht ziehen. Auch zahlreiche, vor allem bildungsorientierte Zuwandererfamilien, beziehungsweise deren erwachsene Kinder, verlassen diese Viertel in Richtung attraktiverer Wohngegenden. Politik und Medien haben die Probleme, die die freiwillige oder unfreiwillige Konzentration von Zuwanderern auf wenige Stadtteile mit sich gebracht haben, lange Zeit nicht wahrgenommen. Der oft erteilte Ratschlag, die Veränderungen doch bitte als Bereicherung zu betrachten, ist geradezu zynisch, insbesondere vor dem Hintergrund, dass diejenigen, die ihn im Munde führen, in der Regel nicht in den betroffenen Stadtteilen leben – und das nicht ohne Grund. Diese Viertel zeichnen sich gerade nicht durch Vielfalt und hohe Lebensqualität aus, sie gehörten schon vor der Zuwanderung zu den sozial schwachen. Daniel Cohn-Bendit und Thomas Schmid schrieben in ihrem Buch *Heimat Babylon* bereits Anfang der 1990er Jahre: „Der fortschrittliche Lehrer aus Berlin-Zehlendorf oder aus dem Frankfurter Westend hat es sehr viel leichter, der multikulturellen Gesellschaft etwas abzugewinnen. Auch deswegen, weil sie ihm nicht auf den Leib rückt. [...] Er hat die Wahlfreiheit, die der Deklassierte nicht hat."[43] Viele derjenigen, die Hinweise auf Missstände als übertrieben, wenn nicht ausländerfeindlich abtun, schrecken vor den Konsequenzen ihrer Postulate in dem Moment zurück, in dem sie unmittelbar selbst betroffen sind. Auch im noch vergleichsweise bunt gemischten Berlin-Kreuzberg versuchen immer mehr bildungsinteressierte und besser situierte Familien, unter ihnen auch Migranten beziehungsweise deren Nachkommen, ihre Kinder an „sozial ausgewogenen Schulen" (so die Bezeichnung) unterzubringen, statt in den „Problemschulen" ihres Viertels – auch diejenigen, die vor der Schulpflicht ihrer Kinder noch kritiklos für Multikulti eingetreten sind. So planten der Journalist und taz-Mitbegründer Max Thomas Mehr und andere Mütter und Väter die Gründung einer Privatschule, um ihren Kindern den Besuch einer Kreuzberger Schule mit einem türkischen und arabischen Schüleranteil zwischen sechzig und hundert Prozent zu ersparen. Die Eltern fürchteten zu Recht um die Chancen ihrer Kinder, denn die genannten Schulen gelten, so Bildungsstadträtin Monika Herrmann, als „nicht mehr konkurrenzfähig". Außerdem hätten Eltern, so die Rektorin einer Grundschule, „Angst, dass ihre Kinder von arabischen und türkischen Kindern gemobbt werden." Die Kreuzberger Mittelschicht nähme einiges in Kauf, aber nicht mehr alles.[44]

Es liegt in der Natur der Sache, dass die verfehlte Integrationspolitik auf dem Rücken sozial schwacher Bevölkerungsschichten ausgetragen wird, denen die Möglichkeiten der Mittelschicht nicht offen stehen.[45] In ihren Stadtteilen und Schulen kumulieren die Probleme. Auch die Differenzen zwischen den Kulturen sind hier am größten. Diejenigen Menschen türkischer oder arabischer Herkunft, die in bürgerliche oder alternative Bezirke ziehen (wie etwa nach Berlin Mitte oder Teile des Prenzlauer Bergs), gehören meist, ebenso wie die übrige Bevölkerung dieser Bezirke, der Bildungsschicht an. Sie teilen Geschmack und Interessen, wollen gute Schulen für ihre Kinder und eine bunte Infrastruktur. Die Mehrheit der Zuwanderer, die aus traditionellen, meist ländlichen Strukturen kommt, lebt hingegen in den sozial schwachen Stadtvierteln und trifft hier auf Einheimische der städtischen Unterschicht, mit denen sie wenig gemein hat.

All diesen Menschen hilft es nicht, wenn ihnen von Politik und Medien vorgeschrieben wird, wie sie ihre Wirklichkeit wahrzunehmen haben und „in welchen Begriffen und Formulierungen darüber zu kommunizieren ist".[46] Solcherart Belehrungen, das Kontrastieren der Probleme mit Beispielen gelungener Integration, die tabuisierende Sprache, in der Begriffe wie „Deutschenfeindlichkeit" verpönt sind und erhöhte Gewaltbereitschaft nicht in Zusammenhang mit jungen Männern aus türkischen oder arabischen Familien gebracht werden darf, wird nicht dazu beitragen, dass Menschen, die in ihren Wohnvierteln ganz andere Erfahrungen machen, sich von der Politik ernstgenommen fühlen. Im Gegenteil besteht die Gefahr, durch Ignoranz und Schönrednerei Teile der Bevölkerung in Richtung rechtspopulistischer Parteien und Gruppen zu treiben, zu deren Anliegen nicht Integration gehört, sondern die Diskreditierung von Zuwanderern und eine Stimmenmaximierung durch Angstpropaganda. Deutschland zeigt sich im Vergleich zu anderen europäischen Ländern bislang einigermaßen resistent, aber wenn die Politik die alltäglichen Probleme, die sich aus dem multikulturellen Zusammenleben ergeben, nicht zur Kenntnis nimmt, sind Abstimmungsergebnisse wie jenes zum Minarettverbot in der Schweiz oder Wahlerfolge der FPÖ in Österreich vorprogrammiert.

Integrationsbemühungen sollten auf die Aufhebung religiöser und ethnischer Schranken zielen. Ethnisch und religiös differenzierte Gesellschaften sind in der Regel auch sozial nach diesen Kriterien geschichtet[47] und weisen zudem ein deutlich höheres Gewaltpotential auf als Gesellschaften, die durch einen gemeinsamen Wertekonsens über alle religiösen und ethnischen Identitäten hinweg miteinander verbunden sind.[48]

Literatur

Stefan LUFT, *Abschied von Multikulti. Wege aus der Integrationskrise*, Gräfelfing 2006.

Heiner BIELEFELDT, *Menschenrechte in der Einwanderungsgesellschaft. Plädoyer für einen aufgeklärten Multikulturalismus*, Bielefeld 2007.

Daniel COHN-BENDIT, Thomas SCHMID, *Heimat Babylon. Das Wagnis der multikulturellen Demokratie*, Hamburg 1993.

Melda AKBAŞ, *So wie ich will. Mein Leben zwischen Moschee und Minirock*, München ³2010.

Religionsfreiheit

Religionsfreiheit gerät in Europa von zwei Seiten unter Druck. Zum einen durch jene, die sie, unter Verweis auf die Intoleranz islamischer Staaten gegenüber Andersgläubigen, auch für Muslime in Europa einschränken wollen, zum anderen durch jene islamischen Kreise, die versuchen, das Recht auf Religionsfreiheit zu einem Schutzrecht für Religionen umzudeuten.

Menschenrechte hängen nicht von ihrer wechselseitigen Gewährleistung durch Staaten ab, sie gelten voraussetzungslos für alle Menschen, unabhängig von Herkunft, Rasse, Geschlecht, sexueller oder religiöser Orientierung. Das Argumentieren mit mangelnder oder fehlender Religionsfreiheit in den Herkunftsländern muslimischer Einwanderer richtet sich letztlich gegen das Fundament der Menschenrechte selbst. Durch die Religionsfreiheit geschützt, können Muslime die gleichen Rechte in Anspruch nehmen wie alle anderen Menschen auch, eingeschlossen den Bau von Gotteshäusern und ähnlichen Einrichtungen, solange dabei nicht gegen bestehendes Recht verstoßen wird. Etwaige Bauverbote von Moscheen in Europa mit Bauverboten von Kirchen in islamischen Staaten begründen zu wollen, hieße, den hier lebenden Muslimen die Verantwortung für das Handeln islamischer Staaten zuzuschieben und sie in Geiselhaft zu nehmen. Derartige Forderungen polarisieren durch die Konstruktion zweier Blöcke und stellen europäische Muslime gegen die westliche Gesellschaft. Ein solches „Prinzip der Gegenseitigkeit" würde zudem in seiner Konsequenz zu einer Nivellierung menschenrechtlicher Standards nach unten führen, bis hin zur Menschenrechtssituation derjenigen Länder, die sie am wenigsten gewähren.[1]

Norwegen etwa unterscheidet deutlich zwischen den Rechten der in Norwegen lebenden Muslime und dem Recht anderer Staaten, religiöse Einrichtungen in Norwegen zu errichten. Die Auslandsfinanzierungen von Glaubensgemeinschaften ist genehmigungspflichtig, was auch eine genaue Überprüfung der Finanzierung von Bauvorhaben ermöglicht. Zwei von Saudi-Arabien finanzierte Moscheebauten wurden bereits untersagt. Dieses Verbot ist keine Bestrafung der norwegischen Muslime dafür, dass in Saudi-Arabien keine Religionsfreiheit herrscht. Die beiden Moscheen können jederzeit gebaut werden, solange sie nicht von Saudi-Arabien finanziert werden. Der Angelpunkt der Argumentation ist hier nicht die Religionsfreiheit, sondern vielmehr die rechtlichen Standards auf der Ebene zwischenstaatlicher Beziehungen. Nachdem der saudische Staat keinem anderen Staat erlaubt, religiöse Einrichtungen auf seinem Hoheitsgebiet zu errichten, verbietet Norwegen dem saudischen Staat die Errichtung selbiger in Norwegen.

In diesen Zusammenhang spielt natürlich auch die Tatsache eine Rolle, dass Saudi-Arabien den Bau von Moscheen und anderen religiösen Einrichtungen weltweit zur Propaganda für die eigene, extrem fundamentalistische, salafistische Richtung des Islam nutzt. Bei derartigen Bauprojekten handelt es sich mithin um den Versuch saudischer staatlicher Einflussnahme auf muslimische Bürgerinnen und Bürger anderer Staaten. Der norwegische Weg könnte für andere demokratische Länder beispielgebend sein und neben Saudi-Arabien auch die Türkei einschließen. Beide Länder betreiben Religionspolitik über ihre Landesgrenzen hinaus, auch wenn sich die Inhalte deutlich unterscheiden. Über die oberste Religionsbehörde (das Amt für religiöse Angelegenheiten *Diyanet*) finanziert und betreibt die Türkei Moscheen in ganz Europa. In Deutschland ist sie unter dem Namen DITIB (Diyanet İşleri Türk İslam Birliği/ Türkisch-Islamische Union der Anstalt für Religion e.V.) aktiv. Ihr gehören Moscheen in fast allen größeren deutschen Städten, nach eigenen Angaben insgesamt 896. In Österreich tritt sie unter der Bezeichnung ATIB (Avusturya Türkiye İslam Birliği/ Türkisch-islamische Union für kulturelle und soziale Zusammenarbeit in Österreich) auf. Der türkische Staat betreibt hier eine Politik, die nicht auf Gegenseitigkeit beruht, denn der Bau christlicher oder anderer religiöser Einrichtungen ist in der Türkei nur eingeschränkt möglich. Christliche Priester müssen, sofern sie keinen Diplomatenstatus besitzen, eine Ausbildung an türkisch-staatlichen, islamisch-theologischen Fakultäten nachweisen und die türkische Staatsbürgerschaft besitzen,[2] während die Türkei über ihre oberste Religionsbehörde Hodschas (Religionslehrer und Vorbeter in der Moschee) und andere Angestellte in andere Länder entsendet und als türkische Beamte bezahlt. Allein in Deutschland sind es etwa 3.000. Die Haltung der türkischen Religionsbehörde *Diyanet* ist von konservativen Islamvorstellungen geprägt und wirkt sich auf ihre Vertretungen in europäischen Ländern aus. In Anlehnung an die Position des türkischen Ministerpräsidenten Erdoğan – „Unsere Religion ist ohne Fehler"[3] – weicht die DITIB jeder Kritik aus und wendet sich gegen aufgeschlossene europäische Islamvorstellungen und Reformen. Ali Bardakoğlu, der bis 2010 Vorsitzender von *Diyanet* war, antwortete auf die Frage, ob er sich als Reformer bezeichne: „Ich habe niemals für die Modernisierung der Religion gesprochen. [...] der Islam erlaubt keine Reform und ist für Reformen nicht offen." [4]

Die fragwürdige Einflussnahme der *Diyanet* auf türkischstämmige Muslime außerhalb der Türkei ist ein Relikt aus der „Gastarbeiterzeit". Die türkischen Arbeitsmigranten wurden als nur vorübergehend in Deutschland lebende Menschen betrachtet, für die sich der deutsche Staat nicht zuständig fühlte und deren Betreuung man gerne dem türkischen überließ. Diese Annahme erwies sich jedoch als falsch, denn viele der angeworbenen Arbeiterinnen und Arbeiter blieben, gründeten Familien oder holten ihre Familien nach. Oft nahmen sie selbst oder ihre in Deutschland geborenen Kinder und Enkel die deutsche Staatsbürgerschaft an, oder betrachteten zumindest Deutschland als ihren Lebensmittelpunkt. Es gibt also keinen Grund, sie in irgendwelchen Belangen der Zuständigkeit einer ausländischen Behörde zu überlassen. Zudem versucht die Türkei über im Ausland lebende Menschen türkischer Herkunft Außenpolitik zu betreiben und beabsichtigt zu diesem Zweck eine neue Behörde, *Yurtdisi Türkler Baskanligi* (Präsidium der Auslandstürken), zu gründen. Unter Auslandstürken versteht die Regierungspartei AKP *alle* türkischstämmigen Menschen weltweit, unabhängig von ihrer Staatsbürgerschaft. „Geschichte und Schicksal mögen uns in unterschiedliche Länder versetzt haben, aber unsere Herzen schlagen zusammen", so der türkische Regierungschef Erdoğan. Der stellvertretende Vorsitzende der Alevitischen Gemeinde Deutschlands, Ali Ertan Toprak, bemerkte zu diesem Vorhaben: „Sie wollen, dass wir uns in Europa integrieren, aber nur mit dem Ziel, türkische Interessen zu vertreten."[5]

Auf europäischer Seite besteht hier dringender Handlungsbedarf, das Recht der freien Religionsausübung, inklusive dem Bau entsprechender Infrastruktur, sollte getrennt werden von der Einflussnahme islamischer Länder auf die in Europa lebenden Muslime.

Religionsfreiheit ist kein Religionsschutz

Seit einigen Jahren mehren sich die Versuche islamischer Organisationen, Religionsfreiheit zu einem Schutzrecht für Religionen umzudeuten. Diese Bestrebungen zielen auf die Substanz der Menschenrechte. Immer, wenn der Islam zum Gegenstand von Kritik oder Satire wird, erheben verschiedenste Gruppen die Forderung nach Abstellung und Verbot und argumentieren mit dem Recht auf Religionsfreiheit. Auf internationaler Ebene verfolgen die OIC (*Organisation der Islamischen Konferenz*) und die *Arabische Liga* diese Argumentationslinie.

Die Vorstellung, Religionen unter Schutzrechte zu stellen, steht der Auffassung allgemeiner Menschenrechte diametral entgegen, denn Menschenrechte schützen ihrer Definition nach weder Institutionen noch Ideen, sondern ausschließlich die Freiheiten des einzelnen Menschen. Das Recht auf Religionsfreiheit ist ein Individualrecht, es garantiert jedem Menschen, eine Religion oder Weltanschauung seiner Wahl anzunehmen und diese auszuüben, die Religion zu wechseln oder auch keiner Religion anzuhängen. Letzteres wird als negative Religionsfreiheit bezeichnet, sie ergibt sich folgerichtig daraus, dass niemand zu einem Glauben gezwungen werden darf.[6]

In Artikel 9 der *Europäischen Menschenrechtskonvention*, der sich fast wörtlich mit Artikel 18 der *Allgemeinen Erklärung der Menschenrechte* deckt, heißt es:

(1) Jede Person hat das Recht auf Gedanken-, Gewissens- und Religionsfreiheit; dieses Recht umfasst die Freiheit, seine Religion oder Weltanschauung zu wechseln, und die Freiheit, seine Religion oder Weltanschauung einzeln oder gemeinsam mit anderen öffentlich oder privat durch Gottesdienst, Unterricht oder Praktizieren von Bräuchen und Riten zu bekennen.

Die Forderung nach individuellen Rechten stand am Beginn der Idee der (→)Menschenrechte.[7] In der Geschichte der islamischen Welt, in der sich eine Philosophie, die das Recht des Einzelnen in den Mittelpunkt stellt, nicht entwickelt hat, wurde Religionsfreiheit stets als Kollektivrecht begriffen, ein Verständnis, an dem sich bis heute nicht viel geändert hat und das in Europa mit modernen Vorstellungen von individualrechtlicher Religionsfreiheit in Konflikt gerät, etwa, wenn einem Glaubenswechsel oder –austritt mit Ablehnung oder Schlimmerem begegnet wird. Ein Glaubenswechsel war und ist in den meisten islamischen Ländern nur zum Islam hin möglich. Dahinter steht ein Menschenbild, das den Einzelnen nur als Teil des jeweiligen Kollektivs, des Stammes, der Familie oder der Glaubensgemeinschaft anerkennt und in erster Linie Kollektivrechte begründen will (an denen der Einzelne partizipiert). Auch die mitunter beschworene (→)Toleranz vergangener islamischer Reiche war nichts anderes als die rechtliche Billigung beziehungsweise Duldung nichtislamischer religiöser *Gemeinschaften*. Diese bekamen als Glaubensgemeinschaften bestimmte Rechte zugesprochen, nicht aber ihre einzelnen Mitglieder. Eine moderne, individualistische Sicht hingegen nimmt das Kollektiv, in diesem Fall die Glaubensgemeinschaft, nur vermittelt über die Rechte der Individuen wahr.[8] Erst aus deren Rechten auf Glaubens- und Gewissensfreiheit und der ihnen garantierten Ausübung des Glaubens in Gemeinschaft, ergeben sich die Rechte dieser Gemeinschaft. Individuen schließen sich nach dieser Vorstellung freiwillig zu Gemeinschaften (hierzu zählen neben Glaubensgemeinschaften auch Vereine und politische Parteien) zusammen und können diese auch jederzeit wieder verlassen, wenn sie mit den gemeinschaftlichen Grundsätzen nicht mehr übereinstimmen.

Der Schutz von Glaubens- und Gewissensfreiheit ist bei genauer Betrachtung das Gegenteil eines Religionsschutzes. „Die Gedanken-, Gewissens- und Religionsfreiheit [...] schützt auch die Freiheit, keine Religion zu haben, vom Glauben abzufallen, Religionen überhaupt abzulehnen: Die Freiheit von Religion. Sie schützt religiöse und antireligiöse Weltanschauungen in gleichem Maß. Daher schützt sie auch die Freiheit, Religionen zu kritisieren, sich darüber lustig zu machen, sie zu karikieren."[9] Atheisten oder Agnostiker haben dasselbe Recht, für ihre Auffassungen zu werben, wie Anhänger einer Religion. Wenn ein Atheist auf einen Muslim trifft, wird er möglicherweise behaupten, dass Mohammed kein Prophet gewesen sein kann, denn für denjenigen, der an keinen Gott glaubt, gibt es auch keinen Propheten Gottes. Diese Ansicht ist auch dann keine Beleidigung des Islam, wenn sich einzelne Muslime davon beleidigt *fühlen*. Genauso wenig kann es als Beleidigung des Christentums oder der Christen gewertet werden, wenn ein Muslim seinen Glaubensstandpunkt vertritt, nach dem Jesus nicht der Sohn Gottes, sondern nur ein „gewöhnlicher" Prophet gewesen und weder gekreuzigt worden noch auferstanden sei. Wer sich von der Religionskritik eines Anderen beleidigt fühlt, fühlt sich letztlich von der Existenz dieses Anderen beleidigt.

Keine Religion oder Weltanschauung kann einen größeren Anspruch auf Gültigkeit erheben als jede andere. Durch den Wahrheitsanspruch, der jeder Offenbarungsreligion anhaftet[10], kann der Inhalt der einen Religion bereits als Infragestellung oder, subjektiv gedeutet, als Beleidigung der anderen erscheinen. Ein besonderer Schutz von Religionen, wie ihn die OIC fordert, würde die negative Religionsfreiheit vereiteln, weil Atheisten oder Agnostiker ihren Standpunkt nicht mehr öffentlich vertreten oder für ihn werben könnten, ohne sich der Gefahr auszusetzen, straffällig zu werden.

Den „mutigen Geistern der Aufklärung" verdanken wir sowohl die Freiheit der Religionsausübung, als auch die Möglichkeit des Freiseins von Religion.[11] Mit diesem Umstand haben viele islamische Verbände und Vereine nach wie vor große Schwierigkeiten, denn nach weitverbreiteter islamischer Vorstellung ist Apostasie (der Abfall vom Glauben) ein schweres Vergehen gegen Gott, für das die (→)Scharia die Todesstrafe vorsieht, die in einigen islamischen Staaten auch praktiziert wird. Vor diesem Hintergrund sind auch das Unverständnis und die Empörung vieler Muslime zu verstehen, mit denen sie auf die Gründung eines *Zentralrats der Ex-Muslime* in verschiedenen europäischen Ländern reagiert haben. Bislang hat sich noch kein Vertreter der großen Islamverbände gefunden, der die *Ex-Muslime*, die zum Teil Morddrohungen erhalten, mit dem Recht auf Religionsaustritt verteidigt hätte.[12]

Das Recht auf Religionsfreiheit ist kein isoliertes Recht, es steht vielmehr im Kontext der allgemeinen Menschenrechte und stellt nur eines einer ganzen Reihe von Schutzrechten dar. Die Verfassungsväter und -mütter des deutschen Grundgesetzes haben, aufgrund der historischen Erfahrungen, den Artikel 4 zur Religionsfreiheit nicht unter Gesetzesvorbehalt gestellt, wie das bei anderen Menschenrechten der Fall ist.[13] So wird etwa das Grundrecht der Meinungsfreiheit durch die Bestimmungen zum Schutz der Jugend eingeschränkt, die unter anderem verbieten, dass pornographische oder explizit gewalttätige Inhalte Kindern und Jugendlichen zugänglich gemacht werden. Das Fehlen eines Gesetzesvorbehaltes bedeutet aber keinesfalls, dass Religionsfreiheit schrankenlos ist. Sie darf im Namen der sogenannten praktischen Konkordanz eingeschränkt werden – also immer dann, wenn andere Verfassungsgüter in Widerspruch zur Religionsfreiheit geraten, wobei ein möglichst schonender und angemessener Ausgleich der betroffenen Rechtspositionen zu suchen ist.[14] Sie findet ihre Grenzen dort, wo sie mit konkurrierenden Menschenrechten anderer, etwa der Meinungsfreiheit oder dem Grundsatz der Gleichberechtigung der Geschlechter, in Konflikt gerät. Wie Udo di Fabio, Richter des Bundesverfassungsgerichts, anmerkt, ist das Grundrecht auf Religionsfreiheit „kein Grundrecht de luxe. Es kann nicht andere Freiheiten zur Seite drängen."[15]

Die *Islamische Glaubensgemeinschaft in Österreich* vertritt die Meinung, dass ein Verbot der Burka, wie es einige europäische Länder bereits beschlossen haben, gegen die Religionsfreiheit verstoße.[16] Diese Argumentation ist nur in Bezug auf diejenigen Frauen richtig, die freiwillig eine Burka tragen möchten. Alle Frauen und Mädchen jedoch, die von Vätern, Brüdern oder Ehemännern zum Tragen einer Vollverschleierung gezwungen werden, werden durch dieses Gesetz vor Zwang und damit in ihrer Würde geschützt (Artikel 1 Allgemeine Erklärung der Menschenrechte), sowie in ihrem Recht auf Gleichbehandlung (Art. 2), in ihrem Recht auf Freiheit (Art. 3), in ihrem Recht auf Schutz vor erniedrigender Behandlung (Art. 5) – und nicht zuletzt in ihrem Recht auf Religionsfreiheit (Art. 18), das auch den Schutz impliziert, nicht zu religiösen Praktiken gezwungen zu werden. Allerdings haben wir es gerade bei diesem Beispiel mit einer sehr komplizierten Materie zu tun, ist doch der Nachweis von Zwang oder Freiwilligkeit nicht einfach zu erbringen. Naturgemäß werden diejenigen, die sich freiwillig einem religiösen Brauch anschließen, eher öffentlich dazu Stellung nehmen und mit dem Recht auf Religionsfreiheit argumentieren, als diejenigen, die dazu gezwungen werden und in der Regel keine Möglichkeit haben, sich öffentlich zu äußern (→Kopftuch).

Im Hinblick auf das Zusammenspiel von Religionsfreiheit mit anderen Menschenrechten und Grundrechten sind auch die bereits bestehenden Sonderrechte oder Sonderregelungen für Glaubensgemeinschaften eine mitunter heikle Angelegenheit. Das rituelle Schächten beispielsweise widerspricht dem Tierschutzgesetz, nach welchem das Töten unbetäubter Tiere verboten ist. Aus Rücksicht auf die Bedürfnisse religiöser Juden und Muslime, aber auch auf die Jagd, wurde die grundsätzliche Möglichkeit von Ausnahmegenehmigungen in das Tierschutzgesetz als Zusatz aufgenommen. In Deutschland kollidiert das rituelle Schächten darüber hinaus auch mit dem Grundgesetz, das seit 2002 den Tierschutz in § 20 a zum Staatsziel erklärt hat. Dass sich die Gesetzgeber der Problematik einer Ausnahme vom Gesetz durchaus bewusst sind, zeigt sich unter anderem in Österreich, wo mittels Festlegung einer komplizierten Schlachtvariante versucht wurde, einen Kompromiss zwischen Tierschutz und Religionsfreiheit zu schaffen: Die Schlachttiere müssen *unmittelbar nach* dem Schächtschnitt betäubt werden. In Schweden, Island und Liechtenstein ist Schächten generell verboten, in der Schweiz ist das Schächten von Säugetieren verboten, das von Geflügel erlaubt. Inzwischen gibt es in Israel und in der Türkei Initiativen zur Einführung einer Betäubung vor dem Schächten. Ein EU-weites Projekt arbeitet unter Einbeziehung beider Länder seit einigen Jahren an einer einvernehmlichen, verfassungskonformen europäischen Regelung, die bis 2013 in Kraft treten soll.[17]

Ein weiteres Beispiel von Sonderregelungen stellt die rituelle Beschneidung von männlichen Kindern dar. Vom juristischen Standpunkt aus betrachtet liegt hier eine Körperverletzung vor, da bei einem Baby oder kleinen Jungen ohne medizinische oder psychische (wie sie zum Beispiel bei abstehenden Ohren gegeben ist) Indikation ein irreversibler körperlicher Eingriff vorgenommen wird. Auch die Zustimmung der Eltern zu diesem Eingriff ändert an dieser Betrachtungsweise nichts. Da der Eingriff nicht zum medizinischen Wohl des Kindes erfolgt, haben die Eltern juristisch gesehen keine Befugnis, in das Rechtsgut der körperlichen Integrität des Kindes einzugreifen. Die Praxis der Beschneidung lässt sich auch nicht mit der Religionsfreiheit begründen, denn das Kind ist aufgrund seines Alters (8 Tage alt im Judentum, in der Regel 7-12 Jahre alt im Islam) einwilligungsunfähig und kann somit seine Religionsfreiheit nicht in Anspruch nehmen. Eine freiwillige Beschneidung könnte erst mit Erlangen der Volljährigkeit beziehungsweise einem vom Gesetzgeber festgelegten Mündigkeitsalter erfolgen. Vor Erreichen dieses Alters handelt es sich, juristisch gesehen, um einen Verstoß gegen das Grundrecht auf körperliche Unversehrtheit und gegen das Recht auf Religionsfreiheit, welches davor schützt, zu einer religiösen Handlung gezwungen zu werden. Mit dem Recht auf Religionsfreiheit der Eltern kann nicht argumentiert werden, denn schließlich sollen nicht sie beschnitten werden.[18] In Deutschland ist man sich der Problematik seit einigen Jahren bewusst. Ärzte hatten darauf hingewiesen, dass es rechtswidrig sein könne, Beschneidungen aus religiösen Gründen bei Kindern vorzunehmen. Der Präsident der Deutschen Gesellschaft für Kinderchirurgie, Ulrich Hofmann, rät Ärzten, eine Beschneidung nicht als Wahleingriff, sondern nur nach medizinischer Indikation anzubieten.[19] Bisher besteht der Umgang mit dieser Rechtsunsicherheit darin, sie zu ignorieren. Schweden ist das einzige Land Europas, das eine juristisch eindeutige, wenn auch fragwürdige Entscheidung gefällt hat, nach der die rituelle Beschneidung für Jungen bis zum 2. Monat erlaubt und danach verboten ist. Man mag von diesen komplexen juristischen Überlegungen halten, was man will, die Einführung von Sonderrechten für bestimmte Gruppen einer Gesellschaft bleibt, unabhängig von ihrer Begründung, immer ein Problem, weil sie letztlich die Interessen des Individuums anderen Interessen unterordnet.

Den Forderungen islamischer Organisationen nachzugeben, die das Recht auf Religionsfreiheit von der individualrechtlichen Gewährung auf die Ebene eines kollektiven Schutzrechts transformieren wollen, würde zur Aushöhlung der Menschenrechte führen.

Die in demokratischen Staaten teilweise noch vorhandenen *Blasphemiegesetze* sind ein Relikt aus einer Zeit, in der einer religiösen Weltanschauung der Vorzug vor anderen eingeräumt wurde. Es wäre daher im Sinne der Menschenrechte wünschenswert, sie zu überdenken. In Deutschland wurde der Blasphemieparagraph (§ 166 StGB) 1969 dahingehend reformiert, dass Gott kein Schutzobjekt mehr darstellt. Seither wird nur noch die Störung des öffentlichen Friedens durch Beschimpfung einer religiösen Lehre oder ihrer Einrichtungen als Blasphemie unter Strafe gestellt. Nach dem Blasphemie-Paragraphen wurden im Jahr 2004 in Deutschland 15 Menschen verurteilt.[20] Wie schwammig die Auslegung des Begriffs „Störung des öffentlichen Friedens" sein kann, zeigt sich unter anderem am Verbot des Musicals *Das Maria-Syndrom* von Michael Schmidt-Salomon 1994 in Deutschland. Das Musical war als Hommage an Frank Zappa gedacht. In der inkriminierten Stelle wird die Jungfrau Maria von einer verschmutzten Klobrille befruchtet. Auf Antrag des Bistums Trier untersagte das Ordnungsamt die Uraufführung und bekam durch alle Instanzen Recht. Dieses Urteil ist nicht zuletzt deshalb bedenklich, weil das Bundesverwaltungsgericht als Letztinstanz nicht ausgeführt und begründet hat, worin hier die „Störung des öffentlichen Friedens" liegen soll. Der öffentliche Frieden wird allgemein juristisch als gestört betrachtet, wenn eine öffentliche Handlung oder Äußerung dazu geeignet ist, Menschen zu ängstigen oder zum Schaden anderer aufzuwiegeln und damit zu Straftaten aufzurufen. Angesichts der „Empfängnisszene" vor einem Theaterpublikum ist nicht davon auszugehen, dass dieses im Anschluss an die Aufführung antichristliche Parolen skandierend durch die Straßen zieht und Jagd auf Christen macht.[21] Allein die Tatsache der Existenz von Blasphemiegesetzen ist ein Bekenntnis zu einem besonderen Schutz von religiösen Weltanschauungen gegenüber nichtreligiösen und führt – obwohl beide durch das Recht auf Religionsfreiheit geschützt sind – zu einer eindeutigen Benachteiligung nichtreligiöser Weltanschauungen, denn deren Vertreterinnen und Vertretern ist es nicht möglich, wegen Blasphemie zu klagen. Ihre Abschaffung wäre demgemäß ein Votum für einen religions- und weltanschauungsneutralen Staat.

Die dänischen Karikaturen, das Plakat der Künstlergruppe *Surrend* oder jede andere Kritik, Verspottung, ja selbst die Beleidigung irgendeines Glaubens, stellt das Prinzip der Religionsfreiheit nicht in Frage. Kein Gläubiger wird durch eine Karikatur an der Ausübung seines Glaubens behindert. Heiner Bielefeldt, Professor am Lehrstuhl für Menschenrechte und Menschenrechtspolitik in Erlangen-Nürnberg, fasst Religions- und Meinungsfreiheit unter dem Oberbegriff der „geistigen Freiheitsrechte" zusammen, welche die verschiedenen Aspekte der Freiheit des Individuums darstellen, sich selbst und seinen Gedanken, Meinungen und Einstellungen Ausdruck zu verleihen.[22] So gesehen sind die dänischen Karikaturen durch die „geistigen Freiheitsrechte" ebenso legitimiert, wie beispielsweise die Kritik muslimischer Funktionäre an gottlosen Weltanschauungen. Ob bei Kritik, Witzen oder Spott die Grenzen des guten Geschmacks überschritten werden, spielt in diesem Zusammenhang keine Rolle. Sollte der Verdacht auf Beleidigung von einzelnen Menschen oder auf Volksverhetzung bestehen, entscheiden Gerichte. In der offenen Gesellschaft zu leben heißt auch, die Anwesenheit Anders- und Nichtgläubiger hinnehmen zu müssen und ihnen die Rechte zuzugestehen, die man selbst in Anspruch nimmt. Muslimische Europäerinnen und Europäer haben das Recht zum Bau von Moscheen und zum Tragen von Kopftüchern, müssen andererseits aber respektieren, dass ihre Religion, wie jede andere auch, mit kritischen und gegebenenfalls spöttischen Augen betrachtet wird. Wer sich in die Öffentlichkeit begibt, setzt sich der Beobachtung aus und muss wohl oder übel die daraus resultierenden Konfrontationen aushalten.

Literatur

Eckart KLEIN (Hg.), *Meinungsäußerungsfreiheit versus Religions- und Glaubensfreiheit,* Berlin 2007.
Maria POTTMEYER, *Religiöse Kleidung in der öffentlichen Schule in Deutschland und England. Staatliche Neutralität und individuelle Rechte im Rechtsvergleich,* Tübingen 2011.

Kopftuch

Das Kopftuch – nur ein Stück Stoff?

Lehrerinnen prozessieren bis vor das deutsche Bundesverfassungsgericht, um ihr Recht durchzusetzen mit Kopftuch zu unterrichten. Gegner und Gegnerinnen laufen Sturm gegen ein „Symbol der Unterdrückung der Frau", während junge Musliminnen mit dem Slogan „Mein Kopf gehört mir" auf ihr Recht auf Selbstbestimmung hinweisen. Allein die Schärfe der Debatte legt nahe, dass es um mehr als nur ein Accessoire geht.

An dieser Stelle sollen die theologischen Debatten um das Kopftuch nicht Gegenstand der Erörterungen sein, da sie für eine Auseinandersetzung mit dem islamischen Kopftuch in einer säkularen demokratischen Gesellschaft nicht von Bedeutung sind. Sowohl Befürworterinnen als auch Gegnerinnen des Kopftuchs finden in Koran und Sunna Argumente – was in der Natur der innerreligiösen Auseinandersetzung liegt: Glauben setzt voraus, sich jenseits begründbaren Wissens auf einen Gott oder das Göttliche einzulassen, und in den meisten Fällen auch, traditionelles religiöses Wissen und Handeln im Rahmen der Erziehung zu übernehmen. Ließe sich Glauben zwingend begründen, gäbe es weder die Vielzahl an Religionen, noch die verschiedenen Ausprägungen innerhalb einer Religion. Das im religiösen Sinne „Richtige" zu tun, heißt für alle Seiten, die jeweils richtige Interpretation der Schriften für sich zu reklamieren. „Was die sogenannten Konfessionen betrifft", so Thomas Paine, „gibt es keine falsche Religion, wenn man jeden über seine eigene Religion entscheiden lässt, urteilt dagegen jeder über die Religion des anderen, so gibt es keine wahre Religion, und damit hat alle Welt Recht und alle Welt Unrecht."[1] Gerichte und Politiker tun gut daran, sich aus dem theologischen Streit um das Kopftuch herauszuhalten, und nicht ihrerseits die Ablehnung von Kleidervorschriften mit dem Koran begründen zu wollen. Die Problematik eines religiösen Kopftuchgebotes kann in einem säkularen, glaubensneutralen Rechtsstaat nur auf Grundlage der Menschenrechte diskutiert werden.

Im Streit um ein gesetzliches Verbot des Kopftuchs an Schulen scheinen, vom demokratischen Standpunkt aus betrachtet, die Frauen, welche die Befolgung religiöser Kleidervorschriften mit dem Recht auf Selbstbestimmung begründen, die besseren Argumente auf ihrer Seite zu haben. Darauf berufen sich auch Verfechter des Multikulturalismus. In einem offenen Brief an die Berliner Rechtsanwältin und Kritikerin eines dogmatischen Islam, Seyran Ateş, äußern sich Politikerinnen und Politiker der deutschen Grünen folgendermaßen zum Kopftuch: „Denn auch die Freiheit, sich für oder gegen das Kopftuch zu entscheiden, ist eine Freiheit, die es zu verteidigen gilt. Wir Grünen sind entsprechend auch keine ‚VerteidigerInnen des Kopftuchs'. Wir sind VerfechterInnen des Selbstbestimmungsrechts, der Freiheit, eigenständig entscheiden zu können, was frau möchte und was eben nicht!"[2]

Niemand kann bestreiten, dass eine Frau, die in einer Fernsehshow oder in einem Gerichtssaal das Recht verteidigt, ein Kopftuch zu tragen, dies aus freien Stücken tut. Es gibt keine überzeugende Begründung dafür, einer erwachsenen Frau das Anlegen eines Kleidungsstücks zu verbieten. Ihre Entscheidung ist sowohl durch ihr Recht auf freie Entfaltung der Persönlichkeit, als auch durch die Religionsfreiheit legitimiert.

In Deutschland hat sich die Diskussion um das islamische Kopftuch 1998 am Fall der Lehrerin Fereshta Ludin entzündet, der vom Land Baden-Württemberg untersagt worden war, mit Kopftuch zu unterrichten.[3] Die Begründung der Landesbehörden, dass eine Lehrerin, die sich offen zu ihrer Religion bekennt, das Recht ihrer Schülerinnen und Schüler auf negative Religionsfreiheit einschränken würde, scheint wenig überzeugend. Das Recht, frei von Religion zu leben, beinhaltet nicht, dass andere sich nicht mehr zu ihrer Religion bekennen dürfen – das gilt auch für Autoritätspersonen wie etwa Lehrerinnen und Lehrer. Die negative Religionsfreiheit schützt nicht vor der Konfrontation mit religiösen Anschauungen, sondern vor dem Versuch einer religiös-weltanschaulichen Fremdbestimmung. Der Anblick einer kopftuchtragenden Lehrerin kann aber kaum als Druck oder Zwang, die entsprechende Religion an-zunehmen, betrachtet werden.[4] Die Menschen in der offenen Ge-sellschaft müssen die Existenz anderer Meinungen und anderer Religionen und Weltanschauungen akzeptieren beziehungsweise hinnehmen – zugunsten eines gesellschaftlichen Friedens, von dem jeder Einzelne profitiert. Das Verbot des Kopftuchs schränkt das Recht auf Religionsfreiheit der betroffenen Lehrerin in jedem Fall stärker ein, als das Recht der Schülerinnen und Schüler auf be-kenntnisfreien Unterricht, denn das Tragen eines Kopftuchs allein stellt noch keinen Eingriff in den Unterricht dar. Dafür müsste die entsprechende Lehrerin schon mehr tun, als ein offen sichtbares Zeichen ihres Glaubens zu tragen. Der Entscheidung der Landes-regierung scheint hier die Befürchtung zugrunde zu liegen, dass von exponiert religiösen Menschen ein weltanschauungsneutraler Unterricht nicht zu erwarten sei. Es ist die, auch in breiten Teilen der Bevölkerung geteilte Befürchtung, dass kopftuchtragende Frau-en den Islam entsprechend eng auslegen und ihr gesamtes Leben, also auch ihre berufliche Tätigkeit, der Religion unterordnen und dadurch das Gebot der Religionsneutralität in der Schule verlet-zen könnten. Insbesondere an Schulen, wo eine große Anzahl von kopftuchtragenden Schülerinnen ohnehin einen gewissen sozialen Druck auf muslimische Mädchen ohne Kopftuch ausüben, könnte eine streng muslimische Lehrerin diesen noch verstärken, zumal sich Ludin vor Gericht ausdrücklich auf das Kopftuch als religiöses Anliegen berufen hatte.[5]

Das Misstrauen gegenüber dem Kopftuch fußt nicht zuletzt in der Reflexion der europäischen Geschichte. Die moderne Gesell-schaft ist es nicht mehr gewohnt, dass religiöse Bekenntnisse – hier-zulande als privat begriffene Angelegenheiten – den öffentlichen Raum bestimmen. Nach Jahrhunderten der religiösen Auseinan-dersetzungen, die sich in Teilen Europas bis ins 20. Jahrhundert hinzogen, hat erst die Verdrängung des Religiösen aus dem öffent-lichen Raum die Konflikte beendet und die Gesellschaft befriedet. Es nimmt nicht wunder, dass zu den Verteidigern des islamischen Kopftuchs und anderer sichtbarer religiöser Zeichen besonders die-jenigen Christen zählen, deren gesellschaftliche Utopie eine stärke-re Durchdringung der Gesellschaft durch das Religiöse beinhaltet. Diese gehören jedoch zu einer kleinen Minderheit.[6] Wenn Europa durch die Zuwanderung aus islamischen Ländern nun wieder mit einer zahlenmäßig signifikanten Gruppe von Menschen konfrontiert ist, die ihren Glauben offensiv in den öffentlichen Raum tragen wollen, und deren Leben nach außen sichtbar durch religiöse Gebote und Verbote bestimmt wird, entstehen verständliche Ängste vor einem erneuten Aufbrechen religiöser Konflikte, die man in Westeuropa für längst beendet hielt und ohne die es sich bislang recht gut leben ließ. Verstärkt werden diese Bedenken durch einen Blick in die islamische Welt, die uns mit Gesellschaften, die wesentlich vom Religiösen durchdrungen sind, und den daraus resultierenden Konflikten konfrontiert. Diese Bedenken werden auch von vielen in Europa lebenden Muslimen geteilt, die Religionen ebenso als Privatsache betrachten wie die meisten anderen, und von denjenigen, die aus islamischen Ländern geflohen oder emigriert sind, um dem religiösen Druck ihrer Heimatländer zu entkommen.

Trotz aller Bedenken sollte sich die offene Gesellschaft darüber im Klaren sein, dass die Zurschaustellung einer religiösen Einstellung durch Kopftücher oder konservativ religiöse Kleidung weder verboten ist, noch umstandslos den Schluss zulässt, dass diese Frauen als Lehrerinnen ihre Schüler religiös-weltanschaulich beeinflussen. Erst eine aktive Beeinflussung durch Werbung oder Agitation für den Islam während des Schuldienstes wäre, ebenso wie jede andere religiöse Werbung, als deutlicher Verstoß gegen die negative Religionsfreiheit und gegen das Elternrecht auf Erziehung zu werten.[7] Hinzu kommt, dass kopftuchtragende Frauen im Falle eines Lehrverbots gegenüber muslimischen Männern diskriminiert würden, da deren Religiosität sich nur bedingt an äußeren Merkmalen festmachen lässt. Lehrer könnten somit erst bei Vorliegen einer eindeutigen religiösen Beeinflussung aus dem Schuldienst entlassen werden und nicht allein aufgrund ihres Muslim-Seins. Gleiches sollte auch für Lehrerinnen gelten.

Das faktisch richtige Argument, das Tragen des Kopftuches sei durch das Recht auf Selbstbestimmung legitimiert, setzt die Freiheit voraus, eine autonome Entscheidung treffen zu können – womit wir bei einem Punkt angelangt sind, der auf die ganze Komplexität dieses Diskurses verweist. Jene Kopftuchträgerinnen, die selbstbewusst in Fernsehsendungen auftreten, Interviews geben, Artikel und Blogs schreiben oder vor Gericht ziehen, tragen ihr Kopftuch aus freien Stücken. Sie vermitteln medial oft den Eindruck, für alle kopftuchtragenden Frauen zu sprechen, indem sie argumentieren, dass ein Verbot deren Freiheit einschränken und sie substantiell in ihrer Identität treffen würde. Dieser Eindruck täuscht. Wir haben es bei öffentlichen Auftritten nur mit jenen Frauen zu tun, die sich bewusst und selbstbestimmt für das Kopftuch entschieden haben, mitunter gegen den Willen ihrer moderater eingestellten Eltern. Diejenigen Frauen und Mädchen jedoch, die gezwungen werden, das Kopftuch zu tragen, werden weder im Fernsehen zu sehen sein noch Interviews geben. Daher ist die Debatte, wie sie von muslimischer Seite geführt wird, zutiefst asymmetrisch und trägt den Charakter einer Kampagne. Selbstbewusste Frauen suggerieren, dass Kopftücher im Islam einzig aus freier Entscheidung getragen werden, wohl wissend oder ignorierend, dass diejenigen, die von ihrer Familie zum Tragen eines Kopftuchs gezwungen werden, keine Stimme in der Debatte haben. Es liegt in der Natur der Kampagne, dass die Befürworterinnen sich nicht öffentlich für diejenigen stark machen, die das Kopftuch ablegen wollen. Umso härter schlagen sie mitunter auf diejenigen ein, die den Mut haben, den Zwängen zu entfliehen und das Kopftuch selbstbestimmt abzulegen, denn diese Frauen konterkarieren, wenn sie sich öffentlich äußern, das Argument der Freiwilligkeit, auf das sich die Kampagne für das Kopftuch stützt.[8]

Schon wenige Blicke in die islamische Welt sowie in europäische islamische Communities genügen, um zu sehen, dass der Druck auf Frauen, ein Kopftuch zu tragen oder sich gar zu verschleiern, umso größer wird, je mehr Einfluss religiöse Kräfte haben. Überall, wo diese stark sind, sind alle Frauen früher oder später gezwungen, sich zu verschleiern. In „Gottesstaaten" wie dem Iran, Saudi-Arabien oder dem Afghanistan der Taliban, haben Frauen kein Recht auf eine freie Entscheidung, sondern werden unter Androhung von Strafe gezwungen, eine rigide Kleidervorschrift einzuhalten. Im Gazastreifen setzt die Hamas gelegentlich gewaltsam die Verhüllung von Frauen durch, ein Kopftuch ist selbstverständlich und in manchen Schulen dürfen Mädchen nicht einmal mehr in Jeans erscheinen.[9] Das bislang als moderat-islamisch geltende Indonesien erlebt in den letzten Jahren eine Religiösisierung der Gesellschaft, die mit islamistischer Propaganda in den Medien, Verfolgung Andersdenkender und -gläubiger und einer Herabsetzung von Frauen einhergeht.[10] In der Provinz Aceh wurde die Scharia eingeführt; ein Gesetz verlangt bei Androhung von Gefängnis den Ganzkörperschleier, Hosen sind verboten. Eine eigene Scharia-Polizei macht Jagd auf unverschleierte Frauen.[11] In Pakistan steigt die Anzahl der Regionen, in denen Islamisten Frauen unter den Schleier zwingen.[12] In Ägypten führte die erstarkende Propaganda religiöser Gruppen, die unverschleierte, modern gekleidete Frauen zu Huren erklärt, in den letzten Jahren zum Anstieg sexueller Belästigungen auf den Straßen.[13] Selbst in der Türkei hat sich in einigen Gegenden eine starke religiöse Mittelschicht entwickelt, die dort das gesellschaftliche Leben bestimmt. In diesen neuen religiösen AKP-Hochburgen, wie etwa in Denizli, wird in keinem Lokal der Innenstadt Alkohol ausgeschenkt, und wer hier arbeitet und lebt, sollte als Frau ein Kopftuch tragen oder als Mann seine Frau dazu anhalten.[14]

Der Druck auf Musliminnen, einer strengen islamischen Kleidervorschrift zu folgen, steigt nicht nur in Teilen der islamischen Welt an, sondern auch in Europa.[15] In einigen französischen Banlieues, die mehrheitlich von Migrantinnen und Migranten aus muslimischen Ländern bewohnt werden, ist es für Mädchen und Frauen schwer geworden, ohne Kopftuch auf die Straße zu gehen oder gar einen kurzen Rock zu tragen, wollen sie nicht als „Schlampe" oder „Hure" beschimpft werden. Frauen, die sich in diesen Wohngebieten nicht den rigiden Vorstellungen von (→)Ehre und Scham unterwerfen und entsprechend kleiden, sind Freiwild.[16] Belästigungen sind keine Seltenheit und auch etliche Fälle von Gruppenvergewaltigungen wurden bekannt.[17] Gegen diese Entwicklungen hat sich in Frankreich bereits 2003 die mittlerweile bekannte Frauenorganisation *Ni putes, ni soumises* (Nicht Hure, nicht Unterworfene) gegründet.[18] In einigen Vierteln britischer und holländischer Großstädte haben Islamisten ihre Vorstellungen von einem korrekten islamischen Lebensstil durchgesetzt. Es gibt in „ihren" Vierteln weder Alkohol noch andere „sündige" Produkte zu kaufen, und Frauen können nicht gefahrlos in „westlicher" Kleidung und ohne Kopftuch auf die Straße gehen.[19] Es geht hier nicht darum, dass sich Ladenbesitzer aus ökonomischem Interesse den Wünschen ihrer Kunden anpassen, sondern um den Druck, den islamistische

Gruppen in diesen Gebieten auf Anwohner und Geschäftsinhaber ausüben, und dem letztlich alle nachgeben: Die einen, indem sie ihren Lebensstil, beziehungsweise ihr Warenangebot ändern, die anderen, indem sie diese Gebiete verlassen. Zu letzteren zählen neben der nichtmuslimischen Bevölkerung auch säkular eingestellte Muslime. Zur Religiösisierung des öffentlichen Raumes gehört auch das freitägliche Massenbeten muslimischer Männer auf Straßen, die eigens dafür abgesperrt werden.[20]

An Berliner Schulen mit hohem Anteil muslimischer Schüler und Schülerinnen beobachten Lehrerinnen und Lehrer die Tendenz, dass immer mehr Mädchen Kopftuch tragen.[21] Der Schulleiter der Berliner Thomas-Morus-Oberschule, Volker Steffens, beklagt in einem offenen Brief, dass muslimische Schülerinnen, die kein Kopftuch tragen, Beleidigungen und Provokationen von muslimischen Schülern ausgesetzt seien.[22] Vor allem in den Stadtteilen, in denen die länderübergreifende türkische Organisation *Milli Görüş* oder ihr nahestehende Organisationen Fuß gefasst haben, scheint der Druck auf Frauen und Mädchen groß zu sein. Sowohl die Verweigerung der Teilnahme an Klassenfahrten und am Sportunterricht, als auch das Tragen von Kopftüchern, zum Teil bereits bei kleinen Mädchen in Kindergärten und Grundschulen, werden dort zur Regel.[23] Nach außen hin proklamiert *Milli Görüş* die Gleichberechtigung der Geschlechter, innerhalb der Organisation jedoch tragen *alle* Frauen Kopftücher und arbeiten in von Männern getrennten Räumen.[24] Die vom Staat unabhängigen Koranschulen der verschiedenen Moscheevereine und Islamverbände sind ein Problem für sich. In vielen von ihnen sind Kinder nach wie vor erzkonservativen Imamen und Lehrern ausgesetzt, die nicht nur ein erschreckendes Geschlechterbild vermitteln, sondern Kindern mittels Angst- und Drohpädagogik ihre Sicht des Islam oktroyieren. Ähnlich den Drohbildern des *Struwwelpeters* aus dem 19. Jahrhundert, etwa in der Geschichte vom *Daumenlutscher*, dem schließlich mit einer großen Schere beide Daumen abgeschnitten werden, gehört in diesen Kreisen das Bild vom Mädchen, dem nach seinem Tod für jedes sichtbar getragene Haar eine Schlange aus dem Kopf wächst, zum gängigen Repertoire schwarzer Pädagogik.[25] Von einer freien Entscheidung für oder gegen das Kopftuch kann angesichts dieser Umstände nicht ohne weiteres ausgegangen werden. Erschreckend ist, dass solch desintegrative Pädagogik zum Teil staatlich gefördert wird. So ist die Wiener Baitul-Muhtadin-Moschee im Stadtteil Favoriten Teil eines sogenannten Integrativen Bildungs- und Informationszentrums, zu dem auch ein Kindergarten gehört. In diesem von der Stadt Wien geförderten Kindergarten tragen nicht nur sämtliche Betreuerinnen, sondern bereits kleine Mädchen Kopftuch oder einen Hidschab.[26]

Hinter der Pflicht zur Verschleierung oder zum Tragen des Kopftuchs steht eine konservative Ehrvorstellung und eine damit zusammenhängende repressive Sexualmoral, die Frauen in „Ehrbare" und „Huren" einteilt. Die Familienehre, deren Schutz den Männern der Familie obliegt, hängt hier am Lebenswandel der Frauen. Ehre ist dabei an die Vorstellung einer klaren Grenze gekoppelt, die das Innen, also die Familie, vom Außen einer männlichen Öffentlichkeit trennt.[27] In streng muslimischen Familien kann für ein Mädchen bereits ein harmloses Gespräch mit einem familienfremden Jungen eine solche Grenzüberschreitung darstellen und Repressionen nach sich ziehen.

In Milieus, die im System von Ehre und Schande gefangen sind, wird das Kopftuch zum Symbol der Tugendhaftigkeit der Frau. Ein an Sexualität gekoppeltes Ehrsystem hat die Tendenz, „unehrenhaftes" Verhalten durch eine weitgehende Segregation der Geschlechter zu verhindern. Je mehr eine Gruppe an diesen archaischen Vorstellungen vom Funktionieren einer Gesellschaft festhält, desto extremer ist die Trennung der Geschlechter – vom Reglementieren bis hin zur vollständigen Verbannung von Frauen aus der Öffentlichkeit. Wer die Bilder der Flutkatastrophe 2010 in Pakistan gesehen hat, konnte feststellen, dass selbst in einer solch dramatischen und chaotischen Situation das Prinzip der Geschlechtertrennung weitgehend gewahrt wurde. In der Regel waren nur Männer zu sehen. In der salafistischen Ausrichtung des Islam, die etwa Saudi-Arabien prägt, sind Frauen massiv in ihrer Bewegungsfreiheit eingeschränkt und benötigen außer der Vollverschleierung die Genehmigung ihres männlichen Vormunds (Ehemann, Vater et cetera), um das Haus verlassen zu dürfen. Direkter Kontakt mit fremden Männern ist untersagt. Selbst Familienfeiern wie Hochzeiten werden hier in für Männer und Frauen getrennten Räumen ausgetragen. Dass dieses System Risse bekommt, beweist nicht zuletzt die jüngste Protestaktion *Women2drive*, mit der saudi-arabische Frauen das Recht auf Autofahren durchsetzen wollen.[28]

Der Schleier ist in tiefreligiösen islamischen Gesellschaften ein Kompromiss zwischen dem Wunsch nach möglichst vollständiger Segregation der Geschlechter und der Notwendigkeit, dass auch Frauen das Haus verlassen müssen. Im Extremfall ist der Schleier eine Burka wie in Afghanistan, oder eine andere Form der Verhüllung, bei der nicht einmal die Augen der Frau sichtbar sind. Von diesem Extrem gibt es verschiedene Abstufungen bis herunter zum einfachen Kopftuch, aber eines ist ihnen gemeinsam: Sie sollen das Weibliche vor den Augen einer männlichen Öffentlichkeit verbergen. Dass Frauen in ihrer Weiblichkeit versteckt gehalten werden müssen, scheint vor allem ein Merkmal einer sexuell verunsicherten und letztlich sexuell gestörten, repressiven Gesellschaft zu sein; ein Befund, den soziologische und psychologische Studien veranschaulichen[29] und arabische und persische Schriftsteller immer wieder literarisch verarbeitet haben. Die österreichische Kulturphilosophin Rosa Mayreder hatte bereits zu Beginn des 20. Jahrhunderts für die westliche Gesellschaft dargelegt, dass starre Rollenzuschreibungen das Unverständnis und die Fremdheit zwischen Mann und Frau begünstigen.[30] Der im Libanon aufgewachsene Schriftsteller Edward Selim Atiyah schrieb 1946 über seine Erziehung und die arabische Gesellschaft, die verhindere, dass junge Männer ein unbefangenes Verhältnis zu Frauen und zur Sexualität entwickeln können. Beides habe seine Jugend und seine Ehe vergiftet.[31] Der Autor und Übersetzer Reza Baraheni, als Gegner des Schahs verhaftet und später unter Khomeini mit Berufsverbot belegt, hatte in den 1970er Jahren seinem Unmut darüber freien Lauf gelassen, dass Männer aufgrund der Geschlechtersegregation auf Kosten der Frauen zu sexualfixierten, sozial unverträglichen Mitmenschen mutieren und Belästigungen und Vergewaltigungen mit der Abwertung einer unverschleierten Frau zur Prostituierten rechtfertigen.[32]

Aus der Antwort eines Befragten im Rahmen einer Erhebung unter Imamen in Deutschland im Jahr 2010 spricht das Dilemma des konservativen Islam: „Damit die muslimische Frau keine Fitna in der Gesellschaft auslöst, sollte sie sich ganz verschleiern. Das sollte zwar jede muslimische Frau für sich entscheiden, ob sie einen Gesichtsschleier tragen möchte, aber sie muss dann auch die Konsequenzen tragen, wenn sie zum Beispiel belästigt wird."[33] Unter Fitna wird in diesem Milieu eine der Gemeinschaft abträgliche sexuelle Anziehungskraft der Frau verstanden.[34] Männer seien dieser ausgeliefert und somit ständig in Gefahr, die Selbstbeherrschung zu verlieren und in Chaos und Glaubensabfall zu enden.[35] Der Mann erscheint in dieser Gedankenwelt als triebgesteuertes Wesen. Die Schlussfolgerung aus dieser Annahme besteht nicht in zivilisatorischen Maßnahmen, die ein geregeltes Zusammenleben der Geschlechter ermöglichen, sondern darin, die Frau, beziehungsweise ihre vermeintlich sexuellen Reize, ganz besonders ihr Haar, aus dem Gesichtsfeld des Mannes zu verbannen. Die archaischen Vorstellungen vorislamischer Stammesgesellschaften von der Frau als Besitz des Mannes und der damit zusammenhängende Jungfrauenwahn sind später durch islamische Theologen religiös untermauert worden.

Die Sozialwissenschaftlerinnen Cheryl Benard und Edit Schlaffer haben mit Blick auf die restriktive Geschlechtersegregation mancher islamischer Länder auf die unterschiedlichen Wege hingewiesen, mit denen die jeweiligen Kulturen im Laufe ihrer Geschichte ein möglichst konfliktfreies Zusammenleben der Geschlechter zu gewährleisten suchten.[36] Letztlich kann der Weg hin zur Verschleierung der Frauen als Eingrenzung der weiblichen Sexualität verstanden werden. Durch diesen Weg war es in der Geschichte der islamischen Gesellschaften nicht nötig, in der Sozialisation und Erziehung von Männern Wert auf deren Selbstbeherrschung zu legen. Sie wurden zu einem ausschließlich sexualisierten zwischengeschlechtlichen Umgang erzogen. Die Logik des Schleiers gründet darin, die als Sexualobjekt wahrgenommene Frau vor den männlichen Blicken zu verbergen. Moderne Frauen als „Schlampen" und Freiwild zu betrachten, ist eine unausweichliche Konsequenz dieser kruden Moralvorstellungen. Ein Beispiel für den pathologischen Umgang mit Sexualität ist das auf der Scharia beruhende iranische Gesetzbuch, in dem sich nicht weniger als 76 Artikel mit „Sexualdelikten" befassen, darunter allein 35 Artikel mit dem sogenannten „unerlaubten Geschlechtsverkehr" („zina"), der darin besteht, dass zwei Personen verschiedenen Geschlechts miteinander sexuell verkehren, ohne verheiratet zu sein.[37]

In öffentlichen Auftritten, auf europäischen islamischen Websites, mitunter sogar von Feministinnen, wird häufig das Argument vorgebracht, der islamische Schleier oder das Kopftuch wäre ein bewusster

Schritt der Verweigerung einer Sexualisierung des weiblichen Körpers, wie sie in westlichen Gesellschaften zur Normalität geworden sei.[38] Eine solche Analyse des Phänomens übersieht geflissentlich die Tatsache, dass Verschleierung nur dort nötig ist, wo die Frau bereits als Sexualobjekt betrachtet wird. Die Funktionalisierung der Frau als Sexualobjekt, wie sie beispielsweise in der Werbung noch immer zu beobachten ist, und die Verschleierung sind, so gesehen, nur zwei Seiten einer Medaille, mit dem allerdings gravierenden Unterschied, dass es sich bei ersterem um eine Sicht auf die Frau handelt, die eine fiktive Verfügbarkeit suggeriert, aber nicht jede einzelne Frau zur Verfügbarkeit zwingt, während letzteres die betroffenen Frauen unmittelbar zum Gegenstand degradiert, der für die Blicke des Mannes mit Verfügungsgewalt (des Ehemanns) reserviert und reglementiert ist.[39]

Islamische Reformer und Schriftsteller des 19. Jahrhunderts waren die ersten und vehementesten Kritiker der Verschleierung der Frau. Der Ägypter Qasim Amin etwa bezeichnete den Schleier in seiner berühmten Streitschrift *Die Befreiung der Frau* als Zeichen ihrer Erniedrigung, das sie von der Gesellschaft trenne.[40] Der große islamische Sufi-Mystiker und Dichter Mevlana hatte bereits im 13. Jahrhundert erkannt: „Solange ihr wollt, dass die Frau sich verhüllt, werdet ihr bei allen den Wunsch wecken, sie sehen zu wollen."[41]

Die zunehmenden Versuche muslimischer Eltern, ihre Töchter vom koedukativen Sport- und Schwimmunterricht sowie vom Sexualkundeunterricht zu „befreien", dienen dem Ziel, sie aus der Gesellschaft zu lösen und gesondert zu behandeln, und damit von einer selbstbestimmten Entwicklung so früh wie möglich abzuschneiden. Viele muslimische Eltern, besonders aus Unterschichtmilieus, aber auch aus gebildeten islamistisch eingestellten Kreisen, haben Angst vor der Emanzipation ihrer Töchter. Dass Eltern die eigenständige Entwicklung von Töchtern nicht fördern, sondern sie in vorgeschriebene Rollen drängen, ist traurig genug und lässt sich leider nur auf längere Sicht verändern. Dass sich Schulbehörden und der Staat mitunter daran beteiligen und in der Absicht, auf religiöse Belange Rücksicht zu nehmen, den Forderungen nach Segregation nachgeben, macht sie mitschuldig an der Unterdrückung der Persönlichkeit dieser Mädchen. Der Zwang zum Kopftuch und die Abmeldung von bestimmten Unterrichtseinheiten sind Schritte auf dem Weg in eine spätere Zwangsheirat, denn es ist schwer vorstellbar, dass Mädchen, über deren Kopf hinweg bestimmt wird, ob sie am Sport- und Schwimmunterricht oder an Klassenfahrten teilnehmen können, später heiraten dürfen, wen sie wollen.

Der Staat kann und darf erwachsene Frauen nicht daran hindern, ein Kopftuch zu tragen, und es scheint problematisch, eine Anstellung im Staatsdienst daran zu binden, dass eine Frau das Kopftuch ablegt. Auf der anderen Seite steht der Staat in der Verantwortung, geeignete Mittel zu ergreifen, um einer Ungleichbehandlung von Jungen und Mädchen, von Männern und Frauen vorzubeugen, beziehungsweise eine solche abzustellen. Alle europäischen Verfassungen schreiben den Grundsatz der Gleichheit der Geschlechter fest und beauftragen die Staatsorgane mit dessen Durchsetzung.[42] Der Staat ist daher verpflichtet, Opfer einer rigiden Sexualmoral vor Diskriminierung zu schützen. Im familiären Bereich ist dieser Schutz nur sehr schwer zu gewährleisten, weil auch die Privatsphäre grundrechtlich geschützt ist. Umso wichtiger ist die Förderung der Gleichberechtigung der Geschlechter im Bereich der Schule. Über den im Grundgesetz festgeschrieben Erziehungsauftrag hat der Staat hier ohnehin eine besondere Verantwortung. Diese wurde in zahlreichen Entscheidungen des Bundesverfassungsgerichts konkretisiert. 2006 heißt es beispielsweise:

Die Allgemeinheit hat ein berechtigtes Interesse daran, der Entstehung von religiös oder weltanschaulich motivierten „Parallelgesellschaften" entgegenzuwirken und Minderheiten zu integrieren. Integration setzt dabei nicht nur voraus, dass die Mehrheit der Bevölkerung religiöse oder weltanschauliche Minderheiten nicht ausgrenzt; sie verlangt auch, dass diese sich selbst nicht abgrenzen und sich einem Dialog mit Andersdenkenden und -gläubigen nicht verschließen. [...] Dies im Sinne gelebter Toleranz einzuüben und zu praktizieren, ist eine wichtige Aufgabe der öffentlichen Schule.[43]

Der Erziehungsauftrag des Staates besteht in der Verpflichtung, Mädchen und Jungen zum Leben in einer pluralistischen Gesellschaft zu befähigen, indem sie in der Schule lernen, eigene Meinungen zu entwickeln und die Meinungen anderer zu respektieren.[44] Das Einführen von Sonderregelungen, wie etwa die Befreiung von bestimmten Unterrichtsfächern oder Klassenfahrten, widerspricht diesem Auftrag. Es konterkariert ihn geradezu, denn es zementiert die familiäre Ungleichbehandlung gerade jener muslimischen Mädchen, deren Eltern auf der Befreiung vom Unterricht und dem Tragen von Kopftüchern bestehen.[45]

Der Philosoph Brian Barry stellt zudem die provokante Frage, ob nicht die Tatsache, dass Sonderregeln eingeräumt werden können, ein Indikator dafür ist, dass die Norm gar nicht erforderlich sei. Wenn das der Fall wäre, könne auf diese ganz verzichtet werden. „Wenn die Norm dagegen zur Erreichung bestimmter Ziele notwendig ist, dann sollte es auch keine Ausnahmen geben."[46]

Im Jahr 2004 hat das Hamburger Verwaltungsgericht ein richtungsweisendes Urteil gefällt. Die Richter entschieden, dass das Schulgesetz alle Kinder zur Teilnahme auch am Sexualkundeunterricht verpflichte. Die Relevanz der Sexualität und sexueller Aufklärung für das Individuum und die Gesellschaft begründe ein berechtigtes Interesse daran, die elterliche Erziehung im Unterricht zu ergänzen. Eine Erziehung, die unter Berufung auf religiöse Dogmen bereits bloßes Wissen vorenthalten wolle, werde der Elternverantwortung nicht gerecht. Zudem sei es ein legitimes staatliches Erziehungsziel, Kindern durch Aufklärung die Chance zu vermitteln, „eine eigenverantwortliche denkende Persönlichkeit zu werden." Das Urteil wurde von der *Türkischen Gemeinde in Deutschland* ausdrücklich begrüßt, ebenso vom *Zentralrat der Muslime in Deutschland*.[47] Ähnlich der verpflichtenden Teilnahme an allen Unterrichtsfächern wäre auch ein Verbot des Kopftuchs für Schülerinnen ein überlegenswerter Schritt in diese Richtung.[48]

Die *Deutsche Islamkonferenz* hat im Dezember 2009 die Empfehlung der Arbeitsgruppe *Religionsfragen im deutschen Verfassungsverhältnis* angenommen, nach der Schülerinnen und Schülern ausdrücklich „in Ausübung ihrer Religionsfreiheit" freigestellt werden soll, „Zeichen ihrer Religionszugehörigkeit zu tragen oder sich religiösen Vorschriften gemäß zu kleiden."[49] Ganz abgesehen davon, dass in diesen Fragen von *freien* Entscheidungen der Kinder und Jugendlichen nicht umstandslos ausgegangen werden kann, weil derartige Vorschriften in erster Linie von Eltern angeordnet und durchgesetzt werden und mithin nur die Religionsfreiheit der Eltern und nicht der Kinder gemeint sein kann, wird die Stellung der Religionsfreiheit im Gesamtzusammenhang der Menschenrechte verkannt und dieser ein Sonderstatus eingeräumt.

Der Staat wird seinem Auftrag nur dann gerecht, wenn für alle Kinder die gleichen Regeln gelten und diese nicht, je nach Religions- und Geschlechterzugehörigkeit, unterschiedlich behandelt werden. Kinder einer staatlichen Schule müssen verpflichtend an allen Unterrichtseinheiten teilnehmen. Kopftücher für Mädchen sollten an staatlichen Schulen nichts verloren haben, weil nach allen Erfahrungen ein Zwang zum Tragen nicht ausgeschlossen werden kann. Nur so kann sichergestellt werden, dass alle hier lebenden muslimischen Schülerinnen und Schüler die Möglichkeit bekommen, zu eigenständigen Persönlichkeiten heranzuwachsen und das Leben des Landes in all seinen Facetten kennenzulernen, mit dem Ziel, als Erwachsene freie Entscheidungen treffen zu können – inklusive die Entscheidung für oder gegen ein Kopftuch.

Frauen hingegen, die sich für ein Kopftuch entscheiden, sollten in einer pluralistischen Gesellschaft erwarten können, dass sie als gläubige Menschen genauso ernst genommen und respektiert werden wie alle anderen. Ein Kopftuch darf kein Grund für Diskriminierung sein. Die offene Gesellschaft beruht auf der Anerkennung des staatlichen Gewaltmonopols, der staatlichen Gesetzgebung und auf der Einhaltung des Friedensgebotes. Jeder einzelne Mensch darf damit rechnen, dass er unabhängig von seiner religiösen, weltanschaulichen und sexuellen Orientierung und unabhängig von seinem Geschlecht oder seiner Herkunft anerkannt und respektiert wird. Aber aus eben diesem Grund kann er nicht darauf bestehen, dass seine Religion oder Weltanschauung und die daraus abgeleiteten Regeln und Forderungen von allen akzeptiert und für gut befunden werden. Diese Dinge unterliegen der offenen und friedlichen Auseinandersetzung, die dem einzelnen Menschen Anerkennung und Respekt garantiert, aber nicht unbedingt seinen Anschauungen und Meinungsäußerungen.

Burkaverbot

Anders als beim Kopftuch scheint ein generelles Verbot der Burka oder ähnlicher Formen der Vollverschleierung, wie es in vielen europäischen Ländern diskutiert und in Frankreich, Belgien Holland und einigen spanischen Städten bereits beschlossen wurde, mit den

Menschenrechten vereinbar. Die Islamwissenschaftlerin Gudrun Krämer sieht in der Vollverschleierung eine Abgrenzung, die im Kontext der europäischen Kultur „eine latente Aggressivität zum Ausdruck bringt" und hält daher ein Verbot für legitim. Sie gibt aber zu bedenken, dass ein solches, ähnlich wie das Verbot, nackt in die Öffentlichkeit zu treten, nicht bis ins Allerletzte rechtsphilosophisch begründet werden könne.[50]

Für eine – auch rechtsphilosophische – Begründbarkeit spricht jedoch der soziale Kontext der Vollverschleierung: Der Eingriff in die Persönlichkeitsrechte von Frauen, die dazu gezwungen werden, eine Vollverschleierung zu tragen, kann als so gravierend erachtet werden, dass ein staatliches Eingreifen geboten erscheint. Der Zwang, eine Burka zu tragen, kommt einer Freiheitsberaubung gleich, denn die Burka soll letztlich jede Kontaktaufnahme der betroffenen Frauen mit anderen Personen, mit der Öffentlichkeit, verhindern. Die Burka ist das sichtbarste Zeichen eines konservativen, frauenfeindlichen Islam. Sie erlaubt Frauen, das Haus zu verlassen, ohne jedoch in der Öffentlichkeit anzukommen. „Geschlechtsspezifische Bekleidungsvorschriften, die – zumindest teilweise – unter Zwang durchgesetzt werden und den Aktionsradius der betroffenen Personen drastisch einschränken, sind weder mit den Menschenrechten noch mit unserem gesetzlich verankerten Gleichstellungsgebot vereinbar. [...] Intolerant sind die Bekleidungsvorschriften und nicht diejenigen, die sie untersagen wollen", so die Journalistin Elfriede Hammerl.[51]

Das Unbehagen beim Anblick einer Burka wird zum einen durch unser Wissen über die Einschränkungen und Nachteile ausgelöst, die Frauen in jenen Ländern hinnehmen müssen, in denen die Burka zwingend ist. Oft werden ihnen nicht einmal die kleinsten öffentlichen Vergnügungen gegönnt, und sei es nur der Aufenthalt an frischer Luft, in der Sonne oder ein erfrischendes Bad in sommerlicher Hitze – etwas, das Jungen und Männer ganz selbstverständlich für sich in Anspruch nehmen. Die Aversion gegen die Burka beruht also zunächst auf der Grausamkeit und Gefühllosigkeit gegenüber Frauen in diesen Ländern. Auf der anderen Seite widerspricht eine Vollverschleierung der Vorstellung der offenen Gesellschaft, in der sich Bürger und Bürgerinnen als Gleiche begegnen. „Demokratie lebt man mit offenem Antlitz, von Angesicht zu Angesicht und unter Wahrung der Würde der Frau", heißt es denn auch in der Gesetzesvorlage der französischen Justizministerin Alliot-Marie zu einem Burkaverbot.[52] In diese Richtung argumentiert auch der *Zentralrat der Muslime in Deutschland,* der davon abrät, sich durch das Tragen einer Burka bewusst „von der Gesellschaft abzusondern und eine Gegenkultur zu schaffen".[53] Es ist verstörend und bedrückend zugleich, gesehen zu werden, ohne sehen zu können; es erzeugt ein Gefühl der Asymmetrie und Befremdung, einem Menschen gegenüber zu stehen, der sein Gesicht vollkommen verbirgt. Da wir, entwicklungsgeschichtlich betrachtet, zunächst erlernt haben, den Anderen über sein Gesicht und seine Augen wahrzunehmen, und in der zwischenmenschlichen Kommunikation die Mimik und der Blick des Anderen für unsere Wahrnehmung eine ähnlich große (wenn nicht größere) Rolle spielen als das gesprochene Wort, wird es als irritierend empfunden, das Gesicht und die Augen einer Person nicht sehen zu können. Die Philosophin Elisabeth Badinter bezeichnet dieses Fehlen von Gegenseitigkeit als „soziale Unsittlichkeit", die in Frankreich bereits zu Problemen geführt habe, etwa, wenn Frauen nicht von männlichen Ärzten untersucht werden dürfen, oder wenn Frauen sich beim Verlängern ihrer Ausweise weigern, ihr Gesicht zu enthüllen.[54]

Das Problem mit der Burka und ähnlicher Ganzkörperverhüllung stellt sich in europäischen Ländern in unterschiedlichem Ausmaß. Während es in Ländern mit Zuwanderern türkischer Herkunft weitgehend unbekannt ist, sehen sich etwa Frankreich, Belgien oder Großbritannien – Länder, in denen die Einwanderung aus arabischen Staaten und Pakistan überwiegt – verstärkt damit konfrontiert. Wir sprechen hier nicht von den wenigen Ausnahmen derjenigen Frauen, meist Konvertitinnen, die sich freiwillig unter eine Burka begeben, sondern von denjenigen Frauen, die keine Alternative haben. Das Argument, von Touristinnen aus den Golfstaaten abgesehen seien nur wenige Frauen betroffen, entlässt den Staat nicht aus seiner Verantwortung für die wenigen in Europa lebenden Burkaträgerinnen. Nebenbei gesagt: Für Touristinnen aus den Golfstaaten gibt es inzwischen eine Fatwa, die ihnen erlaubt, in Ländern, in denen Vollverschleierung verboten ist, ohne diese in die Öffentlichkeit zu gehen.

Es erscheint durchaus sinnvoll, Burka und Gesichtsschleier zu verbieten, bevor sie durch häufiges Auftreten zu einem Problem werden. Islamisierungstendenzen in vielen islamischen Ländern, die sich nicht zuletzt in einem Anstieg verschleierter Frauen zeigen, lassen darauf schließen, dass sich diese Entwicklung auch in der Migration niederschlägt, was sich in Frankreich, Großbritannien oder den Niederlanden bereits zeigt. Ein Verbot der Burka kann diesem Trend entgegenwirken.

Nach Abwägung der hiervon betroffenen Schutzbereiche erscheint der Eingriff in die Menschenrechte jener Frauen, die zum Tragen einer Ganzkörperverhüllung gezwungen werden, massiver, als ein Verbot in die Rechte jener eingreifen würde, die sich freiwillig verhüllen.

Literatur

Seyran ATEŞ, *Der Multikulti-Irrtum*, Berlin 2007.
Dies., *Der Islam braucht eine sexuelle Revolution*, Berlin 2009.
Farideh AKASHE-BÖHME, *Sexualität und Körperpraxis im Islam*, Frankfurt/Main 2006.
Lale AKGÜN, *Aufstand der Kopftuchmädchen. Deutsche Musliminnen wehren sich gegen den Islamismus*, München 2011.
Maria POTTMEYER, *Religiöse Kleidung in der öffentlichen Schule in Deutschland und England. Staatliche Neutralität und individuelle Rechte im Rechtsvergleich*, Tübingen 2011.

Ehre und Gewalt

Berichte über Ehrenmorde rufen Erschütterung und Empörung hervor und werfen stets dieselben Fragen auf: Was wohl in den Tätern und ihren Familien vorgeht; was einen Bruder oder Vater dazu treibt, die eigene Schwester oder Tochter zu töten, und vor allem, was an einem Mord überhaupt ehrenvoll sein kann. Sowohl die Tat selbst, in ihrer berechneten, kühlen Grausamkeit, aber auch das Gesellschaftsbild der Täter erscheinen fremd. Männer, die meist offensiv zu ihren Taten stehen und keinerlei Reue zeigen, aber vor allem die scheinbare emotionale Kälte der gesamten Familie gegenüber dem Opfer lösen Fassungslosigkeit aus.

Samia Sawar, Tochter eines erfolgreichen und gebildeten pakistanischen Geschäftsmannes, wollte die Scheidung von ihrem Ehemann, von dem sie bereits seit Jahren getrennt lebte, um neuerlich heiraten zu können. Die Eltern der 29-jährigen lehnten dies aus Gründen der Ehre strikt ab. Samia flüchtete nach Lahore, wo sie bei *Dastak* unterkam, einer privaten Zufluchtsstätte für Frauen. Gemeinsam mit der Menschenrechtsanwältin Hina Jilani bereitete sie die Scheidung von ihrem Ehemann vor. Das pakistanische Recht verlangt die Einwilligung der Eltern in die Scheidung der Frau. Die Mutter willigte ein, mit den nötigen Papieren nach Lahore zu kommen. Zum vereinbarten Treffen in der Anwaltskanzlei erschien sie in Begleitung eines Mannes, den sie als ihren Fahrer ausgab. Kaum angekommen, zog dieser eine Waffe und tötete Samia Sarwar mit einem Schuss in den Kopf. Im anschließenden Gerangel erschoss ein Wachmann den Mörder, der Mutter gelang es jedoch, die Kanzlei zu verlassen und gemeinsam mit einem plötzlich aufgetauchten Onkel in einem Taxi zu flüchten. Eine Anwaltsgehilfin sagte später aus, die Mutter hätte den Tatort verlassen, „als wäre die Frau, die dort in ihrem Blut lag, eine Fremde."[1]

Die Fremde – nicht von ungefähr hat die Regisseurin Feo Aladağ diesen Titel für ihren ruhigen und eindringlichen Spielfilm gewählt. Er erzählt von einem geplanten Ehrenmord an einer in Deutschland geborenen, nach Istanbul verheirateten, jungen Frau, die in der Hoffnung auf Unterstützung durch ihre Eltern und Geschwister den gewalttätigen Ehemann verlässt, um mit ihrem kleinen Sohn in Deutschland ein selbstbestimmtes Leben zu führen. Der Film zeigt, wie Zuneigung und Wärme, wenn sie an konformes Verhalten gekoppelt sind, in Ablehnung umschlagen können und ein zuvor geliebtes Familienmitglied zur Ausgestoßen wird.

In einer Studie der Dicle-Universität im ostanatolischen Diyarbakir zum Thema „Ehre" vertraten 83,7% der befragten Männer aus der Stadt und ihrer Umgebung die Meinung, eine Frau müsse bei Ehrverlust bestraft werden, von diesen wiederum waren 37,4% der Auffassung, sie müsse getötet werden.[2] Das türkische Meinungsforschungsinstitut Metropol stieß auch in gebildeten Kreisen Ostanatoliens, beispielsweise bei Studenten an dortigen Universitäten, auf Verständnis für Ehrenmorde. 30% der Befragten hielten ihn für eine legitime und angemessene Reaktion der Familie auf Verletzungen der Familienehre.[3]

In vormodernen, kollektivistischen Gesellschaften mit relativ starren und wenig durchlässigen sozialen Strukturen, in denen der Einzelne einen ihm zugewiesenen Platz einnimmt, stellt die Ehre, gemeinsam mit Respekt, ein Strukturelement dar, das die Stellung der Mitglieder in der gesellschaftlichen Hierarchie genau festlegt. In modernen, demokratischen Gesellschaften, die sich durch einen hohen Grad an Individualismus und soziale Durchlässigkeit auszeichnen, hängt die Stellung des Einzelnen deutlicher von dessen persönlichen Leistungen ab; Ehre bedeutet Ansehen, das sich die betreffende Person durch konkretes Verhalten verdient hat. Eine Kategorie wie Ehre hat hier ihre Eindeutigkeit, ihr klares soziales und kulturelles Profil verloren. Der Begriff spielt im Alltag zwar noch eine gewisse Rolle und findet sich in schönen, manchmal etwas altmodisch anmutenden Floskeln und Worten wie „ehrenrührig", „Ehrengast" oder „Ehrfurcht" wieder, hat aber einen Bedeutungswandel erfahren. Er bestimmt das Leben – wenn überhaupt – in einem viel geringeren Maße, als das in vormodernen Gesellschaften der Fall ist und besitzt vor allem keinen normativen Wert mehr.

Die vormoderne Bindung von Ehre an nichtverantwortliche Eigenschaften einer Person (Herkunft, Alter, Geschlecht, Gruppenzugehörigkeit et cetera) und ihre Stellung im Gefüge einer stark hierarchischen Gemeinschaft tritt in der modernen Gesellschaft zurück hinter die Bindung an tatsächliches und selbstverantwortetes Verhalten einer Person,[4] wobei sich Relikte vormoderner Ehrbegriffe noch in hierarchischen Organisationen wie dem Militär in Form der Standesehre oder etwa in Burschenschaften finden. Dieser Wandel des Ehrbegriffs ist neben anderen Faktoren, die im Laufe der Geschichte zu einer mitunter recht unterschiedlichen Entwicklung der Kulturen beigetragen haben, vor allem eine Folge der Demokratisierung und der damit einhergehenden Nivellierung von Hierarchien. Sie machte die alten Regeln von Ehre und Schande überflüssig. In Gesellschaften, in denen der Wert und die Würde jedes Einzelnen eine fundamentale Rolle spielt und durch die Menschenrechte geschützt wird, ist darüber hinaus die Abhängigkeit von anderen und deren Meinungen kleiner geworden, weil soziale Beziehungen selbstbestimmt gewählt werden können. Der Einzelne wird nicht, wie in traditionell kollektivistischen Gesellschaften, in all seine sozialen Beziehungen hineingeboren, und ist dementsprechend nicht ein Leben lang von ihnen abhängig.

Der vormoderne Ehrbegriff ist untrennbar verbunden mit Hierarchien und Ungleichheit. Mit einem auf der Gleichheit aller Bürger basierendem Recht und dem damit verbundenen Rechts- und Gerechtigkeitsempfinden ist dieses Verständnis von Ehre nicht mehr vereinbar.[5] Und so bedeutet Ehre in demokratischen Gesellschaften auch vorrangig die persönliche, allen Menschen eigene und gleiche Würde. Das ist die Ehre, die per Gesetz vor Verletzungen wie übler Nachrede, Ehrenbeleidigung oder Verleumdung geschützt wird. Jede Person ist juristisch gesehen in gleicher Weise in ihrer Würde verletzbar, unabhängig von sozialer Stellung und Geschlecht, und hat daher den gleichen Anspruch auf den Schutz ihrer Würde.

Im islamischen Kulturkreis hat sich bis heute ein vormoderner Ehrbegriff (arabisch=namus), beziehungsweise Relikte desselben, erhalten, der durch den Zuzug konservativ eingestellter muslimischer Bevölkerungsgruppen auch in Westeuropa kein unbekanntes Phänomen mehr ist. Dem Einzelnen wird in traditionell-kollektivistischen Gesellschaften keine persönliche, von seiner Primärgruppe

(Familie) abweichende Identität im modernen Sinne zugestanden. Über Identität und Ansehen verfügt der Einzelne nur vermittelt über seine Zugehörigkeit zu einer bestimmten Gruppe. In der Regel ist das zunächst die – sehr weit gefasste – Familie, aber auch, vor allem im arabischen Raum, die Zugehörigkeit zu einem Stamm oder Clan. Darüber hinaus spielt auch die Zugehörigkeit zu einer ethnischen Gruppe und zur Gemeinschaft der Muslime (Umma) eine wichtige Rolle. Bedingt durch diese Gruppenidentität bedeutet jede Beleidigung eines Einzelnen auch eine Beleidigung des ganzen Kollektivs, umgekehrt trifft jede Beleidigung des Kollektivs automatisch jedes einzelne Mitglied. Aus der Verinnerlichung dieses kollektivistischen Menschenbildes erklären sich die beleidigten Reaktionen vieler Muslime auf Kritik oder Spott gegenüber ihrer Religion, wie wir sie angesichts der dänischen Karikaturen erlebten. Kritik und Spott wird als Angriff auf die Ehre jedes einzelnen Muslims begriffen und ruft entsprechende Reaktionen zur „Ehrenrettung" hervor.[6] Das kollektivistische Verständnis reglementiert die Gruppe auch nach innen: Unehrenhaftes Verhalten eines Einzelnen fällt auf die ganze Gruppe zurück. Deshalb ist es verpönt, das Fehlverhalten Einzelner oder Missstände innerhalb der Gruppe nach außen dringen zu lassen, was zwangsläufig zu Tabuisierung und Verdrängung führt und letztlich jeder Veränderung im Wege steht. Der in Damaskus aufgewachsene, in Deutschland lebende Schriftsteller Rafik Schami spricht von der „Krankheit namens Gesicht wahren", die Kinder in einer Gesellschaft voller Lügen aufwachsen lasse:

„Die Kinder werden gedrillt, immer und unter allen Umständen nach außen dicht zu halten, weil die Welt voller Feinde ist, die nur darauf bedacht sind, den Namen der Sippe in den Dreck zu ziehen. Nichts wird schlimmer bestraft als der sogenannte Verrat an der Sippe. Das Kind lernt also, zu verheimlichen und mit doppelter Zunge zu sprechen. Nicht der Fehler, nicht die Sünde selbst ist verachtenswert, sondern die Kunde davon", so Schami.[7]

Offenheit und Kritik wird so automatisch zur Verleumdung und zum Angriff.

Im Gefüge hierarchischer vormoderner Gesellschaften hat jeder seinen festen Platz. Der Mann steht über der Frau, das Alter über der Jugend, der Familienvater, Clanführer oder Feudalherr über allen anderen. Der jeweilig Obere fordert Respekt, Gehorsam und

Ehrbezeugungen von allen unter ihm Stehenden.[8] Respekt und Gehorsam werden in diesem Zusammenhang synonym verwendet.[9] Die Bezeugung von Respekt ist an ein strenges, ritualisiertes Regelsystem gebunden. Ehre und Respekt hängen nicht vom Charakter einer Person ab, sondern von angepasstem, der Tradition entsprechendem Verhalten. So gilt es etwa als respektwidrig, in Gegenwart des Vaters zu rauchen. Wenn Ältere oder „Respektspersonen" reden, haben die anderen zu schweigen, werden sie nach ihrer Meinung gefragt, ist Zustimmung die einzig akzeptierte Antwort – jeder Widerspruch gilt als respektlos. Meinungs- und Informationsaustausch werden durch diese Konventionen erschwert oder verhindert, fest verankerte Meinungen kaum je in Frage gestellt, sondern von oben nach unten weitergegeben. Kinder und Jugendliche lernen nicht, Autoritäten und Gewissheiten zu hinterfragen. Die Kontroverse und der Zweifel erscheinen als Tabubruch und Verletzung der Regeln des Anstands.[10]

Ali Köse, Professor für Religionspsychologie und -soziologie an der Marmara-Universität in Istanbul, sieht in dieser „Kultur der Eintrichterung" das Hauptproblem des Orients. Die „Kultur des Dialogs" sei unterentwickelt. „Wir glauben noch immer an die Autorität, so wie an einen Gott. Wer die Autorität hat, beginnt damit, seinen Lebensstil anderen aufzuzwingen – sei er nun religiös oder säkular. [...] Die Laizisten und die Islamisten sind sich darin ziemlich gleich."[11] Dass derart autoritäre Strukturen eine hohe Barriere für Innovationen darstellen, eine Gesellschaft lähmen und Veränderungen erschweren, ist naheliegend. Der ritualisierte Umgang der Familienmitglieder untereinander, vor allem gegenüber der Autorität des Vater und der älteren Brüder, führt letztlich auch zur Entfremdung und verhindert Vertrautheit und emotionale Nähe. Der Vater, gefangen in seiner Rolle, ist oft unfähig, seine Kinder wirklich näher kennen zu lernen und ihre Probleme wahrzunehmen. Es genügt, wenn sie den Traditionen gemäß funktionieren. In einer Studie des Kultur- und Sozialanthropologen Werner Schiffauer über eine Gruppe türkischer Jugendlicher in Berlin, die im Gefängnis saßen, bringt einer der Väter das Verhältnis zu seinem Sohn sehr drastisch auf den Punkt: „Er war ein guter Sohn. Wenn ich gesagt habe: ,Bring mir die Schuhe!' brachte er mir die Schuhe. Wenn ich gesagt habe: ,Bring mir die Hose!' brachte er mir die

Hose."[12] Schiffauer hat den ritualisierten Ablauf in der traditionellen türkischen Familie aus eigener Beobachtung geschildert:

Nach dem Abendessen ging der Vater und Hausherr so abrupt aus dem Zimmer, dass ich die erwachsenen Söhne fragend ansah. Sie erklärten mir, der Vater habe das Zimmer verlassen, damit sie eine Zigarette rauchen könnten – was in seiner Gegenwart, wegen der geforderten Achtung, nicht möglich gewesen wäre. Doch hatte der ältere Sohn seine Zigarette erst halb aufgeraucht, als der Vater das Zimmer wieder betrat: Daraufhin verbarg der Sohn die brennende Zigarette in der Hand und verließ seinerseits das Zimmer.[13]

Der „gute Sohn" hat sich an das Ritual zu halten, was er jenseits dieser Situationen denkt und tut, ist nicht von Belang. Hierarchien bleiben gewahrt, indem der Schein gewahrt wird.

Ehre, wie sie in konservativen, traditionell geprägten Kreisen verstanden wird, zeichnet sich nicht dadurch aus, dass sie erworben ist, sondern sie haftet der Familie gleich einem kollektiven Besitz an. Diese Vorstellung von Ehre kennt eine klare Grenze zwischen dem *Innen* (dem Bereich der Familie) und dem *Außen* (der zumeist männlichen Öffentlichkeit). Die Verletzung dieser Grenze wird als Verletzung der Ehre erlebt und zwar sowohl die Grenzverletzung von außen, also etwa ein Übergriff, eine Beleidigung oder die Belästigung einer der Frauen der Familie, als auch von innen, also etwa unehrenhaftes Verhalten eines Mitglieds in der Öffentlichkeit. Letzteres betrifft in erster Linie die weiblichen Mitglieder der Familie und deren Sexualverhalten, denn „die Ehre eines Mannes ist zerstört, wenn jemand sexuelle Beziehungen zu den Frauen seiner Familie aufnimmt"[14] – eine Auffassung, die uns zum Kern dieser Ehrvorstellung führt.

Ehre und Sexualität

Ayhan Sürücü, der jüngere Bruder und Mörder der 2005 in Berlin erschossenen Hatun Sürücü (er wurde wegen Mordes zu 9 Jahren und drei Monaten Haft verurteilt), erzählt im Dezember 2010 in einem Interview davon, wie er und seine Geschwister von Kindheit an gelernt haben, was Familienehre bedeute und wie diese zu wahren sei. „Hinter dem Begriff Ehre war in Klammern immer Frau", so

Ayhan. Ehre, das war die Mutter, die Schwester oder die Ehefrau. Obwohl Ayhans Eltern bereits seit 35 Jahren in Berlin lebten, hielten sie weiter an den archaischen Ehrvorstellungen ihrer ostanatolischen Heimat fest.[15] „Die Ehre des Mannes befindet sich zwischen den Beinen der Frau" ist ein in vielen muslimischen Ländern noch heute zitiertes Sprichwort. Die Ehre der gesamten Familie definiert sich über das sexuelle Verhalten der Frauen, denen jeder auch nur andeutungsweise „unkeusche" Umgang mit Männern untersagt ist.[16] Frauen werden in traditionell-kollektivistischen Gesellschaften als Besitz wahrgenommen, Männer als dessen Verteidiger. Männer müssen vor allem nach außen beweisen, dass sie „ihre Frauen" unter Kontrolle haben und „unehrenhaftes" Verhalten verhindern können.[17] Als unehrenhaft gilt dabei jedes selbstbestimmte sexuelle Verhalten von Mädchen und Frauen. In dieser Gedankenwelt ist die sexuelle Enthaltsamkeit der Mädchen bis zur Ehe die Grundvoraussetzung für die Ehre der gesamten Familie. Das Jungfernhäutchen wird zum Fetisch der Familienehre.[18] Keuschheit und Scham werden so zu bevorzugten Qualitäten von Frauen, die die Ehre der Familie erhalten.[19] Die Konsequenzen derart zwanghafter Vorstellungen und Normen liegen auf der Hand. Mädchen wird von Kindheit an auf subtile wie direkte Weise zu verstehen gegeben, dass ihr Wert nicht in ihrem Menschsein und ihrer Persönlichkeit begründet ist, sondern davon abhängt, wie sie die ihnen zugedachte Rolle der jungfräulichen Braut und späteren Ehefrau erfüllen. Was als Erziehung zu ehrenhaftem und keuschem Verhalten bezeichnet wird, verschleiert die schlichte wie brutale Tatsache, dass hier Mädchen als „unbenutzte" Objekte in die Ehe verschachert werden sollen. In dieser Logik erscheint eine junge Frau, die sexuellen Kontakt vor der Ehe hat, als gebrauchter Gegenstand, wertlos, schwer zu vermitteln und vor allem eine Schande für die Familie. Wie sehr trotz des Einbruchs moderner Vorstellungen am Jungfrauenkult festgehalten wird, zeigt sich nicht zuletzt daran, dass die chirurgische Wiederherstellung des Hymens sowohl in islamischen Staaten, als auch in muslimischen Communities in Europa boomt.[20] Die steigende Popularität einer paradoxen Maßnahme wie die der „Restaurierung" von Jungfrauen weist auf Umbruchsituationen hin und zeigt, dass immer mehr junge Frauen aus den vorgegebenen Rollenmustern auszubrechen und ihre Sexualität selbstbestimmt zu leben versuchen; aber es zeigt auch den enormen Druck, dem sie durch Familie und Umfeld ausgesetzt sind. Dem Wunsch nach freier Entscheidung stehen überkommene, lebensferne, aber gleichzeitig auch stark verinnerlichte Ehr- und Moralvorstellungen entgegen. Junge Frauen suchen mit Hilfe der Chirurgie einen Ausgleich zwischen beidem. Der Schein ist letztlich wichtiger als die Wirklichkeit.

Als Folge des Jungfrauenwahns wird die Geburt eines Mädchens von traditionellen Familien oft als Belastung empfunden, denn ein Mädchen stellt bis zu seiner Hochzeit für die gesamte Familie eine Gefährdung der Ehre dar.[21] Die algerisch-französische Sängerin Djura erzählt, wie bei jeder Geburt in ihrem nordalgerischen Dorf alle Bewohner auf die Freudenschreie warteten, die die Geburt eines Sohnes anzeigten. „Kam dagegen ein Mädchen, gab es keinen Grund zum Feiern. Die Mutter selbst war verbittert angesichts des weiblichen Geschlechts [...] Der Vater ging ins Café, um sich dort zu trösten. Seine Freunde versuchten ihn aufzumuntern, indem sie behaupteten, seine Frau könne eines Tages auch einen Sohn gebären."[22] Bleibt ein Sohn lange oder ganz aus, lastet dieses „Versagen" auf der Frau.[23] Selbst wenn sie schon Töchter auf die Welt gebracht hat, wird sie erst durch die Geburt ihres ersten Sohnes zur „richtigen" Mutter und verbessert dadurch ihre Stellung gegenüber den Schwiegereltern, aber auch gegenüber dem Rest der Verwandtschaft und den Nachbarn.[24] Die Bevorzugung von Söhnen drückt sich im Arabischen durch eine Änderung der Anrede aus: Hat ein Ehepaar den ersten Sohn bekommen, werden die Eltern fortan als Vater und Mutter dieses Sohnes bezeichnet, ihr Rufname wird von seinem Namen abgeleitet. Die Eltern von Yusuf werden von nun an mit Abu Yusuf (Vater des Yusuf) und Umm (Mutter) Yusuf angesprochen. Auch in traditionellen türkischen und kurdischen Familien wird die Geburt einer Tochter oft als Belastung empfunden.

Das Rollenbild von Mädchen und der damit verbundene Jungfrauenkult werden durch die Religion insofern legitimiert und befördert, als der Islam Sexualität ausschließlich im Rahmen der Ehe erlaubt. Außereheliche Sexualität stellt nach allgemeiner theologischer Auffassung als „Unzucht" (Zina) einen Verstoß gegen die „Rechte Gottes" dar, der mit einer nicht verhandelbaren sogenannten Hadd-Strafe zu ahnden ist. Wo nach der (→)Scharia Recht gesprochen wird, steht auf „Unzucht", wenn sie gleichzeitig einen Ehebruch darstellt, die Todesstrafe durch Steinigung. Sind beide Partner unverheiratet, werden sie „nur" ausgepeitscht.[25]

Auch das Neue Testament verurteilt an mehreren Stellen außerehelichen Geschlechtsverkehr,[26] aber diese Verbote haben keine normative gesellschaftliche Macht mehr und spielen selbst an der Kirchenbasis kaum noch eine Rolle. In islamischen Ländern hingegen nehmen die Religion beziehungsweise ihre Gebote und Verbote nach wie vor eine sehr dominante Rolle ein; ihre normative Kraft ist noch immer groß, wie sich nicht zuletzt nach den Aufständen in der arabischen Welt gezeigt hat – auch wenn es in den meisten Ländern ein starkes Stadt-Land-Gefälle gibt.

Wenn außerehelicher Geschlechtsverkehr als schwere Sünde angesehen wird, werden religiöse Eltern zwangsläufig versuchen, ihre Töchter an sexuellen Kontakten zu hindern, damit sie als Jungfrauen in die Ehe gehen können. Islamische Rechtsgelehrte haben aber auch immer wieder durchaus weltliche Gründe für die Heirat einer Jungfrau angeführt. Der seit dem Mittelalter hochgeachtete Theologe al-Ghazali verfasste Ende des 11. Jahrhunderts ein eigenes Buch über die Ehe. Darin schwärmt er von den Vorzügen der Jungfräulichkeit für den Ehemann. Unverblümt führt er aus, dass die Frau dadurch, dass sie in jungfräulicher Verfassung die ersten Liebeseindrücke mit ihrem Ehemann gewänne, keinen Vergleich hätte, der sie eventuelle Unzulänglichkeiten ihres Mannes erkennen ließe. Außerdem würde der Mann sie gerade dafür lieben, dass sie nicht schon durch andere berührt worden sei und letztendlich sei die erste Liebe zumeist die dauerhafteste, die Frau würde so nur nach ihrem eigenen Mann seufzen.[27] Al-Ghazali gilt bis heute in seinen Urteilen als vorbildlich und sein Einfluss kann nicht hoch genug eingeschätzt werden. Seine Bedeutung für den Islam entspricht etwa der Thomas von Aquins für das Christentum. Er und seine Anhänger trugen maßgeblich dazu bei, die rationalistisch ausgerichtete Theologie der Mutaziliten[28] endgültig zu eliminieren, und setzten, mit dem Argument, der Rückgriff auf die griechische Philosophie sei islamfeindlich, dem Einfluss der vielversprechenden arabischen Philosophie Ibn Sinas (Avicenna) und anderer ein Ende.[29] Bis heute ist es in der islamischen Theologie schwer, gegen al-Ghazalis Schriften zu argumentieren.

Die Hervorhebung Aishas durch die islamische Überlieferung ist ein weiteres Moment der Konstituierung des Jungfrauenkults. Aischa war nach dieser noch ein Kind und die einzige Jungfrau unter den zahlreichen Frauen, die Mohammed ehelichte. Gerade sie gilt als seine Lieblingsfrau. Da die Worte und Taten des Propheten noch heute Vorbildcharakter haben, scheint die Ehelichung einer Jungfrau als besonders erstrebenswert. Auch die auf die Bedürfnisse arabischer Männer des Mittelalters zugeschnittenen Verheißungen des Paradieses prägen die Vorstellungen von Muslimen: Gelage mit Wein und Sex mit Jungfrauen. Vor allem das koranische Versprechen der Paradiesjungfrauen, die Männern im Jenseits zur Verfügung stünden und deren Jungfräulichkeit nach jedem sexuellen Verkehr wieder hergestellt würde, leistet der fixen Idee von der Jungfrau Vorschub.[30]

Das religiöse Gebot der Jungfräulichkeit begünstigt die Verknüpfung von Sexualität und Ehre. Da der voreheliche Verlust der Jungfräulichkeit nach religiösem Recht eine Straftat darstellt, handelt es sich mithin um eine unehrenhafte Tat. Die ständige Bedrohung der Ehre rechtfertigt in traditionellen Familien eine strenge Überwachung der Mädchen. Die Söhne werden dazu erzogen, die Rolle eines Familienoberhauptes zu übernehmen, während die Mädchen auf ihre zukünftige Rolle als Ehefrau und Mutter vorbereitet werden. Von Kindheit an haben Jungen mehr Rechte und Freiheiten als Mädchen, die durch große Familienzusammenhänge, aber auch durch Nachbarn und Freunde, möglichst flächendeckend observiert werden.[31] Brüder und Cousins werden neben Vätern und Onkeln zu Sittenwächtern, die darauf achten, wie Schwestern und Cousinen sich kleiden, mit wem sie verkehren, wann sie nach Hause kommen, und dass sie keinen Freund, aber auch keinen freundschaftlichen Kontakt zu Jungen haben.[32] In diesem Kontext sind auch die Bestrebungen mancher Eltern zu sehen, ihre Kinder, insbesondere die Töchter, von sexueller Aufklärung fernzuhalten und vom Sexualkundeunterricht abzumelden. Die Lerninhalte dieses Unterrichtsfachs lassen manchen Muslimen die Haare zu Berge stehen, geht es doch darum, junge Menschen zum selbstbewussten Umgang mit Sexualität zu erziehen. Daher erstaunt es nicht, dass besonders strenge Muslime Verfechter der Geschlechtersegregation sind und für getrennte Schulen votieren. Schon Ayatollah Khomeini hatte gemischte Schulen als „Zentren der Prostitution" bezeichnet.[33]

In dieser Welt fühlen sich Brüder berechtigt, ihren Schwestern Gewalt anzutun, wenn diese vom vorgegebenen Verhaltenskodex abweichen. „Sie lebt wie eine Deutsche", heißt es dann oft, was so viel bedeutet wie „sie lebt wie eine Hure."[34] Laut einer repräsentativen Studie des Kriminologischen Forschungsinstituts Niedersachsen gaben 13,1% der 15-jährigen muslimischen Jungen in Deutschland an, dass sie es für angemessen erachten, ihre Schwester zu verprügeln, wenn diese zu spät nach Hause kommt.[35]

Fehlverhalten von Mädchen kann zu schlimmen Konsequenzen führen. Schon manch harmloses Gespräch mit einem Jungen auf dem Schulhof wurde von Brüdern zu einer Frage der Ehre hochstilisiert und damit zu einem Problem für das betreffende Mädchen. „Wenn sie einen Freund hat, ohne Geschlechtsverkehr zu haben, dann gibt es für den Typen nur Schläge. Wenn die beiden jedoch auf die wahnsinnige Idee gekommen sind, miteinander zu schlafen, dann sind sie beide dran. Ich würde sie umbringen, wenn sie das getan hätte. Das darf ein Mädchen im Islam nicht. Sie muss doch Jungfrau bleiben, oder?" – zitiert die Religionspädagogin Lamya Kaddor einen ihrer 14-jährigen Schüler.[36] Von einer freien Entfaltung der Persönlichkeit kann in einer solchen Umgebung keine Rede sein. Mädchen und Frauen werden durch die eigene Familie massiv in ihren Persönlichkeitsrechten eingeschränkt.

Je konservativer das Milieu, desto eher geraten Eltern in eine Art Panik, sobald eine Tochter geschlechtsreif ist. Töchter werden so früh wie möglich verheiratet, denn eine frühe Heirat gilt als geeignetes Mittel, um außerehelichem Sex, der Entjungferung und dem damit einhergehenden Ehrverlust vorzubeugen.[37] Die in der Türkei aktive und mittlerweile prominente Frauenorganisation *Uçan Süpürge* (Fliegender Besen) hat eine Untersuchung über frühe Heiraten durchgeführt. Von den in den Städten Yozgat und Kirikkale befragten Frauen gaben 8% an, bereits zwischen ihrem 13. und 14. Lebensjahr verheiratet worden zu sein, 34,5% bis zum 16. Lebensjahr, obwohl das gesetzliche Heiratsalter für Mädchen in der Türkei bei 17 Jahren liegt. Bis zum 18. Lebensjahr waren alle verheiratet.[38] Diese Zahlen decken sich mit dem Bericht eines türkischen Parlamentsausschusses aus dem Jahre 2010, demzufolge im Südosten des Landes bei fast 70% aller Eheschließungen einer der Partner noch minderjährig ist. Landesweit liegt der Durchschnitt bei 25%.[39] Diese Ehen sind durchweg sogenannte Imam-Ehen, die erst nach der Volljährigkeit auf einem Standesamt legalisiert werden. Fast alle sind unter Zwang zustande gekommen oder wurden arrangiert.[40] Unverheiratet zu bleiben war für diese Mädchen und junge Frauen keine Option.

Im November 2011 wurden die Ergebnisse der bislang umfassendsten Untersuchung zu Zwangsheirat in Deutschland veröffentlicht. Sie geben zu denken, zeigen sie doch, dass es sich entgegen vielen bisherigen Verlautbarungen bei Zwangsheiraten um ein weit verbreitetes Phänomen handelt. Von 1.445 befragten Beratungsstellen beteiligten sich 830 an der Studie. Im Jahr 2008 wurden insgesamt 3.443 Beratungen zum Thema Zwangsheirat durchgeführt, wobei es sich bei 60% um eine drohende und bei 40% um eine bereits vollzogene Heirat handelte. In 225 Fällen waren die Ratsuchenden Männer. Zwar wurde nur in 60% der Fälle die Religion erhoben, aber von diesen kamen 83% aus einer muslimischen Familie, 70% waren jünger als 21 Jahre alt, 44% besaßen die deutsche Staatsangehörigkeit. 27% gaben an, mit Waffengewalt und Morddrohungen zu einer Heirat gezwungen worden zu sein. Auch wenn eingerechnet wird, dass Betroffene sich im Untersuchungszeitraum an mehrere Beratungsstellen gewendet haben, sind diese Zahlen erschreckend hoch. Da etwa 600 weitere Beratungsstellen keine Zahlen bekannt gegeben haben, ist davon auszugehen, dass die Zahlen noch höher liegen. Die Bundesfamilienministerin sprach darüber hinaus davon, dass „die Dunkelziffer der unerreichbar Eingeschüchterten" nicht abzuschätzen sei. Eine Beratungsstelle wird nur von denjenigen aufgesucht, die über genügend Mut und Selbstbewusstsein verfügen und zudem von der Existenz einer solchen Stelle überhaupt erfahren, was gerade bei jungen Frauen, die eigens zur Heirat aus der Türkei geholt wurden, in der Regel nicht der Fall ist. Der Münchner Soziologe Aydin Findikci geht von jährlich bis zu 30.000 Zwangsheiraten aus Familien mit islamischem Hintergrund aus.[41] In einem türkischen Privatsender läuft seit November 2011 eine Serie mit dem Titel *Das Leben geht weiter*, die, angesichts der Tatsache, dass beinahe jede dritte Frau in der Türkei als Minderjährige verheiratet wird, zu den Themen Zwangsheirat, Kinderbräute und Familienehre Aufklärungsarbeit leisten will. Die Serie erzielt Zuschauerrekorde und das Thema gerät in der Türkei mehr und mehr in die

Kritik. Das hat auch die Regierung auf den Plan gerufen, die nun die Imame der circa 80.000 Moscheen in den Kampf gegen Zwangsheirat einbinden möchte.[42]

Um Töchter von einem als unmoralisch empfundenen westlichen Lebensstil abzuhalten, werden sie mitunter in die Herkunftsländer verheiratet – oft während eines Familienurlaubs, und allzu häufig unter Druck oder Anwendung von Gewalt. Nach den Sommerferien bleiben in Deutschlands und Österreichs Schulen regelmäßig einige Plätze von Mädchen leer.[43] Auf diese Situation hat der deutsche Gesetzgeber 2011 reagiert, indem er Zwangsheiraten auch im Ausland unter Strafe gestellt und den betroffenen Mädchen und Frauen ein Rückkehrrecht eingeräumt hat.

Bei einer Befragung unter Frauen türkischer Herkunft durch das deutsche Bundesministerium für Familie im Jahr 2006 gaben 50% der Frauen an, in einer arrangierten Ehe zu leben, 23% von diesen beantworteten die Frage, ob sie sich ihren Partner lieber selbst ausgesucht hätten, mit ja.[44] Amnesty International geht für die Niederlande davon aus, dass über 90% der Ehen unter türkischen Migranten zumindest arrangiert sind.[45] Die Grenzen zwischen arrangierter Ehe und Zwangsheirat sind fließend. Zwang lässt sich, sofern die Betroffenen nicht selbst um Hilfe bitten, in der Regel schwer nachweisen.[46] Letztlich ist die Debatte darüber, wie viele der arrangierten Ehen unter Zwang zustande gekommen sind, eine Scheindebatte. Junge Menschen, die zu Gehorsam erzogen wurden und denen bei Ausstieg aus den vorgegebenen Normen familiärer Liebesentzug, Ächtung, Verstoßung und manchmal auch Schlimmeres droht, haben es in der Regel schwer, eigene Wünsche zu formulieren, geschweige denn, diese auch durchzusetzen.[47] Ein Begriff wie „Freiwilligkeit" kann in diesem Zusammenhang, soziologisch und psychologisch betrachtet, kaum eine abfragbare Kategorie sein; Freiwilligkeit ist hier meist nur die Kapitulation vor einem scheinbar unvermeidlichen Schicksal.

Die betroffene Frau kann von ihren Eltern in der Regel auch dann keine Hilfe erwarten, wenn sie sich von ihrem Mann trennen will, weil dieser sie und die Kinder schlägt. Im Gegenteil, oft muss sie Schutz vor ihrem Mann *und* ihrer Familie im Frauenhaus suchen. Weil auch Scheidung als Schande für die gesamte Familie angesehen wird, gilt das Interesse der Eltern zuerst dem Erhalt der Ehe.[48] Das *Islamische Zentrum München* (IZM), das dem *Zentralrat der Muslime in Deutschland* angehört, erläutert das Verhalten der Eltern aus seiner Perspektive: „Sie [die Familie] gibt den zukünftigen Eheleuten den nötigen Rückhalt und setzt sich in schwierigen Situationen für das Fortbestehen der Ehe ein." Im zitierten Ratgeber wird der Frau das Recht zugestanden, unter Einbeziehung der Familie den Ehemann selbst auszusuchen. Dem Mann wiederum wird unter Verweis auf den Koran das Recht zugestanden, seine Frau zu schlagen, sollte es zu Problemen in der Ehe kommen. Wie einige andere islamische Vereinigungen tritt auch das IZM offen für die Mehrehe ein.[49] Das *Islamische Zentrum* in Wien errichtete Ende der 1970er Jahre mit saudischem Geld eine der bedeutendsten und größten Moscheen des Landes. Bis heute hat der Botschafter Saudi-Arabiens den Vorsitz inne.[50] Zur Polygamie vertritt das *Zentrum* folgende Meinung: „Auch die Mehrehe könnte unter Umständen eine Lösung für soziale Probleme sein. Diese kategorisch abzulehnen beziehungsweise zu verbieten ist ein Indiz für den fremden Einfluss bei einigen Muslimen." Der Autor dieser Zeilen, Scheich M. Atiya, hatte im *Zentrum* einen Vortrag mit dem Titel *Aufruf zu einer möglichst frühen Verheiratung* gehalten.[51] Die in den Beispielen aus München und Wien genannten Auffassungen stehen nicht nur eindeutig im Widerspruch zum deutschen beziehungsweise österreichischen Recht, sie sind vor allem Ausdruck bewusster und gelebter Desintegration, denn Muslimen, die den europäischen Verfassungsstaat und sein Rechtssystem befürworten, wird unterstellt, fremdem Einfluss zu erliegen und vom wahren Pfad abgekommen zu sein.

Frauen und Mädchen sind von innerfamiliärer Gewalt am stärksten betroffen. Auf ihnen lastet der größte Druck, sie müssen die höchsten Erwartungen erfüllen und nach strengeren Vorschriften leben als Jungen und Männer. Bei Verweigerung und Ausstieg aus den Konventionen drohen ihnen schlimmere Sanktionen, wenngleich auch Söhne geschlagen und verstoßen werden. Eine Folge dieses immensen Drucks sind hohe Selbstmordraten. Nach einer Berliner Studie aus dem Jahr 2010 versuchen türkischstämmige Mädchen zwischen 16 und 20 Jahren fast doppelt so oft sich umzubringen, wie gleichaltrige, die nicht aus Zuwandererfamilien kommen.[52] In

Großbritannien ist die Selbstmordrate von Frauen aus pakistanischen Familien sogar dreimal so hoch wie die aus anderen britischen Familien.[53]

Diverse Studien belegen, dass innerfamiliäre Gewalt gegen Frauen in muslimischen Familien weit verbreitet ist und umso größer wird, je konservativer das Umfeld ist. Die Universität Izmir kommt in einer Untersuchung zu dem Schluss, dass Gewalt für 64% der ungebildeten und 9% der gebildeten Frauen in der Türkei zum Alltag gehört.[54] Im Februar 2009 veröffentlichte die Regierung Erdoğan eine Studie, wonach 40% aller Ehefrauen in der Türkei von ihren Männern geschlagen werden.[55] Die Selbstmordrate von Frauen ist hoch, wobei Ehrenmorde oft als Selbstmorde getarnt werden.[56] Trotz fehlender landesweiter Studien wird davon ausgegangen, dass Pakistan das Land mit der höchsten Rate an Ehrenmorden ist. Allein in der Provinz Sindh, in der etwa ein Fünftel der pakistanischen Bevölkerung lebt, werden jedes Jahr mehr als 400 Ehrenmorde polizeilich erfasst.[57]

Im Auftrag des Bundesministeriums für Familie wurde von Mai 2002 bis September 2004 eine Studie zum Thema *Lebenssituation, Sicherheit und Gesundheit von Frauen in Deutschland* durchgeführt. 13% der deutschstämmigen und 30% der türkischstämmigen Frauen gaben an, in ihrer aktuellen Ehe oder Beziehung von Gewalt betroffen zu sein. Türkischstämmige Frauen sind dabei massiveren Formen von Gewalt ausgesetzt. Hinzu kommt die Angst, getötet zu werden, wenn sie ihren Mann verlassen, was bei deutschstämmigen Frauen kaum eine Rolle spielt.[58] Der gravierendste Unterschied jedoch besteht in der gesellschaftlichen Akzeptanz von Gewalt gegenüber Frauen. „Eine deutsche Frau muss in der Regel nur ihren gewalttätigen Ehemann fürchten, eine Türkin dagegen muss die ganze Familie fürchten"[59] – so die Anwältin Ulrike Zecher, die beim Prozess gegen die Brüder der bereits erwähnten, von ihrer Familie ermordeten Berlinerin Hatun Sürücü die Belastungszeugin vertrat. Ein deutscher Ehemann, der seine Frau ermordet, kann davon ausgehen, dass er in seinem persönlichen Umfeld und in der Gesellschaft keine Akzeptanz für seine Tat finden, sondern auf Abscheu und Ablehnung stoßen wird. Ein türkischer Mann, der seine Schwester oder Frau umbringt, handelt nur allzu oft geplant und im Einverständnis mit der Familie und seinem persönlichen Umfeld, das ihn als Helden feiert.[60] Der Ehrenmord ist die gezielte Tat eines Kollektivs, das sich seiner selbst vergewissert. Dieser Unterschied mag für das Opfer keine Rolle spielen, aber für die Verfassung einer Gesellschaft ist es entscheidend, wie ihre Mitglieder zu Gewalt stehen und welchen Stellenwert Gewalt einnimmt. Besorgt über die Reaktionen auf den Mord an Hatun Sürücü schrieb der Direktor der Thomas-Morus-Oberschule in Berlin-Neukölln einen offenen Brief:

Worüber wir aber geschockt sind, ist die Tatsache, dass einige Schüler unserer Schule den Mord an der jungen Frau gut finden und sich an der allgemeinen Hetze und an Aktionen gegen Frauen, die nicht so sind wie sie sein müssen, beteiligen. Diese Schüler zerstören den Frieden des Schullebens, wenn sie den Mord gut heißen, wenn sie äußern, die Frau hätte sich wie eine Deutsche benommen, wenn sie Mitschülerinnen hier in der Schule beleidigen und provozieren, weil diese Mädchen kein Kopftuch tragen oder anders leben.[61]

Gewalt in der Familie, Zwangsheirat und Ehrenmord betreffen auch Jungen und Männer. Zwangsheirat ist in diesem Zusammenhang vor allem eine Disziplinierungsmaßnahme. Ahmet Toprak, Professor für Erziehungswissenschaften in Dortmund, weist darauf hin, dass vor allem diejenigen jungen Männer betroffen sind, deren Lebensstil den guten Ruf der Familie gefährden könnte und die daher durch Verheiratung so schnell wie möglich „aus dem Verkehr gezogen" werden sollen.[62] Etwa dann, wenn sie Drogen nehmen, häufig die Freundin wechseln, ein zu westliches Leben führen, homosexuell sind oder in Verdacht stehen, es zu sein. Homosexualität wird als Fehlverhalten gewertet, das die Familienehre aufs Spiel setzt, sobald es bekannt wird. Wenn sich der homosexuelle Sohn hingegen auf eine Heirat einlässt und fortan ein nach außen konformes Familienleben führt, wird er nicht weiter behelligt werden. Während in Westeuropa, Nord- und Südamerika in den letzten Jahrzehnten eine beispiellose, wenn auch noch immer nicht ausreichende, gesellschaftliche Anerkennung stattgefunden hat, wird Homosexualität in islamischen Gesellschaften nach wie vor geächtet und in Scharia-Ländern sogar mit der Todesstrafe bedroht.[63] Nur in Jordanien und der Türkei ist sie gesetzlich „erlaubt", stößt aber nach wie vor auf große Ablehnung in der Bevölkerung und kann, ähnlich wie der Verlust der Jungfräulichkeit der Tochter, zu Ehrverbrechen innerhalb der Familie führen.

Ahmet Yildiz' Eltern ahnten schon länger, dass ihr Sohn schwul ist. Er lebte in Istanbul, die Familie in Ostanatolien. Es gab oft Streit am Telefon, weil Ahmet sich weigerte, dem Wunsch seiner Eltern nach Heirat nachzukommen. Seine Homosexualität wäre vermutlich nie zum Problem geworden – Istanbul war zu weit entfernt, als dass im Dorf Gerüchte hätten aufkommen können – hätte es Ahmet nicht gewagt, sich im schwulen türkischen Onlinemagazin *BEaRGi* zu outen. Wenige Wochen später war er tot, ermordet von der eigenen Familie.[64] Auch bei Männern gilt: Wer sich den Anordnungen der Familie widersetzt, wer darauf besteht, ein eigenes Leben zu führen, läuft Gefahr, die Familie zu verlieren. Viele Betroffene zerbrechen daran, ihre Eltern, Geschwister, häufig auch ehemalige Freundinnen und Freunde nie wieder sehen zu können.[65]

Die Ehre ist für Menschen, die in traditionell-kollektivistischen Strukturen verharren, das wichtigste Gut, ihr Verlust bedeutet die soziale Ausgrenzung der gesamten Familie. Der eingangs erwähnte Spielfilm *Die Fremde* beleuchtet exemplarisch die Auswirkungen des „Ehrverlusts", den das Verhalten von Umay, der Tochter, ausgelöst hat. Der Film zeigt das innere Gefängnis, in dem sich jedes einzelne Familienmitglied befindet und das Leid und die Zerstörung, die überkommene Gesetze über die Familie bringen. Umays Brüder müssen sich abfällige Bemerkungen von Freunden und Bekannten anhören. Die Familie des Verlobten ihrer jüngeren Schwester löst die Verlobung, weil ihr Sohn keine Frau aus einer „ehrlosen Familie" heiraten kann. Den einzigen Ausweg aus der zunehmenden sozialen Isolierung und Ächtung, wie auch aus der selbstempfundenen Ehrlosigkeit, sieht die Familie schließlich in der Beseitigung der Tochter. Sie allein wird für die Ereignisse verantwortlich gemacht, erst ihr Tod kann die Ehre der Familie wieder herstellen. Obwohl Umay überlebt, endet der Film als Tragödie.[66]

Ein Ehrenmord ist keine Strafe, sondern eine Art archaisches Reinigungsritual, mit dem das Kollektiv die Schande abwäscht.[67] Für den Verlust der Ehre ist es daher auch nicht entscheidend, ob das „Fehlverhalten" gewollt, ungewollt oder gar erzwungen wurde. Deshalb ist eine vergewaltigte Frau ebenso von einem Ehrenmord bedroht, wie eine Frau, die freiwillig Sex hatte – beide gelten als ein Schandfleck für ihre Familie. Die sexuelle Handlung an sich beschmutzt die Ehre und nur eine Auslöschung der betroffenen Person kann sie wieder herstellen. Sollte es gelingen, das Mädchen mit seinem Vergewaltiger zu verheiraten – eine durchaus gängige Praxis – wäre die Ehre formal wieder hergestellt. „Das westliche Denken bewertet beziehungsweise entschuldigt ein Handeln aus der Intention des Handelnden (seiner Innerlichkeit), so dass ein und dieselbe Situation unterschiedlich bewertet werden kann. Das traditionell-islamische Denken bewertet den situativen Raum (die Äußerlichkeit), der unabhängig von dem einzelnen und in einer festen Lesart existiert, die persönliche Haltung dazu ist zweitrangig."[68]

Konfrontiert mit den europäischen Gesellschaften und ihren Freiheiten entstehen in konservativen Einwandererfamilien Brüche zwischen den Generationen und zwischen den Familienteilen in der alten und der neuen Heimat, exemplarisch dafür ist die Geschichte der Familie Kaynar aus Berlin. 1994 kommt der 16-jährige Ali Kaynar aus Ostanatolien nach Berlin und wird von seinem Cousin Ibrahim und dessen Frau Fatma aufgenommen. Schon die Ehe der beiden ist für den Jungen, der in der dörflichen Ehrenwelt aufgewachsen ist, ein Schock: Ibrahim und Fatma sind beide geschieden und leben in zweiter Ehe zusammen, in die beide Kinder aus erster Ehe mitbrachten. Auch Ibrahims Eltern haben diese Ehe nie akzeptiert, immer wieder kommt es zu Auseinandersetzungen über Fatmas Verhalten in der Öffentlichkeit. Sie trage zu kurze Röcke, schulterfreie T-Shirts, gehe ins Schwimmbad und weigere sich, ein Kopftuch zu tragen. Der Druck der Familie und Ibrahims zunehmend aggressives Verhalten führt schließlich zur Trennung, Fatma verlässt ihn. Die daraus entstehende Situation ist für Ali, den Cousin aus Anatolien, unbegreiflich. Er kann nicht verstehen, dass Ibrahim hinnimmt, dass seine Frau ihn verlässt, und sogar versucht, sie zurück zu gewinnen, anstatt seine Ehre wieder herzustellen. Ali wagt es fortan nicht mehr, seine Eltern in Diyarbakir anzurufen, aus Angst, ihre Fragen nach dem Wohlergehen des Cousins beantworten und dessen „Ehrlosigkeit" offen legen zu müssen. Er schämt sich für die ganze Familie und streitet immer öfter mit seinem Cousin. Schließlich nimmt er die Sache selbst in die Hand. Im Dezember 1995 betritt er, in der Absicht, die Familienehre wieder herzustellen, das türkische Bistro, in dem Fatma arbeitet und schießt mehrmals auf sie. Fatma hat Glück und überlebt. Über die Reaktion seiner Berliner Angehörigen auf seine Tat war Ali, wie er dem Sozialanthropologen Werner Schiffauer im Gefängnis erzählte, tief enttäuscht. Die Familie verweigerte ihm jede Unterstützung, besorgte ihm keinen Anwalt und sagte vor Gericht gegen ihn aus, statt ihn, wie er erwartet hatte, zu feiern.[69]

Überall in der islamischen Welt zeigt sich, dass die vormodernen Vorstellungen von Ehre brüchig werden und moderne Ansichten, Ideen und der Wunsch nach persönlicher Freiheit in traditionelle Gesellschaften einbrechen. Frauenhäuser entstehen, Anwältinnen und Anwälte kämpfen für die Rechte von Frauen und Mädchen, die dem Zwang ihrer Familien entkommen wollen. Nach dem Ehrenmord an Samia Sarwar in Pakistan fragte Aswa Jahangir, eine führende Menschenrechtsanwältin: „Was ist ehrenvoll daran, auf eine wehrlose Frau zu schießen?" Diese einfache Frage wurde in Pakistan und der arabischen Welt zum Motto der ersten großen Kampagne gegen Ehrenmorde.[70]

Rana Husseini, Gerichtsreporterin der *Jordan Times*, dokumentiert seit vielen Jahren Ehrenmorde in Jordanien, um das öffentliche Bewusstsein für das Problem zu schärfen. Alles begann 1993 mit einem besonders tragischen Vorfall in Amman. Ein junges Mädchen war von ihren Brüdern mehrfach vergewaltigt und schließlich geschwängert worden. Die Familie machte das Mädchen für das Geschehen verantwortlich. Nach einer Abtreibung wurde sie mit einem 50 Jahre älteren Mann verheiratet, der sie nach kurzer Zeit wieder verstieß. Das Mädchen kehrte zu ihren Eltern zurück und wurde noch am selben Tag ermordet. Als Husseini darüber in der Zeitung berichtete, schlugen die Wellen der Empörung hoch. Wütende Anrufer und Anruferinnen warfen ihr vor, ein falsches Bild von Jordanien zu verbreiten. Rana Husseini machte, unterstützt von der Redaktion, weiter, schrieb gegen die Tabuisierung und die Toleranz gegenüber Ehrenmorden an, gegen die falsche Interpretation der Religion und gegen die jordanische Justiz, die diese Verbrechen als mindere Vergehen mit drei bis sechs Monaten Gefängnis abtat. Mittlerweile wird das Thema zumindest kontrovers diskutiert. Mit Unterstützung des Königshauses wurden Frauenhäuser errichtet. Viele, vor der Familie geflohene Frauen hatten sich zuvor in eine Art Schutzhaft ins Gefängnis begeben müssen.[71]

Nach langen harten Kämpfen konnten Rana Husseini und ihre Mitstreiter einen entscheidenden Sieg feiern: Im Juli 2009 wurde innerhalb des jordanischen Strafgerichtshof ein Tribunal eingerichtet, das Gewalttaten im Namen der Ehre nachgeht. Die Täter müssen von nun an mit erheblich höheren Strafen rechnen. Genauso wichtig wie die gesetzliche Handhabe gegen Ehrenmorde sei es, so Husseini, dass die Zustimmung der Bevölkerung zu diesem Verbrechen in den letzten Jahren zurückgegangen sei.[72]

Als der türkische Regisseur Yılmaz Güney 1982 seinen wohl berühmtesten Film *Yol* (Der Weg) in die Kinos brachte, in dem er die Unterdrückung durch den Staat und durch die Tradition gleichermaßen als Unglück beschreibt und in einer Sequenz zeigt, wie die Gewalt der Ehre über das persönliche Mitleid siegt, war die Aufregung noch groß. Seitdem hat sich in der Türkei einiges getan. *Amnesty International* bezeichnet die dort entstandene Bewegung für Frauenrechte als eine der lebendigsten weltweit.[73] Mit Gruppen wie etwa *Ka-Mer, Uçan Süpürge* und *Women for Women's Human Rights*, um nur einige zu nennen, sind Frauenorganisationen entstanden, die längst auch die Provinzen erreicht haben.

Dem Engagement dieser Gruppen ist es zu verdanken, dass 2001 im türkischen Zivilrecht, sowie 2005 bei der Reform des türkischen Strafrechts, wesentliche Veränderungen zugunsten der Stellung der Frauen durchgesetzt werden konnten. So sind Frauen etwa nach Scheidungen wirtschaftlich besser gestellt worden. Das Strafrecht sieht bei Ehrenmorden keine mildernden Umstände mehr vor, sondern wertet „Tötung im Namen der Tradition" sogar strafverschärfend. Auch Familienangehörigen, die zum Ehrenmord angestiftet haben, drohen nun hohe Strafen. Inzwischen berichten viele türkische Medien empört über Ehrverbrechen; Theaterstücke, Lieder und Romane nehmen sich des Themas an.[74]

Fazit

Verbrechen zum „Schutz der Ehre" finden dort statt, wo Gesellschaften an einem vormodernen Ehrbegriff festhalten. Das betrifft nicht nur islamisch geprägte Gesellschaften, aber in Westeuropa ist diese Art von Verbrechen fast ausschließlich islamischen Communities vorbehalten. Eine durch die Verschmelzung von Tradition und Islam geprägte Vorstellung von Geschlechterrollen und Sexualität begünstigt hier Gewalt gegen Frauen. Ebenso wie in ländlichen Regionen der Türkei sind es in Europa oft Imame mit Autorität auf lokaler Ebene, die Ehrenmorde durch die Scharia legitimiert sehen und entsprechende Fatwas (Rechtsgutachten) erstellen. Auch Ayan Sürücü behauptete, sich die Legitimation für die Ermordung seiner Schwester in der Moschee geholt zu haben.[75]

Ehrenmorde und Zwangsheiraten wurden jahrzehntelang weder von Politik und Gesellschaft, noch von Sozialwissenschaften oder Medien als Problem wahrgenommen – von Ausnahmen, wie etwa der Berliner Anwältin Seyran Ateş und wenigen Fraueninitiativen abgesehen, die sich vorwerfen lassen mussten, mit ihrer Kritik Ausländerfeindlichkeit zu befördern.

Auch in Europa verbreiten Imame, Religionslehrer und die meisten islamischen Verbände einen Islam, der Sexualität außerhalb der Ehe als schwere Sünde geißelt und einen lockeren Umgang von Jugendlichen mit dem anderen Geschlecht erschwert. Diese rigide Sexualmoral und der damit verbundene ständig drohende Verlust der Ehre führen in konservativen Kreisen dazu, dass der Kontakt zwischen den Geschlechtern in erster Linie mit Scham behaftet ist. Kinder werden dazu erzogen, selbstbestimmt lebende Mädchen und Frauen als „Schlampen" zu verachten. Eine solche Geisteshaltung trifft nicht nur die Frauen der eigenen Familie oder Community, sondern *alle* Frauen und verhindert ein respektvolles Miteinander in der Gesellschaft.

Viele islamische Verbände betonen, Ehrverbrechen seien mit dem Islam unvereinbar.[76] So richtig es ist, sich von Ehrenmorden zu distanzieren, so fragwürdig ist es, zu behaupten, diese hätten nichts mit dem Islam zu tun – wenn gleichzeitig ein Islam propagiert wird, der je unterschiedliche Gebote, Verbote und Ansprüche für Frauen und Männer zum Programm erhebt, eine zweifelhafte Sexualmoral mit ihrem Jungfrauenkult verteidigt und zur moralischen Überlegenheit gegenüber anderen Menschen und Kulturen hochstilisiert.

Ehrenmorde sind nur die Spitze des Eisbergs. Hinter jeder aus Gründen der Ehre ermordeten Frau stehen tausende andere, die von ihren Familien zu einem Leben im Dienst der Ehre gezwungen werden.[77]

Islamische Organisationen, die glaubhaft gegen Ehrenmorde auftreten wollen, werden nicht umhin können, Teile der islamischen Traditionen infrage zu stellen und sich kritisch mit dem hinter diesen Morden stehenden Frauenbild auseinanderzusetzen, denn erst eine auf Gleichberechtigung basierende, die individuelle Selbstbestimmung fördernde Familien- und Gesellschaftsstruktur wird die vormoderne Ehrkultur zu Fall bringen können.

Literatur

Kwame Anthony APPIAH, *Eine Frage der Ehre oder Wie es zu moralischen Revolutionen kommt,* München 2011.

Seyran ATEŞ, *Der Multikulti-Irrtum. Wie wir in Deutschland besser zusammenleben können,* Berlin 2007.

Dagmar BURKHART, *Eine Geschichte der Ehre,* Darmstadt 2006.

Gülşen ÇELEBI, *Kein Schutz, nirgends. Warum die deutsche Justiz den Ehrenmord an Rukiye P. nicht verhindert hat,* München 2008.

Necla KELEK, *Die verlorenen Söhne. Plädoyer für die Befreiung des türkisch-muslimischen Mannes,* Köln 2006.

Ayşe ÖNAL, *Warum tötet ihr? Ehrenmorde in der Türkei,* München 2008.

Serap ÇILELI, *Eure Ehre - unser Leid. Ich kämpfe gegen Zwangsehe und Ehrenmord,* München 2010.

Dschihad

In der europäischen Öffentlichkeit ist der Begriff Dschihad in erster Linie wegen seiner häufigen Verwendung durch fundamentalistische und militante islamische Gruppierungen bekannt geworden. Viele dieser Gruppen tragen das Wort Dschihad im Namen[1] und rufen Muslime zum Dschihad auf. Unter Dschihad verstehen sie den bewaffneten Kampf gegen „Ungläubige", womit auch Muslime gemeint sind, die nicht den „wahren" Islam vertreten.

In Abgrenzung dazu bemühen sich die meisten islamischen Vereine und Verbände Westeuropas, den Begriff von der Aura der Gewalt zu befreien, einige in wohlmeinender Absicht, andere, um ihre Ansichten zu verschleiern. Dschihad habe nichts mit Krieg und bewaffnetem Kampf zu tun, heißt es in zahlreichen Internetauftritten und Diskussionen, vielmehr bedeute der Begriff persönliche „Anstrengung" des Gläubigen auf dem Weg zu Gott. Dschihad sei von seinem Wortstamm her weder als „Krieg führen", noch als „töten" zu verstehen.[2] Die *Islamische Glaubensgemeinschaft in Österreich* beantwortet auf ihrer Website die Frage nach dem Stellenwert des Dschihad wie folgt:

Die Muslime sind zwar dem Dschihad verpflichtet, aber schon das Wort hat mit Krieg (harb) nichts zu tun. Es bedeutet vielmehr ,Anstrengung' für eine gute Sache. Als Einsatz für die Gerechtigkeit kann es auch Verteidigungsanstrengungen bedeuten, und so ist es zu verstehen, wenn dieser Terminus im Koran im Sinne von „Kampf, höchster Einsatz" verwendet wird. Aus der Zeit des Propheten ist belegt, dass Dschihad keineswegs mit Waffengewalt zu tun haben muss: „Der beste Dschihad ist das Wort der Wahrheit und des Rechts vor einem ungerechten Herrscher" erklärte Muhammad. Also Einsatz für Redefreiheit und Menschenrechte im weitesten Sinn, und das vor 1.400 Jahren![3]

Manche Gruppen gehen soweit, jede als positiv angesehene Tat als Dschihad zu bezeichnen, und sei sie noch so alltäglich: „Jede Mutter, die sich um Gottes Willen bemüht, ihrem Baby Milch zu geben, ist in den Augen der Muslime eine Mudschahida" (=diejenige, die Dschihad betreibt, abgeleitet vom männlichen „Mudschahid").[4]

Das Wort „Dschihad" leitet sich vom arabischen Verb „dsch-h-d" – sich anstrengen – ab und kann nicht, wie häufig angenommen, mit „Heiliger Krieg" übersetzt werden. Es existiert auch keine Pluralform, es gibt also keine Dschihads. Anders als das Wort „Krieg" beschreibt Dschihad kein räumlich und zeitlich abgegrenztes Ereignis,[5] sondern eine Art Charakteristikum islamischer Lebensführung, eine kontinuierliche Aufforderung an die Gläubigen und deren Herrscher, den Islam auszubreiten. Der Dschihad ist gemäß der islamischen Überlieferung die einzige den Muslimen erlaubte Form des Krieges.[6] Die im Dschihad Gefallenen werden als Märtyrer des Glaubens betrachtet, „der islamische Märtyrer ist also ein aktiver Kämpfer. Passive Märtyrer, wie im Christentum die Regel, sind im Islam eher selten."[7]

Die oft geäußerte Behauptung, Dschihad bedeute „ursprünglich" ein friedliches Bemühen auf dem Weg zu Gott, scheint nicht haltbar und zudem wenig hilfreich für das Verständnis seiner Bedeutung im Kontext von Koran und islamischer Geschichte. Eine wie auch immer geartete „ursprüngliche" Bedeutung eines Begriffs würde zudem noch nichts über mögliche Bedeutungswandel und die weitere Verwendung im Laufe der Geschichte aussagen. (So wurde beispielsweise das deutsche Wort „Gift" im Mittelhochdeutschen noch im Sinne von „Gabe" gebraucht und tritt uns im Englischen oder in der deutschen Verbindung „Mitgift" noch immer in dieser „ursprünglichen" Bedeutung entgegen.) Es spricht einiges dafür, dass der Begriff „Dschihad" von Anfang an auch, wenn nicht sogar hauptsächlich, in der Bedeutung „bewaffneter Kampf" verwendet wurde. Im Koran kommt das Wort in verschiedenen Formen 35 Mal vor. Viermal kann die Bedeutung nicht genau erschlossen und nur zweimal als gewaltfreies religiöses Bemühen gelesen werden,[8] in Sure 29,69, wo es heißt: „Diejenigen aber, die sich um unseretwillen abmühen [...], werden wir unsere Wege führen. Gott ist mit denen, die fromm sind", und in Sure 22,77-78, in der die Gläubigen aufgefordert werden, sich um Gottes willen abzumühen, „wie es sich gehört!"

In allen anderen Beispielen wird der Bezug zum bewaffneten Kampf deutlich hergestellt:

„Und wenn einer um Gottes willen kämpft, und er wird getötet – oder er siegt – werden wir ihm (im Jenseits) gewaltigen Lohn geben." (Sure 4,74)

„Kämpft gegen diejenigen, die nicht an Gott und den jüngsten Tag glauben und nicht verbieten [...], was Gott und sein Gesandter verboten haben, und nicht der wahren Religion angehören [...] (kämpft gegen sie), bis sie kleinlaut aus der Hand Tribut entrichten!" (Sure 9,29)

Die historische Bedeutung des Begriffs wird wohl am besten durch „Bekämpfung der Ungläubigen" wiedergegeben,[9] ein Konzept, das auf die Frühzeit des Islam zurückgeht und die Ära der islamischen Eroberungen, der arabischen wie der osmanischen, kennzeichnete. In den Jahrhunderten der Überlegenheit der islamischen Welt gehörte es zur selbstverständlichen Pflicht eines jeden Machthabers, Gebiete für den Islam zu erobern. Der Kalif als Nachfolger des Propheten, und damit die oberste religiöse und politische Autorität des islamischen Staates, war verpflichtet, zum Dschihad aufzurufen. Nach der Theorie der klassischen Rechtsgelehrten sollte der Kampf gegen die „Ungläubigen" ständig, zumindest aber einmal im Jahr geführt werden.[10] Alle osmanischen Sultane fühlten sich an diese Doktrin gebunden und wurden daran gemessen, wie viele Länder sie dem Reich einverleiben konnten.

Mit dem Begriff Dschihad waren demnach weder friedlicher Einsatz noch Verteidigung gegenüber Angreifern gemeint, sondern die Ausweitung des islamischen Herrschaftsgebiets durch Eroberungen. Dabei sollten die „Ungläubigen" nicht zwangsläufig zum Übertritt genötigt werden, sondern sich vielmehr der Superiorität des Islam unterwerfen und dies durch Zahlungen eines Tributs (arab. Dschizya) anerkennen.[11] Die Rechtsgelehrten unterschieden stets deutlich zwischen der zwangsweisen Bekehrung zum Glauben und der Ausweitung der politischen Herrschaft des Islam. Während erstere verboten war, wurde die Verteidigung und Ausweitung der territorialen Souveränität als religiöse Pflicht betrachtet.[12] Wie vehement die Islamisierung der neuen Untertanen betrieben wurde, hing vom jeweiligen Machthaber und der jeweiligen Geistlichkeit ab, mitunter wurde eine solche nicht einmal angestrebt. Viel wichtiger war es, dass die unter islamische Herrschaft geratenen Andersgläubigen durch ihre Tributzahlungen die Staatskasse füllten. Man muss sich vor Augen halten, dass die Bevölkerung der eroberten Gebiete mehrheitlich keine Muslime waren, was die Dschizya zu einer gewinnträchtigen Massensteuer machte. Die muslimischen Herrscher befanden sich in einem Dilemma: Islamische Religionsgelehrte (die Ulema) tendierten meist dazu, die „Ungläubigen" zur Annahme des Islam zu bewegen, aber ein Massenübertritt hätte einen enormen Steuerausfall nach sich gezogen. Als dennoch die Anzahl der Konvertiten immer mehr zunahm, wurde die Sondersteuer mitunter auch noch von Neu-Muslimen eingetrieben, was vor allem in Persien zu Aufständen führte.[13] Der Einwand, die Sondersteuer sei ein Indiz für die praktizierte Toleranz der Muslime gegenüber Andersgläubigen und widerlege die Behauptung von einer gewaltsamen Ausbreitung des Islam, argumentiert somit an den historischen Fakten vorbei.

Die meisten muslimischen Funktionäre in Europa leugnen die Gewaltgeschichte des Islam. So auch Murad Wilfried Hofmann, Mitglied des *Zentralrats der Muslime in Deutschland* und Autor zahlreicher Bücher, der mit Verweis auf die koranische Ablehnung einer gewaltsamen Individualbekehrung bestreitet, dass sich der Islam durch Kriege ausgebreitet habe.[14]

Zu Beginn des 7. Jahrhundert hatte mit den Arabern eine neue Macht die Weltbühne betreten, die militärisch überlegen und willens war, ein Imperium zu begründen. Mangels zuverlässiger Quellen liegen die Anfänge des Islam noch weitgehend im Dunkeln und es kann frühesten ab dem Ende des 8. Jahrhunderts gesichert von einer eigenständigen islamischen Religion gesprochen werden. Die islamische Geschichtsschreibung reklamiert das Arabische Reich als *islamische* Eroberung. Mit Sicherheit belegt ist, dass im 7. Jahrhundert mit atemberaubender Geschwindigkeit ein riesiges arabisches Imperium entstand. Als der Koran und andere islamische Überlieferungen ab der Mitte des 8. Jahrhunderts kanonisiert wurden, hatten die Araber bereits eine lange Kriegsgeschichte hinter sich. So spiegeln diese Texte verständlicherweise den Alltag und das Selbstverständnis einer neuen Weltmacht wider. Der Koran, die Hadithen (die gesammelten Überlieferungen der Aussprüche und Handlungen Mohammeds) und die erste Mohammed-Biographie waren Ausdruck der historischen Gegebenheiten und gleichzeitig Inspirationsquelle und Ermahnung für weitere Eroberungen, und in gewisser Weise auch eine Art Gründungsmythos zur Herrschafts-legitimation der seit dem Jahr 750 herrschenden persischen Abba-siden-Dynastie.[15]

Mitunter erscheint der Aufruf zum Dschihad wie ein Geschäft zwischen Gott und den Gläubigen, das reiche Belohnung verspricht:

> Ihr Gläubigen! Soll ich euch zu einem Handel weisen, der euch (dereinst) von einer schmerzhaften Strafe erretten wird? (Dann rate ich euch:) Ihr müsst an Gott und seinen Gesandten glauben und mit eurem Vermögen und in eigener Person um Gottes willen Krieg führen (euch abmühen) [...] (Wenn ihr das tut) dann vergibt er euch (dereinst) eure Schuld und lässt euch in Gärten eingehen, in deren Niede-rungen [...] Bäche fließen, und in gute Wohnungen in den Gärten von Eden. Das ist (dann) das große Glück. (Sure 61,10-12)

Dann wiederum kommt der Aufruf einer strengen Verpflichtung samt Strafandrohung gleich:

„Wenn ihr nicht ausrückt, lässt er euch eine schmerzhafte Strafe zukommen und ein anderes Volk eure Stelle einnehmen, und ihr könnt ihm (wenn er das tut) nichts anhaben". (Sure 9,39)

Der Aufruf zum kriegerischen Dschihad findet sich auch in vielen Hadithen. Auf die Frage, wer den Dschihad am besten führe, habe Mohammed geantwortet: „Diejenige Person, welche unter Einsatz von Gut und Leben gegen die Polytheisten kämpft."[16]

Auch in den theologisch-juristischen Abhandlungen der umfang-reichen islamischen Rechtsliteratur, erscheint der Begriff fast im-mer in der Bedeutung von kämpferischer Auseinandersetzung. Bis ins Detail wird all das beschrieben, was der damalige Leser beziehungsweise Hörer über den „Kampf gegen die Ungläubi-gen" wissen musste, also etwa auch der allfällige Abschluss von Waffenstillstandsvereinbarungen oder Schutzverträgen.[17] Die Zwei-teilung der Welt in ein islamisches Gebiet (*dar al-Islam* = Haus des Islam) und den Rest der Welt (*dar al-Harb* = Haus des Krieges) ist uns bereits aus der frühen islamischen Rechtsliteratur des 8. Jahr-hunderts überliefert.[18] Die damit verbundene kriegerische Aus-richtung auf das Ziel hin, die ganze Welt zum *dar al-Islam* zu ma-chen, ließ nach gängiger Rechtsauffassung keine Friedensverträge, sondern nur befristete Waffenstillstände zu, und zwar für jene Zeiten, in denen man zu schwach für weitere Eroberungen war.[19] Alle großen islamischen Eroberer begriffen sich als Dschihadisten.

Die osmanischen Geschichtsschreiber werden nicht müde, in ihren Darstellungen des Sturmes auf Konstantinopel jene Stellen der islamischen Überlieferung zusammenzutragen, nach denen schon der Prophet Mohammed zur Eroberung der Stadt aufgerufen habe[20]: „Der Prophet sprach zu seinen Jüngern: ‚Habt ihr gehört von einer Stadt, deren eine Seite Land und die beiden andere See?' Sie sprachen: ‚Ja, o Gesandter Gottes.' Er sprach: ‚Die letzte Stunde (des Gerichts) wird nicht anbrechen, ohne dass sie eingenommen wird von 70.000 Söhnen Isaaks." In einer weiteren Überlieferung heißt es: „Sie werden Qostantinija erobern. Heil dem Fürsten und dem Heere, denen dies beschieden."[21] Sultan Mehmet II. zeigte sich fest entschlossen, diese Prophezeiung zu erfüllen und den höchsten Triumph des Islam zu vollbringen.[22]

Die bis heute anhaltende Glorifizierung von Eroberungen und deren religiöse Rechtfertigung als Dschihad zeitigt nicht zu unterschätzende Auswirkungen. Für Fundamentalisten und Islamisten gelten alle jemals eroberten Gebiete auf ewig als Territorien des Islam, auch diejenigen, die längst wieder verloren gegangen sind. Hier müsse nur vorübergehend eine „fremde Herrschaft" hingenommen werden, bis der Islam wieder stark genug für eine Rückeroberung sei. Dieser Anspruch betrifft etwa Sizilien und vor allem große Teile Spaniens, das islamische al-Andalus; beide Regionen wurden zuletzt von Al-Qaida offen für den Islam reklamiert. Al-Andalus ist noch heute der Name zahlreicher Moscheen in Marokko, und auch in Europa werden muslimische Vereine, Schulen, Kulturzentren und Moscheen mitunter so benannt. Ein derart starker Bezug auf verlorene Gebiete erweckt den Anschein des Revanchismus, und ähnliche Einstellungen werden, wenn es zum Beispiel um ehemalige deutsche Ostgebiete geht, zu Recht auch so bezeichnet. In Blogs, Foren und auf *YouTube* hingegen treiben sie absurde Blüten: Anonyme türkische User werfen beispielsweise heute lebenden Griechen und Serben mit erstaunlichem Hass und unter wüsten Verwünschungen den Untergang des Osmanischen Reiches vor, dessen Herrschaft über die entsprechenden Gebiete sie nach wie vor als völlig legitim betrachten. Freilich steht die Gegenseite dem in nichts nach und verwendet dieselbe hasserfüllte Sprache, wenn sie ihre türkischen Zeitgenossen wegen der einstmaligen Besetzung ihrer Länder anklagt.[23] Vor diesem Hintergrund erhellt sich vielleicht ein wenig der bis zur

Lächerlichkeit und an den Rand des Krieges geführte Streit zwischen der Türkei und Griechenland um jeden noch so kleinen Felsen in der Ägäis, wie ihn die Welt zuletzt 1996 mitverfolgen konnte.[24] Das kollektive Gedächtnis für empfundene Traumata erweist sich als langlebig und verkommt mitunter zur Identitätsfrage, insbesondere wenn Nationalisten beider Seiten und islamische Revanchisten derartige Gefühle schüren. Immerhin liegt der griechische Befreiungskrieg beinahe 200 Jahre zurück, und auch Serbien und die anderen Balkanstaaten konnten um die Mitte des 19. Jahrhunderts ihre Unabhängigkeit zurückerlangen.[25]

Das Territorium Israels wird von vielen Muslimen, weit über die Grenzen der Islamisten und Fundamentalisten hinaus, als *islamisch* betrachtet, was einem dauerhaften Frieden in der Region im Weg steht. Die Hamas stellte am 22. Jahrestag ihrer Gründung 2009 unmissverständlich fest: „Palästina vom Mittelmeer bis zum Fluss Jordan ist ein islamisches Gebiet, das nicht Gegenstand von Konzessionen ist. [...] Wir werden den Staat Israel niemals anerkennen."[26]

Der Islamwissenschaftler Albrecht Noth weist darüber hinaus auf eine weitere – bis heute fatal nachwirkende – Bedeutung des Begriffs Dschihad hin. Jeder einzelne Muslim werde in den religiösen Texten angesprochen, Dschihad zu machen, also ganz persönlich den „Kampf gegen die Ungläubigen" aufzunehmen. Im Koran heißt es: „Gott hat den Gläubigen ihre Person und ihr Vermögen dafür abgekauft, dass sie das Paradies haben sollen. Nun müssen sie um Gottes willen kämpfen und dabei töten oder (selber) den Tod erleiden." (Sure 9,111) Auch in den Hadithen findet sich die Ansicht, zu den erstrebenswerten *persönlichen* Pflichten jedes Gläubigen gehöre der Dschihad, der gleichberechtigt neben dem Almosengeben, dem Beten und dem Fasten stehe.[27] Vertreter militanter Richtungen argumentieren mit diesen Zitaten aus der islamischen Überlieferung noch heute ihren Anspruch auf einen Platz im Paradies. Die individuelle Pflicht zum Dschihad führte bereits im 8. Jahrhundert zu Konflikten zwischen dem jeweiligen islamischen Herrscher und seinen Untertanen. Die Machthaber betrachteten ihre regulären Heere als Garanten für den islamischen Dschihad und waren nicht daran interessiert, dass irgendjemand in Eigenregie seinen persönlichen Dschihad ausfocht und mit kleinen Verbänden Unruhe stiftete.[28]

Zusammenfassend lässt sich sagen, dass die islamische Geschichtsschreibung unter Dschihad in erster Linie den bewaffneten Kampf gegen die „Ungläubigen" im Sinne einer Ausbreitung des Islam gesehen hat. Der große spanisch-arabische Philosoph Ibn Ruschd (Averroës) erwähnt den „gerechten Krieg" des Dschihad, der den idealen islamischen Staat ausbreiten solle, um allen Menschen die Glückseligkeit zu bringen.[29] Die Texte der islamischen Überlieferung sprechen im Zusammenhang mit dem Dschihad von „Eroberungen für den Islam" und spiegeln damit die imperiale Vergangenheit des Islam wider. Wir sprechen hier von einer Zeit, in der Eroberungen keine Frage der moralischen Berechtigung, sondern der militärischen Möglichkeiten waren. Jeder Stamm, jedes Volk, das sich in der Lage sah, seine Nachbarn zu unterwerfen, tat dies in der Regel auch. Im Falle der Araber kam hinzu, dass Eroberungen – ob bereits von Beginn an oder erst im Rahmen der Kanonisierung der religiösen Texte, sei dahingestellt – „im Auftrag Gottes" gefordert und damit religiös legitimiert wurden. Diese Komponente schlägt sich in der arabischen Sprache nieder: Eigene Eroberungen werden in der islamischen Geschichtsschreibung als „Futuhat" bezeichnet, ein Euphemismus, der „Öffnung (für den Islam)" bedeutet. Die von allen anderen Parteien geführten Kriege hingegen werden auch als solche bezeichnet, nämlich mit dem arabischen Wort „Harb" (Krieg)[30], das sich auch in der bereits erwähnten Bezeichnung *dar al-harb* (Haus des Krieges) für alle noch nicht muslimischen Gebiete findet. Diese durch Jahrhunderte bis heute tradierte Sicht hat ein islamisches Geschichtsbild gezeitigt, in dem islamische Heere nie als Angreifer auftreten und Aggression stets die Aggression der anderen ist. So erscheint die arabische Eroberung Andalusiens als glorreiche Ausbreitung des Islam, die Reconquista hingegen als Verbrechen; die Eroberung Jerusalems und des Nahen Ostens für den Islam als moralisch gerechtfertigt, die Rückeroberungen durch byzantinische Heere oder die Kreuzritter als Schandtat (→Kreuzzüge). Der 1996 verstorbene, einflussreiche ägyptische Gelehrte und Scheich der Al-Azhar Universität in Kairo, Muhammad al-Ghazali, war der Ansicht, dem Islam werde in ungerechtfertigter Weise vorgeworfen, „dass er das Römische Reich besetzte, als er Anatolien, den östlichen Mittelmeerraum, das Niltal,

Nordafrika und viele andere Länder beherrschte." Der Islam habe jedoch nichts anderes getan, „als die Römer zu vertreiben und die Gebiete den eingeborenen Herrschern zurückzugeben, die dann freiwillig zum Islam übertraten."[31] Al-Ghazali beweist hier einerseits ein religiös-ideologisches, zum Infantilen neigendes Geschichtsbild, in dem die Muslime den Part der Guten und Gerechten einnehmen, und offenbart andererseits eine verblüffende Unkenntnis über die vorislamische Weltgeschichte, die oft schlicht als „die Zeit der Unwissenheit" (Dschāhiliyya) bezeichnet wird. Ägypten („Niltal") wurde bereits ein knappes Jahrtausend, bevor die Araber es einnahmen, griechisch-römisch beherrscht, während die von al-Ghazali als Römer bezeichneten Bewohner Anatoliens ganz überwiegend Griechen mit ihrem griechisch-byzantinischen Kaiser waren (auch wenn sie sich als die Erben Roms betrachteten), die seit knapp 2000 Jahren dort gesiedelt und der Region den Namen gegeben hatten (Anatolien von altgriechisch anatolē = Osten), bevor die Türken sie eroberten. Die bei frommen Muslimen oft tiefsitzende Überzeugung von der berechtigten „Öffnung" der Welt für den Islam, verbunden mit dem Glauben an dessen grundsätzliche Überlegenheit, hält sich bis heute im Geschichtsbild der meisten islamischen Länder. Viele Muslime zeigen sich erstaunt, wenn sie mit der Gewaltgeschichte des Islam konfrontiert werden. Die Darstellung der islamischen Geschichte in Schulen und Universitäten, von religiösen Lehreinrichtungen ganz zu schweigen, trägt daran einen erheblichen Anteil. Eine kritische Geschichtsschreibung, die die eigenen Eroberungen nicht nur als glorreiche Geschichte der Sieger lehrt, sondern in der Lage ist, die Perspektive zu wechseln und auch das Schicksal der anderen Seite zu berücksichtigen, ist bis heute, von wenigen Ausnahmen abgesehen, nicht vorhanden. So gibt es kaum Geschichtswerke, die sich mit dem Sklavenhandel in der islamischen Welt, mit Haremssklaverei, Eunuchie oder der Verfolgung und Unterdrückung Andersgläubiger in den eroberten Ländern beschäftigen.[32] Eine wissenschaftliche Sicht auf die islamische Geschichte wird schnell als Verrat und Kränkung empfunden und entsprechend abgewehrt.

Der kritische Blick auf die eigene Geschichte ist eines der größten Verdienste der modernen Geschichtswissenschaft. Von den Kreuzzügen des Mittelalters über den Kolonialismus und den damit verbundenen transatlantischen Sklavenhandel der Neuzeit bis zum Imperialismus und den deutschen Verbrechen des 20. Jahrhunderts wurden die dunklen Flecken der Geschichte beleuchtet – oft gegen große innere Widerstände. In ideologisch oder religiös determinierten Gesellschaften beobachten wir das Phänomen einer Geschichtsbetrachtung als identitätsstiftendes Moment und Akt der Selbstvergewisserung in viel stärkerem Maße als in pluralistischen, offenen Gesellschaften. Quellenkritik und Streben nach Objektivität bleiben dabei oft auf der Strecke.

Leugnung und Abwehr sind auch hierzulande kein unbekanntes Phänomen. Noch vor wenigen Jahrzehnten gab es in europäischen Staaten heftige Abwehrreflexe gegen die Aufarbeitung der Rolle der Bevölkerung im Nationalsozialismus. Als beispielsweise Historiker in Frankreich, den Niederlanden oder Polen damit begannen, die Kollaboration mit den Nationalsozialisten, insbesondere bei der Judenverfolgung, aufzudecken und damit das Selbstverständnis ihrer Gesellschaften in Frage zu stellen, führte das zu erregten Debatten und teils heftigem Widerstand. Allerdings liefen die beteiligten Historiker keine Gefahr, sich für ihre Thesen vor Gericht verantworten zu müssen. Journalisten, Schriftsteller und Wissenschaftler hingegen, die in den letzten Jahren am Tabu der Vertreibung und Ermordung der Armenier in der Türkei gerüttelt haben, sahen sich mit einer Anklage wegen „Herabsetzung der türkischen Nation" konfrontiert. Allein im ersten Quartal 2008 wurden in der Türkei 186 Anklagen wegen *Beleidigung des Türkentums* eröffnet.[33] Der Schriftsteller Nedim Gürsel zog sich mit seinem 1989 erschienen Roman *Der Eroberer* den Ruf des „Vaterlandsverräters" zu, weil er Sultan Mehmet II. und die Eroberung von Konstantinopel kritisch dargestellt und damit ein Tabu gebrochen hatte.[34] So verwundert es wenig, dass der Anfang 2012 erschienene türkische Historienfilm *Fetih 1453* (*Die Eroberung von 1453*) – die bisher teuerste und erfolgreichste türkische Kinoproduktion – die Einnahme Konstantinopels als durch den Islam legitimierte und von Mohammed persönlich beauftragte Heldentat und die Auslöschung des Byzantinischen Kaiserreichs als das Beste, was den Eroberten passieren konnte, beschreibt. Eine derart selbstherrliche Geschichtsklitterung und die öffentliche Instrumentalisierung des Films durch den türkischen Ministerpräsidenten Erdoğan trägt zur Versöhnung und Freundschaft zwischen der Türkei und Griechenland wenig bei.[35]

Eine der wenigen Arbeiten, die sich mit der Sklaverei im Osmanischen Reich beschäftigt, ist die 1996 auf Englisch erschienene Publikation *Slavery in the Ottoman Empire and its Demise, 1800-1909* des türkischen Historikers Hakan Erdem. Dass er damit ein Tabu brach, zeigte sich, als das Buch 2004 auch auf Türkisch erschien und einen Skandal auslöste.

Das vom Religiösen determinierte Denken, das Religion und Herrschaft als zusammengehörig betrachtet und das gesamte Leben beeinflusst, bindet alles, also auch die eigene Geschichte, an die Religion. Da der Islam als sakrosankt und mithin nicht kritisierbar gilt, muss dieses Denken unweigerlich zur Verherrlichung der eigenen Geschichte führen. Jede kritische Betrachtung liefe sonst Gefahr, gleichzeitig Religionskritik zu sein. Das ist der Grund, warum auch der Dschihad in seiner historischen Bedeutung von allem Negativen freigehalten werden soll.

Bei der Recherche auf den Internetseiten der verschiedenen offiziellen Islamverbände und Vereine in Deutschland fällt zunächst auf, dass vor allem in den vordergründig platzierten Teilen, meist unter der Rubrik „Was ist der Islam?" oder in den FAQs, die friedfertige Seite des Islam und des Dschihad betont wird. Bei genauerer Suche finden sich jedoch oft weniger friedliche Definitionen. Exemplarisch ist hier der Aufsatz der deutschen Konvertitin Fatima Grimm „Die Erziehung unserer Kinder" aus dem Jahr 1975, ein Bestseller islamischer Pädagogik in Europa, der sich in zahlreichen Web-Auftritten findet und problemlos im Internet gelesen oder bestellt werden kann. Darin heißt es unter anderem:

Ich meine, dass wir etwa um das 15. Lebensjahr herum damit rechnen dürfen, unsere Kinder für den Begriff des Dschihad aufgeschlossen zu finden. Wir müssen ihnen dann zeigen, auf welchen Gebieten unser Glaube den Angriffen des Dar-ul-harb ausgesetzt ist und ihnen Wege eröffnen, die es ihnen einmal ermöglichen sollen, die Verteidigung erfolgreich in die eigenen Hände zu nehmen. Dazu gehört, dass wir als Mütter nicht feige und ängstlich darauf bedacht sind, unsere Söhne vor jeder Gefahr zu bewahren. [...] Vielmehr sollten wir ihnen immer vor Augen führen, was für eine großartige Auszeichnung es für jeden Muslim ist, für die Sache des Islam mit der Waffe in der Hand kämpfen zu können.[36]

Fatima Grimm ist Ehrenmitglied des *Zentralrats der Muslime in Deutschland* (ZMD), der im Internet zum Thema Dschihad unter anderem schreibt: „Der Begriff ‚jihad' oder ‚dschihad' bedeutet ‚sich anstrengen für die Sache Allahs'. Diese Anstrengung bezieht sich auf alle Bereiche des Lebens." Ausdrücklich wird betont, dass Kampf nur zur Verteidigung erlaubt sei.[37] Auf die Mitgliedschaft und den Aufsatz von Frau Grimm angesprochen, antwortete im Jahre 2005 der damalige Vorsitzende des ZMD, Nadeem Elyas, dass der Text dreißig Jahre alt sei und Grimm damit nicht den bewaffneten Kampf gemeint habe, denn „für den bewaffneten Dschihad ist die Zeit nicht reif."[38] Hier stellt sich die Frage, warum Nadeem Elyas trotz seines prinzipiellen Bekenntnisses zum bewaffneten Dschihad als Mitglied zahlreicher interreligiöser und offizieller Gremien akzeptiert wird, wie zum Beispiel im *Interkulturellen Rat*, der sich als Beratungsgremium „von Entscheidungsträgern in der Zivilgesellschaft, in Parlamenten, Regierungen und der Verwaltung" versteht.[39]

Die Verschleierung und Mystifizierung des Begriffs Dschihad hat gerade bei jenen islamischen Organisationen System, die immer wieder durch Spendensammlungen für militante Gruppen auffallen. Das *Islamische Zentrum München* betont auf seiner Internetseite die friedliche Absicht des Dschihad, der nur ausnahmsweise mit der Waffe geführt werden dürfe, wenn es ein muslimisches Land zu verteidigen gelte. Das Zentrum steht wegen Unterstützung dschihadistischer Gruppen unter Beobachtung des Verfassungsschutzes.[40] Gleiches gilt für die *Islamische Gemeinschaft in Deutschland* (IGD), die entgegen ihrer Proklamation „Islam heißt Frieden schaffen", ein Naheverhältnis zur Hamas und anderen dschihadistischen Organisationen unterhält und ebenfalls vom Verfassungsschutz beobachtet wird.[41] Die IGD ist Mitglied im bereits erwähnten *Zentralrat der Muslime in Deutschland*, der seinerseits Teilnehmer der *Deutschen Islamkonferenz* ist.

Mit derart umstrittenen Organisationen ist ein Dialog auf staatlicher Ebene mehr als bedenklich. Selbst mit Organisationen und Gruppen, die die Doktrin des bewaffneten Dschihad ablehnen und in voller Überzeugung an die friedliche Bedeutung des Begriffs glauben, gestaltet sich die Auseinandersetzung zumindest problematisch, solange auch für sie weite Teile von islamischer Religion und Geschichte mit Tabus beladen bleiben. Von vielen Vertretern islamischer Verbände wird jede Kritik als Angriff auf eine *islamische*

Identität aufgefasst, was der Lebenssituation der Mehrheit der in Europa lebenden Muslime in keiner Weise gerecht wird.

Viele Muslime und Vertreter islamischer Organisationen wiederholen Mantra-ähnlich, Dschihad bedeute Anstrengung, Abmühen oder friedlicher Einsatz. Ohne die kritische Auseinandersetzung mit der eigenen Geschichte ist dieses Postulat weder nachvollziehbar noch glaubhaft und hinterlässt den Eindruck von Wunschdenken oder Propaganda.

Um sich in einer multiethnischen und multireligiösen Welt als friedfertiger Partner zu positionieren, sollten sich Vertreter islamischer Organisationen, ebenso wie die Basis, zur Offenheit gegenüber Religionskritik und zum kritischen Umgang mit der islamischen Geschichte entschließen. Das hätte nebenbei auch den erfreulichen Effekt, die ermüdenden Abwehrreflexe ablegen und die Kultur des Beleidigtseins überwinden zu können.

Literatur

Adel Theodor KHOURY, *Was sagt der Koran zum Heiligen Krieg?*, Gütersloh 1991

Albrecht NOTH, *Heiliger Krieg und Heiliger Kampf in Islam und Christentum. Beiträge zur Vorgeschichte und Geschichte der Kreuzzüge*, Bonn 1966

Bassam TIBI, *Kreuzzug und Djihad. Der Islam und die christliche Welt*, München 2001

Mathias ROHE, *Das islamische Recht. Geschichte und Gegenwart*, München 2009

Die Kreuzzüge

In Diskussionen und Auseinandersetzungen rund um den Islam wird regelmäßig der Geist der Kreuzzüge beschworen. Ein 900 Jahre zurückliegendes Ereignis wird dazu benutzt, die Rolle des Opfers für die islamische Welt zu reklamieren und historisch zu belegen. Das ist nicht nur deshalb eine unlautere Vorgehensweise, weil es die dunklen Flecken und das Unrecht ausblendet, die islamische Expansionen und Eroberungen über viele Völker gebracht haben, sondern weil das einseitige Aufrechnen vergangener Schuld nicht der Lösung aktueller Probleme dient, sondern eher dazu angetan ist, moralischen Druck auf die Gegenseite auszuüben. Man stelle sich vor, Ungarn, Serbien oder Griechenland würden bei jeder Verhandlung mit der Türkei die Opferkarte ziehen und permanent auf die Eroberung und Annexion durch die Osmanen hinweisen – die im Übrigen noch nicht so lange zurückliegt wie die Kreuzzüge, und zum Teil wesentlich länger andauerte.

Das Verschweigen oder Verdrängen eigener Gräueltaten korrespondiert mit der Beschreibung der arabischen und osmanischen Eroberungen als glorreich und berechtigt. Diese Haltung findet ihren Niederschlag auch darin, dass Moscheen bis zum heutigen Tag nach osmanischen und arabischen Eroberern benannt werden, womit der Zusammenhang von Religion, Eroberung und Herrschaft im islamischen Denken dokumentiert wird.

Die modernen Geschichtswissenschaften haben neben den Ursachen, Voraussetzungen und Zielen der Kreuzzüge auch die Schandtaten, die die Quellen überliefern, untersucht. Die Pogrome gegen Judengemeinden auf den Routen der Kreuzfahrer sind von europäischen Historikern ebenso beschrieben worden, wie das Massaker bei der Eroberung Jerusalems. In der europäischen

Öffentlichkeit prägen diese Aspekte den Charakter der Kreuzzüge, der geschichtliche Hintergrund hingegen ist auch im europäischen Diskurs jenseits der Mediävistik vom Mythos überformt worden.

Nach islamischer Lesart waren die Kreuzzüge die erste große Auseinandersetzung zwischen Christentum und Islam, mit ihnen habe die Feindschaft begonnen, die bis heute nachwirke. In einer Fernsehdokumentation über den (→)Karikaturenstreit führte Raed Hlayhel, jener dänische Imam, der für die Internationalisierung des Konflikts verantwortlich zeichnete, die dänischen Karikaturen auf einen Hass auf den Islam zurück, der die westlichen Gesellschaften seit den Kreuzzügen antreibe.[1]

Die Ansicht, die Kreuzzüge seien die erste Auseinandersetzung zwischen Christentum und Islam, wird vielfach auch von europäischen Journalisten, Politikern und Intellektuellen vertreten, im verzweifelten Bemühen, die Ursachen der heutigen Ablehnung des Westens durch viele Muslime zu verstehen. „Am 27. November 1095 hat Papst Urban II. den ersten Kreuzzug ausgerufen, nun wird auf den Tag genau 900 Jahre später eine neue, friedliche Ära euro-mediterraner Beziehungen aufgenommen", proklamierte der ehemalige EU-Kommissar Manuel Martin 1995 bei der Eröffnung des Mittelmeergipfels in Barcelona.[2]

Die Kreuzzüge werden auf muslimischer Seite als ein Angriff auf den Islam in seiner Gesamtheit betrachtet. In seinem Buch *Kreuzzug und Djihad* spricht Bassam Tibi von zwei „miteinander wetteifernden Universalismen"[3] und unterstellt eine globale Strategie der Kreuzfahrer zur Welteroberung, ähnlich der der damaligen islamischen Eroberer. Tibi stellt die koloniale Expansion des Westens in eine direkte ideologische Verbindung und historische Kontinuität zu den Kreuzzügen und behauptet, die Kreuzzüge seien über 900 Jahre hinweg ein Dauerthema in der islamischen Welt gewesen.[4] Insbesondere die Eroberung Jerusalems, der drittheiligsten Stadt des Islam, hätte einen Schock bei den Muslimen ausgelöst, der bis heute anhalte. Insgesamt seien die Kreuzzüge eine unvergleichliche Katastrophe für den Islam gewesen.[5]

Was sagen die Quellen?

Die Kreuzzüge waren nicht die erste Auseinandersetzung zwischen Islam und Christentum

Selbst nach islamischer Geschichtsschreibung fand die erste kriegerische Auseinandersetzung bereits rund 450 Jahre vor dem Ersten Kreuzzug statt. Sie begann, als arabische Heere im Jahre 633 in Palästina und Syrien einfielen, ein Gebiet, das als christliches Kerngebiet zum Oströmischen Reich (Byzanz) gehörte. Dort war das Christentum einst entstanden, von dort hatte es sich ausgebreitet. Bereits drei Jahre nach der Eroberung Palästinas unterwarfen die Araber Damaskus, danach ging es Schlag auf Schlag: 638 Jerusalem und 642 Alexandria. Anfang des 8. Jahrhunderts landeten arabische Heere bereits in Spanien, was die erste feindliche Auseinandersetzung mit dem Westchristentum markiert. In der Folge stießen sie bis Südfrankreich vor, wo sie 732 von den Franken unter Karl Martell in der Schlacht bei Tours und Poitiers gestoppt werden konnten.[6]

Zu Beginn des 8. Jahrhunderts standen arabische Heere erstmals vor Konstantinopel. Es gelang ihnen zwar nicht, die Stadt einzunehmen, aber von diesem Zeitpunkt an sollten arabische Truppen im Jahresrhythmus in Anatolien einfallen, um zu plündern und Sklaven zu machen. Bis es zu den Kreuzzügen kommen sollte, war die städtische Struktur Anatoliens weitgehend zerstört und weite Gebiete des Landes verheert worden. Große Teile der Bevölkerung flüchteten sich in sicherere Gebiete des byzantinischen Reiches.[7]

Geraume Zeit vor der arabischen Expansion im 7. Jahrhundert hatten sich das sassanidische Persien und das Byzantinische Reich erbitterte Kriege geliefert, die beide Seiten derart geschwächt zurückließen, dass sie den arabischen Heeren wenig entgegensetzen konnten. 651 unterlag das Perserreich endgültig und wurde Teil des arabischen Imperiums. Das Byzantinische Reich hatte zu diesem Zeitpunkt etwa zwei Drittel seines Territoriums verloren.

Im 10. Jahrhundert konnte Byzanz einige Gebiete zurückerobern: 961 Kreta, 962-965 Kilikien, 969 Antiochia und Aleppo, 974 Homs und die palästinensische Küste, mit Ausnahme von Tripoli. Damaskus blieb in muslimischer Hand, wurde jedoch tributpflichtig. Anfang des 11. Jahrhunderts stand das nördliche Syrien unter christlicher Herrschaft, während das südliche Syrien und Palästina unter den Fatimiden islamisch blieben.[8] Unter dem fatimidischen Kalifen al-Hakim, einem religiösen Fanatiker, kam es zwischen 1004 und 1014 zu schweren Christen- und Judenverfolgungen. Kirchliches Eigentum wurde beschlagnahmt und beinahe alle Kirchen zerstört, darunter auch die Grabeskirche in Jerusalem. Für Christen und Juden wurde stigmatisierende Kleidung eingeführt. Bei all seinen Maßnahmen gegen Andersgläubige berief sich al-Hakim auf den von der islamischen Überlieferung tradierten „Vertrag von Umar" (→Toleranz), benannt nach dem 2. Kalifen nach Mohammed, einem der „vier rechtgeleiteten Kalifen". In das historische Gedächtnis der Ostkirche ging al-Hakim als neuer Nebukadnezar ein. Während seiner Herrschaft flüchteten wiederum zahlreiche Christen auf byzantinisch-christliches Gebiet.[9] Die von al-Hakim erlassenen Dekrete zeugen von dem Ziel, aus seinen Untertanen die ideale islamische Gemeinschaft (Umma) zu formen. Er setzte das Verbot von Alkohol und verschiedenen „unreinen" Speisen durch, führte den Schleierzwang ein und verbannte Frauen vollständig aus dem öffentlichen Leben.[10] Nach zehn Jahren der Verfolgung wurde in Verhandlungen mit Byzanz die Kultfreiheit für Christen wieder hergestellt und vertraglich abgesichert. Zerstörte Kirchen durften wieder aufgebaut werden, auch die Grabeskirche, die jedoch bereits im Jahr 1055 erneut geplündert wurde.[11] Im Verlauf des 11. Jahrhunderts kamen in Europa zunehmend Überlegungen zu einer „bewaffneten Pilgerfahrt" (so die zeitgenössische Bezeichnung der Kreuzzüge) auf.[12]

In der zweiten Hälfte des 11. Jahrhundert verschlechterte sich die Lage für Byzanz erheblich. Türkische Reiterheere drangen immer weiter nach Anatolien vor und schlugen im Jahre 1071 unter der Führung des Seldschuken-Sultans Alp Arslan in der Schlacht bei Manzikert ein byzantinisches Heer vernichtend. 1077 fiel Nicäa (das heutige Iznik) und 15 Jahre später war beinahe ganz Anatolien in die Hände der muslimischen Eroberer gefallen; die Seldschuken standen nun am Bosporus. Byzanz war damit seines Kernlandes beraubt.

Für die mit der Ostkirche zerstrittene Westkirche waren diese Entwicklungen vor allem durch Behinderungen auf den Pilgerwegen zu den Heiligen Stätten wahrnehmbar. Christliche Wallfahrer wurden überfallen, ermordet oder versklavt, was die schon seit der Mitte des 4. Jahrhunderts nachgewiesenen Pilgerfahrten erheblich beeinträchtigte.[13]

Für Byzanz bedeutete der Verlust Anatoliens eine unmittelbare Bedrohung seiner Existenz. Kaiser Alexios I. stellte deshalb ein Hilfegesuch an den Papst in Rom, worin er ausdrücklich auf eine mögliche Befreiung Jerusalems von den Muslimen anspielte, im Wissen darum, dass, bei allen sonstigen Unterschieden und Konflikten, die heiligen Stätten auch Rom am Herzen lagen. Sein vordringliches Ziel war die Rückeroberung der gerade verlorenen Gebiete. Mit Sicherheit dachte er nicht an einen Kreuzzug – ein Begriff, der damals ohnehin noch unbekannt war – sondern vielmehr an Kontingente westlicher Söldner zur Verstärkung seines Heeres.[14] Papst Urban II. griff den Hilferuf der Byzantiner 1095 auf der Synode von Clermont auf. In glühenden Worten beschrieb er die Zerstörung und Schändung christlicher Kirchen und die Angriffe auf Christen, denen dringend Einhalt geboten werden müsse.[15] Das Konzil rief daraufhin alle Gläubigen zur Hilfe für die bedrängte Ostkirche auf, mit dem Hauptziel, Jerusalem und die heiligen Stätten zu befreien.

Zusammenfassend lässt sich sagen, dass der Beginn feindlicher Auseinandersetzungen zwischen Islam und Christentum Jahrhunderte vor dem Ersten Kreuzzug liegt. Diese Jahrhunderte waren geprägt von Angriffen und Eroberungen, die die christliche Welt zunehmend umgestalteten und zuletzt Byzanz an den Rand des Zusammenbruchs brachten. Der Versuch, den Beginn der Auseinandersetzung auf die Kreuzzüge zu verlagern, trägt den historischen Fakten nicht Rechnung und schafft eine Perspektive, in der sich Muslime als ewige Opfer europäisch-christlicher Gewalt und westlicher imperialistischer Gelüste präsentieren. Auf dieser Perspektive basiert die Konstruktion eines 900-jährigen westlichen Imperialismus, von den Kreuzzügen bis zum heutigen Tag. „Historisch zutreffender wäre wohl die Beschreibung der Kreuzzüge als einer langwierigen, sehr begrenzten und schließlich erfolglosen Antwort auf den Dschihad. Die Kreuzzüge endeten mit der Niederlage der Christen und gerieten in den islamischen Ländern schon bald in Vergessenheit.“[16]

Ein Kreuzzug wurde immer durch einen Aufruf des Papstes ausgelöst und sollte Kriegszug und religiöse Bußübung zugleich sein.
Die Teilnahme verhieß einen Ablass der Sündenstrafen oder sogar
die völlige Vergebung der Sünden.[17] Die einzelnen Teilnehmer, und
allen voran die Anführer der Kreuzzüge, verfolgten natürlich immer auch ganz persönliche Interessen, wie zum Beispiel die Inbesitznahme eigener Fürstentümer. Sie dachten weniger daran, sich strikt
an die Vorgaben des Papstes zu halten, und noch weniger waren sie
daran interessiert, für den Kaiser von Byzanz zu kämpfen, der seit
dem Schisma von 1054 für einen Kirchenspalter gehalten wurde.
So konnten beispielsweise die Kreuzfahrer des Vierten Kreuzzuges
leicht für die Ziele Venedigs gewonnen werden. Unglückliche Umstände und Zufälle ermöglichten es dem mit Byzanz zerstrittenen
Venedig, diesen Kreuzzug nach Konstantinopel umzulenken und
die Stadt 1204 zu erobern. Die Kreuzfahrer errichteten ein latei-
nisches Kaiserreich; erst 1261 gelang es den Byzantinern, die Stadt
zurückzuerobern.[18] Die Eroberung und Plünderung schwächte die
Stadt so nachhaltig, dass sie sich nie wieder ganz erholte.

Die erfolgreichen Eroberungen der Osmanen im 15. und vor allem im 16. Jahrhundert – sie hatten Ungarn erobert, rückten weiter
Richtung Wien vor und griffen gleichzeitig die italienische Küste
an – ließen in Italien und im Deutschen Kaiserreich den Gedanken an einen Kreuzzug wieder wach werden. Päpste hatten schon
seit dem Ende des 14. Jahrhunderts mehr oder weniger erfolglos
zu Kreuzzügen gegen die Osmanen aufgerufen. Es wundert nicht,
dass nun, im 16. Jahrhundert, die Kreuzzüge des 11. und 12. Jahrhunderts zum Vorbild gemacht und idealisiert werden konnten.
Tasso[19] schrieb in dieser Zeit sein berühmtes Gedicht *Das befreite Jerusalem* (La Gerusalemme Liberata), das später großen Einfluss auf
die europäische Literatur haben und durch Goethe Eingang in die
deutsche Klassik und Romantik finden sollte. Goethe würdigt in den
Anmerkungen zum *West-östlichen Diwan* die Kreuzfahrer, die durch
ihren „Widerstreit gegen östliches Zudringen" zur „Beschützung
und Erhaltung der gebildeten europäischen Zustände" beigetragen
hätten. Zugleich jedoch kritisiert er, ganz im Sinne einer aufkom-
menden modernen Geschichtswissenschaft, die Tatsache, dass die

christlichen zeitgenössischen Quellen über die Kreuzzüge den Leser durch die „Einseitigkeit der christlich-feindlichen Ansicht" über den „eigentlichsten Zustand des Orients" verwirrten, und weist zur Erweiterung der Perspektive auf orientalische Quellen hin.[20] Johann Gottfried Herder zerpflückt die romantisierenden Ansichten über die Kreuzzüge, und stellt die ihnen zugeschriebene Rolle beim Schutz Europas vor türkischen Eroberungen in Frage. Durch ihr Verhalten gegenüber dem griechischen Kaiser, dem sie die Macht entrissen (Vierter Kreuzzug), hätten die Kreuzritter vielmehr dazu beigetragen, dass die Türken später ein viel leichteres Spiel mit Konstantinopel gehabt hätten. Weder die Künste, noch die Wissenschaften seien durch die Kreuzfahrer und ihren Kontakt mit dem Morgenland befördert worden, im Ergebnis hätten sie das christliche Europa nur unsäglich viel Geld und Menschen gekostet.[21] Friedrich Schlegel bedauert, im Gegensatz zu Herder, dass die Kreuzritter das griechische Kaisertum nicht schon früher beendet hatten, und sieht in den Kreuzzügen und der kurzen Dynastie der Lateiner den hellsten Punkt und das einzig Bedeutende in dieser, wie er schreibt, „langweiligen Sterbensgeschichte" des byzantinischen Reiches.[22] Man erkennt in dieser Parteilichkeit Schlegels religiöse Prämissen, konvertierte er doch in dieser Zeit gemeinsam mit seiner Frau vom Protestantismus zum Katholizismus.

Diesen ersten Ansätzen zu einer „Geschichte der Kreuzzüge" folgte im 19. Jahrhundert eine Generation von Historikern, deren Sicht weit weniger kritisch war. Im Bunde mit Schriftstellern und bildenden Künstlern instrumentalisierten sie die Kreuzzüge nun für europäische Kolonialinteressen. Heinrich von Sybel und andere sahen in den Kreuzzügen eine Etappe „auf dem von den Europäern mit den Kriegen der Griechen gegen die Perser eingeschlagenen Weg zur Weltherrschaft", die sie für immer in den Händen europäischer Großmächte zu sehen glaubten.[23] Diese Sicht sollte die intellektuellen Auseinandersetzungen in der islamischen Welt, vornehmlich in den Kolonien, beeinflussen. Die islamische Interpretation, die Kreuzzüge seien ein Projekt zur Auslöschung des Islam auf dem Weg zur christlichen Weltherrschaft gewesen, beruht auf den Anleihen, die muslimische Intellektuelle bei diesen europäischen Historikern genommen haben. Die europäische Sicht wurde für arabische Intellektuelle zur Inspirationsquelle eigener Geschichtsschreibung, allerdings mit umgekehrten Vorzeichen. Die Funktionalisierung der Kreuzzüge im europäischen 19. Jahrhundert wurde von nun an, abseits der Faktenlage, als Beweis für die jahrhundertelange Unterdrückung durch einen immerwährenden Kreuzzug übernommen. In Abgrenzung zur glorifizierenden Geschichtsschreibung des 19. Jahrhunderts wurden die Kreuzzüge seit den 1960er Jahren auch von vielen europäischen Historikern als Verbrechen beschrieben.[24] Alle diese Interpretationen werden dem historischen Geschehen nicht gerecht, sondern dramatisieren für die jeweils eigenen Zwecke und machen die Kreuzzüge letztlich zum Mythos.

Wenn von Kreuzzügen die Rede ist, wird meist nur an die Züge ins Heilige Land gedacht. Aber auch in den Jahren davor und lange danach gab es zahlreiche Kriegszüge, zu denen der Papst aufgerufen hatte und die daher als Kreuzzüge gelten. Bereits 1064 hatte ein Kreuzzug zur Rückeroberung Spaniens stattgefunden, der Barbastro Krieg.[25] Auch die Rückeroberung Siziliens 1063 ist als Kreuzzug zu werten. Es gab ferner die diversen Kreuzzüge gegen christliche Häretiker, wie den gegen die Albigenser in Südfrankreich 1208, die Kreuzzüge zur Christianisierung angrenzender „heidnischer“ Gebiete, wie den so genannten Wendenkreuzzug von 1147 gegen die „Elbslawen“ im Gebiet zwischen Oder, Elbe und Trave oder die in die baltischen Staaten. Ab Ende des 14. Jahrhunderts richteten sich Kreuzzugsaufrufe des Papstes gegen das weitere Vordringen der Osmanen nach Europa. Das Heer, das unter Johann Hunyadi 1456 die Osmanen vor Belgrad schlug und zum Rückzug zwang, wird ebenso als Kreuzfahrerheer betrachtet, wie das Entsatzheer für Wien 1683.[26]

Der in die Literatur als Erster Kreuzzug[27] eingegangene Zug eroberte zunächst 1097 Nicäa für den Kaiser von Byzanz zurück und bewegte sich dann Richtung Syrien und Palästina. Der Durchzug der Kreuzritter durch Anatolien lieferte dem Kaiser die nötige Deckung, um Westanatolien zurück zu erobern. In Armenien wurden die Kreuzfahrer als Befreier von der Türkenherrschaft gefeiert.[28] 1098 eroberten sie Edessa, das in der christlich-orientalischen Hagiographie der Syro-Aramäer und der Armenier den gleichen heilsgeschichtlichen Rang einnahm wie Jerusalem und dessen Befreiung daher große Begeisterung hervorrief,[29] wenngleich die Kreuzritter sich später durch ihr Auftreten und ihre strategischen Fehler bei der Kriegsführung scharfe Kritik zuziehen sollten.[30] Im selben Jahr

242

eroberten die Kreuzfahrer Antiochia, das erst knapp 15 Jahre zuvor von den muslimischen Seldschuken erobert worden war, 1099 Bethlehem und Jerusalem. Sie errichteten drei Fürstentümer sowie das Königreich Jerusalem. Diese Kreuzfahrerstaaten existierten von 1097 bis zur Eroberung Akkos durch die Mamluken 1291 knapp zweihundert Jahre lang und beherrschten zur Zeit ihrer größten Ausdehnung ein Gebiet vom Golf von Alexandretta bis zum Golf von Aqaba am Roten Meer, 800 km lang und an der breitesten Stelle etwa 200 km breit[31] – also etwa so groß wie das heutige Österreich, ein, im Vergleich zu den islamischen Eroberungen, winziges Gebiet. Eine Gleichsetzung von Kreuzzug und islamischem Dschihad, wie sie gelegentlich vorgenommen wird,[32] scheint, wegen der Unterschiede in Charakter und Ausmaß, nicht überzeugend. Der (→)Dschihad war als offensiver Krieg zur Unterwerfung nichtislamischer Gebiete mit universalistischem Anspruch konzipiert, sein Ziel war also unbegrenzt. Dagegen war der Aufruf zum Kreuzzug stets mit klar umrissenen politischen Zielen verbunden, wie der Vernichtung von Häretikern oder der Hilfe für bedrängte Christen. In anderen Fällen gab es geographische Ziele, wie die Rückeroberung der Heiligen Stätten Palästinas oder verlorener byzantinischer Gebiete. Allgemein gehaltene, ein universelles Ziel verfolgende Aufrufe, wie etwa die Vernichtung des Islam, hat es nicht gegeben. Eine solche Absicht wäre angesichts der Kräfteverhältnisse auch völlig illusorisch gewesen und lag außerhalb jeder Vorstellungskraft. Sowohl der Papst, als auch der byzantinische Kaiser, waren sich der Größe, Macht und grundsätzlichen Überlegenheit der islamischen Welt durchaus bewusst.

Nach der Niederlage der Kreuzfahrer im Heiligen Land war Europa für weitere 400 Jahre militärisch in der Defensive, während eine neue Ära islamischer Eroberungen in Gestalt der Osmanen anbrach.

Kreuzfahrer und muslimische Krieger waren sich in Härte und Brutalität ebenbürtig

Von muslimischer Seite wird der friedlichen Eroberung Jerusalems durch Saladin (Salah ad-Din) im Jahre 1187 in der Regel die Brutalität bei der Eroberung Jerusalems durch die Kreuzfahrer gegenübergestellt.[33] Gängige Kriegspraxis dieser Zeit war – sollten Städte sich nicht freiwillig ergeben – diese den Soldaten nach der Erstürmung drei Tage zur Plünderung freizugeben. In der Regel führte diese Praxis zu einem Massaker an der Bevölkerung, etwaige Überlebende wurden in die Sklaverei geführt. Im Falle einer Kapitulation sollte die Bevölkerung geschont werden. Nach einmonatiger Belagerung waren die Verteidiger Jerusalems an den Rand ihrer Kräfte gelangt, die Erstürmung der Stadt durch Saladins Truppen stand unmittelbar bevor. Mit der Drohung, sich lieber gegenseitig zu töten, als in die muslimische Sklaverei zu gehen, und im Fall der gewaltsamen Erstürmung der Stadt die Al-Aksa-Moschee einzuäschern, alle Reichtümer zu vernichten und alles Vieh zu töten, gelang es, Saladin zu einer Übergabevereinbarung zu bewegen. Die Chroniken berichten von langen, zähen Verhandlungen und divergieren in der Schilderung der konkreten Vereinbarungen. Gesichert ist, dass Saladin denjenigen Frauen, Männern und Kindern freien Abzug zusagte, die ein festgelegtes Lösegeld zahlen konnten. Alle anderen sollten in die Sklaverei geführt werden. Christlich-orientalische Chroniken beklagen zum einen das Schicksal der orientalischen Christen, von denen viele, im Gegensatz zu den „Franken", nicht über das nötige Geld verfügten, sich freizukaufen, und zum anderen die Plünderung und Profanisierung von Kirchen sowie die Einschränkung der Kultfreiheit.[34] Islamische Quellen stilisieren Saladin zum moralisch überlegenen Helden, der Wort hielt, alle Bewohner verschonte und die Christen Jerusalems in Frieden leben ließ.[35] Christliche Quellen berichten weniger schmeichelhaft, außer, wenn sie nachträglich für ein nun muslimisches Publikum überarbeitet wurden.

Ein Beispiel für eine solche Überarbeitung ist die Abhandlung des syrischen Christen Gregorius Barhebräus aus der Mitte des 13. Jahrhunderts. Die aus seiner Feder stammende Beschreibung Saladins und der Eroberung Jerusalems beruht auf der früheren Chronik des Patriarchen Michael (1126-1199). Im Gegensatz zu dieser (und einer eigenen früheren Chronik) rückt Barhebräus Saladin nun in arabischer Sprache in ein weitaus günstigeres Licht, vermeidet bewusst Negatives, hält sich mit Polemik gegen Mohammed zurück und bemüht sich, die religiösen Gefühle seiner muslimischen Herren und der Leser, für die er diese neue Chronik verfasst, nicht zu verletzen.[36]

Die idealisierte Darstellung Saladins als Ritter ohne Fehl und Tadel korrespondiert in keiner Weise mit anderen, von Saladin bekannten Handlungen; was jedoch nicht ausschließt, dass er sich bei der Übergabe Jerusalems an die Vereinbarungen gehalten hat. Einzelne humane Gesten können jedoch nicht darüber hinwegtäuschen, dass Saladin ein sunnitischer Glaubensfanatiker war, der neben der Auslöschung des orientalischen Christentums, einschließlich der Franken im Orient, auch die Vernichtung der ihm als Häretiker verhassten Schiiten zum Ziel hatte.[37]

Nach der Schlacht bei Hattin, die der Eroberung Jerusalems vorausging und in einer vernichtenden Niederlage der christlichen Ritter endete, ließ Saladin alle Gefangenen hinrichten, auch die schon länger in Damaszener Gefängnissen einsitzenden Ritter. Und so, wie die Kreuzfahrerheere unterwegs gern plünderten und mordeten, hatten auch Saladins Truppen auf dem Weg nach Jerusalem Dörfer der Umgebung zerstört und die Bewohner getötet.[38] Schon beim Angriff auf Gaza im Jahre 1170, das Saladin mit Ausnahme der Zitadelle erobern konnte, waren alle Bewohner niedergemetzelt worden. Letztlich verhielt sich Saladin genauso, wie sich Heerführer beider Seiten gewöhnlich verhielten.

Im Jahre 1144/46 eroberten die Zengiden die Stadt Edessa und versetzten damit bereits nach 46 Jahren dem ersten Kreuzfahrerstaat den Todesstoß. Die überwiegende Zahl der Einwohner wurde getötet.[39] Das gleiche Schicksal erlitten die Bewohner Antiochias 1268,[40] Tripolis 1289 und Akkos 1291.[41] In einem Brief an den christlichen Herrscher von Tripoli, Bohemund VI., rühmt sich der Mamluken-Sultan Baibars – gleichsam als Warnung – der Brutalitäten, mit denen seine Truppen Antiochia eingenommen hatten:

Du sollst an unsere letzte Unternehmung gegen Antiochia denken [...] wie die Kirchen vom Erdboden weggefegt wurden, [...] wie sich am Gestade des Meeres Leichenhaufen türmten, die Halbinseln glichen, wie die Männer getötet, die Kinder in die Sklaverei geführt [...] wurden. [...], wie diejenigen unserer Soldaten, die ohne Familie waren, plötzlich Frauen und Kinder hatten [...]. Wenn Du die niedergerissenen Kirchen und die umgestürzten Kreuze gesehen hättest, die Blätter der heiligen Evangelien zerstreut, die Gräber der Patriarchen unter die Füße getreten! [...] und den Mönch, den Diakon, den Patriarchen abgeschlachtet![42]

Knappe 200 Jahre später standen die Truppen des Sultans Mehmet II. vor Konstantinopel, dessen Bewohner bis zum Schluss erbitterten Widerstand leisteten. Nach der Einnahme der Stadt im Mai 1453 kam es zu einem Gemetzel, dass den Gepflogenheiten der christlichen und muslimischen Krieger der vergangenen Jahrhunderte in nichts nachstand: Freigabe der Stadt zur dreitägigen Plünderung, was Mord und Vergewaltigung und die anschließende Versklavung vieler Überlebender nach sich zog. Die Eroberung Jerusalems durch die Kreuzfahrer als singuläres, an Brutalität nicht zu überbietendes Ereignis darzustellen, ist historisch gesehen Unsinn.[43] Sowohl die muslimischen als auch die christlichen Zeitgenossen rühmen sich ohne Skrupel ihrer Gräueltaten.[44] Die Kriegsparteien schenkten einander – von wenigen Ausnahmen abgesehen – nichts.

Weder die Kreuzzüge, noch die Eroberung Jerusalems stellen für die Zeitgenossen eine „unvergleichliche Katastrophe" dar

Als das Heer des Ersten Kreuzzugs auf seinem Weg ins Heilige Land in das türkisch besetzte Anatolien eindrang, sah Sultan Kilij Arslan darin nur einen weiteren Versuch der Byzantiner, verlorene Gebiete mit Söldnertruppen zurückzuerobern. Keine der islamischen Quellen sieht darin mehr als die üblichen byzantinischen Rückeroberungsversuche. Und so hießen die christlichen Truppen bei den arabischen Zeitgenossen denn auch nicht Kreuzfahrer, sondern schlicht „Ifranj", Franken, eine Bezeichnung, die sich seit der ersten Niederlage der Araber gegen das eingangs erwähnte fränkisches Heer unter Karl Martell für alle aus Europa kommenden Soldaten erhalten hat. Die arabische Bezeichnung „Sali-biyyeen" („Die mit dem Kreuz") hingegen ist modern.[45] Als Edessa und Antiochia von den Kreuzfahrern erobert worden waren, schickten die muslimischen Fatimiden aus Ägypten ein Bündnisangebot, um gemeinsam gegen die Türken vorzugehen, mit denen man verfeindet war. Sie verkannten schlicht die religiöse Mission der Kreuzfahrer und übersahen daher, dass deren nächstes Ziel das fatimidische Jerusalem sein würde.[46] Nichtsdestotrotz blühte das fatimidische Ägypten zur Zeit der Kreuzfahrerstaaten auf, gerade weil diese einen Puffer zwischen den schiitischen Fatimiden und den mit ihnen verfeindeten sunnitischen Herrschern im Norden Palästinas bildeten.

Ein geeintes islamisches Reich existierte zu dieser Zeit schon lange nicht mehr. In Ägypten herrschten die Fatimiden, in Bagdad saß ein sunnitisch abbasidischer Kalif ohne Macht unter seld-schukischer Führung, und dazwischen befanden sich viele kleine, teilweise unabhängige islamische Fürstentümer, die sich nicht selten gegenseitig bekriegten. Daher ist es nicht verwunderlich, dass es anfangs keine Kraft gab, die den Kreuzfahrern hätte entgegentreten können. Als die Nachricht vom Fall Jerusalems in Bagdad eintraf, löste sie keinerlei Reaktionen aus, denn dort war man gerade mit Wichtigerem beschäftigt. Der seldschukische Sultan Barkiyaruq führte seit zweieinhalb Jahren Krieg gegen seinen Bruder. Bagdad wechselte in dieser kurzen Zeit acht Mal den Besitzer.[47]

Wir haben keinen Hinweis darauf, dass die Zeitgenossen die Etablierung der Kreuzfahrerstaaten als eine über den Islam hereinbrechende Katastrophe gesehen haben.[48] Binnen kürzester Zeit wurden die neuen Staaten als zusätzliche Faktoren in die Intrigen und das Machtgefüge der Region integriert, welches gekennzeichnet war durch wechselseitige Beziehungen, Anfeindungen und Verbrüderungen.

Im Jahr 1100 versuchte Sultan Doubak von Damaskus das christliche Heer Balduins in der Nähe von Beirut in einen Hinterhalt zu locken und zu vernichten. Da der muslimische Stadthalter von Tripoli, Fakhr el-Moulk, an einem Machtzuwachs Doubaks kein Interesse hatte, schickte er Boten mit reichen Geschenken und Informationen über den Hinterhalt an Balduin. Die Pläne Doubaks scheiterten, er musste unverrichteter Dinge wieder abziehen.[49]

An folgenden Beispielen lässt sich deutlich zeigen, wie schnell die Kreuzfahrerstaaten in die regionalen Konflikte einbezogen wurden. 1108 standen sich in der Nähe der Festung Tell Bader zwei große Heere gegenüber: Auf der einen Seite Tankred von Antiochia mit seinen christlichen Kämpfern und Redwan von Aleppo mit seinem muslimischen Heer, auf der anderen Seite der Emir von Mossul gemeinsam mit Balduin von Edessa und dessen Vetter Joulin mit ihren jeweiligen christlichen Heeren.[50] Ohne näher auf die Vorgeschichte oder die Schlacht einzugehen, sei gesagt, dass solche islamisch-christlichen Bündnisse keine Seltenheit waren. Als 1115 der Seldschuken-Sultan Mohammed I. mit einem riesigen Heer vor Syrien auftauchte, erlebte er eine böse Überraschung. Die verschiedenen syrischen Herrscher, Christen wie Muslime, hatten sich, da sie sich gleichermaßen von ihm bedroht fühlten, zu einem Bündnis zusammengeschlossen. Mohammed I. sah sich einem großen, religiös-gemischten Heer gegenüber und musste sich zurückziehen.[51]

Im Jahr 1140 stellte sich das muslimische Damaskus unter den Schutz des christlichen Königreiches von Jerusalem, weil man fürchtete, den Machtgelüsten Sultan Zengis allein nicht standhalten zu können.[52] Die Verwirrung, die sich an dieser Stelle möglicherweise beim Leser oder bei der Leserin einstellt, mag der Verwirrung zeitgenössischer Beobachter entsprechen. Man konnte nie so genau wissen, wer gerade auf welcher Seite stand. Es gab wechselseitige Allianzen, bei denen die jeweiligen Eigeninteressen im Vordergrund standen. Auf beiden Seiten wurde, wenn es darauf ankam, Herrschaftspolitik jenseits religiöser Ressentiments betrieben.

Neben diversen Fehden und Kriegen gab es durchaus auch friedliches Zusammenleben. Im nördlichen Transjordanien und in der libanesischen Beqaa-Ebene beispielsweise entstand ein landwirtschaftlich genutztes Niemandsland, dessen Einkünfte sich das muslimische Damaskus und die Kreuzfahrer zu gleichen Teilen aneigneten. Beide Seiten hatten vereinbart, die Kornkammer und die ausgedehnten Weiden des Golan gemeinsam zu nutzen. Zu diesem Zweck wurden zwischen 1108 und 1110 eine Reihe von Verträgen abgeschlossen.[53]

Der arabisch-andalusische Reisende Ibn Dschubair schildert uns die Erlebnisse auf seiner Orientreise im Jahre 1184. Mit einiger Verwunderung verweist er auf das friedliche Zusammenleben beider Seiten und berichtet, dass Karawanen zwischen Kairo und Damaskus ungestört verkehren könnten. Muslime zahlten Zoll, wenn sie christliches Gebiet passierten, und umgedreht. Noch stärker wundert ihn die Behandlung muslimischer Bauern auf christlichem Gebiet:

Ihre Wohnungen gehören ihnen, und man hat ihnen all ihre Habe gelassen. Alle Gebiete, die in Syrien von den Franken beherrscht werden, unterliegen den gleichen Bestimmungen: Grundbesitz, Dörfer und Bauernhöfe sind in den Händen der Muslims geblieben. Es ist klar, dass sich Zweifel in den Herzen dieser Menschen breitmachen, wenn sie ihr eigenes Schicksal mit dem ihrer Brüder in muslimischem Gebiet vergleichen, denn letztere leiden unter der Ungerechtigkeit ihrer Glaubensgenossen, während die Franken gerecht verfahren.[54]

Die Kreuzfahrerstaaten waren auf die eingesessenen Bauern angewiesen und brachten ihre europäisch geprägten Rechtsvorstellungen mit, welche den Bauern einen besseren Status einräumten, als dies zur selben Zeit im Orient sowohl unter christlich-byzantinischer, als auch unter muslimischer Herrschaft der Fall war.

Als abschließendes Beispiel christlich-muslimischer Kontakte und als Ironie der Geschichte der Kreuzzüge sei noch erwähnt, dass viele fränkische Ritter – nach der endgültigen Niederlage der Kreuzfahrerstaaten am Ende des 13. Jahrhunderts ihrer Existenzgrundlagen beraubt – sich als Söldner muslimischer Herrscher verdingten, wo sie wegen ihrer Tapferkeit geschätzt wurden.[55]

Jerusalem gilt heute als drittheiligste Stadt des Islam nach Mekka und Medina. Das war nicht immer so. Im 9. Jahrhundert lehnten es islamische Gelehrte wie der berühmte Historiker at-Tabari (839-923) ab, Jerusalem als heilige Stadt anzuerkennen, da sie darin einen judaisierenden Irrtum zu erkennen glaubten. Hans Halm, Professor für Islamkunde in Tübingen, vermutet, dass die Muslime erstmalig durch die Kreuzzüge die enorme Bedeutung der Stadt für die Christen erkannten und erst der Verlust der Stadt zur Relevanz Jerusalems für den Islam geführt hat.[56] Die Eroberung durch die Kreuzritter im Jahre 1099 stieß jedenfalls in der damaligen islamischen Welt auf wenig Interesse,[57] denn Jerusalem war zu dieser Zeit nur eine drittklassige Provinzstadt. Die großen Zentren der islamischen Welt waren Kairo, Damaskus, Bagdad, Isfahan und Cordoba.[58] Zwar versuchte der Theologe und Rechtsgelehrte as-Sulami, unmittelbar nach der Eroberung Jerusalems durch die Kreuzritter an das Gebot des Dschihad gegen die „Ungläubigen" zu erinnern und alle Muslime bis hin zum Kalifen dazu aufzurufen, aber er stieß auf keinerlei Resonanz.[59] Erst Sultan Nureddin (Nur ad-Din), der Sohn des Begründers der Dynastie der Zengiden, der von 1146-1174 in Syrien regierte, zeigte Interesse an der Aufwertung Jerusalems. Er schlug 1149 ein Kreuzfahrerheer bei Antiochia vernichtend, und begründete mit diesem Sieg seine Stellung als Vorkämpfer des Islam, der in einer historischen Mission die miteinander verfeindeten islamischen Kräfte gegen die Franken einen werde.[60] In Jerusalem, der heiligsten Stadt des Juden- und Christentums, fand er ein Symbol, das er für den Islam, vor allem aber für seine eigenen machtpolitischen Ansprüche auf die gesamte Region, zu instrumentalisieren wusste. Während seiner langen Regentschaft veranlasste er Rechtsgelehrte, Abhandlungen über Jerusalem, seine Schönheit und seine Bedeutung zu verfassen. Diese Schriften wurden in Schulen und Moscheen gelehrt und öffentlich verlesen.[61] Eines der ältesten überlieferten Werke, das die Vorzüge Jerusalems besingt, datiert aus dieser Zeit.[62] Grundlage dieser Legendenbildung war die im Koran in Sure 17 beschriebene „nächtliche Reise" Mohammeds „nach der fernen Kultstätte" (Sure 17,1). Diese Stätte wurde später als Jerusalem (arabisch: al-Quds = die Heilige) gedeutet, von hier aus sei Mohammed mit seinem wundersamen Reittier Buraq in den Himmel aufgestiegen, wobei Buraq einen Hufabdruck hinterlassen habe.

Obwohl es Nureddin nicht mehr gelang, Jerusalem zu erobern, kann er als der Wegbereiter des Mythos von der heiligen Stadt al-Quds gesehen werden. Die von Nureddin angestoßene Propaganda sollte unter Saladin, der Jerusalem, wie bereits erwähnt, im Jahre 1187 eroberte, ihren Höhepunkt erreichen. Mit Saladin hatte der Mythos jetzt auch seinen Helden. Es entstand eine Art Dschihad-Propagandaliteratur, in der zum Kampf gegen Franken und Schiiten aufgerufen wurde. Diese „Kursänderung" wurde auf christlicher Seite aufmerksam registriert. Alle Herrscher, die sich den Beinamen ad-Din (= des Glaubens) gaben, wie es die Zengiden taten, galten als besonders fanatische und bigotte Muslime.[63] So bedeutet Nur ad-Din (Nureddin) „Licht des Glaubens" und Salah ad-Din (Saladin) so viel wie „Stifter des Glaubens".[64] Saladins Ruhm in der sunnitisch-islamischen Welt gründet vor allem darauf, dass ihm die Einigung der Muslime, die Restauration des sunnitischen Islam und der Sieg über die Schiiten gelangen.[65] Nach seinem Tod jedoch ebbte das Interesse am Kampf gegen die Kreuzfahrer schnell wieder ab, seine Nachfolger verloren sich erneut in internen Kämpfen. Der berühmte arabische Historiker Ibn al-Athir, der die Eroberung Jerusalems miterlebt hatte, klagt nach Saladins Tod: „Unter den muslimischen Herrschern sehen wir nicht einen einzigen, der Dschihad führen will. Jeder widmet sich nur seinen Vergnügen und tut seinen Untertanen Unrecht."[66]

Bereits 42 Jahre nach der Eroberung Jerusalems durch Saladin übergab sein Neffe, Sultan al-Kamel, die Stadt an König Friedrich II., mit dem er schon lange in freundschaftlichem Briefkontakt gestanden hatte. Der Sultan erhoffte sich, durch ein wieder erstarktes christliches Königreich Jerusalem einen Pufferstaat zu schaffen, zwischen dem von ihm regierten Ägypten und dem Gebiet seines mit ihm verfeindeten Bruders al-Moazzam.[67] Letztlich scheint sich die religiöse Aufwertung Jerusalems zu diesem Zeitpunkt noch nicht verfestigt zu haben und die Bedeutung der Stadt für die nachfolgenden muslimischen Herrscher nicht allzu groß gewesen zu sein.

Die Zengiden-Herrscher, allen voran Nureddin und Saladin, hatten große Anstrengungen unternommen, mittels Dschihad-Propaganda ihre Macht auszudehnen und ihre Vision eines im Kampf gegen die „Ungläubigen" geeinten Islam zu verwirklichen. In den Zentren der islamischen Welt wurden diese Anstrengungen weder begriffen noch unterstützt. Saladins Ansuchen um militärische Unterstützung in Bagdad, Marokko und Andalusien blieben unbeantwortet.[68] Für die nächsten Jahrhunderte sollte Saladin in der islamischen Welt in Vergessenheit geraten, aus der er erst im 19. Jahrhundert durch die europäische Geschichtsschreibung wieder hervorgeholt wurde. Sie schuf einen Mythos, der in der Folge von muslimischen Historikern aufgegriffen wurde.[69] Seit der Gründung Israels ist die Figur Saladins die bevorzugte Inspirationsquelle diverser arabischer Führer,[70] die sich gerne in seiner Nachfolge sehen, wenn sie zur „Befreiung Jerusalems von den Juden" aufrufen.

Für die muslimischen Zeitgenossen waren die Kreuzritter Teil der kriegerischen Auseinandersetzungen eines ohnehin ständig umkämpften Gebietes; zur „Katastrophe für den Islam" wurde diese Epoche erst Jahrhunderte später umgedeutet. Eine tatsächliche Katastrophe braute sich im 13. Jahrhundert von ganz anderer Seite zusammen: Der Einfall der Mongolen.

1221 drangen mongolische Reiterheere in Persien erstmals auf islamisches Gebiet vor, setzten in der Folge der Herrschaft der Seldschuken in Anatolien ein Ende und erreichten schon bald Syrien und Palästina, wo sie 1244 Jerusalem von den Kreuzfahrern eroberten. Hülagü, der Enkel Dschingis Khans, machte sich 1251 auf den Weg, auch den restlichen Orient einzunehmen. 1258 vernichtete er das Kalifat von Bagdad, ließ den letzten Abbasiden-Kalifen töten und beraubte damit den Islam seines nominellen religiösen Oberhauptes. Man fürchtete, die Mongolen würden nun auch noch die heiligen Stätten von Mekka und Medina zerstören und dem Islam den Todesstoß versetzen. 1260 annektierte Hülagü

Damaskus und Aleppo, und erst die ägyptischen Mamluken unter Sultan Baibars konnten sein weiteres Vordringen stoppen.[71] Dies war ein historisch entscheidender Sieg, denn die Mongolen hatten die Welt des Islam bereits in ihren Grundfesten erschüttert. Nach dem Tod Hülagüs im Jahre 1265 kam es zu Nachfolgestreitigkeiten, die den Siegeszug der Mongolen zum Erliegen brachten. Der Einfall der Mongolen hatte das Ende der arabischen Vorherrschaft in der islamischen Welt besiegelt. Als die Osmanen den arabischen Raum 250 Jahre später eroberten, wurden die einst bedeutenden Zentren des Islam endgültig zur Provinz degradiert und es sollte bis ins 20. Jahrhundert dauern, bis die arabischen Länder, dank ihres Ölreichtums, wieder die Weltbühne betraten.[72]

Schaut man in die ägyptischen Schulbücher von heute, liest sich die Geschichte etwas anders: Zunächst werden die Errungenschaften des Islam gepriesen und seine große Kultur beschrieben, die alsdann von den eindringenden Kreuzfahrern geschwächt und geschändet worden sei. Besonderer Raum wird der Brutalität bei der Eroberung Jerusalems und insbesondere der Erstürmung der Al-Aksa Moschee eingeräumt.[73] Während die Kreuzzüge einen Schwerpunkt bilden, wird der Einfall der Mongolen im 13. Jahrhundert, die Eroberung Bagdads und die Vernichtung des Kalifats, auf ganzen eineinhalb Seiten abgehandelt.[74]

Nach der Verheerung durch die Mongolen waren die ägyptischen Mamluken unter Sultan Baibars die einzige ernstzunehmende Macht in der Region. Ihm und seinen beiden Nachfolgern sollte auch die Vernichtung der letzten Reste der Kreuzfahrerstaaten bis zum Jahr 1291 gelingen.[75]

Die Katastrophe der Kreuzzüge ist eine Konstruktion des 19. Jahrhunderts

Nach dem Untergang des arabischen und später des osmanischen Imperiums konnte die islamische Welt nie wieder an ihre frühere Stärke anknüpfen. Dadurch entstand ein Gefühl der Minderwertigkeit und Machtlosigkeit. Die Kreuzzüge lieferten nun die historische Folie, vor der aktuelle Auseinandersetzungen wie Puzzleteile einer immerwährenden Geschichte der eigenen Unterdrückung wirkten und bis heute wirken.

Nichts deutet darauf hin, dass die Kreuzzüge von ihrem Ende bis ins 19. Jahrhundert eine besondere Rolle im Gedächtnis der islamischen Welt gespielt haben. Es wäre auch höchst ungewöhnlich, wenn sich zur Hochzeit islamischer Eroberungen im 16. Jahrhundert irgendjemand ernsthaft mit solch unerheblichen Niederlagen wie den Kreuzzügen beschäftigt hätte. Das osmanische Reich reichte von Baku ganz im Osten bis Budapest im Westen, von Ungarn im Norden bis zum Jemen im Süden und entlang der Mittelmeerküste bis Algerien. Aus Sicht dieses erstarkten, wieder geeinten und vor allem siegreichen Islam waren die Kreuzzüge nicht mehr als eine ferne und unbedeutende Episode. Die christliche Welt stellte in den fast 400 Jahren, die auf den Sieg über die letzten Kreuzfahrer folgten, für den Islam machtpolitisch kein größeres Problem dar. Bernard Lewis weist anhand arabischer Quellen nach, dass die Daten der Kreuzzüge zwar von arabischen Historikern verzeichnet wurden, aber ohne jegliche Erwähnung ihrer Hintergründe und Ziele. Die Zeit der Kreuzzüge wurde weder als Glaubenskrieg eingeordnet, noch als besondere Niederlage für die islamische Welt.[76]

Die Zeit der osmanischen Herrschaft, die zum Teil zwischen dem Ende der Kreuzzüge im Nahen Osten und der Eroberung Ägyptens durch Napoleon im Jahre 1798 liegt, bleibt in der islamischen Geschichtsschreibung erstaunlich unterbelichtet,[77] vielleicht auch deshalb, weil sie im Rückblick nicht als fremde Besatzung begriffen wird – immerhin waren die Osmanen selbst Muslime und die Dichotomie vom Westen als Täter und dem Islam als Opfer könnte mit ihnen nicht aufrechterhalten werden. Nichts aber hat der kulturellen Entwicklung der arabischen Länder so zugesetzt, wie die vielen Jahrhunderte osmanischer Herrschaft. Die blühenden Zentren der arabisch-islamischen Welt wie Kairo, Damaskus und Bagdad verkamen zu Provinzstädten des osmanischen Reiches, denn nun war Istanbul, das alte Konstantinopel, zum neuen Zentrum der islamischen Welt geworden.

Mit Napoleons Ägyptenfeldzug im Jahre 1798 wurde der islamischen Welt erstmals drastisch vor Augen geführt, dass sie nicht mehr im Zentrum der Weltpolitik stand, sondern zum Spielball aufsteigender europäischer Mächte geworden war. Nachdem das osmanische Reich bereits seit etwa hundert Jahren in die Defensive geraten war, war es nun einer europäischen Armee gelungen, ohne nennenswerten Widerstand in ein Kernland des Islam einzudringen. Die zweite Demütigung folgte auf den Fuß: Die Briten, die sich die Störung ihrer Handelsrouten durch Napoleon nicht gefallen lassen wollten, schickten ihrerseits ein Geschwader der Royal Navy nach Ägypten, das den Rückzug Napoleons und seiner Truppen erzwang.[78] Eine fremde europäische Macht hatte Ägypten ohne weiteres annektieren können und nicht die Ägypter zwangen sie zum Rückzug, sondern eine weitere europäische Macht. Die Schlussfolgerungen aus diesen bitteren Erfahrungen können wahrscheinlich als die Geburtsstunde des Opfermythos gesehen werden, der, in die Vergangenheit projiziert, in den Kreuzzügen einen adäquaten Anfang fand. So ist es kein Zufall, dass in ägyptischen Schulbüchern unmittelbar auf die Schilderung der brutalen Erstürmung der Al-Aksa-Moschee in Jerusalem durch die Kreuzritter die Erstürmung der Al-Azhar-Moschee in Kairo durch die Truppen Napoleons folgt.[79]

Auch eine weitere Komponente soll nicht unerwähnt bleiben: Die Eroberung Jerusalems durch die Kreuzritter nimmt heute auch deshalb eine so übergeordnete Bedeutung im Geschichtsbild der meisten Muslime ein, weil sie mit der Existenz des Staates Israel verknüpft wird. Nicht von ungefähr wird Israel immer wieder als „Kreuzfahrerstaat" bezeichnet.[80] Mit der Deklaration Jerusalems zur drittheiligsten Stadt des Islam versuchen Muslime – gegenüber der Tatsache, dass Jerusalem die wichtigste und heiligste Stadt des Judentums und seit über 2500 Jahren durchgehend von Juden besiedelt ist – einen eigenen Herrschaftsanspruch auf die Stadt und das Gebiet historisch und religiös zu legitimieren.

Durch die Expansion des europäischen Kolonialismus im 19. Jahrhundert und die Aufteilung der Welt zwischen zwei Großmächten nach dem Ende des Zweiten Weltkriegs wurde das Gefühl der Ohnmacht und der Bedeutungslosigkeit in der islamischen Welt verstärkt und brachte ein tief sitzendes Ressentiment gegen die Sieger der Geschichte hervor.[81] Erst dieses Ressentiment verlieh den Kreuzzügen ihre heutige Auslegung als erster Versuch des Westens, den Islam zu zerstören.

Wird die eigene Eroberungsgeschichte ausschließlich als legitimierte Ausbreitung des Islam begriffen, dann erscheinen die Kreuzzüge folgerichtig als Anfangspunkt unrechtmäßiger, fremder Eroberungen. Diese Sicht bietet sich nicht nur als trostreiche

Erklärung und Entschuldigung für alle aktuellen Probleme an, sondern ist eine Schuldanklage gegenüber der westlichen Welt und macht gleichzeitig eine moralische Überlegenheit geltend. Das erklärt auch die Anfälligkeit für Verschwörungstheorien, bestätigen diese doch ein einfaches Gut-Böse-Schema. Der antiwestlichen europäischen Linken passt der Kreuzzugsmythos ins Bild des imperialistischen Westens. Und nicht zuletzt dienen die Kreuzzüge den Islamisten seit vielen Jahrzehnten erfolgreich dazu, den Hass gegen Europa und Amerika, vor allem aber gegen Israel zu schüren.

Die Rezeption der Geschichte der Kreuzzüge ist ein gutes Beispiel für gelungene Projektion und Mythenbildung. Man nimmt einen beliebigen Punkt der Geschichte, behauptet, an diesem Tag habe das Unheil seinen Lauf genommen und ordnet damit alle nachfolgenden Ereignisse in eine bestimmte Folge von Ursache und Wirkung. Es gehört zum Mythos, dass diejenigen, die ihn pflegen, zumeist ideologische Gründe für seine Verbreitung haben und mit ihm Identitätspolitik betreiben. Im Falle der Kreuzzüge dient er dazu, die gegenwärtige Weltpolitik als Fortsetzung einer „langen Geschichte" zu beschreiben, in der Muslime stets die Opfer waren. Mythen eignen sich nicht zur friedlichen Verständigung, denn sie sind ihrem Wesen nach Mittel der Selbstvergewisserung und der Abgrenzung. Wo Dialog und Aufeinander-Zugehen nötig sind, sollten sie nichts verloren haben. Mythen sind oft wirkmächtig, und weichen nicht ohne Weiteres den Fakten, insbesondere, wenn sie moralische Überlegenheit begründen. „Wer sich selbst als Opfer sieht, kann sich leicht jeder Verantwortung und kritischen Selbstreflexion entziehen. Insofern ist der Opfernimbus, den die islamische geprägte Welt gerne für sich beansprucht, nicht zuletzt ein Ausdruck dafür, dass der kritische Umgang mit der eigenen historischen Rolle sehr unterentwickelt ist."[82]

Rund tausend Jahre haben islamische Reiche die Welt in Atem gehalten und angesichts dieser Erfolgsgeschichte wirkt es befremdlich, wenn Muslime sich selbst beständig zum Opfer der Geschichte stilisieren. Es steht außer Frage, dass Muslime zu den Opfern der Kreuzzüge gehörten, das hat nicht zuletzt die moderne Geschichtsschreibung hinreichend erhellt. Es steht vor allem außer Frage, dass zahlreiche muslimische Länder später Opfer europäischer Kolonialinteressen wurden. Zwischen beidem besteht jedoch keinerlei

Zusammenhang. Die konsequente Ausblendung der aus heutiger Sicht wenig glorreichen Aspekte und Unrechtstaten in der eigenen Geschichte verstellt den Ländern der islamischen Welt, wie der Autor und Publizist Klemens Ludwig bemerkt, den „Weg zur gesellschaftlichen Emanzipation und letztlich zu einem gleichberechtigten Miteinander der Kulturen weltweit."[83]

Literatur

Bernard LEWIS, *Die Wut der Arabischen Welt. Warum der jahrhundertelange Konflikt zwischen dem Islam und dem Westen weiter eskaliert*, Frankfurt/Main 2004.

Amin MAALOUF, *Der Heilige Krieg der Barbaren. Die Kreuzzüge aus der Sicht der Araber*, München 2003.

Hans Eberhard MAYER, *Geschichte der Kreuzzüge*, Stuttgart 2005

Steven RUNCIMAN, *Geschichte der Kreuzzüge*, München 1995 (erstmals 1957 erschienen).

Bassam TIBI, *Kreuzzug und Djihad. Der Islam und die christliche Welt*, München 2001.

Ralph-Johannes LILIE, *Byzanz und die Kreuzzüge*, Stuttgart 2004.

Peter BRUNS, Georg GRESSER (Hg.), *Vom Schisma zu den Kreuzzügen 1054-1204*, Paderborn 2005.

Scharia

Der Begriff „Scharia" wird von den meisten Menschen mit grausamen Körperstrafen wie Auspeitschungen, Amputationen und Steinigungen assoziiert, wie sie in Ländern des Scharia-Rechts praktiziert werden. Viele fromme, insbesondere konservative Muslime hingegen verehren die Scharia als „göttliches Recht", die viel mehr und weit wichtigeres enthalte als diese Strafen und alle Bereiche des Lebens auf ideale Weise regele. Vertreter des (→)Multikulturalismus wiederum können sich Teile der Scharia, sozusagen in einer „Light-Version", als Aspekt kultureller Selbstbestimmung auch in Europa vorstellen.

2005 fand, wie bereits im Kapitel *Multikulturalismus* erwähnt, in Kanada eine breite Diskussion über die Einführung zivilrechtlicher Scharia-Gerichte statt. Nach heftigen Protesten, insbesondere von muslimischen Frauen, wurde die Idee wieder fallen gelassen. In Großbritannien sind Scharia-Räte als Vermittlungsinstanz in zivilrechtlichen Angelegenheiten offiziell zugelassen.[1] Im Februar 2008 ließ der anglikanische Erzbischof von Canterbury Rowan Williams aufhorchen, als er vorschlug, Teile der Scharia-Gesetzgebung in die britische Zivilrechtssprechung aufzunehmen.[2] Die Öffentlichkeit solle zur Kenntnis nehmen, „dass Teile unserer Gesellschaft sich nicht mit unseren Gesetzen identifizieren".[3] Einen ähnlichen Vorschlag machte im Oktober 2008 der bayrische FDP-Landtagsabgeordnete Georg Barfuß. Wo die Scharia mit dem Grundgesetz vereinbar sei, solle sie erlaubt werden.[4] Das deutsche Innenministerium stellte 2007 in Erhebungen fest, dass für 47% der Muslime in Deutschland die Befolgung der Glaubensgebote wichtiger ist als die Demokratie.[5] Nach einer Umfrage des österreichischen Innenministeriums wünschen sich mehr als die Hälfte der türkischen Migranten in Österreich, dass islamisches Recht in das Justizsystem einfließe.[6] In deutschen Großstädten haben sich bereits Scharia-Gerichte etabliert, an denen im Schutz einzelner Moscheen „Rechts-gelehrte" als sogenannte „Streitschlichter" Recht sprechen – unter Umgehung der deutschen Justiz und nicht nur auf das Zivilrecht beschränkt.[7]

Auch der Schweizer Sozialanthropologe Christian Giordano plädiert für ein „flexibles Rechtssystem", das die religiösen Erfor-dernisse von Einwanderern berücksichtigt und Teile der Scharia für deren Belange zulässt. Ähnlich wie der Erzbischof von Canterbury argumentiert er damit, dass in der Schweiz ohnehin schon ein paral-leles Rechtssystem existiere.[8] Einzelne Muslime, wie der Sekretär der Muslimischen Gemeinde Basel, und muslimische Vereine, wie das *Islamische Zentrum München,* treten für die partielle Einführung der Scharia ein.[9] Im Islamunterricht vieler europäischer Schulen und in vielen Moscheen wird offen für die Bestimmungen der Scha-ria geworben.[10]

Moderate und säkulare Muslime sprechen sich seit Jahren vehe-ment gegen die Einführung von Scharia-Regelungen in die Rechts-systeme demokratischer Staaten aus. Die Politikwissenschaftlerin El-ham Manea weist darauf hin, dass mit Sonderrechten nur „Sonder-Ungerechtigkeiten" geschaffen werden. Dies führe zur Bildung von Parallelgesellschaften und bewirke das Gegenteil von Integration.[11] Der Imam der *Großen Moschee* in Paris, Dalil Boubakeur, spricht sich ebenfalls gegen die Einführung schariarechtlicher Bestimmungen aus: „Es ist unmöglich, einen demokratischen Staat zu haben mit einem religiösen Gesetz. Es kann nur ein Gesetz geben."[12] Die isla-mische Glaubensgemeinschaft der Aleviten distanziert sich seit al-ters her vom religiösen Recht der Scharia.[13]

Aber was genau ist Scharia? Die Scharia ist kein kodifiziertes Gesetzeswerk, wie man es vom europäischen Recht kennt. Es gibt kein Buch, auf dem „Scharia" steht. Bei der Scharia (wörtlich etwa „gebahnter Weg" oder auch „Weg zur Tränke/Quelle") handelt es sich vielmehr um ein Konglomerat von Rechtsvorschriften, die aus der islamischen Überlieferung von Koran und Sunna abgeleitet werden. Das Recht basiert also auf der Auslegung einer religiösen Offenbarung.[14] Die Sunna (arab. für Brauch, Sitte) ist eine Samm-lung der Aussprüche und Handlungen Mohammeds, die für viele Muslime als zeitgemäß und vorbildlich gelten und daher als verbindliche Richtlinien umgesetzt werden sollen. Sie besteht aus zehntausenden von Mitteilungen (Hadithen), die nach Ansicht von Muslimen in einer ununterbrochenen Überlieferungskette direkt auf Mohammed zurückgehen, gesammelt wurden sie allerdings erst ab der Mitte des 9. Jahrhunderts. Ohne hier näher auf die Authentizität der Hadithen eingehen zu wollen,[15] sei angemerkt, dass selbst unter Gläubigen bei vielen Überlieferungen Uneinigkeit darüber herrscht, ob diese tatsächlich auf den Propheten zurückgehen oder erst später hinzugefügt wurden. Sunniten und Schiiten verfügen über unterschiedliche Sammlungen, zudem gibt es neben den sechs kanonischen sunnitische Sammlungen, noch einige weitere, die nur von Minderheiten akzeptiert werden.

Die Sunna gilt neben dem Koran als wichtigste Quelle der islamischen Jurisprudenz. In den ersten Jahrhunderten islamischer Theologie bildeten sich, meist geographisch deutlich voneinander getrennt, mehrere Rechtsschulen heraus, die in unterschiedlicher Auslegung der Überlieferung eine umfangreiche Rechtsliteratur schufen. Diese Aufspaltung hatte zur Folge, dass jede Rechtsschule über eine eigene Scharia verfügt, mit weitgehenden Überschneidungen, aber auch mit zum Teil gravierenden Unterschieden. Diese Unterschiede zeigen sich zunächst in der Art der Rechtsfindung. So wenden etwa die Malikiten und die Hanafiten nicht die sonst übliche strenge Analogie an, sondern legen Wert auf aktuelle Bezüge zur Gerechtigkeit und den Einsatz der Vernunft, während die Hanbaliten jede menschliche Überlegung oder Vernunft aus der Rechtsprechung verbannt haben und kategorisch nach den Buchstaben der Überlieferung urteilen. Durch die unterschiedliche Art der Rechtsfindung können die einzelnen Schulen zu durchaus abweichenden Ergebnissen gelangen. Das betrifft zunächst den Ritus. Viele Rechtsschulen differieren unter anderem bei der Vorgabe der einzuhaltenden Abstände der Füße beim Gebet im Stehen, oder der Art des Gebets. Auch herrscht Uneinigkeit darüber, ob es Frauen erlaubt sei, die Pilgerfahrt ohne die Begleitung eines Mahram (ein männlicher, nicht zu heiratender Verwandter der Frau) anzutreten. Aber auch im erweiterten „Strafrecht" bestehen variierende Auslegungen, wenn etwa die Zahl der Peitschenhiebe für Alkoholkonsum unterschiedlich hoch angesetzt wird. Hanafiten vertreten die Ansicht, eine weibliche Apostatin, eine vom islamischen Glauben abgefallene Frau, solle nicht getötet, sondern eingesperrt und täglich gepeitscht werden bis sie sich wieder zum Islam bekenne, während die anderen drei großen sunnitischen Rechtsschulen für ihren Tod plädieren. Der bekannte, jüngst verstorbene Religionsgelehrte und Reformer Nasr Hamid Abu Zaid verweist darauf, dass bereits allein das Vorhandensein verschiedener Rechtsschulen und ihre je unterschiedliche Auslegung der Quellen davon Zeugnis ablege, dass das islamische Recht keineswegs göttlichen, sondern menschlichen Ursprungs sei.[16]

Die Scharia gibt in ihren Grundzügen die juristische Meinung der klassischen Rechtsgelehrten des 8. und 9. Jahrhunderts wieder, auch wenn behauptet wird, dass die Struktur des islamischen Rechts bereits zu Lebzeiten des Propheten in Koran und Sunna vollendet gewesen sei.[17] Sie folgt den politischen und sozialen Interessen dieser Zeit. „Das ist der Grund, warum, wann immer die Scharia angewandt wird – außerhalb des Kontextes der Zeit, in der sie formuliert wurde, und nicht im Einklang mit der unseren –, muslimische Gesellschaften einen mittelalterlichen Anstrich bekommen. Wir sahen das in Saudi-Arabien, im Iran, dem Sudan und im Afghanistan der Taliban", schreibt der pakistanisch-britische Reformer Ziauddin Sardar.[18]

Die Scharia umfasst nicht nur Öffentliches Recht, Privatrecht und Strafrecht, also das, was in demokratischen Staaten allgemein unter Rechtsordnung verstanden wird, sondern stellt den von Gott gegebenen verbindlichen Wegweiser dar, der den Menschen in *allen* Belangen leiten soll. Die Scharia verkörpert somit die weitest mögliche Auslegung von Recht überhaupt. Die religiösen Regeln des Lebens, wie sie sich im Koran und der Sunna finden, werden nicht nur als Ethik, sondern als Gesetz verstanden.[19] Die Scharia umspannt alle Aspekte der religiösen, moralischen, sozialen und rechtlichen Normen und bestimmt damit das gesamte Leben der Gläubigen, in sämtlichen Bereichen, öffentlich und privat, bis hin zu den alltäglichsten Verrichtungen.[20] Die „fünf Säulen" des Islam – Glaubensbekenntnis, rituelle Gebete, Fasten, Almosensteuer und Wallfahrt – sind ebenso Teil der Scharia, wie der Abschluss eines Ehevertrags. Die Scharia definiert genau, wie die Religion auszuüben ist, schreibt die täglichen fünf (im Schiitismus drei) Gebetszeiten vor, die Gebetsrichtung nach Mekka, die rituellen Waschungen vor dem Gebet, den

Ablauf, die Worte und die Sprache des Gebets. Die Scharia regelt den Umgang der Menschen untereinander, auch im privaten Bereich bis hin zur Sexualität. So legt die Scharia etwa fest, wie oft der Mann mindestens mit seiner Frau schlafen muss, damit sie ihn nicht wegen sexueller Vernachlässigung anklagen kann. Die Geschlechtertrennung kann sich, genau wie das Erbrecht, das Zinsverbot oder das Gebot zur Verschleierung der Frau, auf die jeweilige Scharia berufen. Speiseverbote, Reinigungsgebote und Kleidervorschriften werden genauso geregelt wie Strafdelikte und alle Arten von Vertragsabschlüssen. Das Verbot für Frauen, Andersgläubige zu heiraten, findet sich, wie alle anderen unterschiedlichen Rechte für Frauen und Männer, ebenso in der Scharia geregelt, wie die unterschiedlichen Rechte für Gläubige und „Ungläubige". Auch die absolute Überlegenheit des Islam und der islamischen Gemeinschaft (Umma) gegenüber allen anderen Religionen ist in der Scharia festgeschrieben und wurde von der *Organisation der Islamischen Konferenz* (OIC) in die *Kairoer Erklärung der Menschenrechte* übernommen (→Menschrechte).

Da die Scharia als göttliches Recht betrachtet wird und das gesamte Leben der Gläubigen regeln soll, darf vermutet werden, dass orthodoxen und islamistisch eingestellten Muslimen eine nur teilweise Einführung in den europäischen Staaten auf Dauer nicht genügt, sondern nur als erster Schritt auf dem Weg zu einer möglichst vollständigen Anwendung der Scharia angesehen wird. Der zum Islam konvertierte deutsche Jurist Murad Wilfried Hofmann spricht dies in seinem Buch *Der Islam als Alternative* offen aus: „Im engeren Sinne meint die Einführung der Scharia, dass der Koran zum Grundgesetz eines Staates gemacht wird."[21] Hofmanns Buch wird hier lebenden Muslimen von mehreren großen Islamverbänden in Deutschland und Österreich empfohlen.[22] Die Forderung nach Einführung schariarechtlicher Bestimmungen in europäische Rechtssysteme erheben nicht nur radikale und extremistische Gruppen, sondern auch einige Vertreter jener muslimischen Verbände und Vereine, die seit Jahren Dialogpartner von Kirchen, Parteien und Staat sind.[23]

Diejenigen Bereiche der Scharia, die nicht einen Rechtsbereich im modernen Sinne berühren, sondern etwa den Ritus oder die Glaubenspraxis, sind in der Regel mit europäischen Gesetzen vereinbar und durch die Religionsfreiheit geschützt. Wer nach der Scharia betet, fastet, spendet und pilgert, befindet sich im Rahmen des europäischen Rechts. Gleiches gilt für private Handlungen: Wer keinen Alkohol trinken und kein Schweinefleisch essen will, weil die Religion das fordert, braucht es auch nicht zu tun. Wenn Frauen ihr Haar verhüllen wollen, weil sie darin eine religiöse Pflicht sehen, können sie das tun, und jeder Muslim und jede Muslimin, die es als religiösen Verstoß betrachtet, einer Person des anderen Geschlechts die Hand zu reichen, wird nicht dazu gezwungen werden. Er oder sie verstößt allenfalls gegen die Gebote der Höflichkeit der europäischen Kultur – aber niemand wird dazu genötigt, höflich zu sein oder auf andere kulturelle Gebräuche Rücksicht zu nehmen. Auch Finanzgeschäfte nach den Regeln der Scharia, die unter anderem ein Zinsverbot vorsieht, stellen kein Problem dar und sind in Europa legal.

Damit wäre auch die Forderung des eingangs erwähnten FDP-Politikers Georg Barfuß hinfällig, der dafür eintrat, mit dem Grundgesetz kompatible Teile der Scharia zuzulassen,[24] denn sie sind bereits durch die Menschenrechte, insbesondere das Recht auf Religionsfreiheit, geschützt, sofern sie nicht gegen bestehende Gesetze verstoßen. Ginge es wirklich nur um die mit dem demokratischen Rechtsstaat kompatiblen Bereiche der Scharia, wäre die Forderung nach ihrer Einführung in das bestehende Recht überflüssig. Solange Handlungen nicht ausdrücklich gegen bestehende Gesetze verstoßen, sind sie erlaubt, ob sie durch ein religiöses Gebot vorgeschrieben werden oder nicht, ist dabei unerheblich. Allerdings werden Handlungen, die den Privatbereich betreffen, in dem Moment rechtsrelevant, in dem sie das Recht anderer einschränken. Die Scharia sieht etwa Strafen für den Glaubensabfall vor. Nach europäischem Recht ist der Austritt aus einer Glaubensgemeinschaft jedoch in gleichem Maße durch die (→)Religionsfreiheit geschützt, wie der Eintritt in dieselbe. Gleiches gilt für das Tragen eines Kopftuches. Jede und jeder darf sich an religiöse Kleidervorschriften halten, aber niemand darf dazu genötigt oder gar gezwungen werden (→Kopftuch).

Menschenrechte, Verfassung und geltende Gesetze stehen über religiösem Recht. Dieser Grundsatz gilt umso mehr, wenn jene Bereiche der Scharia ins Spiel kommen, die sich auf das Öffentliche Recht, das Privatrecht und das Strafrecht beziehen. Von Kritikern der Scharia werden vor allem die Ungleichbehandlung der Frau und von Andersgläubigen, sowie die barbarischen Strafen des Scharia-Rechts beanstandet. Das Ehe- und Familienrecht der Scharia etwa weist der Frau einen dem Mann nachgeordneten Rang zu, woraus große Ungleichheiten resultieren. Im, über viele deutschsprachige islamische Websites vertriebenem, *Handbuch für die muslimische Frau*, wird selbst die Züchtigung der Frau durch den Ehemann befürwortet.[25] Im Erbschaftsfall erben Töchter nur die Hälfte ihrer Brüder, und die Zeugenaussage einer Frau gilt in der Regel nur halb so viel wie die eines Mannes. Im Strafrecht sieht die Scharia Körperstrafen vor, wie das Auspeitschen oder die Amputation einzelner Körperteile, sowie Vergeltungsstrafen. Zwar betonen Verteidiger der Scharia immer wieder, dass die Voraussetzungen für diese Strafen an so strenge Regeln gebunden seien, dass sie fast nie zur Anwendung kämen. Jedem Beobachter fällt aber auf, dass überall dort, wo die Scharia maßgebliche Grundlage des Rechtssystems ist, unmenschliche Urteile gefällt werden und die Justiz ganz allgemein durch starke Ungerechtigkeit geprägt ist, von Exzessen und Skurrilitäten ganz abgesehen, wie etwa Hexenverfolgungen in Saudi-Arabien oder Anklagen wegen „Beschwörung von Geistern" wie sie von verschiedenen Ajatollahs im derzeitigen Machtkampf im Iran gegen das nahe Umfeld von Ahmedinedschad erhoben werden.[26]

Die moderne europäische Rechtsauffassung basiert auf der Würde des Einzelnen und den Menschenrechten. Bestrafung dient nicht der Vergeltung, auch wenn das unserer anthropologischen Disposition, die manch einen zu Rache und Vergeltung treibt, mitunter widersprechen mag. Sie dient der Buße für die Tat, sowie der Prävention durch Abschreckung. Demgegenüber basiert das Strafrecht der Scharia wesentlich auf zwei archaischen Vorstellungen. Erstens auf dem Recht auf Vergeltung: Der oder die Geschädigte ist berechtigt, dem Schädiger den gleichen Schaden zuzufügen, den er oder sie selbst erlitten hat, und zwar unabhängig davon, ob die Tat beabsichtigt war oder ob es sich um einen Unfall handelte. Exemplarisch hierfür ist das iranische Urteil gegen Majid Emovahedi. Dieser hatte einer jungen Frau Säure ins Gesicht geschüttet, was zu Entstellung und Erblindung führte. Ein Teheraner Gericht sprach der Frau im März 2009 das Recht zu, diese Tat zu vergelten, indem sie dem Täter ebenfalls mit Säure die Augen verätzt.[27] Relikte solcher archaischen Rechtsvorstellungen finden sich unter anderem im US-amerikanischen Rechtssystem, in der noch immer in vielen Bundesstaaten praktizierten Anwendung der Todesstrafe und dabei besonders deutlich sichtbar in der Sitte, dass Angehörige eines Mordopfers beim Vollzug derselben als Zeugen anwesend sein dürfen, was einzig der Befriedigung von Rachegelüsten dient.

Neben diesem Vergeltungsrecht kennt die Scharia zweitens die sogenannten Grenzvergehen. Nach islamischer Auffassung wird bei einem solchen Vergehen nicht unbedingt ein anderer Mensch geschädigt, sondern Gott und seine unmittelbare Ordnung, was deshalb als Grenzüberschreitung zum „göttlichen Bereich" betrachtet wird. Das betrifft unter anderem Ehebruch, Glaubensabfall (Apostasie), aber auch Diebstahl, während etwa Mord als normales Vergehen begriffen wird. Die Strafe für „Grenzvergehen" dient dementsprechend von ihrer grundsätzlichen theologischen Begründung her weder der Buße noch der Belehrung oder Abschreckung, sondern allein der Wiederherstellung der „göttlichen Ordnung". Die Beweggründe des Angeklagten sind völlig unerheblich und auch nicht Gegenstand der Untersuchung, denn die göttliche (kosmische) Ordnung muss unabhängig davon wiederhergestellt werden.

Soll und kann die Scharia in europäischen Rechtssystemen eine Rolle spielen? Befürworter der Scharia argumentieren oft, dass das islamische Recht den gleichen Grundwerten verpflichtet sei wie europäische Verfassungen:

Das Hauptziel des islamischen Rechts [ist es], folgende fünf Grundrechte zu schützen und zu erhalten: Glaube, Leben, Vermögen, Nachkommen und Vernunft. Hier handelt es sich im Wesentlichen, modern ausgedrückt, um die Grundrechte und Freiheiten des Menschen. Wir müssen die religiösen Texte in Einklang mit diesen fundamentalen Zielen interpretieren [...]. Daher müssen Bestimmungen zur Zeugenschaft der Frau, Regelungen der Erbschaft und zu bestimmten Strafen (Handabschneiden bei Diebstahl, Bastonade bei Ehebruch und so weiter) im Sinne dieser Ziele und der Rechtsprechung revidiert werden,

heißt es auf der Website des *Zentralrats der Muslime in Deutschland*.[28] Diese Argumentation zeigt in erster Linie die Anziehungskraft der modernen Menschenrechte, die dem Einzelnen persönliche Freiheit und Schutz vor unmenschlichen Strafen garantieren, und verdeutlicht das Dilemma, in welches Muslime, die an der Scharia festhalten wollen, geraten. Am Kern des Problems geht sie jedoch vorbei, denn es sind nicht die unmenschlichen Strafen, die eine Einführung der Scharia in europäische Rechtssysteme verbieten. Eine auch nur partielle Einführung der Scharia verstößt grundsätzlich – wie die Einführung jedes anderen parallelen Rechtssystems – und unabhängig von seinem konkreten Inhalt gegen zwei zentrale Grundsätze demokratischer Rechtsordnungen: „Alle Menschen sind vor dem Gesetz gleich" und „in gleichen Fällen gilt gleiches Recht für alle Menschen". Gegen beide würde die Einführung von Scharia-Bestimmungen für Muslime verstoßen, denn sie würde zu einem Sonderrecht für eine bestimmte Gruppe von Menschen führen. Vor dem Gesetz wären nicht mehr alle gleich, denn Muslime würden in jenen Rechtsbereichen, in denen nach Scharia geurteilt werden dürfte, anders als alle anderen behandelt.

Als in Kanada 2005 über die bereits erwähnte Einführung von Schiedsgerichten, die Familienrechtsangelegenheiten nach der Scharia entscheiden sollten, debattiert wurde, waren es vor allem muslimische Frauen, die gegen dieses Vorhaben auf die Straße gingen. Oftmals gerade den Scharia-Gerichten ihrer alten Heimat entkommen, wollten sie nicht erneut den Entscheidungen religiöser Führer ausgesetzt sein.[29] Es stellte sich also die Frage, für wen die Scharia überhaupt gelten sollte. Für alle kanadischen Muslime? Für alle, die das ausdrücklich verlangen? Und wie sollten jene Frauen geschützt werden, die von ihren Familien unter Druck gesetzt werden, eine Ehe- oder Sorgerechtsentscheidung eines Scharia-Gerichts zu akzeptieren? In diesem Zusammenhang war das Verhalten islamischer Verbände in Kanada bemerkenswert. Das *Islamic Institut of Civil Justice* und andere Gruppen bezeichneten die Weigerung von Muslimen, die Entscheidungen solcher Gerichte, sollten sie eingeführt werden, zu akzeptieren, als blasphemisch und als Apostasie.[30] Angesichts eines solchen Drucks ändert auch die Möglichkeit, ein Scharia-Urteil bei staatlichen Gerichten anzufechten, wie es der Entwurf vorsah, nichts an der Problematik. Gerade die Schwächsten könnten sich der Forderung „ihrer" Community nach Anerkennung der Schiedsgerichtsentscheidungen kaum entziehen, während sich der Staat durch die Schaffung einer staatlichen Berufungsinstanz direkt am System einer parallelen Rechtsprechung beteiligen würde. Der einzige Schutz vor rechtswidrigen Entscheidungen von Schariagerichten besteht darin, diese gar nicht erst zuzulassen. Der kanadische Staat entschloss sich daher zur Abschaffung sämtlicher religiöser Schiedsgerichte.[31] Der einzige Schutz vor Ungleichbehandlung besteht in gleichem Recht für alle vor ordentlichen Gerichten, die den Grundwerten der Menschenrechte verpflichtet sind.

Internationales Privatrecht

Eine Ausnahme vom bisher Gesagten bildet das Internationale Privatrecht (IPR). Das IPR ist ein auf internationalen Abkommen basierender Teil des nationalen Rechts und regelt, welches Privatrecht inländische Behörden und Gerichte bei Verfahren mit „Auslandsberührung" anwenden müssen. Zunächst geht es darum, dass im Ausland wirksam entstandene private Rechtsverhältnisse auch dann fortbestehen, wenn die Beteiligten in ein anderes Land gehen.[32] Im Weiteren haben Behörden zu entscheiden, ob ein privatrechtliches Verfahren, das hier lebende oder sich hier aufhaltende Bürger anderer Staaten betrifft, nach inländischem oder nach dem Recht ihrer Herkunftsländer verhandelt werden muss. So kann es vorkommen, dass europäische Gerichte Entscheidung treffen, die gänzlich oder teilweise auf der Scharia basieren. Wenn ein Mann in Ägypten mit zwei Frauen verheiratet wurde, stellt sich beispielsweise die Frage, ob beide Ehen anzuerkennen sind.[33] Die Materie ist äußerst kompliziert und bei der Frage, ob „Auslandberührung" vorliegt, wird in verschiedenen westlichen Staaten unterschiedlich verfahren. Teilweise gilt hier die Staatsbürgerschaft der Beteiligten als maßgeblich, wie etwa in Österreich,[34] was vor allem bei Ausländerinnen und Ausländern, die nicht nur vorübergehend in Österreich leben, ein fragwürdiges Verfahren ist. Die skandinavischen Staaten und Großbritannien lassen demgegenüber allein das Recht jenes Staates gelten, in dem die Beteiligten ihren gewöhnlichen Aufenthalt, also ihren Lebensmittelpunkt, haben, unabhängig von der Staatsbürgerschaft.[35] Eine EU-Verordnung vom Juni 2011 soll hier eine Vereinheitlichung herbeiführen. Fortan soll zumindest die Möglichkeit bestehen, neben der Staatsbürgerschaft auch den gewöhnlichen Aufenthalt zur Entscheidung über das Rechtssystem heranzuziehen, was erlauben würde, mehr Verfahren als bisher nach inländischem Recht zu verhandeln.[36]

Die Bestimmungen des IPR betreffen nur Privatrechtsangelegenheiten, also etwa Scheidungsverfahren, Erbrecht, Vormundschaftsverfahren et cetera. Die jeweiligen europäischen Staaten entscheiden jedoch selbst darüber, ob und in welchem Umfang sie fremde Normen anwenden. „Es gibt keinen rechtlichen Multikulturalismus auf dieser entscheidenden Ebene."[37] Die Anwendung fremder Rechtsnormen erfährt ihre Einschränkung durch den sogenannten *ordre public*: Würde die Anwendung einer ausländischen Rechtsnorm in ihrem Ergebnis den Grundwerten des inländischen Rechts zuwider laufen, darf sie nicht angewendet werden.[38] Eine Ehescheidung durch Verstoßung der Ehefrau, wie dies in vielen muslimischen Ländern möglich ist, wäre vor einem europäischen Gericht nicht gültig. Das befand unter anderem der österreichische Verwaltungsgerichtshof in einer Entscheidung aus dem Jahr 1984: „Die Scheidung einer Ehe durch einseitige Verstoßung der Ehefrau ohne Angabe von Gründen nach islamischem Recht (talaq) widerspricht der *ordre public*." Und: „Die Anerkennung einer solchen Ehescheidung widerspricht den Grundsätzen österreichischen Rechts [...], wonach Vorrechte des Geschlechtes und dem Art. 14 MRK [Menschenrechtskonvention, Anmerkung d. Autoren], wonach eine Diskriminierung aus Gründen, die im Geschlecht begründet sind, auf Verfassungsebene ausgeschlossen werden."[39]

Der *ordre public* schützt in demokratischen Staaten die Fundamente des rechtlichen und sozialen Zusammenlebens wie persönliche Freiheit, die Freiheit der Eheschließung, und alle Menschenrechte im Sinne der Menschenrechtskonvention.[40] „Außerhalb der verfassungsrechtlich geschützten Grundwerte zählen etwa die Einehe, das Verbot der Kinderehe und des Ehezwanges [...] oder das Verbot der Ausbeutung der wirtschaftlich und sozial schwächeren Partei" zum Schutzbereich des *ordre public*, so der österreichische OGH im Jahr 1986.[41] So verstößt zum Beispiel bei einer Ehescheidung die Anwendung jordanischen Rechts, bei der ein Kind aus der Ehe automatisch und ohne Rücksicht auf das Wohl des Kindes immer dem Vater zugesprochen wird, gegen den *ordre public*.[42] Schweden und Norwegen haben Gesetze erlassen, die im Sinne des *ordre public* im Ausland geschlossene Ehen prinzipiell nicht anerkennen, wenn einer der Beteiligten noch keine 18 Jahre alt ist, die Ehe unter Zwang zustande kam oder, wie es nach manchen islamischen

Rechtsschulen möglich ist, über einen Vormund und ohne direkte Beteiligung der Frau geschlossen wurde. Keine derartige von in Norwegen oder Schweden lebenden Ausländern geschlossene Ehe kann je (auch später nicht, wenn die Betroffenen volljährig geworden sind) Grundlage für eine Familienzusammenführung sein.[43]

Durch den *ordre public* wird sichergestellt, dass auch die Anwendung ausländischen Rechts nach dem IPR in ihren Auswirkungen den Grundsätzen des inländischen Rechts und den Menschenrechten genügt. Rechtsinstanz sind in jedem Falle inländische ordentliche Gerichte. Bislang hat sich noch keine einheitliche europäische Linie im Umgang mit dem IPR herausgebildet, was beim Umgang mit dem besonders problematischen islamischen Recht jedoch dringend nötig wäre. Ein erster Schritt in diese Richtung ist der oben erwähnte Versuch der EU, die Anwendung ausländischen Rechts zu vereinheitlichen. Überlegenswert wäre allerdings, dem Vorbild der skandinavischen Staaten zu folgen und die Anwendung ausländischen Rechts generell an den Lebensmittelpunkt der Beteiligten zu binden. Dadurch würde für einige Länder Europas die Problematik entfallen, dass Menschen, die oft seit Jahren, wenn nicht Jahrzehnten in Europa leben, weiter nach dem Privatrecht ihrer Herkunftsländer behandelt werden müssen.

Durch die teilweise Einführung der Scharia in das Zivilrecht europäischer Länder und die Abtretung entsprechender Fälle an sogenannte Scharia-Gerichte, Scharia-Räte, Schiedsgerichte oder Friedensrichter würden neben Richtern an ordentlichen Gerichten auch andere, nämlich islamische Rechtsgelehrte, ermächtigt, Recht zu sprechen und damit das Verhalten von Menschen zu sanktionieren. Den Wünschen und Forderungen von Vertretern muslimischer Verbände und manchen islamischen Rechtsgelehrten nachzugeben, würde sich vor allem gegen die Interessen vieler hier lebender Muslime richten, zeigen doch die eingangs erwähnten Umfragen, dass ungefähr die Hälfte dieser nicht wünschen, dass islamisches Recht in das Justizsystem Eingang findet. Die Rechte der Bürger würden sich im Falle einer Einführung von Sonderrechten danach bemessen, welchem Glauben sie angehören. „Religiöse Gemeinschaften erhalten dadurch Gelegenheit, interne Machtstrukturen aufzubauen und ihren Führern Autorität zu geben, die sich kaum öffentlich kontrollieren lässt."[44]

Aber abgesehen davon sollte der Gesetzgeber grundsätzlich überdenken, ob Sonderrechte für bestimmte Gruppen der Bevölkerung wünschenswert sind, und welche Konsequenzen eine solche Gruppenaufteilung haben kann. Bei „positiven" Sonderrechten wird eine Gruppe bevorzugt, bei „negativen" benachteiligt; in jedem Fall aber werden Menschen aufgrund ihrer Herkunft oder ihrer Religion anders behandelt als alle anderen. Sonderrechte sind per se ausschließend und tragen nicht zur Integration bei, sondern trennen die Gesellschaft in willkürlich definierte Bestandteile. Sie sind ihrem Charakter nach kollektivistisch und können in extremen Fällen, wie die Geschichte gezeigt hat, zum Ausschluss ganzer Gruppen aus der Gesellschaft genutzt werden. Heiner Bielefeldt spricht von einer Form des (→)Multikulturalismus mit antiliberalen Nebenwirkungen.[45]

Nur der Grundsatz „Gleiches Recht für alle" kann letztlich Gerechtigkeit und die Einhaltung der Menschenrechte garantieren. Das häufig verwendete Argument, dass in muslimischen Einwanderkreisen ohnehin bereits illegal ein paralleles Rechtssystem bestehe, zeigt nur, dass dem Versuch, ein Rechtssystem außerhalb des bestehenden einzuführen, nicht mit der gebotenen Entschiedenheit begegnet wird. Auf die Frage, warum Muslime mitten in Deutschland ein eigenes Rechtssystem aufbauen, antwortete die verstorbene Berliner Jugendrichterin Kirsten Heisig schlicht: „Weil wir sie lassen."[46] Ein demokratischer Staat sollte nicht hinnehmen, dass einzelne kulturelle und insbesondere religiöse Gruppen außerhalb seines Rechtssystems operieren und damit die von rechtsstaatlichen Prinzipien geprägte Ordnung unterlaufen,[47] denn er steht in der Pflicht, gleiche Rechte für alle Bürgerinnen und Bürger zu garantieren. Daher gebührt dem von ihm gesetzten Recht ein praktischer Geltungsvorrang, „der gegebenenfalls auch gegenüber konkurrierenden Vorstellungen religiösen Rechts durchgesetzt werden muss."[48] Nur so kann verhindert werden, dass Menschen gruppeninterner Diskriminierung zum Opfer fallen.

Literatur

Tilman NAGEL, *Das Islamische Recht. Eine Einführung*, Westhofen 2001.

Mathias ROHE, *Das islamische Recht. Geschichte und Gegenwart*, München 2009.

Christine SCHIRRMACHER, Ursula SPULER-STEGEMANN, *Frauen und die Scharia. Die Menschenrechte im Islam*, München 2006.

Martina SCHMIED, *Familienkonflikte zwischen Scharia und Bürgerlichem Recht. Konfliktlösungsmodell im Vorfeld der Justiz am Beispiel Österreichs*, Frankfurt/Main 1999.

Menschenrechte

Die Geschichte der Menschheit lässt sich als Geschichte von Gewalt, Unterdrückung und Krieg erzählen. Über Jahrtausende hinweg galt das Recht des Stärkeren; Herrschaft war de facto legitimiert durch Gewalt. Sie lässt sich jedoch ebenso als eine Geschichte der Zurückdrängung von Herrschaft, Macht und Unterdrückung lesen – das ist jene Geschichte, die letztlich in den Menschenrechten und ihrer Etablierung als positives Recht mündet.

Von den frühen Schriftkulturen an wurde es für selbstverständlich gehalten, dass der Herrscher, legitimiert durch die Götter, über dem Gesetz steht. Beispielhaft ist hier der Codex Hammurapi. König Hammurapi, der Babylon von 1792-1750 v. Chr. über 40 Jahre lang regierte, hinterließ eine der ältesten Gesetzessammlungen. Auf eine Stele in Stein gemeißelt, ist der Codex heute im Louvre zu bewundern. Oberhalb des Textes sehen wir eine bildliche Darstellung des Sonnengottes Šamaš, der in seiner Funktion als oberster göttlicher Richter dem König die Herrschaft überträgt. Im dazugehörigen Text erteilt der Sonnengott Hammurapi die Aufgabe, Gerechtigkeit herbeizuführen und zu garantieren. Hammurapi bezeichnet sich selbst als „König der Gerechtigkeit", der unter anderem dafür Sorge trage, dass „der Starke den Schwachen nicht schädigt" und Witwen und Waisen zu ihrem Recht kommen. Er fordert alle ihm nachfolgenden Könige auf, ihn und sein Gesetzeswerk zu ehren und es keinesfalls zu ändern oder gar zu zerstören.[1] Mit dem Codex Hammurapi wird eine Ordnung beschrieben, nach der nicht das Recht des Stärkeren gelten soll, sondern eine auf einem höheren Ethos basierende Gerechtigkeit. Während später im Judentum Gott selbst als Gesetzgeber auftritt, der Moses die Gebote der Thora übergibt, setzt der babylonische Gott einen König ein, der berechtigt ist, Gesetze zu erlassen.[2] Der König steht somit als Stifter des Rechts über dem Gesetz; der Codex enthält keine Rechtsmittel, die der Einzelne gegenüber dem Herrscher hätte anwenden können. Diese Vorstellung von der Unantastbarkeit des Herrschers zieht sich über Jahrtausende durch die Geschichte. Im spätrömischen Reich setzt sich mit der Despotie die Formel „princeps legibus solutus est" („der Herrscher ist frei von Gesetzen") durch, auf die noch die mittelalterlichen deutschen Kaiser zurückgreifen sollten, um ihre Stellung außerhalb des Rechts zu behaupten.[3]

Die simple Tatsache, dass zu allen Zeiten Recht gesetzt wurde, deutet auf ein menschliches Grundbedürfnis nach Gerechtigkeit (im Gegensatz zu Willkür) hin. Gesetze entstanden aus dem Wunsch nach eindeutigen und jedenfalls nicht willkürlichen Regeln für das Zusammenleben einer Gruppe oder Gesellschaft. Schon die frühesten Formen des Rechts, die als Gewohnheitsrecht noch nicht verschriftlicht waren, mussten, um akzeptiert zu werden, dem Gerechtigkeitsempfinden einer signifikanten Mehrheit der Beteiligten entsprechen. Willkürliche Herrschaft und willkürliche Regeln und Gesetze bargen zu allen Zeiten Konfliktpotential. Daher die Betonung des „gerechten Herrschers" seit den alten Hochkulturen, wie wir sie auch im Regierungskonzept Karls des Großen zu Beginn des 9. Jahrhunderts noch finden, in dem es heißt, die „rechte Norm" der Herrschaft sei, Böses zu berichten und Gutes zu bestärken. Der Herrscher müsse dabei mit gutem Beispiel vorangehen.[4] Das Bedürfnis nach Gerechtigkeit hat – und damit nähern wir uns einem möglichen Beginn der Geschichte der Menschenrechte – zu allen Zeiten und in allen Kulturen zur Frage nach der Legitimation von Herrschaft geführt.

Die Hervorhebung der persönlichen Übertragung der Macht durch den Sonnengott auf den König zeigt die Relevanz von Herrschaftslegitimation schon im alten Babylon.[5] Herrschaft, die auf bloßer Gewalt, also allein auf dem Recht des Stärkeren basierte, wurde als illegitim oder zumindest nicht als legitim genug angesehen. Nun ist die Geschichte bis heute durchaus voller Beispiele dafür, dass sich Herrschaft oftmals allein oder vordergründig auf Gewalt gründete. Adelsgeschlechter konnten sich am Beginn ihres Aufstiegs mitunter allein dadurch etablieren, dass sie besser mit Keule, Schwert oder Speer umzugehen wussten als ihre Nachbarn. Das Bewusstsein jedoch, dass ausschließlich auf Gewalt basierende

Herrschaft nicht von Dauer ist, dürfte der Erfahrung entsprungen sein, dass Herrschaft ständig davon bedroht war, mit genau den Mitteln, die zu ihrer Etablierung führten, auch wieder beseitigt zu werden. An dieser Stelle traten zunächst die Götter auf den Plan: Welche Herrschaft konnte legitimer sein, als eine von den Göttern selbst eingesetzte? Aber auch Götter waren, um akzeptiert zu werden, letztlich an eine irdische Vorstellung von Gerechtigkeit gebunden.[6] Der deutsche Staatstheoretiker Johannes Althusius zog im 16. Jahrhundert aus dem Legitimationsproblem den Schluss, Herrschaft sei umso dauerhafter und gefestigter, je geringer die Macht derer sei, die sie inne haben.[7] Von der frühen Forderung nach Gerechtigkeit bis zur Bindung von Herrschaft selbst an Recht und Gesetz sollte es jedoch noch ein weiter Weg sein.

Natürliches Recht

Mehr als tausend Jahre nach Hammurapi und rund zweitausend Kilometer westlich von Babylon beginnt in der Stadt Athen ein Experiment, dessen Bedeutung kaum überschätzt werden kann. Im 7. Jahrhundert v. Chr. wandelt sich die Monarchie in eine Herrschaft der Adelsfamilien, die sich fortan gemeinsam Macht und Ämter teilen. Dieses Modell verhindert jedoch nicht, dass die Kluft zwischen Volk und Adel immer tiefer wird. Letzterer delegitimiert sich zusehends dadurch, dass seine Herrschaft immer größere Teile der bäuerlichen Bevölkerung in die Schuldknechtschaft treibt. Zu Beginn des 6. Jahrhunderts v. Chr. reformiert der aus dem Adel stammende und zum Schlichter gewählte Staatsmann Solon das Regierungssystem, indem er die Schuldknechtschaft abschafft und größere Teile der (männlichen) Bevölkerung als bisher in das Wahlsystem und damit in die Herrschaft einbindet. Die attische Demokratie ist geboren.[8]

Allerdings – und hier liegt ein wesentlicher Unterschied zu modernen Auffassungen – basierte die antike Demokratie (abgesehen davon, dass nur ein geringer Anteil von etwa 12% der Bewohner Athens überhaupt freie Bürger waren), nicht auf individuellen Rechten. Der Staat verstand sich vielmehr als Gemeinschaft freier Bürger, die den Einzelnen in die Pflicht nahm.[9] In der griechischen

Demokratie hatte der Staat Rechte gegenüber dem Einzelnen und nicht umgekehrt. Der Staat konnte Eigentum requirieren, wenn es die Situation erforderte, einen Bürger für ehrlos erklären oder ihn mittels „Scherbengericht" für zehn Jahre in die Verbannung schicken. Die Idee von Grundrechten, die der Einzelne gegenüber dem Staat hätte einklagen können, lag ebenso fern wie die Vorstellung einer allen Menschen eigenen und gleichen Würde. Sklaverei und andere Formen der Unfreiheit waren selbstverständlich und wurden als naturgegeben betrachtet.[10]

Um 300 v. Chr. spricht Zenon, der Gründer der Stoa, das erste Mal von einer prinzipiellen Gleichheit aller Menschen. Griechen und „Barbaren", Freie und Sklaven seien gleichermaßen Teil der Gemeinschaft der Menschen. Das Menschsein sei es, das ein natürliches Recht jedes Einzelnen sowie die Gleichheit untereinander begründe. Für den römischen Philosophen und Stoiker Lucius Annaeus Seneca (1-65 n. Chr.) gehört jeder Mensch zwei Gemeinschaften an: Derjenigen, in die er hineingeboren wurde und der großen Gemeinschaft aller Menschen (civitas humana).[11] Die Anhänger der Stoa gingen jedoch nicht so weit, die Sklaverei in Frage zu stellen, vielmehr habe jeder Mensch den ihm zugewiesenen Platz einzunehmen und dort sein Bestes zu geben. Unter Gleichheit verstanden sie die gleiche Teilhabe an der kosmischen oder göttlichen Vernunft, durch die der Mensch, unabhängig von seinem Stand, in der Lage sei, Weisheit zu erlangen und sich zu vervollkommnen.

Aufgrund seiner Entstehung in griechischem Umfeld wurde das frühe Christentum ebenso vom Naturrechtsgedanken der Stoa beeinflusst, wie es sich durch die Übernahme der jüdischen Bibel als Altes Testament in die Tradition der jüdischen Theologie stellte, diese universalisierte und für alle Menschen öffnete. Das sind die jüdisch-christlichen Wurzeln der abendländischen Kultur, die in jüngster Zeit im Zusammenhang mit dem Islam für äußerst kontroverse Diskussionen und Verwirrung gesorgt haben. Mit „jüdisch-christlicher Tradition" ist nicht ein wie auch immer geartetes oder gar gutes Zusammenleben und -wirken von Juden und Christen im Laufe der Geschichte gemeint, sondern allein der Rückgriff der christlichen Theologie und in ihrer Folge der abendländischen Philosophie auf einen Fundus theologisch-philosophischer Ideen, die der jüdischen Geistesgeschichte entstammen. Eine dieser Ideen ist die Gottebenbildlichkeit: Ausgehend von der jüdischen Schöpfungsgeschichte, nach der Gott den Menschen nach seinem Ebenbild schuf (Gen. 1,27), übertrug das Christentum die stoische Idee der Gleichheit in sein universalistisches monotheistisches Weltbild. Da alle Menschen nach Gottes Ebenbild geschaffen seien, komme ihnen ohne Unterschied die gleiche Würde zu. So schrieb etwa der Kirchenlehrer Gregor von Nyssa (335/340-394), die Würde des Menschen erweise sich „als getreues Abbild der Schönheit ihres Urhebers".[12] Aber wie schon die Philosophen der Stoa, zielten auch die christlichen Denker zunächst nicht auf das irdische Dasein, sondern auf das Transzendente: Die Gleichheit aller Menschen im Angesicht Gottes. Auf Erden sollte auch nach christlicher Vorstellung jeder Mensch auf dem Platz wirken, auf den er von Gott berufen worden sei. Aber die Vorstellung eines nach göttlichem Vorbild erschaffenen Menschen, der dadurch in die göttliche Sphäre hineinragt, hatte ungeahnte Konsequenzen: Der Mensch verfügte nun mit der gottgegebenen Würde über Rechte, die ihm keine irdische Macht zu nehmen berechtigt war.[13]

Der wohl bekannteste Kirchenlehrer der Spätantike, Augustinus, folgerte zu Beginn des 5. Jahrhunderts aus der Gottebenbildlichkeit und der sich daraus ergebenden menschlichen Würde, dass Gott keinem Menschen das Recht gewährt habe, über andere Menschen zu herrschen. Durch die Vorstellung, die Quelle der Menschenwürde liege bei einer außerweltlichen, göttlichen Macht, wurde die Würde moralisch der menschlichen Verfügungsgewalt entzogen.[14] Nach Augustinus hatte kein Mensch das Recht, einem anderen die von Gott verliehene Würde abzusprechen.

Aus der Annahme einer Verantwortung des Einzelnen gegenüber Gott, wie sie die jüdische Offenbarungsgeschichte beschreibt („und ich werde jedem von euch vergelten, wie es seine Taten verdienen." Offenbarung 2,23), entwickelte das Christentum eine Vorstellung vom Individuum als eigenständiger moralischer Instanz. Geht man in der Ideengeschichte noch weiter zurück, findet sich ein Proto-Individualismus bereits in der jüdischen Tradition des babylonischen Exils im 6. vorchristlichen Jahrhundert beim Propheten Ezechiel, wo es heißt: „Ein Sohn soll nicht tragen an des Vaters Schuld, und ein Vater nicht tragen an der Schuld des Sohnes. Die Redlichkeit des Gerechten falle auf ihn, und des Frevlers Frevel auf diesen."

(Ezechiel 18, 20) Hier taucht erstmals die Vorstellung eines Gottes auf, der die Verantwortung für Taten nicht mehr kollektiv dem Volk, dem Stamm oder der Sippe anlastet, sondern das Individuum als verantwortlich anspricht.

Die mittelalterliche Scholastik gab der Idee vom Individuum einen wichtigen Impuls, auch wenn der Begriff selbst noch nicht auftaucht. Thomas von Aquin (1225-1274), ihr wohl wichtigster und einflussreichster Vertreter, betrachtete Gott und dessen Schöpfung als vernunftgeleitet und damit der menschlichen Vernunft zugänglich. Kraft seiner Vernunft könne der Mensch Gottes Willen ergründen. Den Sitz der menschlichen Vernunft lokalisierte Thomas im Gewissen. Im auf Vernunft gegründeten Gewissen sah er die letzte Entscheidungsinstanz des Menschen. Der Mensch solle deshalb sein Gewissen ergründen und ausschließlich diesem folgen. Auch wenn sich herausstelle, dass das Gewissen einmal geirrt habe, habe er richtig gehandelt, denn das Gewissen sei nun einmal der einzige dem Menschen zur Verfügung stehende Wegweiser, Gottes Willen überhaupt zu erkennen.[15] Es sei darum besser, exkommuniziert zu werden und im Banne zu sterben, als einer dem eigenen Gewissen widersprechenden Weisung der Kirchenoberen zu folgen.[16] Auf Thomas von Aquins Überlegungen zum irrenden Gewissen sollten noch die französischen Aufklärer des 17. Jahrhundert zurückgreifen.[17] Die Herausarbeitung der Gewissensautonomie nennt der Politikwissenschaftler Ludger Kühnhardt den entscheidenden Durchbruch zum Gedanken sittlicher Autonomie.[18] Die Entscheidung darüber, was richtig und was falsch ist, wird dem Einzelnen nach dieser Vorstellung nicht mehr von Gott oder der Kirche abgenommen, sondern er hat sie selbst zu verantworten. Anders als etwa in der Theologie des islamischen Mainstreams, die dem Menschen eindeutige, „gottbefohlene" Handlungsanweisungen für möglichst jede Lebenslage auferlegt, bezieht sich „gutes Handeln" seit der Scholastik vornehmlich auf ein ethisches Gerüst auf der Grundlage der Zehn Gebote und der Evangelien.

Eine Anleitung zu sittlicher Autonomie ist der später von Kant formulierte Kategorische Imperativ: „Handle nur nach derjenigen Maxime, durch die du zugleich wollen kannst, dass sie ein allgemeines Gesetz werde". Diese Handlungsanweisung ist keine eindeutige Regel mehr im Sinne von „Handlung A ist richtig" und „Handlung B ist falsch", sie ist vielmehr offen für jeden Einzelfall und fordert eine Selbstbefragung darüber, was moralisch richtig und was falsch ist.

Spätscholastische Theologen und Juristen an der bedeutenden Universität von Salamanca säkularisierten im 16. Jahrhundert die scholastische Idee einer gottgegebenen Menschenwürde. Sie griffen auf die antike Tradition des Vernunftrechts zurück und versöhnten diese mit der christlichen Offenbarung der Evangelien in der von Francisco de Vitoria (1483-1546) geprägten Formel „nichts, was nach dem natürlichen Gesetz erlaubt wird, wird vom Evangelium verboten."[19] Damit war ein erster Schritt getan, dass Naturrecht und damit den Rechtsbegriff von theologischen Lehrsätzen zu trennen. Diese Trennung dachte der Jurist Fernando Vázquez de Menchaca (1512-1569) konsequent weiter. Er unterschied deutlich zwischen dem Bereich des Natürlichen, um den allein sich das weltliche juristische Erkenntnisstreben drehe, und dem Bereich der übernatürlichen Offenbarung, die allein Sache von Theologie und Kirche sei. Alles, was wir außerhalb der übernatürlichen Offenbarung über Gott wüssten, leite sich aus der von Gott geschaffenen Natur ab, wie sie sich unseren Sinnen und unserer Vernunft erschließe. Demnach sei das natürliche Recht Sache der Vernunft. Es sei zwar von Gott gesetztes Recht, basiere aber nicht unmittelbar auf der Offenbarung und müsse demnach nicht aus dieser heraus begründet werden. Durch diese Argumentation gelang es Vázquez, das Recht insgesamt unabhängig von Theologie und Offenbarung zu betrachten. Jedes Gesetz müsse notwendig und nützlich und also vernünftig sein und so dem natürlichen Recht genügen. Selbst der Herrscher sei dem Gesetz untergeordnet, denn auch er dürfe nicht gegen das natürliche Recht verstoßen. Vazquez spricht sogar bereits von der „Herrschaft der Gesetze"[20] und bei ihm taucht erstmals der Gedanke der Menschenrechte auf. Im Vorwort seiner berühmten Schrift *Controversiae illustres* führt er 1564 aus, dass jeder Mensch von Natur aus über unabänderliche Rechte verfüge.[21]

Die Ideen der Schule von Salamanca können in ihrer Bedeutung für die abendländische Ideengeschichte nicht hoch genug eingeschätzt werden. Sie wurden im Zuge von Reformation und Aufklärung von protestantischen Gelehrten wie Johannes Althusius (1557-1638), Hugo Grotius (1583-1645) und Samuel von Pufendorf

(1637-1694) aufgegriffen,[22] die nicht mehr in Gott die Quelle der menschlichen Würde sahen, sondern in der Vernunft.[23] Aus der Würde des Menschen schlossen sie auf seine natürlichen Rechte und seine sittliche Autonomie, denn Würde manifestiere sich nur in persönlichen Rechten. Althusius und mit ihm die anderen Denker der Aufklärung betrachteten das Individuum als entwicklungsgeschichtlich älter als jeden sozialen Verband und schlossen daraus auf unveräußerliche Rechte, die der Mensch einst im Naturzustand gehabt habe. Der für eine mythische Vorzeit angenommene Zusammenschluss freier Individuen zu sozialen Verbänden war die Voraussetzung für die Idee des Gesellschaftsvertrags, den diese auf freiwilliger Basis abgeschlossen hätten. Die Idee des Naturzustands und eines ihn beendenden Gesellschaftsvertrags führte bei den Intellektuellen der Neuzeit zu recht unterschiedlichen gesellschaftlichen Konzeptionen. Für Vazquez hatte es nur eine rechtmäßige und eine unrechtmäßige Staatsgewalt gegeben. Erstere basiere auf dem Willen eines souveränen Volkes, aus dem sie sich ableite und habe einzig das Wohl der Bürger zum Ziel; letztere diene nur dem Nutzen der Herrschenden. Aus seinen und weiteren Schriften der Schule von Salamanca entnahm Althusius die Idee vom abgeleiteten Charakter der Staatsgewalt und der damit verbundenen Volkssouveränität.[24] Diesen Gedanken entwickelte Althusius dahingehend weiter, dass das Volk durch eine Gruppe von Repräsentanten vertreten werden müsse, die einen Herrscher bestimmen, der die Gewalt ausüben dürfe, ohne dass sie ihm allerdings „zu Eigen" sei. Die staatliche Gewalt bleibe immer beim Volk und seinen Repräsentanten, womit Althusius die spätere Gewaltenteilung vorwegnahm.[25] Nach Althusius hatte das Volk ein Widerstandsrecht gegenüber einem Herrscher, der nicht zum Wohle des Volkes regiere, da die Menschen einst im Gesellschaftsvertrag nicht *alle* Rechte an einen Herrscher abgetreten hätten.[26] Von Individualismus kann allerdings bei Althusius noch keine Rede sein; der Einzelne bleibt fest in die traditionellen sozialen Bindungen der ständischen Ordnung eingebunden.[27]

Im Gegensatz zu Althusius stellte sich Thomas Hobbes (1588-1679) den Naturzustand als einen Krieg aller gegen alle vor. Die natürlichen Rechte des Einzelnen galten für ihn einzig im Naturzustand. Mit dem Abschluss des Gesellschaftsvertrages verzichte jeder Einzelne auf sie, indem er sie an einen Herrscher abtrete.[28] Hobbes gelangte also über den Gesellschaftsvertrag zu einem Modell despotischer Herrschaft, in dem alles, was der Herrscher tut und anordnet, Recht ist. Ähnlich argumentierte Pufendorf. Da auch er den Gemeinwohlaspekt in den Vordergrund stellte, blieb für die individuelle Rechtsbehauptung letztlich kein Platz.[29] In ähnlicher Weise sollte später auch Jean-Jacques Rousseau (1712-1772) den Gesellschaftsvertrag definieren, in dem die einzelnen Bürger all ihre Rechte an die den Gemeinwillen (volonté generale) vertretende Mehrheit abgeben; der Staat ist hier ein allen gemeinsames Ich, ein kollektiver Körper.[30] Es war Pufendorfs Zeitgenossen John Locke (1632-1704) vorbehalten, das Individuum in den Mittelpunkt der Betrachtungen zu rücken. Erst bei ihm wurde die politisch definierte Freiheit des Einzelnen fassbar.[31] Damit ist Locke, dessen Denken von den Auseinandersetzungen um Herrschaft und Freiheit im England seiner Zeit beeinflusst war, der wahrscheinlich wichtigste Denker auf dem Weg zu garantierten Menschenrechten.[32] Die Gemeinschaft ist bei ihm die Summe der in ihr enthaltenen Individuen und jedes einzelne ist natürlicher Träger von Rechten. Wo Pufendorf nur die Gemeinschaft als Ganze in ihrem Verhältnis zu Staat und Herrscher sah, sieht Locke die einzelnen, mit privaten Rechten ausgestatteten Menschen[33] und begründet damit das Individuum als Rechtspersönlichkeit. Die eigentliche Aufgabe des Staates bestehe zu allererst im Schutz der natürlichen Rechte des Menschen. Der Staat erhalte seine Legitimität allein durch die Gewährung dieses Schutzes – bei gleichzeitiger Limitierung seiner Herrschaft. Die sich daraus ergebende, notwendige Herrschaftsbegrenzung führte Locke zum Prinzip staatlicher Gewaltenteilung in Legislative, Exekutive und federative power (jene Gewalt, die über Krieg, Frieden und alle außenpolitischen Angelegenheiten zu entscheiden habe). Einige Jahrzehnte später entwickelte Montesquieu (1689-1755) dieses Prinzip weiter, indem er der Legislative und Exekutive die Judikative hinzugesellte, und damit jenes Prinzip entwickelte, das bis heute zu den Grundlagen westlicher Demokratien gehört.

Die Infragestellung von Herrschaft führte im europäischen Mittelalter zu einer historisch singulären Entwicklung, die als Geschichte der Abtrotzung von Freiheiten gegenüber Herrschaft gelesen werden kann. Freiheitsrechte sind in erster Linie die Antwort auf Tendenzen des Herrschers, seine Souveränität auszuweiten.[34]

Im Europa des beginnenden 12. Jahrhunderts erhielten zunächst die Bischofsstädte Privilegien vom Kaiser, die in der Folge auch von anderen Städten reklamiert wurden. Hatten die Menschen der mittelalterlichen Stadt zuvor einen unterschiedlichen Rechtsstatus, führten nun die Stadtprivilegien zu dessen Vereinheitlichung. Stadtbürger waren fortan aus allen Hörigkeitsverhältnissen befreit, sie schuldeten niemandem Dienstpflicht (mit Ausnahme einer begrenzten Heerfolge gegenüber dem Kaiser) und erhielten die Verfügungsgewalt über Eigentum, inklusive freiem Erbrecht. Sie konnten nun auch ihren Aufenthalt frei wählen, und diese neue Bewegungsfreiheit ermöglichte ihnen, auf Handelsfahrt zu gehen – bis dahin ein Vorrecht einiger weniger königlich privilegierter Kaufleute. Die mittelalterliche Stadt entwickelte sich mehr und mehr zu einem Ort mit eigener Verfassung, eigenem Stadtrat und eigener Gerichtsbarkeit, der dem Zugriff der Fürsten weitgehend entzogen war. Die freien Städte standen somit unter bürgerlicher Selbstverwaltung. Wer hingegen auf dem Land lebte, unterlag der Hörigkeit. Die Stadt bot neue Lebenschancen und zog entsprechend viel Landbevölkerung an. Aus dieser Zeit stammt die Redewendung „Stadtluft macht frei" – fand sich doch in vielen Stadtrechten die Bestimmung, Zuzügler seien „nach Jahr und Tag" frei. Der Fürst oder Grundherr hatte nach Ablauf dieser Frist keine Möglichkeit mehr, den ehemals Hörigen zurück zu fordern, noch von ihm Abgaben oder Entschädigung zu verlangen. Stadtluft machte im wahrsten Sinne des Wortes frei.[35]

Diese Entwicklung verlief keineswegs geradlinig, sondern war geprägt durch ständige Konflikte zwischen den Fürsten, die auf ihren Privilegien bestanden, und den Städten, die die ihren auszudehnen suchten. Langfristig jedoch verlief sie zugunsten der Städte und der Autonomie ihrer Bürger, so dass seit der Mitte des 12. Jahrhunderts mehr und mehr Städte das Stadtrecht mit allen dazu gehörenden Privilegien innehatten.[36] Gegen Ende des 13. Jahrhunderts erhielten freie Städte Sitz und Stimme auf den *Reichstagen*, gründeten schließlich einen eigenen Zusammenschluss, den *Städtetag*, und bildeten ein ernstzunehmendes Gegengewicht zu Kaiser und Fürsten.

Allgemein ist das europäische Mittelalter vom Versuch geprägt, durch Herrschaftsverträge ständische Freiheiten zu erzwingen. In diesen wurden die Herrschafts- und Freiheitsrechte zwischen dem König, der in Ständen organisierten Bevölkerung und den Vasallen aufgeteilt. Sie enthielten oft bereits das Recht auf Unverletzlichkeit des Lebens, der Ehre, des Hauses und des Eigentums, oder auch das Recht, ein ordentliches Verfahren gegen den König zu führen.[37] Auch wenn damit noch keine unmittelbare Beziehung zwischen Herrscher und einzelnem Untertan gegeben war (die Herrschaftsverträge banden den Herrscher nur an Zusagen gegenüber den Ständen)[38] wurde mit ihnen in Europa vergleichsweise früh, bereits im 13. Jahrhundert, der Herrscher selbst unter das Gesetz gestellt. Alle Freiheitsrechte wurden letztlich mit dem Naturrecht des Menschen argumentiert, das in eine ideale Vorzeit verlegt wurde. Exemplarisch ist hier der *Sachsenspiegel*, das älteste Rechtsbuch des deutschen Mittelalters, mit dem Eike von Repgow zwischen 1220 und 1235 eine Zusammenfassung des Gewohnheitsrechts vorgenommen hatte. Es wurde zur Vorlage vieler späterer Gesetzeswerke und strahlte weit über die Grenzen Sachsens hinaus. Eike verweist auf die Gottebenbildlichkeit des Menschen und geht davon aus, dass einst alle Menschen frei gewesen seien: „Als man zum ersten Mal Recht setzte, da gab es keinen Dienstmann und da waren alle Leute frei, als unsere Vorfahren hierher in das Land kamen." In mehreren Paragraphen weist Eike jede zeitgenössische Rechtfertigung von Unfreiheit zurück und besteht darauf, dass der Mensch nach Gottes Wort frei geboren sei und allein Gott gehöre, sodass der, der „ihn jemand anderem zuspricht als Gott", gegen Gott handele.[39]

Nun war das Mittelalter zwar durch eine Gliederung der Gesellschaft in Stände, in Freie, Halbfreie und Unfreie gekennzeichnet; allen Erwartungen zum Trotz finden sich jedoch Freie selbst unter Kleinbauern und Landlosen, wenn auch mit regional großen Unterschieden. Das früheste Beispiel freier Bauern ist uns schon aus der Zeit der Merowinger (5. bis 8. Jahrhundert) überliefert.[40] Freiheit bestand in der Unversehrbarkeit des Körpers, in Freizügigkeit, Freiheit des Eheabschlusses und Verfügungsgewalt über den eigenen Besitz.[41]

Das wohl bekannteste Vertragswerk des Mittelalters ist die *Magna Charta Libertatum,* zu deren Annahme der englische König Johann Ohneland im Jahre 1215 von einer Koalition aus revoltierendem Adel, Kirche und der Stadt London gezwungen wurde, nachdem er versucht hatte, seine Macht zu Lasten des Adels auszudehnen. Unter den Rechten, die er fortan „allen freien Mannen" gewähren musste, befanden sich das Recht auf Verfügungsgewalt über Eigentum, das Recht auf faire Gerichtsverfahren und die Handelsfreiheit der Kaufleute. Alle Untertanen bis hinunter zum freien Bauern sollten vor königlicher Willkür geschützt werden, wie etwa unbegründeter Verhaftung, Enteignung, Ächtung und Verbannung. Die *Magna Charta* enthält außerdem ein Widerstandsrecht gegen herrschaftliche Willkür. Zwar war ein solches auch bisher gegenüber treu- und rechtswidrig handelnden Königen allgemein angenommen worden, aber nun musste es der König erstmals besiegeln.[42] Die *Magna Charta* ist ein klassisches Beispiel für einen Herrschaftsbegrenzungsvertrag, der mit Zurückweisung königlicher Macht grundlegende Freiheitsrechte verbindet. Mit ihr war es gelungen, den König selbst zum Untertanen des Rechts zu machen.[43]

In vielen Teilen Europas wurden in den kommenden Jahrhunderten ähnliche Herrschaftsverträge formuliert. Sie hielten nicht immer, was sie versprachen und waren noch weit davon entfernt, gleiche Rechte für *alle* Menschen zu formulieren, aber durch sie bekamen Bürger erstmals ein Mittel zur Hand, um *rechtmäßige* Forderungen an den Herrscher stellen zu können; Freiheitsrechte waren von der bloßen Idee zu positivem Recht geworden.[44]

Auf die Rechte der *Magna Charta* sollten sich alle kommenden englischen Freiheitsbewegungen bis hin zu den amerikanischen Siedlern berufen. So etwa das englische Parlament 1628 in der *Petition of Right,* die bis heute als eines der wichtigsten Dokumente in der Geschichte der Menschenrechte gilt, und in dem vom König gefordert wird, dass niemand ohne Angabe von Gründen verhaftet, noch seines Besitzes beraubt werden dürfe. Diese Rechte wurden als „fundamental law" betrachtet.[45] Charles I. – auf die Bewilligung seiner Kredite durch das Parlament angewiesen – gab den Forderungen zunächst nach, löste jedoch bereits ein Jahr später das Parlament auf und regierte absolutistisch.[46] So ging es eine Weile hin und her, bis 13 Jahre später der Bürgerkrieg ausbrach, der in der Gewaltherrschaft Oliver Cromwells (1653-1658) mündete. Willkürliche Verhaftungen waren an der Tagesordnung. Der Widerstand nahm schließlich solche Ausmaße an, dass Cromwells Nachfolger Charles II. im Jahre 1679 gezwungen wurde, einen Vertrag zu unterzeichnen: Die *Habeas Corpus Akte*. Darin wurden erneut willkürliche Verhaftungen verboten und weitreichende Verbesserungen im Strafrecht vorgenommen: Verhaftete mussten binnen drei Tagen einem Richter vorgeführt werden und der Prozess durfte nur noch im Mutterland geführt und nicht mehr in die Kolonien verlegt werden – eine zuvor gängige Praxis. Der Vertrag war ein bedeutender Schritt zur Herrschaftsbeschränkung und sollte später noch eine wichtige Rolle in der amerikanischen Unabhängigkeitsbewegung spielen, galten doch die darin verbrieften Rechte ausdrücklich auch für alle Bürger der überseeischen Gebiete.[47]

Nicht einmal zehn Jahre nach der Verabschiedung der *Habeas Corpus Akte* versuchte mit James II. neuerlich ein uneinsichtiger König die Alleinherrschaft durchzusetzen, was schließlich zu seinem Sturz durch Wilhelm von Oranien führte. Wilhelm konnte sich auf Bevölkerung und Adel stützen, die James II. wegen seiner Neigung zum Katholizismus ohnehin abgelehnt hatten. Ein Jahr darauf, 1689, verabschiedete das Parlament die *Bill of Rights*, die sich durch strikte Ablehnung absolutistischer Gewalt auszeichnet. Der Sturz des Königs 1688 und die Verabschiedung der *Bill of Rights* ist als „Glorreiche Revolution" in die englische Geschichte eingegangen. Die englische Nation hatte sich eines Königs entledigt, der des Verfassungsbruchs bezichtigt wurde. Damit war ein Präzedenzfall des Widerstands gegen einen Verfassungsbruch geschaffen, auf den sich noch die amerikanischen Siedler 80 Jahre später berufen sollten.[48] In Anknüpfung an die *Magna Charta* und die alten, natürlichen Rechte und Freiheiten wurde nun endgültig die Auffassung zurückgewiesen, Freiheit sei allein ein Akt königlicher Gnade. Nur dem Parlament stand fortan das Recht zu, Gesetze zu erlassen, aufzuheben oder Steuern festzulegen. Die Partizipation der Bürger an der Macht, und damit ihr Selbstbewusstsein, wurde gestärkt, indem sie beispielsweise das Recht erhielten, Petitionen an den König einzubringen, ohne nachteilige Folgen befürchten zu müssen. Ein

Jahr nach Inkrafttreten der *Bill of Rights* veröffentlichte John Locke seine bekannteste Schrift *Two Treaties of Government*, die sowohl die weitere Entwicklung in Europa als auch in den nordamerikanischen Kolonien maßgeblich beeinflussen sollte.[49]

Anders als in Kontinentaleuropa sind mit den englischen Freiheitsrechten im 17. Jahrhundert bereits Individualrechte, die „Rechte der Engländer", an die Stelle ständischer Sonderrechte getreten.[50] Neben jenen Rechten, die das Leben, die körperliche Unversehrtheit, die Würde und die Freiheit des Einzelnen schützen, nimmt in all den genannten Rechtsakten das Recht auf Eigentum eine zentrale Rolle ein. Dieses verhinderte den willkürlichen Zugriff des Herrschers auf das Eigentum seiner Untertanen, wie etwa im Kriegsfalle die Requirierung von Getreide, Tieren oder Fuhrwerken, die Einquartierung von Soldaten in Privathäusern und die Erhöhung der Steuern nach Gutdünken. Das Recht auf Eigentum war, ideengeschichtlich betrachtet, ein wesentlicher Schritt zur Herausbildung von Privatsphäre und zur Herauslösung des Individuums aus staatlicher Abhängigkeit und Unterdrückung, es war mithin ein Zeichen von persönlicher Souveränität. Noch heute wird in Amerika jede Steuererhöhung als Angriff auf das Privateigentum gesehen; in der Schweiz muss die Regierung Steuererhöhungen durch Volksabstimmungen genehmigen lassen.

Ähnlich den bisher erwähnten Herrschaftsbegrenzungsverträgen entsprang die erste Niederschrift der Menschenrechte in Form gesetzlich garantierter Grundrechte der Abwehr eines Versuches der Herrschaftsanmaßung, allerdings nicht durch einen König, sondern durch ein Parlament. Die nordamerikanischen Siedler verstanden die amerikanischen Kolonien als Teil des britischen Empires und sich selbst als Bürger Großbritanniens.[51] Daher betrachteten sie es als Verstoß gegen die ihnen garantierten Rechte, als das englische Parlament ihnen den Handel mit den Westindischen Inseln untersagte und, ohne sie in die Entscheidung einzubeziehen, über Zollgesetze und Steuern die Staatseinkünfte Englands erhöhen wollte. Mit diesen Mehreinnahmen gedachte das Parlament vor allem die Kriegskosten des Siebenjährigen Krieges in Europa ausgleichen zu können. Die Siedler setzten diesem Vorhaben den Slogan „No taxation without representation!" entgegen und erhoben die Forderung nach wirtschaftlicher Eigenständigkeit. An eine Loslösung vom Empire dachte zu diesem Zeitpunkt niemand; der

Protest zielte zunächst nur auf die Rücknahme aller verfassungswidrigen Maßnahmen. Das englische Parlament bestand jedoch auf seiner absoluten und unteilbaren Souveränität und suchte die Kraftprobe mit den Kolonien.[52] In den vom Parlament erlassenen Verhaftungsvollmachten und den daraufhin stattfindenden willkürlichen Hausdurchsuchungen und Verhaftungen, sahen die Siedler eine Missachtung der in der *Habeas Corpus Akte* und der *Magna Charta* verbrieften Rechte.[53] William Penn, der Gründer der Kolonie Pennsylvania, gab im Jahre 1687 in Philadelphia eine kommentierte Ausgabe der *Magna Charta* und ihrer wichtigsten Folgegesetze heraus. Bereits der Titel verrät das Ansinnen Penns: *The Excellent Privilege of Liberty & Property Being the Birth-Right of the Free-born Subject of England*.[54] Die englischen Bürger und damit auch die Bürger der Kolonien lebten in dem Bewusstsein, frei geboren zu sein und über angeborene Rechte zu verfügen, die diese Freiheit bestätigen und garantieren. Dieses Bewusstsein entsprang nicht allein den bereits erwähnten Dokumenten der Freiheitsrechte, sondern stärker noch den zahlreichen Gerichtsentscheiden, Rechtskommentaren und der politischen Publizistik, die immer wieder die „Rechte der Engländer" als fundamentales Gesetz bezeichnet hatten.[55]

Der Streit um Recht und Steuern eskalierte schließlich im amerikanischen Unabhängigkeitskrieg und mündete in der ersten Deklarationen der Menschenrechte der Geschichte, der *Virginia Declaration of Rights* vom 12. Juni 1776, die gleichzeitig mit der Verfassung, der *Constitution, or Form of Government*, beschlossen wurde.[56] Deutlich ist der Bezug auf das Naturrecht, wenn es in Artikel 1 heißt, alle Menschen seien „von Natur aus gleichermaßen frei und unabhängig und besitzen gewisse ihnen innewohnende Rechte", darunter der Genuss von Leben und Freiheit, „mit den Mitteln zum Erwerb und Besitz von Eigentum und zum Streben und der Erlangung von Glück und Sicherheit."[57] In fünfzehn Artikeln wurden grundlegende individuelle Rechte als unveräußerliche Menschenrechte festgeschrieben, darunter das Recht auf Leben, Freiheit, Eigentum und die Versammlungs- und Pressefreiheit. Die *Declaration of Rights* von Virginia wurde zum Vorbild für Verfassungen vieler weiterer amerikanischer Staaten und schließlich der Bundesverfassung von 1787.[58]

Mit der Festschreibung der Menschenrechte in einer Verfassung war etwas vollkommen Neues entstanden: Zum ersten Mal wurde die Würde jedes einzelnen Menschen gesetzlich für wichtig und schützenswert erklärt. „Gute Herrschaft" wurde fortan auch daran gemessen, ob und inwieweit sie die Freiheit des Einzelnen schützt und sein Streben nach Glück befördert. Dabei übersahen die Väter der amerikanischen Verfassungen nicht, dass auch demokratische Herrschaft der Beschränkung bedarf, soll sie nicht in Tyrannei der Mehrheit oder Mehrheitsdespotismus (Alexis de Tocqueville)[59] enden. Dieser Gefahr stehen die Menschenrechte entgegen, die als vorstaatliche und unveräußerliche Rechte auch durch demokratische Mehrheiten nicht außer Kraft gesetzt werden können. Der Jurist Wolfgang Fikentscher hat für die daraus resultierende moderne Demokratie den Begriff der Grundrechtsdemokratie geprägt.[60] Die vielleicht beste Begründung für die Notwendigkeit der Machtbeschränkung auch in der Demokratie lieferte 1859 John Stuart Mill:

Das Volk, das die Herrschaft ausübt, ist nicht immer dasselbe, wie das, worüber sie ausgeübt wird, und die viel besprochene „Selbstregierung" bedeutet nicht, dass jeder von sich selbst beherrscht werde, sondern jeder von allen übrigen. Der „Wille des Volkes" bedeutet praktisch: Der Wille des zahlreichsten und tätigsten Teiles des Volkes; die „Majorität" umfasst diejenigen, denen es gelingt, sich als Mehrheit geltend zu machen; es ist darum möglich, dass das Volk wünscht, einen Teil aus seiner Mitte zu unterdrücken, und so sind Vorsichtsmaßregeln gegen diesen wie gegen jeden Missbrauch der Gewalt nötig. Die Beschränkung der Regierungsmacht über einzelne verliert darum nichts von ihrer Wichtigkeit, wenn die Machtinhaber dem Volke, das heißt der stärksten Partei, verantwortlich sind.[61]

Die Anerkennung der Menschenrechte und ihre Überführung in positives Recht hat das Ziel, jeden einzelnen vor Willkür, auch vor demokratisch legitimierter, zu schützen. Ohne garantierte und unveräußerliche Rechte jedes einzelnen ist es nicht auszuschließen, dass eine Mehrheit – sei sie nun ethnisch, religiös oder politisch definiert – eine Minderheit dauerhaft durch demokratische Mehrheitsfindung unterdrückt. Demokratie im modernen Sinne definiert sich nicht allein durch freie Wahlen. Aktuell zeigt sich in einigen arabischen Staaten die Problematik einer nicht auf universellen Menschenrechten basierenden Demokratie. Im Irak etwa wurde 2005 in der neuen Verfassung der Islam zur Staatsreligion und Grundlage der Gesetzgebung erklärt. In Ägypten haben sich die Menschen 2011 in einer Volksabstimmung dafür entschieden, auch in ihrer neuen Verfassung die Scharia zur Rechtsgrundlage zu erklären. Die muslimische Mehrheit hat hier in einer freien und demokratischen Abstimmung beschlossen, dass sich auch Nicht- gläubige und Nichtmuslime dem religiösen Recht des Islam un- terordnen müssen. Damit hat aber eine religiöse Mehrheit eine Entscheidung über eine Minderheit gefällt, die ihr in einer auf den Menschenrechten basierenden Demokratie nicht zustehen würde. Gleiches gilt für die Schweizer Volksabstimmung gegen den Bau von Minaretten. Auch damit hat eine Mehrheit befunden, dass eine religiöse Minderheit nicht das Recht habe, Gotteshäuser nach ei- genen Vorstellungen zu errichten – ein Verstoß gegen die Religions- freiheit der muslimischen Minderheit. Die Versuche rechter Krei- se in Europa, mittels Volksentscheid gegen Moscheen, Minarette und Einwanderung vorzugehen, sind ebenfalls von einem Rous- seauschen Demokratieverständnis geprägt, das nicht auf Menschen- rechten basiert, sondern auf der Herrschaft der Mehrheit über die Minderheit.

„Ein Regime", so die Politikwissenschaftlerin Ulrike Acker- mann, „in dem das Volk und nicht das Gesetz regiert, ist deshalb kein Regime der Freiheit."[62] Eine Entscheidung kann also sowohl demokratisch legitimiert sein als auch gegen Menschenrechte ver- stoßen. Erst die Verbindung von demokratischer Entscheidungs- findung mit einer auf den Menschenrechten basierenden Verfas- sung macht eine moderne Demokratie aus.

Eine europäische Entwicklung

Die Entstehung garantierter Menschenrechte ist das Ergebnis drei- er Entwicklungen: Begrenzung von Herrschaft, Heraustreten des Individuums aus dem Kollektiv und Verschiebung des theozentri- schen Weltbilds hin zum anthropozentrischen. Der Gedanke gerech- ter Herrschaft ist in der Geschichte aller Kulturen nachweisbar. Aus ihm resultierten vielerorts Ansätze zur Begrenzung von Herrschaft, aber sie führten – mit Ausnahme Europas und Nordamerikas – bis ins 20. Jahrhundert hinein nicht soweit, den Herrscher selbst unter das Gesetz zu stellen und vorstaatliche Rechte der Menschen an- zuerkennen. In Mesopotamien, Ägypten und Persien, aber auch in China hatte sich im Altertum eine von der Geschichtswissenschaft als „Orientalische Despotie" bezeichnete Herrschaftskultur heraus-gebildet. Karl August Wittfogel führt die Entstehung despotischer Reiche vor allem darauf zurück, dass in den genannten Regionen Landwirtschaft und damit das Überleben größerer Verbände nur durch den Einsatz großer Menschenmassen möglich war, wo es galt, Flüsse zu bändigen, Bewässerungssysteme aufzubauen und Dämme gegen Überschwemmungen zu errichten. Er spricht daher von „hy-draulischen Gesellschaften", in denen, durch eine Zentralmacht gelenkt, riesige Wasserbauvorhaben durchgeführt werden mussten. Erst durch die enorme Bündelung der Kräfte seien diese gigan-tischen und vor allem stetigen Vorhaben zu bewältigen gewesen, die dort Voraussetzung für die Entwicklung von Reichen gewesen seien. Diese Ausgangsbedingungen hätten die despotische Reichsstruktur geprägt.[63] Im gemäßigten Klima Europas hingegen, mit seinen re-gelmäßigen Niederschlägen, sei es auch kleinsten Gruppen möglich gewesen, sich vom Ackerbau zu ernähren. Inwieweit die klimatischen Bedingungen den entscheidenden Entwicklungsfaktor darstellten sei dahingestellt, gesichert ist, dass sich in Teilen Asiens und in Ägypten bereits Jahrtausende vor dem Eintritt West- und Mittel-europas in die Geschichte despotische Herrschaft herausgebildet hatte. Vielleicht kam Europa die lange Tradition kleiner Verbände mit ihren wesentlich flacheren Hierarchien ebenso zu gute wie die – im Vergleich zu anderen Weltregionen – verspätete Staats- oder Reichsbildung.

Die Despotie zeichnet sich durch nahezu unbegrenzte Macht des Herrschers und eine starke, das gesamte Reich durchdringende Bürokratie aus. Der Herrscher war meist Eigentümer des gesamten Grundes; Privateigentum an Grund und Boden konnte sich nur be-grenzt herausbilden.[64] Die Ausdifferenzierung der Stammesgesell-schaften, in denen bereits Formen von Privateigentum vorhanden waren, in bäuerliche, handwerkliche und andere Schichten, führ-te in Europa zur Entstehung von Landeigentum. In der Despotie hingegen wurde Grundbesitz allein durch die Gnade des Herrschers gewährt, der staatliches Land an Private übertrug. Es liegt in der Natur der Gnade, dass sie auch wieder entzogen werden kann. Die Freiheit, die Erträge des Eigentums zu genießen beziehungsweise über deren Verwendung selbst zu bestimmen, ja sogar das Recht, Landbesitz frei zu vererben, war in der Despotie stark eingeschränkt.

Im Osmanischen Reich etwa befand sich noch bis ins 19. Jahrhundert hinein der überwiegende Teil des Grund und Bodens im Besitz des Sultans.[65]

Die allgegenwärtige Bürokratie, die selbst die einzelnen Städte zentral verwaltete, verhinderte lokale Autonomie einzelner Fürsten ebenso wie die Entwicklung freier Städte mit bürgerlicher Selbstverwaltung, die in Europa den Kristallisationspunkt des Selbstbewusstseins freier Bürger bildeten.

Von Persien und Ägypten ausgehend erreichte die despotische Herrschaft schließlich auch das römische Reich der Kaiserzeit. Der unter Augustus eingeführte Kaiserkult, der schrittweise zur Vergöttlichung der Kaisers führte,[66] einschließlich des Baus von Kaisertempeln, ist hierfür symptomatisch. Das Gottkaisertum wandelte sich nach der Christianisierung Roms zum Kaisertum von Gottes Gnaden. Der Kaiser von Byzanz schmückte sich nach dem Vorbild orientalischer Könige und übernahm das orientalische Hofzeremoniell. Wer immer zu einer Audienz beim Kaiser zugelassen wurde, musste sich niederknien oder sich gar vor diesem auf den Boden werfen (Proskynese) und durfte den Blick nur heben, wenn der Kaiser es gestattete.[67] Dieses auf Unterwerfung ausgerichtete Hofzeremoniell wurde im Byzantinischen Reich bis zu dessen Ende im 15. Jahrhundert praktiziert und symbolisiert wie kaum ein anderes Detail die allgemeine Stagnation, die letztlich zu seinem Untergang beitrug.[68] Wie groß der Gegensatz in der Herrschaftsauffassung zwischen Westeuropa und Byzanz bereits im Hochmittelalter geworden war, überliefern uns nicht zuletzt die Quellen am Beispiel des Zusammentreffens von Kreuzfahrern und dem byzantinischen Kaiser Alexios I. Komnenos im Jahre 1097. Trotz ihrer Abhängigkeit vom Kaiser, der ihnen die Überfahrt über den Bosporus ermöglichen sollte, war es für die selbstbewussten Fürsten und Ritter aus dem Westen undenkbar, sich vor einem Herrscher derart zu erniedrigen.[69]

Die islamischen Herrscher übernahmen das Modell der Orientalischen Despotie vom Persischen und Byzantinischen Reich, als sie deren Erbe antraten. Die absolutistische Herrschaft der Despotie bestand zu allererst im Recht des Herrschers, Zugriff auf alles und jeden zu haben und bestehende Gesetze willkürlich auszulegen, zu ändern oder neue zu erlassen. Sie bestand wesentlich im Vorrecht des Herrschers, selbst an keine Gesetze gebunden zu sein. Exemplarisch hierfür ist das Osmanische Reich mit der uneingeschränkten Macht des Sultans, in dem nicht einmal der Großwesir, der zweitmächtigste Mann im Reich, ein Recht auf das eigene Leben hatte.[70] Hiervon zeugt die Liste der ermordeten Großwesire, die ohne jedes Gerichtsverfahren, nur aufgrund eines Befehls des Sultans – oft genug aus einer Laune heraus – getötet wurden. Prominentestes Beispiel ist vielleicht Kara Mustafa Pascha, der nach seiner Niederlage vor Wien 1683 auf dem Rückzug in Belgrad auf traditionelle Weise mit einer Seidenschnur erdrosselt wurde. Im April 1821 (!) wurde mit Benderli Ali Pascha der letzte Großwesir im Auftrag des Sultans umgebracht, nachdem ihm Versagen bei der Niederschlagung des griechischen Unabhängigkeitskampfes vorgeworfen worden war. Eine derartig unumschränkte Macht war bereits im Europa des Mittelalters undenkbar. Zweifelsohne gab es auch hier zahlreiche durch Könige und Fürsten angeordnete Morde, aber diese wurden heimlich oder mittels einer Intrige bewerkstelligt. Sie waren nicht offiziell legitimiert und wurden im öffentlichen Bewusstsein und in der zeitgenössischen Geschichtsschreibung auch als Morde wahrgenommen. Im Gegensatz zu europäischen Herrschaftsmodellen jener Zeit, die durchaus eine formelle Beteiligung diverser Gremien und Einzelpersonen an der Macht vorsahen (etwa Stände, Bürgerschaften, Reichs- und Städtetage oder in England das Parlament), kannte die Despotie nur die informelle Beteiligung. Daraus ergaben sich zwangsläufig ein ewiges Ränkespiel und dauernde Intrigen um die Gunst des Herrschers.

Russland, die einzige christlich-orthodoxe Macht, die nicht unter islamische Herrschaft geraten war, begriff sich nach dem Untergang des Byzantinischen Reiches 1453 als dessen Erbe und Moskau als „Drittes Rom". Mit der Heirat Ivans III. mit der Nichte des letzten byzantinischen Kaisers wurde das byzantinische Hofzeremoniell übernommen und Russland stellte sich in die Tradition der Orientalischen Despotie. (Nebenbei gesagt war es vielleicht der Einfluss dieser Tradition, die noch Lenin beeinflusst hat, als er schrieb, die „Diktatur des Proletariats" sei „an keinerlei Gesetze gebunden".[71])

Die fehlende oder mangelnde Begrenzung von Herrschaft hatte unmittelbare Auswirkungen auf die Herausbildung des Individuums, da der Einzelne ohne Gewährung von Rechten gegenüber dem Herrscher nie als Rechtspersönlichkeit auftreten konnte. Die Ausprägungen despotischer Herrschaft mögen zu verschiedenen Zeiten und Orten voneinander abweichen, aber die Essenz ist in allen diesen Systemen die Einschränkung des Individuums zugunsten von Herrschaft.

Begrenzung von Herrschaft, Anthropozentrismus und Individualismus sind drei einander bedingende Komponenten, aus deren Zusammenspiel eine allen Menschen eigene und gleiche Würde und daraus resultierende Rechte, unabhängig von Herkunft oder Geschlecht, überhaupt erst denkbar wurden. Die Geschichte der Menschenrechte ist eine Geschichte des Abbaus traditioneller Legitimationen von Herrschaft und der Herauslösung des Individuums aus seinen traditionellen kollektivistischen Bindungen. Menschenrechte und Demokratie legitimieren Herrschaft durch den Willen der Bürger selbst und benötigen somit – und das ist ihr größter Vorteil – keine weiteren Legitimationskonzepte.[72] Diese Konzeption stellt das Individuum als eigenen Wert an erste Stelle, also über den Staat, der für das Individuum gemacht ist, und nicht andersherum.[73] Erst auf dieser Grundlage kann der Mensch seine sozialen Bindungen nach eigener Vorstellung gestalten.

Das auf Rousseau zurückgehende Konzept des Gemeinwillens begründet demgegenüber eine Demokratie ohne unveräußerliche Menschenrechte: Der Einzelne gibt seine Freiheit zugunsten des durch Mehrheitsfindung festgestellten Gemeinwillens auf. Demokratie wird so zur Macht der Mehrheit, der Staat zum Kollektiv.[74] Die individuelle Freiheit wird der politischen Freiheit des Gemeinwesens unterworfen.[75] Dieses modern-kollektivistische Prinzip unterscheidet sich im Kern nicht von traditionell-kollektivistischen Stammesprinzipien und despotischen Vorstellungen. Während in letzterem Gott oder der Herrscher der allmächtige Souverän ist, so ist es in ersterem die Mehrheit, der sich alle unterzuordnen haben. Rousseau, und in seiner Tradition die Staaten des ehemaligen Ostblocks, waren der Meinung, Volkssouveränität sei kollektive Autonomie, an der der Einzelne teilhabe. Dafür jedoch müsse er seine persönliche Autonomie aufgeben.[76] Auf diese Vorstellung eines paternalistisch verordneten Glücks hatte der Schweizer Politiker und Verfassungstheoretiker Benjamin Constant bereits 1819 in seiner Aufarbeitung der Französischen Revolution und des unheilvollen Einflusses, den die Ideen Rousseaus auf diese ausgeübt hatten, eine gebührende

Antwort gegeben: „Wie rührend auch eine so zarte Aufmerksamkeit ist, wir wollen die Regierung bitten, innerhalb ihrer Grenzen zu bleiben. Sie möge sich darauf beschränken, gerecht zu sein. Für unser Glück werden wir selber sorgen."[77]

Gegner individueller Menschenrechte

Die im Jahre 1948 nach den Erfahrungen von Krieg und Völkermord verabschiedete *Allgemeine Erklärung der Menschenrechte* blieb dem Grundgedanken individueller Rechte verpflichtet, aber in den Debatten vor der Abstimmung hatte sich bereits Widerspruch von sozialistischer Seite gerührt. Von den damals 54 Mitgliedsstaaten der UNO (heute sind es 193) wurde die Erklärung schließlich mit 48 Ja-Stimmen und sechs Enthaltungen angenommen. Zu den sechs Enthaltungen zählten neben den sozialistischen Staaten (Sowjetunion, Polen, ČSSR und Jugoslawien) auch Südafrika und Saudi-Arabien. Das südafrikanische Apartheidregime war dem Menschenrechtsgedanken erwartungsgemäß von vornherein abgeneigt. Saudi-Arabien lehnte allgemeine Menschenrechte mit Verweis auf Koran und Scharia ab und störte sich insbesondere am Recht auf freie Wahl der Religion. Die sozialistischen Staaten hatten grundsätzliche ideologische Vorbehalte. Im großen Entwurf des Kommunismus und seines „neuen Menschen" war kein Platz für Nebensächliches wie Menschenrechte, die sich, ebenso wie die Befreiung der Frau, im Kommunismus von selbst ergeben würden. Schon Marx wollte in den Menschenrechten nichts anderes erkennen „als die Rechte des egoistischen, bürgerlichen Menschen".[78] Das vom Ostblock angestrebte Gesellschaftsmodell hatte, bei allen Unterschieden und seiner Modernität, dieselbe Sicht auf den Menschen als untergeordneter Teil des Ganzen, wie das traditionell-kollektivistische. Es liegt in der Natur der Sache, dass Meinungspluralismus den Wunschvorstellungen einer Partei, die vorgibt im Namen aller zu reden, im Wege steht. So wurden schließlich in keinem Staat des ehemaligen Ostblocks grundlegende Freiheitsrechte verwirklicht. Die Führer dieser Länder wagten es zwar nicht, die klassischen Freiheitsrechte offen abzulehnen, reklamierten aber zusätzlich sozioökonomische Rechte in die *Allgemeine Erklärung der Menschenrechte* hinein. So finden sich etwa ein Recht auf Arbeit, ein Recht auf Bildung und ein Recht auf Sicherheit im Falle von Arbeitslosigkeit, Invalidität oder Krankheit in der Menschenrechtserklärung. All diese Rechte beinhalten ohne Zweifel etwas durchaus Erstrebenswertes, aber anders als die klassischen Menschenrechte garantieren sie keine individuellen Freiheiten. Sie sind ihrem Charakter nach Solidarrechte. Ganz besonders deutlich wird das in Artikel 29, der überhaupt kein Recht mehr formuliert: „Jeder hat Pflichten gegenüber der Gemeinschaft, in der allein die freie und volle Entfaltung seiner Persönlichkeit möglich ist." Die demokratischen Staaten stimmten einer Aufnahme dieser Artikel in die Allgemeine Erklärung der Menschenrechte zu. Nur mit diesem Kompromiss war es möglich, die Erklärung insgesamt durchzubringen, aber er bedeutet einen ersten Einbruch von Solidar- und Kollektivrechten in die UN-Menschenrechtserklärung.

In der Realität der sozialistischen Staaten sollte sich zeigen, dass diese Rechte nie als Individualrechte, sondern stets als Pflichten des Einzelnen gegenüber der Gesellschaft verstanden wurden. Das vermeintliche „Recht auf Arbeit" findet sich in den Verfassungen und im Strafrecht der sozialistischen Staaten als Arbeitspflicht wieder. In Artikel 18 der Sowjetverfassung von 1918 hieß es bereits: „Die Russische Sozialistische Föderative Sowjetrepublik erklärt die Arbeit zur Pflicht aller Bürger der Republik und verkündet die Losung: ‚Wer nicht arbeitet, soll auch nicht essen.'" Das bedeutete in der Praxis ein Streikverbot, den Ausschluss der Freiheit der Berufswahl, das Verbot, eigenmächtig den Beruf zu wechseln und gegebenenfalls Zwangsarbeit.[79] Die Verfassung der DDR kannte neben der Arbeitspflicht auch die Pflicht, einen Beruf zu erlernen und die Pflicht, das Volkseigentum zu mehren.[80] Das Strafgesetzbuch sah im §249 („asoziales Verhalten") Gefängnisstrafen für all diejenigen vor, die keiner geregelten Arbeit nachgingen.[81]

In den folgenden Jahrzehnten wurde die Auseinandersetzung um die Menschenrechte vom Kalten Krieg geprägt. Während die demokratischen Staaten weiterhin auf der weltweiten Geltung der klassischen Freiheitsrechte bestanden, versuchten die sozialistischen Staaten eine stärkere Betonung wirtschaftlicher und sozialer Rechte durchzusetzen, was 1966 schließlich zum Abschluss zweier Pakte führte: Dem *Internationalen Pakt über bürgerliche und politische*

Rechte und dem *Internationalen Pakt über wirtschaftliche, soziale und kulturelle Rechte.* Während ersterer die klassischen Freiheitsrechte abbildet, ist der zweite dem Einlenken auf die Forderungen des sozialistischen Blocks geschuldet. Die darin enthaltenen Rechte wurden fortan als „Menschenrechte der zweiten Generation" bezeichnet. Auffällig ist, dass das Recht auf Eigentum – jenes Recht, das historisch am Beginn menschlicher Freiheitsrechte stand und dem Einzelnen (neben dem Recht auf Schutz seines Hauses und dem auf Schutz vor willkürlicher Verhaftung) erstmals Souveränität gegenüber Herrschaft zusprach – nicht mehr Bestandteil dieser Pakte war. Stattdessen wurde das von der Sowjetunion seit 1948 geforderte „Selbstbestimmungsrecht der Völker" in beide Pakte aufgenommen und zwar im jeweils ersten Artikel. Im anhaltenden Konkurrenzgerangel der Blöcke wurde hier, der Ideologie der sozialistischen Staaten folgend, Völkerrecht zu Menschenrecht und eine kollektive und anonyme Größe zum Rechtssubjekt. Nach den Erfahrungen zweier Kriege und dem teilweise blutigen Ende des Kolonialismus war es eine berechtigte Überlegung, ein „Selbstbestimmungsrecht der Völker" auf internationaler Ebene verankern zu wollen. Um aber tatsächlich ein Selbstbestimmungsrecht *der Völker* zu sein, hätte es an eine demokratische Verfassung gebunden werden müssen, da nur diese sicherstellen würde, dass *die Völker* selbst bestimmen. Ohne diese Bindung ermöglicht dieses Recht despotischen Regimen die Unterdrückung ihrer Völker. Der Kritik an Menschenrechtsverletzungen konnte fortan mit dem UN-Recht auf Selbstbestimmung gekontert werden. Durch die Vermischung von Völkerrecht und individuellen Schutzrechten kann mit Verweis auf kulturelle und religiöse Besonderheiten die Missachtung der Freiheitsrechte offiziell gerechtfertigt werden.

Unter Berufung auf Artikel 28 der Allgemeinen Erklärung der Menschenrechte („Jeder hat Anspruch auf eine soziale und internationale Ordnung, in der die in dieser Erklärung verkündeten Rechte und Freiheiten voll verwirklicht werden können.") begannen die Staaten des Ostblocks im Verbund mit vielen „Entwicklungsländern" in den 1980er Jahren eine Diskussion um Menschenrechte einer sogenannten dritten Generation. Darunter verstanden sie „kollektive Rechte der Völker", wie etwa ein „Recht auf Frieden", ein „Recht auf Entwicklung" und ein „Recht auf natürliche Umwelt", die schließlich in mehreren Resolutionen durch die UNO verabschiedet wurden.[82] Bei diesen abstrakten Rechten stellt sich zunächst die Frage, wer sie von wem einklagen kann. Individuelle Ansprüche auf ein „Recht auf Frieden" erscheinen schlicht unsinnig, und ein „Recht auf Entwicklung" oder „natürliche Umwelt" sind zudem inhaltlich nicht fassbar.[83] Schon auf den ersten Blick wird deutlich, dass es sich hier um gesellschaftspolitische und ideologische Ziele handelt, die in keinem Bezug mehr zum eigentlichen Subjekt von Menschenrechten stehen: Dem einzelnen Menschen. Diese zu „Menschenrechten" mutierten Staatsziele stehen neben den individuellen Freiheitsrechten; Diktaturen konnten in der Folge beide Rechte gegeneinander ausspielen. Zunächst gelte es umfassenden Frieden und soziale Gerechtigkeit zu erreichen – so etwa die Argumentation der sozialistischen Staaten – erst dann stünden individuelle Rechte zur Diskussion. Durch die Koppelung der Freiheit an die Verwirklichung einer kollektivistischen Utopie wurde der freie Mensch zu einer Art Kollateralnutzen der entwickelten sozialistischen Gesellschaft. Diese Haltung war bereits in den 1950er Jahren in der DDR-Juristenzeitung *Staat und Recht* vertreten worden: „Wir sozialistischen Juristen sind der Ansicht, dass für die überwiegende Mehrheit der Bevölkerung die traditionellen Menschen- und Bürgerrechte, die droits de l'homme et du citoyen, nur dann verwirklicht werden können, wenn und soweit das sozialistische Regime an die Stelle des kapitalistischen getreten ist."[84]

Heute sind es vor allem China und viele islamische Staaten, die mit Verweis auf die Menschenrechte der zweiten und dritten Generation Kritik von außen an Verstößen gegen die Menschenrechte der ersten Generation zurückweisen. Gegen eine saubere Umwelt, gegen Frieden oder Bildung ist nichts einzuwenden aber die Menschenrechte der zweiten und dritten Generation beziehen sich weder auf den einzelnen Menschen, noch sind sie von diesem einklagbar. Sie sind somit nur Nebelgranaten im Ringen um individuelle Freiheit.

Die meisten islamischen Staaten erwiesen sich als Gegner der Freiheitsrechte. Ihre Abwehr beruht auf einem religiösen Welt- und Gesellschaftsbild, dem Anthropozentrismus und Individualismus fremd sind. Islamische Gesellschaften sind bis heute stark durch ein theozentrisches Weltbild geprägt, nach welchem allein Gott Souveränität zukommt. Die Pflicht jedes einzelnen Menschen besteht zunächst darin, Gottes Willen zu befolgen. „Während in westlicher Tradition Menschenrechte gerade ihre Notwendigkeit als Abwehrrechte gegenüber einem übermächtigen Staat erhalten, dessen Willkür beschnitten werden soll, sind Menschenrechte in konsequent islamischer Vorstellung im Grunde genommen überflüssig, da der Mensch immer und überall dem Willen Allahs zu folgen hat", so Ludger Kühnhardt. Alle Normen und Werte erfahren im islamischen Weltbild ihre letzte Begründung in Gott.[85] Da Gott oberster Souverän ist, von dem allein Ethik und Gesetzgebung ausgehen, ist Volkssouveränität in der islamischen Welt kein nahe liegender Gedanke gewesen. Im orthodoxen Islam werden alle Gesetze und Regeln des gesellschaftlichen Zusammenlebens als von Gott erlassen gedacht, der Mensch ist lediglich befugt, sie zu erkennen und umzusetzen (→Scharia).

Der Islam hat nie eine Philosophie entwickelt, die den Willen und die Freiheit des Einzelnen in den Mittelpunkt stellt. Eine allen Menschen gleiche, angeborene Würde blieb ihr fremd; Würde kommt allein demjenigen zu, der sich dem Islam unterwirft. Diese Haltung prägt bis heute die meisten islamischen Gesellschaften, auch diejenigen, die säkulare Verfassungen haben.

Vielleicht lässt sich der Unterschied zur christlichen Ideengeschichte am besten dadurch charakterisieren, dass die christliche Theologie *alle* Menschen als nach Gottes Ebenbild geschaffen und für die Botschaft empfänglich betrachtete, während die islamische Theologie davon ausging, dass die Menschen erst durch die Unterwerfung unter den Islam zu vollwertigen, von Gott akzeptierten Menschen werden. Die christliche Philosophie sah daher die Menschheit als Einheit, die missioniert werden musste, während der Islam sie solange als geteilt betrachtete, wie es noch Nichtmuslime gab. Der Islam erhebt zwar, ebenso wie das Christentum, als Religion einen universellen Anspruch, sein Denken jedoch bleibt erstaunlich partikular. Während die christliche Philosophie von der Gleichheit der Menschen im Angesicht Gottes ausging, ist die islamische nie von der Zweiteilung der Menschheit in gläubige Muslime und „Ungläubige" abgerückt. So gesehen besteht der Unterschied nicht darin, dass die islamische Philosophie nicht durch die Aufklärung gegangen ist, sie hat vielmehr bereits jene Voraussetzung nicht entwickelt, die in Europa erst den Weg in die Aufklärung ebnete. Die Vorstellung des Menschen als Gottes Ebenbild, die den Schritt in ein anthropozentrisches Weltbild denkbar machte, fehlt ihr ebenso wie die in der Schule von Salamanca im 16. Jahrhundert entwickelte Trennung des Rechtsbegriffs von theologischen Lehrsätzen, die schließlich zur Säkularisierung führen sollte.[86] Die islamische Welt hinkt dem Westen nicht, wie von manchen behauptet, hinterher, sondern beschritt einen anderen Weg und wird aller Wahrscheinlichkeit nach auch einen anderen, eigenen Weg in die Moderne gehen. Die Frage individueller Freiheit wird dabei allerdings von entscheidender Bedeutung sein.

Die aus dem jüdischen Schöpfungsmythos abgeleitete Vorstellung der Gleichheit aller Menschen kam in der christlichen Welt, aller Kirchenpolitik zum Trotz, immer wieder zum Vorschein und gewann allmählich an Einfluss. Bereits im frühen 16. Jahrhundert haben dominikanische Missionare unter Berufung auf die Gottebenbildlichkeit *aller* Menschen gegen die Versklavung und Ermordung der amerikanischen Ureinwohner protestiert.[87] Mit der Versklavung von Afrikanern hatten sie allerdings kein Problem; Schwarze zählten ihrer Auffassung nach nicht zur Gruppe der Menschen. Die Bewegung zur Abschaffung der Sklaverei (Abolitionismus) des 17. und 18. Jahrhunderts wurde ebenfalls von frommen Christen getragen, die in jeglicher Sklaverei einen Verstoß gegen Gottes Willen sahen. Seit der Mitte des 17. Jahrhunderts propagierten verschiedene protestantische Kirchen, allen voran die Quäker, die Unvereinbarkeit von Sklaverei mit dem Wort der Bibel.[88]

Eine dem christlichen Abolitionismus vergleichbare Bewegung hat es in der islamischen Welt nicht gegeben. Sie konnte aus dem Islam nicht hervorgehen, weil das „göttliche Recht" der Scharia von einer – wenn auch nicht von der Natur des Menschen, so doch von seinem religiösen Bekenntnis abhängenden – Ungleichheit der Menschen ausgeht; eine Auffassung, die sich bis heute sowohl in den theologischen Debatten, als auch in weltlichen Belangen niederschlägt. Auf der Unterteilung der Menschen in ungleiche Rechtssubjekte, in Gläubige und Ungläubige, in Männer und Frauen, basiert die *Kairoer Erklärung der Menschenrechte im Islam,*

die von den Mitgliedern der *Organisation der Islamischen Konferenz*
(OIC) 1990 verabschiedet wurde.[89] Die Türkei hat diese Erklärung
als säkularer Staat nicht unterschrieben. Schon die Präambel fasst
die Differenz zwischen Muslimen und Nichtmuslimen in Worte, indem sie die von Gott geschaffene islamische Umma als „beste Nation" bezeichnet. Sie betont, dass dieser die Führung der ganzen
„verwirrten Menschheit" zukomme, um die „ständigen Probleme
dieser materialistischen Zivilisation" zu lösen. Ein würdiges Leben
sei nur im Einklang mit der Scharia möglich. Durch die bereits in
Artikel 1 der islamischen Menschenrechtserklärung niedergelegte
Behauptung, „Alle Menschen bilden eine Familie, deren Mitglieder
durch die Unterwerfung unter Gott vereint sind und alle von Adam
abstammen", wird der Großteil der Menschheit sogleich wieder ausgeschlossen: All diejenigen, deren Glaube keine Unterwerfung er-
fordert und diejenigen, die wie etwa Buddhisten und Hinduisten,
ihre Abstammung nicht auf Adam zurückführen, Agnostiker und
Atheisten eingeschlossen. Die grundlegenden Rechte und Freiheiten des Menschen seien, heißt es weiter, verbindliche Gebote Gottes,
überbracht von „seinem letzten Propheten". Die *Kairoer Erklärung*
versucht in ihren Artikeln, die *Allgemeine Erklärung der Menschenrechte* zu imitieren, schränkt jedoch alle Rechte und Freiheiten zugleich wieder ein. In der Erläuterung zum Recht auf Leben heißt
es etwa: „Es ist verboten, einem anderen das Leben zu nehmen,
außer wenn die Scharia es verlangt." Das Recht auf körperliche Unversehrtheit wird garantiert, „außer wenn ein von der Scharia vorge-
schriebener Grund vorliegt", dieses zu verletzen. Wissenschaftliche
oder künstlerische Arbeiten werden geschützt, solange sie nicht
den Grundsätzen der Scharia widersprechen. Gleiches gilt für das
Recht auf freie Meinungsäußerung. Es wird betont, dass Information lebensnotwendig für die Gesellschaft sei, die „Heiligkeit und
Würde des Propheten" dürfe dadurch jedoch nicht verletzt und
der Glauben nicht geschwächt werden. Am Ende der Aufzählung
wird abermals deklamiert, dass alle dargelegten Rechte unter
Scharia-Vorbehalt stünden und nur durch die Scharia ausgelegt
werden dürften. Von Religionsfreiheit ist in der *Kairoer Erklärung*
erwartungsgemäß nicht die Rede, stattdessen verbietet Artikel 10
den Versuch, einen Muslim zu einer anderen Religion oder zum
Atheismus zu bekehren. Die hier vorgetragene Menschenrechtsauf-

fassung geht von einer Einheit des göttlichen Willens (dargelegt in Koran und Sunna) und der menschlichen Rechtsordnung aus.[90] Die *Kairoer Erklärung der Menschenrechte* dient letztlich nur dazu, Kritik an der Menschenrechtssituation in den fast durchwegs autoritären Regimen der OIC mit dem Verweis auf eine andere – islamische – Kultur und Rechtstradition abzuwehren.[91] Die Politik der OIC, die islamische Tradition zu verteidigen, ist sicher auch als Versuch zu verstehen, den islamistischen Tendenzen, die seit Ende der 1970er Jahre in der islamischen Welt spürbar sind, entgegenzukommen, indem man sich selbst als Hüter des Glaubens positioniert.

Die Formulierung spezieller Menschenrechte drückt bereits den in ihnen enthaltenen Partikularismus aus. *Islamische* Menschenrechte sind ebenso unsinnig wie *christliche, buddhistische, deutsche* oder *japanische*.

Der (→)Multikulturalismus stellt insofern ein Gegenkonzept zu den universalen Menschenrechten dar, als er deren weltweite Geltung bestreitet und den Versuch ihrer Durchsetzung als kulturimperialistisch beziehungsweise eurozentrisch kritisiert.[92] Er plädiert für die Berücksichtigung kultureller Eigenheiten und damit einhergehender Wertsysteme, die die gleiche Geltung beanspruchen könnten wie die Menschenrechte. Wir haben es hier mit einer kulturalistischen Weltsicht zu tun, deren Anhängerinnen und Anhänger – ob sie das nun wollen oder nicht – einer an Abstammung orientierten Wertigkeit der Menschen das Wort reden. Indem sie davon ausgehen, dass Kulturen ein unveränderlicher Charakter anhaftet und der Mensch gleichsam schicksalhaft einer bestimmten Kultur angehört, geraten sie in aufklärungsfeindliches Fahrwasser, das im Extremfall sogar zu neuen Formen von Apartheid oder Rassismus führen kann.[93] Ein Chinese hätte dann weniger Recht auf Meinungsfreiheit als ein Europäer und eine Afghanin weniger Recht auf Freiheit als eine Europäerin. Dass sie eine Burka tragen muss und das Haus nicht ohne ihren Mann verlassen darf, wird so allzu leicht als Teil „ihrer" Kultur verharmlost und entschuldigt.

Der Philosoph Richard David Precht hat einmal angemerkt, dass Menschen „moralische Hordentiere" seien, die sich am liebsten auf das beziehen, was ihnen nahe steht. Unser Mitgefühl gelte in erster Linie denen, die uns ähnlich seien. Die eigenen Kinder stünden uns näher als fremde, Katastrophen im eigenen Land näher als solche auf fernen Kontinenten. Das sei zunächst einmal menschlich, unabhängig davon, ob wir es nun gut finden oder nicht, zeige aber auch, wie wichtig Regeln seien, die das Hordengefühl domestizieren. Die *Allgemeine Erklärung der Menschenrechte* sei eine solche Regel, weil sie feststelle, dass das Leben *aller* Menschen gleich viel wert sei.[94]

Eine partikularistische Regel, wie sie die *Kairoer Menschenrechtserklärung* darstellt, appelliert demgegenüber an das Gruppengefühl und schließt den Rest der Menschheit aus. Sie denkt nicht über das Eigene und Nahestehende hinaus und bleibt philosophisch und moralisch an eine unterschiedliche Wertigkeit von Menschen gebunden.[95]

Das Verlangen nach Freiheit

Die Verbreitung einer Idee hängt in erster Linie von ihrer Fähigkeit ab, Antworten auf anstehende Fragen zu geben oder Probleme zu lösen. Oft ist eine Idee nur von zeitlich begrenzter Attraktivität, bis sie von einer neuen abgelöst wird. Die Gelehrten des 17. Jahrhunderts etwa konnten sich nicht vorstellen, wie sich Licht und Kraft im Vakuum ausbreiten. Unter Rückgriff auf die Aristotelische Elementenlehre hatten sie die Idee, den leeren Raum zwischen den Gestirnen mit einer hypothetischen Substanz zu füllen, die die Bewegungen der Sterne und Planeten ebenso erklären sollte, wie die Ausbreitung des Lichts: Dem Äther. Trotz zunehmender Unvereinbarkeiten zwischen dieser Theorie und den Ergebnissen physikalischer Untersuchungen sollte es noch bis zum Beginn des 20. Jahrhunderts dauern, bis die Idee des Äthers wieder verworfen wurde und man sich mit der zuvor schockierend erscheinenden Annahme vertraut machte, dass der Weltraum tatsächlich leer sei – auch wenn sich inzwischen die Idee einer dunklen Materie verbreitet und zumindest einen Teil der Leere wieder gefüllt hat.

Der Evolutionsbiologe Richard Dawkins und die Psychologin Susan Blackmore entwickelten eine Theorie über die Ausbreitung von Ideen und verhalfen einem neuen Begriff zur Berühmtheit: Dem Mem.[96] In Analogie zum Gen als Träger einer biologischen Erbinformation wurde das Mem zum Träger einer geistigen Information, also

300

einer Gedankeneinheit oder Idee. Wie die Verbreitung eines Gens, hängt auch die eines Mems von seiner Fähigkeit ab, besser und einfacher kopiert werden zu können als andere. Außerdem unterliegen Meme wie Gene einer Evolution, ihre Verbreitung und ihr Überleben hängen davon ab, inwieweit sie sich neuen Bedingungen anpassen können. Das Äther-Mem wäre demnach eine Zeitlang in der Lage gewesen, sich an neue Ergebnisse der physikalischen Forschung anzupassen, bis es schließlich genau daran scheiterte und verworfen wurde. Träger der Meme, und damit zuständig für ihre Verbreitung, sind Menschen, obwohl sich Meme zuweilen auch verselbständigen können, was auszuführen an dieser Stelle jedoch zu weit führen würde.[97] Jede Veränderung, die eine Idee auf ihrem Weg erfährt, hat neue und oft unabsehbare Auswirkungen. In diesem Sinne hat die Idee der Freiheit einen langen Weg zurückgelegt: Von der religiös-philosophischen, auf antikem Naturrecht aufbauenden Begründung der Willensfreiheit durch die mittelalterliche Scholastik, über die diversen mittelalterlichen und neuzeitlichen Herrschaftsverträge, und über ihre Begründung als gleiche Freiheit in der Philosophie der Aufklärung, bis zu ihrer Festschreibung als positives Recht in den amerikanischen Verfassungen. Die Idee der Freiheit war so gesehen ein im Abendland erfolgreiches Mem. Sie deckte offenbar das Bedürfnis der Menschen nach Schutz vor Willkür und der Suche nach persönlichem Glück am besten ab. Der Wert der Verankerung von Freiheitsrechten in Gesetzesform und die damit verbundene Möglichkeit, sie einzuklagen, kann nicht hoch genug veranschlagt werden. Aus der Sehnsucht nach Freiheit entwickelte sich eine Rechtsvorstellung, die schließlich ungeahnte Wirkung entfalten sollte.

Die Gründungsväter der amerikanischen Demokratie sahen, befangen im rassistischen Denken ihrer Zeit, keine Divergenz zwischen den von ihnen formulierten Menschenrechten und der bestehenden Sklaverei. Die Festschreibung von Menschenrechten entwickelte jedoch schon sehr bald eine Eigendynamik, die sowohl die Gruppe derjenigen stetig vergrößerte, die in den Genuss dieser Rechte kamen, als auch die Zahl der Länder, in denen sich der Menschenrechtsgedanke ausbreitete. Die Bewegung zur Abschaffung der Sklaverei konnte sich hinfort ebenso auf die Menschenrechte berufen, wie die spätere Bewegung für das Frauenwahlrecht und die Gleichberechtigung der Frau. In den Vereinigten Staaten wurden viele Entscheidungen zugunsten von Freiheit und Gleichberechtigung nicht etwa durch ein Parlament getroffen, sondern vor Gerichten erzwungen. So wurde die Sklaverei in Massachusetts im Jahre 1783, also sechs Jahre nach der Verabschiedung der *Virginia Bill of Rights,* durch ein Gerichtsurteil abgeschafft. In der Begründung hieß es, dass die Sklaverei ein Verstoß gegen die *Bill of Rights* des Staates Massachusetts sei.[98] Begleitet von zahlreichen Rückschlägen und erbittertem Widerstand sollte es noch 180 Jahre dauern, bis auch die staatlich sanktionierte Rassentrennung in den USA aufgehoben wurde – ein in menschlichen Zeitkategorien quälend langsamer, menschheitsgeschichtlich gesehen jedoch rasanter Prozess. Und wieder waren es Gerichte, die gesellschaftliche Veränderungen auf Grundlage der Menschenrechte erzwangen. Erinnert sei an die Entscheidung im Fall *Brown v. Board of Education*: Schwarze US-Bürgerinnen und -Bürger hatten eine Sammelklage gegen vier US-Bundesstaaten eingebracht, in der sie die Rassentrennung an öffentlichen Schulen als Verstoß gegen den Gleichheitsgrundsatz der Verfassung anprangerten. Am 17. Mai 1954 schloss sich der Oberste Gerichtshof dieser Argumentation in einer einstimmigen Entscheidung an und beendete damit die Rassentrennung an allen staatlichen Schulen. Zwei Jahre später beendete eine parallel zum berühmten Busboykott geführte Klage (Gayle v. Browder) die Rassentrennung in Bussen. Im Wissen um die in der Verfassung verbürgten Rechte aller Menschen beschritt die Bürgerrechtsbewegung von Anfang an immer auch den Weg der juristischen Durchsetzung. Wie schon in den Auseinandersetzungen um die englischen Freiheitsrechte des Mittelalters und der Neuzeit, beziehungsweise den Auseinandersetzungen, die im amerikanischen Unabhängigkeitskrieg mündeten, konnte auch die Bürgerrechtsbewegung im Bewusstsein handeln, dass die Rechte, die sie einforderte, bereits in der Verfassung verankert waren: Sie kämpfte in dem Bewusstsein, dass ihre Forderungen nicht nur moralisch gerechtfertigt, sondern auch verfassungsrechtlich garantiert waren. Genau darin liegt der Wert verbriefter Menschenrechte.

Nach dem Zweiten Weltkrieg erfuhr die Idee der Menschenrechte, auch durch ihre Verankerung durch die UNO, immer größeren Zulauf und hat bis heute nichts von ihrer Attraktivität verloren. Der Boykott des ehemaligen Apartheidregimes in Südafrika und seine

Pariastellung in der Weltgemeinschaft verdankte sich ebenso dieser Idee, wie die Unterstützung von Dissidenten in China, Burma oder Iran. Die dortigen Regime wenden viel Mühe und Geld auf, um die Stimmen zu unterdrücken, die für persönliche Freiheit und Menschenrechte kämpfen. Nicht zuletzt dank der neuen Medien gelingt ihnen das immer weniger, was beispielsweise die Massendemonstrationen gegen Wahlfälschung und für Bürgerrechte im Iran zeigten, ebenso wie die Aufstände in den arabischen Ländern. Deren Despoten wurden von Bewegungen hinweggespült, die Menschenrechte und persönliche Freiheit auch in ihren Ländern einforderten. Noch sieht es so aus, als würden diejenigen, die diese Proteste maßgeblich initiiert haben und sich für Freiheit und Demokratie, für Trennung von Religion und Staat einsetzten, die Früchte ihres Mutes nicht ernten können, weil autoritäre/religiöse Oppositionsgruppen und Teile der alten Regime offensichtlich den größeren Einfluss haben. Der Wunsch nach Freiheit hat aber auch in islamischen Ländern eine Dimension erreicht, die es Demokratiegegnern schwer macht, ihn umstandslos als westlich-dekadent oder unislamisch abzutun. „Die Tatsache, dass die Normen, um die es hier geht, ihren bescheidenen Ursprung in Europa haben, nimmt ihnen nichts von ihrer universalen Geltung", so der syrische Philosoph Sadik al-Azm.[99]

Literatur

Ludger KÜHNHARDT, *Die Universalität der Menschenrechte*, Bonn 1987.

Heiner BIELEFELDT, *Philosophie der Menschenrechte. Grundlagen eines weltweiten Freiheitsethos*, Darmstadt 1988.

Stefan GOSEPATH, Georg LOHMANN (Hg.), *Philosophie der Menschenrechte*, Frankfurt/Main 1998.

Gerald STOURZH, *Wege zur Grundrechtsdemokratie. Studien zur Begriffs- und Institutionengeschichte des liberalen Verfassungsstaates*, Wien-Köln 1989.

Ulrike ACKERMANN, *Eros der Freiheit. Plädoyer für eine radikale Aufklärung*, Stuttgart 2008.

Giovanni SARTORI, *Demokratietheorie*, Darmstadt 1997.

Anmerkungen

Vorwort

1 Heiner BIELEFELDT, Menschenrechte in der Einwanderungsgesellschaft. Plädoyer für einen aufgeklärten Multikulturalismus, Bielefeld 2007, 66.
2 Isaiah BERLIN, Ramin JAHANBEGLOO, Den Ideen die Stimme zurückgeben. Eine intellektuelle Biographie in Gesprächen, Frankfurt/Main 1994, 58 f.

Islamophobie

1 So Jörg LAU in seinem Blog: http://blog.zeit.de/2008/05/29/warum-der-begriff-islamophobie-nichts-taugt-obwohl-es-eine-arge-islamfeindlichkeit-gibt-und-warum-es-in-diesem-blog-doch-weitergeht_1185.
2 http://web.archive.org/web/20080117103114/http://www.derislam.at/islam.php?name=Themen&pa=showpage&pid=60.
3 www.oic-oci.org/ex-summit/english/10-years-plan.htm; siehe auch: www.human-rights.ch/home/de/Instrumente/Nachrichten/Diverse_Gremien/idcatart_8576-content.html.
4 Zit. n.: http://fjordman.wordpress.com/2010/08/13/dritter-bericht-des-obser-vatoriums-der-oic-uber-islamophobie/.
5 Siehe die sogenannte Ohlig-Debatte um den frühen Islam in: Karl-Heinz OHLIG; Gerd-R. PUIN (Hg.), Die dunklen Anfänge. Neue Forschungen zur Entstehung und frühen Geschichte des Islam, 3. Aufl. 2007; oder das Projekt „Corpus Coranikum", das den Koran von der späteren islamischen Tradition befreien und in seinem Entstehungsprozess sichtbar machen möchte: Angelika NEUWIRTH, Der Koran als Text der Spätantike. Ein europäischer Zugang, Berlin 2010.
6 Markus GROSS, „Buddhistische Einflüsse im frühen Islam?", in: Markus GROSS, Karl-Heinz OHLIG (Hg.), Schlaglichter. Die beiden ersten islamischen Jahrhunderte, Berlin 2008, 220–274.
7 Chris ALLEN, „Das erste Jahrzehnt der Islamophobie", in: John BUNZL, Farid HAFEZ (Hg.), Islamophobie in Österreich, Innsbruck–Wien–Bozen 2009, 25, 28 f.
8 Islamophobie nach dem Runnymed Trust auf: www.islamophobia-watch.com/islamophobia-a-definition/.

9   Egon FLAIG, Essay: Djihad und Dhimmitude. „Warum der Scharia-Islam gegen die Menschenrechte steht", in: http://classic-web.archive.org/web/20080517034716/http://www.moritz-medien.de/75+M55418d298be.html.

10 Muslime erklären dabei andere Muslime zu Ungläubigen und leiten daraus die Berechtigung zu deren Ermordung ab. Der Islamwissenschaftler Christian H. Meier spricht von regelrechten Takfir-Kriegen, abgeleitet von „takfir" (zum Ungläubigen machen), Christian H. MEIER, „Innerislamische Reformdebatte. Der Kampf um die Deutungshoheit über den Islam", in: http://de.qantara.de/Der-Kampf-um-Deutungshoheit-ueber-den-Islam/16008c16218i0p88/index.html.

11 FLAIG, Djihad.

12 Siehe: Gudrun KRÄMER, „Kritik und Selbstkritik: Reformistisches Denken im Islam", in: Michael LÜDERS, Der Islam im Aufbruch? Perspektiven der arabischen Welt, München 1992, 212–214; Fuad KANDIL, Blockierte Kommunikation: Islam und Christentum. Zum Hintergrund aktueller Verständigungsprobleme, Berlin 2008, 38; Bernard LEWIS, Die Wut der Arabischen Welt. Warum der jahrhundertelange Konflikt zwischen dem Islam und dem Westen weiter eskaliert, Frankfurt/Main 2004, 147 f.; eine Zusammenfassung islamischer Reformer des 19. Jahrhunderts von Nasr Hamid Abu ZAID findet sich unter: http://muslimische-stimmen.de/index.php?id=20&no_cache=1&tx_ttnews[tt_news]=57.

13 Zit. n.: Bassam TIBI, „Im Namen Gottes? Der Islam, die Menschenrechte und die kulturelle Moderne", in: LÜDERS, Islam, 156.

14 Dan DINER, Versiegelte Zeit. Über den Stillstand der islamischen Welt, Berlin 2005, 11.

15 Tahar ben JELLOUN, „Einige bittere Bemerkungen über die arabische Welt", in: LÜDERS, Islam, 187, 191 f.

16 Auf dt. bisher erschienen: Mohammed Abed Al-JABRI, Kritik der arabischen Vernunft. Die Einführung, Berlin 2009.

17 KANDIL, Kommunikation, 38.

18 NZZ, 11. Oktober 2003, „Das Projekt der Moderne im Islam": www.nzz.ch/2003/10/11/li/article8SCG5.html.

19 Jürgen LEIPOLD, Steffen KÜHNEL, „Islamphobie. Sensible Aufmerksamkeit für spannungsreiche Anzeichen", in: Wilhelm HEITMEYER (Hg.), Deutsche Zustände. Folge 2. Suhrkamp, Frankfurt a. M. 2003, 100–119; die Definition zur Islamophobie findet sich unter: http://web.archive.org/web/20070628155303/http://bundestag.de/dasparlament/2006/01-02/Beilage/001.html.

20 LEIPOLD, KÜHNEL, Aufmerksamkeit, 101.

21 Der Fragenkatalog findet sich unter: http://de.wikipedia.org/wiki/Islamophobie#Fragenkatalog_Heitmeyers_zur_quantitativen_Erfassung_von_Islamophobie.

22 Jürgen LEIPOLD, Steffen KÜHNEL, „Islamophobie. Differenzierung tut not", in: Wilhelm HEITMEYER (Hg.), Deutsche Zustände. Folge 4, Frankfurt 2006, 137; Frank ASBROCK; Ulrich WAGNER; Oliver CHRIST, Diskriminierung. Folgen der Feindseligkeit, in: ebd., 164.

23 http://web.archive.org/web/20080117103114/http://www.derislam.at/islam.php?name=Themen&pa=showpage&pid=60.

24 „Erdoğan wirft Franzosen Völkermord in Algerien vor", in: Die Presse.com, 23.Dezember 2011: http://diepresse.com/home/politik/aussenpolitik/719251/Erdogan-wirft-Franzosen-Voelkermord-in-Algerien-vor.

25 Peter SLOTERDIJK, „Der mystische Imperativ. Bemerkungen zum Formwandel des Religiösen in der Neuzeit", in: Peter SLOTERDIJK, Mystische Zeugnisse aller Zeiten und Völker, gesammelt von Martin Buber, München 1993, 11.

26 Wolfgang BENZ, „Hetzer mit Parallelen", in: Süddeutsche Zeitung, 4.Januar 2010: www.sueddeutsche.de/politik/antisemiten-und-islamfeinde-hetzer-mit-parallelen-1.59486; siehe auch: Daniel BAX, Unter Hasspredigern, taz, 4.Februar 2010: www.taz.de/Streit-um-Islam/!47849/; http://zfa.kgw.tu-berlin.de/feindbild_konferenz.htm.

27 Felix STRUENING, „Vom Mythos der Islamophobie. Wie stehen die Deutschen wirklich zum Islam?", in: Hartmut KRAUSS (Hg.), Feindbild Islamkritik. Wenn die Grenzen zur Verzerrung und Diffamierung überschritten werden, Osnabrück 2010, 181 f.

28 LEIPOLD; KÜHNEL, Differenzierung, 136.

29 Kai HAFEZ, Carola RICHTER, Das Gewalt- und Konfliktbild des Islam bei ARD und ZDF. Eine Untersuchung öffentlich-rechtlicher Magazin- und Talksendungen, Universität Erfurt, Januar 2007, zit. n.: Angelika KÖNIGSEDER, „Feindbild Islam", in: Wolfgang BENZ (Hg.), Jahrbuch für Antisemitismusforschung 17, Berlin 2008, 41.

30 DEUTSCHE ISLAMKONFERENZ, Zwischenbericht über die Arbeit der Arbeitsgruppe *Präventionsarbeit mit Jugendlichen*, Berlin 29. März 2011, 2–5: www.bmi.bund.de/SharedDocs/Downloads/DE/Broschueren/2011/zwischenbericht.html?nn=110428.

31 Pascal BRUCKNER, „Die Erfindung der Islamophobie", in: www.perlentaucher.de/artikel/6639.html.

32 Daniele DELL'AGLI, „In Hoc signo vinces!", in: www.perlentaucher.de/artikel/7012.html.

Multikulturalismus

1 Die Rede ist zu sehen auf: www.youtube.com/watch?v=WaEg8aM4fcc.

2 Spiegel-online, 19. Oktober 2010, „Merkels Multikulti-Absage sorgt für weltweites Aufsehen": www.spiegel.de/politik/deutschland/0,1518,723993,00.html.

3 Siehe die Aussage von Jürgen Trittin auf: www.nq-online.de/index.php?kat=11&artikel=109583771&red=1&ausgabe=53947.

4 Stefan LUFT, Abschied von Multikulti. Wege aus der Integrationskrise, Gräfelfing 2006, 376 f.

5 Csilla HATVANY, Legitimität von Kin-state Politik im Liberalismus. Möglichkeiten der Staatenverantwortlichkeit gegenüber der Kin-minority innerhalb der liberalen Ansätze der Multikulturalismus-Debatte, ungedr. phil. Diss., Heidelberg 2009, 32 f.

6 Eine Gegenposition vertritt u. a. Jesco DELORME, „Multikulturalismus ist nicht gleich Kulturrelativismus", in: www.perlentaucher.de/artikel/3756.html.

7 Siehe etwa: Paul FEYERABEND, Irrwege der Vernunft, Frankfurt/Main 1989, 44 f., 62, 107, 112, 187, 244 usw.

8 Claude LÉVI-STRAUSS, Der Blick aus der Ferne, München 2008, 51. Siehe auch: Egon FLAIG im Interview, 9. Juni 2008: www.endstation-rechts.de/index. php?option=com_k2&view=item&id=1141.

9 Claude LÉVI-STRAUSS, Rasse und Geschichte, in: Ralf KONERSMANN (Hg.), Grundlagentexte Kulturphilosophie, Hamburg 2009, 199.

10 Egon FLAIG im Interview, 4. Januar 2008: www.endstation-rechts.de/index. php?option=com_k2&view=item&id=1133.

11 Abschaffung der Sklaverei in Saudi-Arabien 1964, im Jemen 1962, Mauretanien 1980 (2007 neuerliches Gesetz zur Abschaffung, da sie weiterhin praktiziert wurde), Kuwait 1949, Katar 1952.

12 Claude LÉVI-STRAUSS, Traurige Tropen, Frankfurt/Main [7]1989, 401.

13 Seyran ATEŞ, Der Islam braucht eine sexuelle Revolution. Eine Streitschrift, Berlin 2009, 123.

14 Kurier, 9. März 2011, 3 „Ein Türke bleibt immer ein Türke".

15 René GIRARD, Gianni VATTIMO, Christentum und Relativismus, Freiburg 2008, 65.

16 Ulrike ACKERMANN, Eros der Freiheit. Plädoyer für eine radikale Aufklärung, Stuttgart 2008, 58–62.

17 Siegfried KOHLHAMMER, Kulturelle Grundlagen wirtschaftlichen Erfolgs: www.eurozine.com/articles/2006-11-02-kohlhammer-de.html.

18 Douglas ADAMS, Per Anhalter durch die Galaxis, Frankfurt; Berlin 1992, 7.

19 Jürgen HABERMAS, „Anerkennungskämpfe im demokratischen Rechtsstaat", in: Charles TAYLOR, Multikulturalismus und die Politik der Anerkennung, Frankfurt 1993, 173 f.

20 ACKERMANN, Eros, 55.

21 Pascal BRUCKNER, „Es genügt nicht den Terrorismus zu verurteilen", in: www. perlentaucher.de/artikel/3794.html.

22 Vgl.: Necla KELEK, Islam in Europa, 23. März 2007, 18.

23 Tilman JENS, Koran Alarm. Das Urteil einer Frankfurter Amtsrichterin erhitzt die Republik, 3SAT, 28.3.2007: www.3sat.de/page/?source=/kulturzeit/themen/106528/index.html.

24 Entwickelt von dem Verein Africa Avenir International e.V., der Gruppe *recherche international* aus Köln und dem Journalisten Karl Rössel vom Rheinischen JournalistInnen Büro.

25 Alke WIERTH, Erinnerung teilen ist schwer, taz, 3.September 2009: www.taz. de/1/archiv/print-archiv/printressorts/digi-artikel/?ressort=bt&dig=2009%2 F09%2F03%2Fa0182&cHash=9ae8dec7e1.

26 Philipp LICHTERBECK, Geschichtsaufarbeitung nach Neuköllner Art, Der Tagesspiegel, 27.August 2009: www.tagesspiegel.de/berlin/geschichtsaufarbeitung-nach-neukoellner-art/1588428.html.

27 Ein Stadtteil, in dem besonders viele arabischstämmige Einwanderer, beziehungsweise Flüchtlinge leben.

28 LICHTERBECK, Geschichtsaufarbeitung.

29 Bassam TIBI, „Wie können MigrantInnen integriert werden?", in: Manfred OBERLECHNER (Hg.), Die missglückte Integration? Wege und Irrwege in Europa, Wien 2006, 177.

30 Necla KELEK, Bittersüße Heimat. Bericht aus dem Inneren der Türkei, Köln 2008, 283.

31 LUFT, Abschied, 382.

32 Siehe zu Bradford u.a.: ebd., 379 ff.

33 Kenan MALIK, „Die Linke hat die Fatwa verinnerlicht", in: www.perlentaucher. de/artikel/5140.html.

34 Ebd.; siehe auch: Amartya SEN, „Die Identitätsfalle. Warum es keinen Krieg der Kulturen gibt", München 2010, 89.

35 Zit. n.: Theodore DALRYMPLE, The Man Who Predicted the Race Riots, (Übersetzung durch die Autoren), siehe auch: http://neue-sichel.over-blog.de/ article-der-lehrer-honeyford-von-bradford-56715604.html.

36 Ebd.

37 Spiegel-online, 27. Mai 2001, „Feindschaft zwischen Asiaten und Engländern", in: www.spiegel.de/panorama/0,1518,136414,00.html.

38 Ernst HILLEBRAND, Dicke Luft in Londonistan, Informationen des Büros London der Friedrich-Ebert-Stiftung, Mai 2006, 7, zit. n.: LUFT, Abschied, 381.

39 Alexander Ritzmann, Britische Muslime werden zunehmend radikal, Welt-online, 25. Juni 2008, www.welt.de/politik/article2141471/Britische_Muslime_werden_ zunehmend_radikal.html; siehe auch: Patrick SAWER, Young Muslims ‚are turning to extremism', The Telegraph, 21. Juni 2008: www.telegraph.co.uk/ news/uknews/2171300/Young-Muslims-are-turning-to-extremism.html.

40 Bernadette CALONEGO, Doch keine Scharia in Ontario, Der Standard, 13. September 2005: http://diestandard.at/2172430.

41 In dem Film „Mit Gott gegen alle – der religiöse Fundamentalismus auf dem Vormarsch", 2007, von Dirk LAABS, ausgestrahlt auf 3Sat am 6. Januar 2007.

42 Cheryl BENARD; Edit SCHLAFFER, Die Grenzen des Geschlechts. Anleitung zum Sturz des internationalen Patriarchats, Reinbek bei Hamburg 1984, 72 f.

43 Zit. n.: BENARD, SCHLAFFER, Grenzen, 83.

44 BENARD, SCHLAFFER, Grenzen, 72 f., 278.

45 Ebd., 200 f.

46 Ebd., 83–85, 279 f.

47 Interview mit Egon FLAIG, 28. Mai 2008: www.endstation rechts.de/index. php?option=com_k2&view=item&id=1140.

48 Siehe u.a. das Interview mit Egon FLAIG auf Zeit-online, 30. April 2008: http:// blog.zeit.de/stoerungsmelder/2008/06/09/multikulturalismus-fuhrt-in-den- burgerkrieg-gesprach-mit-prof-dr-flaig-iii_320.

49 Steven C. ROCKEFELLER, „Kommentar", in: TAYLOR, Multikulturalismus, 96 f.

50 Jürgen WILHELM, Kultur als notwendiger Faktor der Entwicklungspolitik, in: Jürgen WILHELM, Kultur und globale Entwicklung. Die Bedeutung von Kultur für die politische, wirtschaftliche und soziale Entwicklung, Berlin 2010, 23.

51 Tagesanzeiger, 28.April 2009, www.tagesanzeiger.ch/ausland/europa/Europarat- fordert-Gesetz-gegen-Zwangsehen/story/16688185; ZENTRUM FÜR SOZIALE

INNOVATION, Zwangsverheiratung und arrangierte Ehen in Österreich mit besonderer Berücksichtigung Wiens. Situationsbericht und Empfehlungskatalog, Wien 2007, 55.

52 SEN, Identitätsfalle, 166.

53 Heiner BIELEFELDT, Menschenrechte in der Einwanderungsgesellschaft. Plädoyer für einen aufgeklärten Multikulturalismus, Bielefeld 2007, 66.

54 Seyla BENHABIB, Kulturelle Vielfalt und demokratische Gleichheit. Politische Partizipation im Zeitalter der Globalisierung, Frankfurt 1999, 69.

55 BIELEFELDT, Einwanderungsgesellschaft, 63.

56 HABERMAS, Anerkennungskämpfe, 174.

57 TIBI, MigrantInnen, 171.

Toleranz

1 Sabine HERING, H.-Georg LÜTZENKIRCHEN, „Ist Toleranz Weisheit, Liebe oder Kompromiss? – Ein Ausblick", in: Sabine HERING (Hg.), Toleranz – Weisheit, Liebe oder Kompromiss. Multikulturelle Diskurse und Orte, Opladen 2004, 191.

2 Nina SCHOLZ, Heiko HEINISCH, „...alles werden sich die Christen nicht gefallen lassen". Wiener Pfarrer und die Juden in der Zwischenkriegszeit, Wien 2001, 27 f.; Papst Innozenz III. konnte dabei freilich auf weit ältere kirchliche Beschlüsse zurückgreifen, war doch beispielsweise die Tisch- und Ehegemeinschaft zwischen Christen und Juden schon auf der Synode von Elvira im Jahre 309 verboten worden.

3 Rüdiger BUBNER, „Zur Dialektik der Toleranz", in: Rainer FORST (Hg.), Toleranz. Philosophische Grundlagen und gesellschaftliche Praxis einer umstrittenen Tugend, Frankfurt/Main 2000, 48.

4 Rainer FORST, Toleranz im Konflikt. Geschichte, Gehalt und Gegenwart eines umstrittenen Begriffs, Frankfurt/Main 2003, 42.

5 Johann Wolfgang v. GOETHE, Maximen und Reflexionen, Leipzig 1988 (Erstveröffentlichung 1833), 183.

6 FORST, Toleranz, 129, 542.

7 Abgedruckt bei: HERING, Toleranz, 223–234.

8 HERING, LÜTZENKIRCHEN, Toleranz, 192.

9 Werner BECHER, zit. n.: Fuad KANDIL, Blockierte Kommunikation: Islam und Christentum. Zum Hintergrund aktueller Verständigungsprobleme, Berlin 2008, 118.

10 Siegfried KOHLHAMMER, Toleranter Islam? Duldung und Demütigung, in: Merkur. Deutsche Zeitschrift für europäisches Denken, 56. Jahrgang, Heft 7, Juli 2002, 589 f.

11 Siehe die Beiträge in: Karl-Heinz OHLIG, Gerd R. PUIN (Hg.), Die dunklen Anfänge, Berlin 2007; Karl-Heinz OHLIG (Hg.), Der frühe Islam, Berlin 2007; Karl-Heinz OHLIG, Markus GROSS (Hg.), Schlaglichter. Die beiden ersten islamischen Jahrhunderte, Berlin 2008; Barbara KÖSTER, Der missverstandene Koran. Warum der Islam neu begründet werden muss, Berlin; Tübingen 2010.

12 Bernard LEWIS, Die Juden in der islamischen Welt. Vom frühen Mittelalter bis ins 20. Jahrhundert, München 1987, 32.

13 KOHLHAMMER, Islam, 592.

14 Ebd.

15 Hubert HOUBEN, „Die Tolerierung Andersgläubiger im normannisch-staufischen Süditalien", in: Odilo ENGELS, Peter SCHREINER (Hg.), Die Begegnung des Westens mit dem Osten, Sigmaringen 1993, 78.

16 KOHLHAMMER, Islam, 590.

17 Ebd., 591.

18 Für dieses und alle weiteren in diesem Buch verwendeten Koranzitate wurde die Übersetzung von Rudi Paret herangezogen: Der Koran, Übersetzung von Rudi PARET, Stuttgart ⁹2004.

19 LEWIS, Juden, 23.

20 Ebd., 41–44, 148 f.

21 Siehe u. a.: www.islampoint.de/IsLaM/fragen/islamallgemeinii/index.html; Said RAMADAN, Das Islamische Recht. Theorie und Praxis, Wiesbaden 1980, 120 f. Ramadan geht in seiner Apologetik so weit, die Kopfsteuer als Bezahlung für den Schutz und die Verteidigung des Reiches zu bezeichnen, die allein von den Muslimen geleistet werden musste. Ähnlich argumentiert auch Murad Wilfried HOFMANN, Der Islam als Alternative, München 1995, 198.

22 Tilmann NAGEL, Das Islamische Recht. Eine Einführung, Westhofen 2001, 32.

23 Bat YE'OR, Der Niedergang des orientalischen Christentums unter dem Islam, Grefelfing ²2005, 84–87.

24 Ebd., 84–87.

25 Zit. n.: ebd., 86.

26 NAGEL, Recht, 96.

27 LEWIS, Juden, 91.

28 YE'OR, Niedergang, 201.

29 Ebd., 90 f.

30 LEWIS, Juden, 39; 162 f.

31 NAGEL, Recht, 99 f.

32 LEWIS, Juden, 38.

33 Ebd., 28.

34 Mathias ROHE, Das islamische Recht. Geschichte und Gegenwart, München 2009, 153.

35 Klemens LUDWIG, Die Opferrolle. Der Islam und seine Inszenierung, München 2011, 51.

36 YE'OR, Niedergang, 94 f.

37 Zit. n.: ebd., 95.

38 Gunda WÖBKEN-EKERT, Die Geschichte Gina Bublils, die mit 19 Jahren ihre libysche Heimat verlassen musste, weil sie eine arabische Jüdin ist: Flucht vor dem tödlichen Hass, Berliner Zeitung 7. Oktober 2006: www.berlinonline.de/berliner-zeitung/archiv/.bin/dump.fcgi/2006/1007/magazin/0002/index.html; Siegfried KOHLHAMMER, „Duldung und Demütigung", in: taz, 21. September 2002: www.taz.de/1/archiv/?id=archivseite&dig=2002/09/21/a0331.

39 Abu Amir Muhammad ibn Abdallah ibn Abi Amir, Alleinherrscher von 978–1002.
40 Johannes THOMAS, „Frühe spanische Zeugnisse zum Islam. Vorschläge für eine differenziertere Betrachtung der Konflikte und der religiösen Gemeinsamkeiten zwischen dem Osten und dem Westen des arabischen Reiches", in: GROSS; OHLIG (Hg.), Schlaglichter, 98 f.
41 YE'OR, Niedergang, 94.
42 Mariano DELGADO, „Der Mythos ‚Toledo' – Zur Konvivenz der drei monotheistischen Religionen und Kulturen im mittelalterlichen Spanien", in: HERING, Toleranz, 74 f.; YE'OR, Niedergang, 95.
43 DELGADO, Mythos, 75 f.
44 THOMAS, Zeugnisse, 97 f.
45 DELGADO, Mythos, 81–83.
46 KOHLHAMMER, Islam, 595.
47 Michael KIEFER, Antisemitismus in islamischen Gesellschaften: Der Palästina-Konflikt und der Transfer eines Feindbildes, Düsseldorf 2002, 34.
48 Friedrich KLÜTSCH, „Schwerter des Geistes – Die Blüte von Kultur und Wissenschaft", in: Bernhard v. DADELSEN (Hg.), Aufbruch ins Morgenland, Weltreligion Islam: Geschichte, Kultur, Gesellschaft, München 2009, 122–125.
49 Amartya SEN, Die Identitätsfalle, München 2010, 64.
50 David STACTON, Der Schwarze Dienstag. Der Fall von Byzanz, Wien–Hamburg 1967, 132.
51 LEWIS, Juden, 115 f.
52 Vorwort von Allah Bukhsh K. BROHI in: Said RAMADAN, Das Islamische Recht. Theorie und Praxis, Wiesbaden 1980, 18.
53 Irsahad MANJI, Der Aufbruch. Plädoyer für einen aufgeklärten Islam, Frankfurt 2003, 150 f.
54 LUDWIG, Opferrolle, 90.
55 Tagesspiegel, 8. Februar 2011, „Aufgebrachte Muslime zünden zwei Kirchen an": www.tagesspiegel.de/weltspiegel/aufgebrachte-muslime-zuenden-zwei-kirchen-an/3799254.html.
56 Tagesspiegel, 9. Januar 2011, „Versunken im Fundamentalismus": www.tagesspiegel.de/politik/versunken-im-fundamentalismus/3693450.html.
57 MANJI, Aufbruch, 127.
58 Siegfried KOHLHAMMER, Die Feinde und die Freunde des Islam, Göttingen 1998, 38.
59 Kath.net, 7. Mai 2011, „Aufstand in Syrien: Werden Christen vertrieben?": www.kath.net/detail.php?id=31326.
60 www.politik.ch/tuerkei-lehnt-rechtsstatus-fuer-die-katholische-kirche-ab.html.
61 Anna REIMANN, Yassin MUSHARBASH, „Hass auf die kleine Herde", in: Der Spiegel 194/2007: www.spiegel.de/politik/ausland/0,1518,478091,00.html.
62 Wolfgang Günter LERCH, „Christen in der Türkei", in FAZ, 23. Oktober 2010: www.faz.net/artikel/C30089/religionsfreiheit-christen-in-der-tuerkei-30001648.html.
63 Kurier, 27. September 2011, „Christen diffamiert", 5.
64 Siehe etwa: Martin SÖKEFELD (Hg.), Aleviten in Deutschland. Identitätsprozess einer Religionsgemeinschaft in der Diaspora, Bielefeld 2008, 15.

65 www.aleviten.at/log_de/?page_id=40; eine weitere alevitische Organisation, die *Föderation der Aleviten Gemeinden in Österreich* harrt indes noch der Anerkennung: www.aleviten.or.at/cms/dc-dctail/article/aleviten-erneute-vfgh-beschwerde-steht-fest.html.

66 Navid KERMANI, „Isfahan – die halbe Welt", in: HERING, Toleranz, 51.

67 Siehe etwa: Brian WHITAKER, „Unspeakable Love: Gay and Lesbian Life in the Middle East", Saqi Books 2006, in: http://de.qantara.de/wcsite.php?wc_c=3520.

68 http://hpd.de/node/6260.

69 www.queer.de/detail.php?article_id=14457.

70 Der Text aus *al-Salam* findet sich hier: www.ufuq.de/newsblog/175; siehe auch: Ferda ATAMAN, Yassin MUSHARBASH, „Arabisches Magazin diffamiert Schwule als Krankheitsüberträger", in: Spiegel-online, 15. August 2008: www.spiegel.de/politik/deutschland/0,1518,571943,00.html.

71 Sascha STEUER, Homosexualität: „Die jüngsten Übergriffe machen uns Angst", in: Tagesspiegel, 6. November 2008: www.tagesspiegel.de/berlin/landespolitik/homosexualitaet-die-juengsten-uebergriffe-machen-uns-angst/1365758.html; siehe auch: Marlies EMMERICH, Andreas KOPIETZ, Integrationsbeauftragter diskutierte darüber erstmals mit Migranten, Schwulen und Lesben am runden Tisch: „Immer mehr Übergriffe gegen Homosexuelle", in: Berliner Zeitung, 29. Oktober 2008: www.berlinonline.de/berliner-zeitung/archiv/.bin/dump.fcgi/2008/1029/berlin/0040/index.html.

72 Deutschsprachiger Muslimkreis (DMK), DITIB, Inssan, Interkulturelles Zentrum für Dialog und Bildung (IZDB), Islamisches Kultur- und Erziehungszentrum (IKEZ), Muslimische Jugend, Neuköllner Begegnungsstätte (NBS).

73 Der Text der Erklärung findet sich hier: www.ufuq.de/newsblog/212-islamische-vereine-gegen-homophobe-hetze.

74 Siehe etwa: NZZ, 3. September 2007, „Zum Christentum konvertierte Ägypter – eine rare Spezies": www.nzz.ch/nachrichten/politik/international/zum_christentum_konvertierte_aegypter__eine_rare_spezies_1.549852.html; http://www.nzz.ch/2006/02/26/il/articleDM3ZP.html.

75 So etwa in Deutschland, Österreich, Skandinavien und Großbritannien: www.exmuslime.de/; www.exmuslime.at/; www.exmuslim.net/; http://ex-muslim.org.uk/

76 NZZ, 26. Februar 2006, „Muslime konvertieren heimlich": www.nzz.ch/2006/02/26/il/articleDM3ZP.html; Radio Vatikan, 5. November 2008, „Vatikan: Konvertierte bitten um Respekt": http://storico.radiovaticana.org/ted/storico/2008-11/242633_vatikan_konvertierte_bitten_um_respekt.html; NZZ, 3. September 2007, „Zum Christentum konvertierte Ägypter – eine rare Spezies".

77 Bundeszentrale für politische Bildung, 10. März 2010: www.bpb.de/themen/2R8K3B,1,0,Fatwas_f%FCr_Europa.html.

78 Sadik al-AZM, Islam und säkularer Humanismus, Tübingen 2005, 57.

79 So wird etwa das Coca Cola-Label, verkehrt herum gelesen, zu einem Spruch gegen Mohammed und den Islam: www.muslim-markt.de/boykott/cocacola.htm; Israel wird wechselweise angelastet, Umstürze anzuzetteln, als auch ihren Erfolg zu verhindern: Interview mit Efraim HALEVY, „Israel hat keine Angst", in: Cicero. Magazin für politische Kultur, 24. Februar 2011: www.cicero.de/

weltb%C3%BChne/%E2%80%9Eisrael-hat-keine-angst-%E2%80%9C/41711; und als vermutet wurde, ägyptische Bockshornkleesamen seien für die Ausbreitung des EHEC-Erregers verantwortlich, vermutete man in Ägypten prompt eine israelische Verschwörung: Deutsche Apotheker Zeitung, 30. Juni 2011: www.deutsche-apotheker-zeitung.de/spezial-ehec/news.html?cHash=18330c3318&tx_crondaz_pi[article]=4799&tx_crondaz_pi[day]=30&tx_crondaz_pi[month]=06&tx_crondaz_pi[year]=2011; Konrad KRAMER, „Christen in Ägypten stark unter Druck“, in: Kurier, 5. Dezember 2011: http://kurier.at/nachrichten/4318759.php.

80 Viktoria KLEBER, „Hungern für ein freies Ägypten“, in: http://de.qantara.de/Hungern-fuer-ein-freies-Aegypten/17475c144/index.html; http://action.amnesty.de/l/ger/p/dia/action/public/?action_KEY=8199&d=1; www.amnesty.de/2011/12/15/aegyptischer-blogger-erneut-von-militaergericht-verurteilt.

81 Siehe Jan ASSMANN, Die mosaische Unterscheidung oder der Preis des Monotheismus, München–Wien 2003.

82 Bundeszentrale für Politische Bildung, „Fatwas für Europa“: http://www.bpb.de/themen/2R8K3B.html.

83 Rainer FORST im Interview, Tagesspiegel, 3. Juni 2011, „Deutschland strengt sich an“: www.tagesspiegel.de/kultur/deutschland-strengt-sich-an/4250392.html.

84 Allgemeine Erklärung der Menschenrechte vom 10. Dezember 1948, 1. Satz der Präambel.

85 Mit einigen Ausnahmen, die erst später folgten: Spanien, Portugal und Griechenland.

86 Ulrike ACKERMANN, Eros der Freiheit. Plädoyer für eine radikale Aufklärung, Stuttgart 2008, 68.

87 Das betrifft oft gerade die jüngere Generation. Siehe dazu die Dokumentation von Nicola GRAEF und Güner BALCI: „Kampf im Klassenzimmer. Deutsche Schüler in der Minderheit“, ausgestrahlt auf 3SAT am 2. September 2011: www.3sat.de/mediathek/mediathek.php?obj=26617&mode=play#; siehe auch: www.morgenpost.de/printarchiv/berlin/article339337/Der_Brief_des_Schulleiters_im_Wortlaut.html.

88 Giovanni SARTORI, Demokratietheorie, Darmstadt 1997, 41.

89 Mathieu von ROHR, „Die Schweiz wählt die Islam-Angst“, in: Spiegel-online, 29. November 2009: www.spiegel.de/politik/ausland/0,1518,664135,00.html.

90 Frank FUREDI, „Toleranz: Nicht schuld am Multikulti-Fiasko“, Presse v. 22. Februar 2011, 46: http://diepresse.com/home/meinung/debatte/635616/Toleranz_Nicht-schuld-am-MultikultiFiasko.

Meinungsfreiheit

1 BVerfG Urteil vom 15.Januar 1958 (1 BvR 400/51), BVerfGE 7, 198; NJW 1958, 257, siehe: www.ejura-examensexpress.de/online-kurs/entsch_show_neu.php?Alp=1&dok_id=3169.

2 http://ig.cs.tu-berlin.de/oldstatic/s98/13321506/vl07/lueth.html

3 Audiodatei, Erich LÜTH verliest seinen Boykottaufruf: www.hans-bredow-

institut.de/ws-lehr/lehre/bverfge/lueth.ram; siehe auch: Horst MEIER, Die Grundlage jeder Freiheit. Mit dem „Lüth-Urteil" stärkte das Bundesverfassungsgericht 1958 die Meinungsfreiheit, in: Deutschlandradio Kultur, 15. Januar 2008: www.dradio.de/dkultur/sendungen/kalenderblatt/722113/.

4 BVerfG Urteil vom 15.Januar 1958 (1 BvR 400/51), BVerfGE 7, 198; NJW 1958, 257.

5 Vgl. auch: Walter BERKA, Medienfreiheit und Persönlichkeitsschutz. Die Freiheit der Medien und ihre Verantwortung im System der Grundrechte, Wien 1982, 162.

6 Stefan GALOPPI, „Geert Wilders Film ist kein Beitrag zur Aufklärung. Er bedient nur Vorurteile", in: Kurier, 29. März 2008, 8.

7 Bernhard DEBATIN, „Introduction", in: Bernhard DEBATIN (Hg.), Der Karikaturenstreit und die Pressefreiheit, Berlin 2007, 25: „the exercise of this right should correlate with the idea of a greater good."; ähnlich argumentiert: Markus MECKL, „Pressefreiheit und Aufklärung. Zur Diskussion um Mohammed-Karikaturen und ‚Organentnahmen' durch die israelische Armee" in: Wolfgang BENZ (Hg.), Jahrbuch für Antisemitismusforschung 19, Berlin 2010, 319–330.

8 Josef ISENSEE, „Die staatliche Verantwortung für die Abgrenzung der Freiheitssphären. Der Streit über die Mohammed-Karikaturen als Paradigma", in: Eckart KLEIN (Hg.), Meinungsäußerungsfreiheit versus Religions- und Glaubensfreiheit, Berlin 2007, 53 f.

9 BERKA, Medienfreiheit, 289.

10 Bis 2006 noch „UN-Menschenrechtskommission".

11 Die Resolutionen im Wortlaut: www.humanrights.ch/home/upload/pdf/090327_UNGA_RES_REL.pdf; www.humanrights.ch/home/upload/pdf/100326_HRC_defamation_religion_res.pdf; www.humanrights.ch/home/upload/pdf/090327_HRC_Religion09.pdf; www.humanrights.ch/home/upload/pdf/090327_HRC_Religion.pdf; siehe auch: www.humanrights.ch/home/de/Instrumente/Nachrichten/Diverse_Gremien/idcatart_8576-content.html.

12 www.oic-oci.org/english/conf/fm/19/19%20icfm-political-en.htm#RESOLUTION%20NO.%2049/19-P.

13 Kairoer Erklärung der Menschenrechte im Islam, 15. August 1990, Art. 22.

14 www.reporter-ohne-grenzen.de/index.php?id=94&tx_ttnews[swords]=&tx_ttnews[tt_news]=54&cHash=ef24bdbc7b17ed6d03e332299ec6153 f.

15 Die ca. achtminütige Diskussion im UN-Menschenrechtsrat ist als Video zu sehen: www.iheu.org/node/3116; siehe auch: Henryk M. BRODER, „Religionsfreiheit vor Menschenrecht", in: Spiegel-online, 4. Juli 2008: www.spiegel.de/kultur/gesellschaft/0,1518,563714,00.html; Welt am Sonntag, 22. Juni 2008, „Der UN-Menschenrechtsrat gehört abgeschafft: www.welt.de/wams_print/article2132325/Der_UN_Menschenrechtsrat_gehoert_abgeschafft.html.

16 ISENSEE, Verantwortung, 49 f.

17 Paul Johann Anselm von FEUERBACH, Lehrbuch des gemeinen in Deutschland gültigen peinlichen Rechts, 13. Aufl. 1840, § 303, zit. n.: Georg KÜPPER, „Zu Notwendigkeit und Umfang strafrechtlichen Schutzes gegen die Beschimpfung von religiösen Bekenntnissen", in: KLEIN, Meinungsäußerungsfreiheit, 16.

18 Tacheles TV, www.tacheles.tv/Dokumentation-Religion-und-Meinungsfreiheit.php.

19 Jyllands Posten, 6. Februar 2010, „Taxa-protest mod Muhammed-tegninger", http://jp.dk/udland/europa/article1971766.ece.

20 Fritz ZEDER, „Persönlichkeitsschutz: Die Sicht des Legisten", in: Landesgruppe Österreich der Internationalen Strafrechtsgesellschaft (AIDP) (Hg.), Medienrecht und Freiheit der Meinungsäußerung, Wien 2010, 58 f.

21 Siehe Art. 10 der Europäischen Menschenrechtskonvention (ERMK), in Deutschland Art. 5, Abs. 1 GG. In Österreich (Art. 13 StGG) wird die Informationsfreiheit nicht eigens erwähnt, findet aber durch die ERMK Einzug in die österreichische Rechtsprechung.

22 Robert DORNHELM im Interview, in: Profil 27, 30. Juni 2008, 36.

23 EGMR in: EuGRZ 1977, 38 ff. (42), Nr. 49, zit. n.: Stefan MÜCKL, „Meinungsäußerungsfreiheit versus Religionsfreiheit: Anforderungen aus menschenrechtlicher Sicht", in: KLEIN, Meinungsäußerungsfreiheit, 104 f.

24 Friedrich August von HAYEK, Die Verfassung der Freiheit, Tübingen, [4]2005, 103.

25 Insbesondere Teile des §3a-d sowie 3h des „Verbotsgesetzes" von 1947 in seiner Fassung von 1992.

26 Horst MEIER, „Nachholender Antifaschismus", in: Der Tagesspiegel, 4. September 2011: www.tagesspiegel.de/meinung/meinungsfreiheit-von-neonazis-nachholender-antifaschismus/4572012.html.

27 Robert TREICHLER, „Lasst uns schlimm sein!", in: Profil 29, 18. Juli 2011, 57.

28 Siehe etwa: DEBATIN, Introduction, 25.

29 Jean-Jaques ROUSSEAU, „Vom Gesellschaftsvertrag oder Prinzipien des Staatsrechtes", in: Jean-Jaques ROUSSEAU, Politische Schriften Band 1, Paderborn 1964, 87 f., 167 f.

30 Ebd., 77, 171.

31 Urs MEIER, „Meinungsfreiheit hat Vorrang", in: DEBATIN, Karikaturenstreit, 30.

32 LUDWIG, Opferrolle, 124 f.

33 www.tacheles.tv/Dokumentation-Religion-und-Meinungsfreiheit.php.

34 Vgl. das Interview mit Flemming ROSE in: Hamed ABDEL-SAMAD, Der Untergang der islamischen Welt. Eine Prognose, München 2010, 109.

Bilderverbot

1 Stern.de, 9. Februar 2006, „Grass nennt dänische Zeitung ‚rechtsradikal'": www.stern.de/politik/deutschland/mohammed-karikaturen-grass-nennt-daenische-zeitung-rechtsradikal-555284.html.

2 Kenneth L. WOODWARD, „In The Beginning, There Were The Holy Books", in: Newsweek, 2. Februar 2002, 55-61: www.newsweek.com/2002/02/10/in-the-beginning-there-were-the-holy-books.html.

3 FAZ, 12. Februar 2002, 51.

4 Lamya KADDOR, Rabeya MÜLLER(Hg.), Der Koran für Kinder und Erwachsene, München 2008.

5 Till-R. STOLDT, „Koran light – ohne Prügelvers und Jungfrauen", in: Die Welt,

14. April 2008: www.welt.de/politik/article1901094/Koran_light_ohne_Pruegel-vers_und_Jungfrauen.html.

6   Exemplarisch: www.ahlu-sunnah.com/threads/30437-Kinderkoran-von-Lamya-Kaddor!.

7   Othmar KEEL, Die Geschichte Jerusalems und die Entstehung des Monotheis-mus, Teil 1, Göttingen 2007, 132.

8   Jan ASSMANN, Ägyptische Hymnen und Gebete, Freiburg; Göttingen 1999, 242.

9   KEEL, Geschichte, 383 f.

10 Zit. n.: Die Heilige Schrift, ins Deutsche übertragen von Naftali Herz TUR-SINAI, Stuttgart 1993.

11 KEEL, Geschichte, 306, 382 f., 422–425.

12 Rudi PARET, Textbelege zum islamischen Bilderverbot, in: Hans FEGERS (Hg.), Das Werk des Künstlers, Stuttgart 1960, 37.

13 Rudi PARET, „Die Entstehungszeit des Islamischen Bilderverbots", in: Josef von ESS (Hg.), Rudi Paret. Schriften zum Islam. Volksroman – Frauenfrage – Bilderverbot, Stuttgart–Berlin–Köln–Mainz 1981, 248f.

14 PARET, Textbelege, 36.

15 BUCHARI, Buyu 40, 2, zit. n.: PARET, Textbelege, 40.

16 PARET, Textbelege, 40.

17 Almir IBRIC, Islamisches Bilderverbot. Vom Mittel- bis ins Digitalzeitalter, Wien–Münster 2006, 57, 6; ESS, Paret, 244.

18 IBRIC, Bilderverbot, 61.

19 Die Ahmadiyya wurden 1889 von Mirza Ghulam Ahmad in Indien gegründet. Ahmad sah sich selbst als neuen, Mohammed nachgeordneten Propheten und seine Aufgabe in der Verbreitung des „ursprünglichen" Islam. Nach eigenen Angaben umfasst die Glaubensgemeinschaft heute ca. 12 Millionen Mitglieder in 132 Staaten. In den meisten islamischen Ländern sind sie verboten.

20 www.ahmadiyya.de/islam/haeufige-fragen-faq-islam/verwehrtes-im-islam/1734-Was%20sagt%20der%20Islam%20zu%20einem%20Bilderverbot?.html.

21 PARET, Textbelege, 46–48.

22 ESS, Paret, 244.

23 Silvia NAEF, Bilder und Bilderverbot im Islam, München 2007, 37; Abb. unter: http://home.fotocommunity.de/bakenhus/index.php?id=453436&d=15916283.

24 Siehe die Forschungen im Kreis um Karl-Heinz Ohlig: Karl-Heinz OHLIG, Gerd R. PUIN (Hg.), Die dunklen Anfänge, Berlin 2007; Karl-Heinz OHLIG (Hg.), Der frühe Islam, Berlin 2007; Karl-Heinz OHLIG, Markus GROSS (Hg.), Schlaglichter. Die beiden ersten islamischen Jahrhunderte, Berlin 2008; Barbara KÖSTER, Der missverstandene Koran. Warum der Islam neu begründet werden muss, Berlin; Tübingen 2010.

25 Siehe den Wikipediabeitrag zu Mohammed: http://de.wikipedia.org/wiki/Mohammed.

26 http://en.wikipedia.org/wiki/File:Maome.jpg.

27 ESS, Paret, 233.

28 Hadith sahi bei BUCHARI, Nr. 5952, im Internet: www.islam-pedia.de/index.

php5?title=Islamische_Kleidung od.: MUSLIM, The Book of Faith (Kitab Al-Iman), Chapter 72, Book 1, Nr. 287-289 & BUCHARI, Prophets, Volume 4, Book 55, Number 657, zit. n.: www.muslim-markt.de/forum/messages/2711.htm.

29 Zit. n.: Die Presse, 19. Februar 2006, 2.

30 Terra X, 17.Mai 2009: www.terra-x.zdf.de/ZDFde/inhalt/1/0,1872,7587617,00.html.

31 FAZ, 26. März 2008, 38; http://en.wikipedia.org/wiki/Talk:Muhammad/FAQ.

Karikaturenstreit

1 Soweit nicht anders angegeben sind die Fakten zur Geschichte des Karikaturen-streits den folgenden Medien, Büchern und Internetseiten entnommen: Jörg LAU, „Allah und der Humor", Die Zeit, 1. Februar 2006: www.zeit.de/2006/06/ D_8anemark_neu; Kim HUNDEVADT, John HANSEN, „Wie der Karikaturen-streit sich entwickelte", 11. März 2008: http://jp.dk/udland/article1292552.ece; Heiner KIESEL, „Der Tag des friedlichen Zorns?", in: FAZ, 19. September 2006: www.faz.net/s/RubCF3AEB154CE64960822FA5429A182360/Doc~E3315D7AEB 906429F93096B4E146C6C15~ATpl~Ecommon~Scontent.html; Jytte KLAUSEN, „Faules Urteilsvermögen im Staate Dänemark", in: Der Spiegel, 10. Februar 2006: www.spiegel.de/politik/ausland/0,1518,400035,00.html; Anna REIMANN, „Genese des Zorns", in: Der Spiegel, 9. Februar 2006: www.spiegel.de/politik/ ausland/0,1518,400019,00.html; Yassin MUSHARBASH, Anna REIMANN, „Missverständnis im Namen des Propheten", in: Der Spiegel, 1. Februar 2006: www.spiegel.de/politik/ausland/0,1518,398604,00.html; Bernhard DEBATIN (Hg.), Der Karikaturenstreit und die Pressefreiheit, Berlin 2007.

2 Siehe: weekend avisen, Nr. 48, 26. November - 2.Dezember 2004, 1.

3 Ein aktuelles Interview mit Flemming Rose zum Karikaturenstreit: Tagesspiegel, 23. Januar 2011, S1: www.tagesspiegel.de/zeitung/ich-habe-so-viele-todesdro-hungen-erhalten/3715972.html.

4 Zit. n.: HUNDEVADT, HANSEN, Karikaturenstreit.

5 Zu sehen im Internet: http://freedomforegyptians.blogspot.com/2006/02/ egyptian-newspaper-pictures-that.html.

6 www.perlentaucher.de/artikel/2886.html.

7 www.kultur-punkt.ch/ereignisse/haderer02.htm; siehe auch den Protest von Bischof Kurt Beck gegen eine Karikatur zum Thema sexuellem Missbrauchs in der Kirche, der sich auf einen Brief beschränkte: www.tagesspiegel.de/berlin/ stadtleben/merkel-in-minuten-/3709746.html.

8 Franz TRINKBECHER, „Meinungsfreiheit steht über Religionsfreiheit": http:// zoelibat.blogspot.com/2010/01/meinungsfreiheit-ist-ein-grundrecht_04.html

9 Stephan ROSINY, „Der beleidigte Prophet. Religiöse und politische Hintergrün-de des Karikaturenstreits", in: DEBATIN, Karikaturenstreit, 112.

10 BVerfG Urteil vom 15.Januar 1958 (1 BvR 400/51), BVerfGE 7, 198; NJW 1958, 257, siehe: www.ejura-examensexpress.de/online-kurs/entsch_show_neu. php?Alp=1&dok_id=3169.

11 Bernhard DEBATIN, „Introduction", in: DEBATIN, Karikaturenstreit, 26; siehe

auch: Jytte KLAUSEN, „Karikaturen-Dschihad", Spiegel-online, 10. Februar 2006: www.spiegel.de/politik/ausland/0,1518,400035,00.html.

12 Bernhard DEBATIN, „Die Provokation des Banalen. Eine fehlgeschlagenen Satire und das Gesetz der (nicht-) intendierten Folgen", in: DEBATIN, Karikaturenstreit, 219.

13 ROSINY, Prophet, 108.

14 Zit. n.: Petra GRIMM, „Reflexionen über Verzicht, Anerkennung und Toleranz im Karikaturenstreit", in: DEBATIN, Karikaturenstreit, 150.

15 Heiner BIELEFELDT, Menschenrechte in der Einwanderungsgesellschaft. Plädoyer für einen aufgeklärten Multikulturalismus, Bielefeld 2007, 66.

16 Zit. n.: Horst PÖTTKER, „Öffentlichkeit kann wichtiger sein als religiöses Empfinden", in: DEBATIN, Karikaturenstreit, 81.

17 Etwa die Koransuren 3,69–72; 3,98 f.; 4,171; 5,15.

18 „Das Interview und die Geschichte der missglückten Veröffentlichung", in: Hamed ABDEL-SAMAD, Der Untergang der islamischen Welt. Eine Prognose, München 2010, 106–115.

19 Elke BUHR, „Es wird kein Plakat aus der Ausstellung zurückgezogen", in: art. Das Kunstmagazin, 29. Februar 2008: www.art-magazin.de/szene/4459/ surrend_kunstverein_tiergarten; Johannes GERNERT, „Dumme Steine, kluge Paragrafen", in: Spiegel-online, 4. März 2008: www.spiegel.de/kultur/gesellschaft/0,1518,539320,00.html.

20 Wolfgang WUNDEN, „What We Can Learn from the Cartoon Conflict", in: DEBATIN, Karikaturenstreit, 118; DEBATIN, Provokation, 215.

21 ROSINY, Prophet, 107.

22 Daniel Pipes, „Mohammed-Skulpturen zerstören", 3. März 2008: http:// de.danielpipes.org/5493/mohammed-skulpturen-zerstoeren.

23 Kurier, 19. September 2006, „Weiter Moslem-Proteste nach islam-kritischer Papst-Rede", 8; Kurier, 18. September 2006, „Terroristen rufen zum Papst-Mord auf", 6.

24 Arno FRANK, „Mohammed im Bärenkostüm", in: taz, 23. April 2010: www.taz. de/1/leben/medien/artikel/1/mohammed-im-baerenkostuem/; „South Park: Comedy Central zensiert Mohammed-Parodie", in: www.serienjunkies.de/news/ south-park-26072.html.

25 Hannes STEIN, „Zeichnet Mohammed", in: Welt-online, 23. September 2010: www.welt.de/die-welt/debatte/article9817078/Zeichnet-Mohammed.html.

26 Kurier, 29. März 2008, 8.

27 Die Presse, 18. Februar 2006, Spectrum III.

28 Jens JESSEN, „Kein Ton zurück", in: Zeit-online, 29. Oktober 2006: www.zeit. de/2006/40/01-Idomeneo-40; Spiegel-online, „Islamkonferenz will gemeinsam ‚Idomeneo' sehen", 27. September 2006: www.spiegel.de/politik/deutschland/0,1518,439605,00.html.

29 Dennis KLEIN, „Streit um ‚schwulen Mohammed'", 6. Dezember 2007, in: www. queer.de/detail.php?article_id=8024; Kerstin SCHWEIGHÖFER, „Streit um Homo-Mohammed", in: art. Das Kunstmagazin, 12. Dezember 2007: www.art-magazin.de/szene/2917/?mode.

30 Georges WASER, „Der Fluch der «Satanischen Verse»", in: NZZ, 14. Februar

2009: www.nzz.ch/nachrichten/kultur/aktuell/der_fluch_der_satanischen_verse_1.1995857.html.

31 Marc-Christoph WAGNER, Kurt Westergaard, „Ein einsamer Sieger im Karikaturenstreit mit dem Islam“, in: Cicero-online, 7. Februar 2011: www.cicero.de/97.php?item=5852.

32 Christoph LUXENBERG, „Die syro-aramäische Lesart des Koran. Ein Beitrag zur Entschlüsselung der Koransprache“, Berlin 2000; Interview mit Christoph Luxenberg, in der taz, 10. April 2004: www.taz.de/?id=archivseite&dig=2004/04/10/a0265.

33 Jytte KLAUSEN, The Cartoons That Shook the World, Yale 2009.

34 Andreas PLATTHAUS, „Beim Bilde des Propheten“, in: FAZ, 17. August 2009: www.faz.net/aktuell/feuilleton/buecher/karikaturenstreit-beim-bilde-des-propheten-1841544.html.

35 www.correspondance-voltaire.de/html/mahomet-genf.htm; siehe auch: Abdelwahab MEDDEB, Zwischen Europa und Islam. 115 Gegenpredigten (März 2003–Januar 2006), Heidelberg 2007, 406-414.

36 www.ralf-koenig.de/karikaturenstreit-interview.html.

37 Die Presse, 11. Februar 2006.

38 Henryk M. BRODER, „Wie es ist, wenn Muslime einen töten wollen“, in: Die Welt, 8. Januar 2011: www.welt.de/politik/ausland/article12047231/Wie-es-ist-wenn-Muslime-einen-toeten-wollen.html.

39 Die Rede von Bundeskanzlerin Angela Merkel findet sich im Internet unter: www.bundesregierung.de/Content/DE/Rede/2010/09/2010-09-08-potsdam.html.

Dissidenten

1 Nasr Hamid Abu ZAID, Ein Leben mit dem Islam, Freiburg im Breisgau 1999, 169 f.

2 ORF-Sendung *kreuz und quer* im September 2010 „Moderner Türke als Aufklärer“, der Vorsitzende des *Zentralrat der Ex-Muslime in Österreich*, Cahit Kaya; www.exmuslime.at/pressemeldungen-ueber-den-zde/87-kreuz-und-quer-religion-oder-rebellion-orf; od.: www.youtube.com/watch?v=y7zGo3weeZM.

3 Kenan MALIK, „Die westliche Internalisierung der Fatwa“, in: Novo Argumente 99, 3-4, 2009: www.novo-argumente.com/magazin.php/archiv/novo99_81.

4 Almut CIESCHINGER, „Der Dichter und sein Henker“, Spiegel-online, 2008: http://einestages.spiegel.de/static/topicalbumbackground/3668/der_dichter_und_sein_henker.html.

5 Dokumentation des türkischen Fernsehens über das Sivas Massaker am 2.Juli 1993 mit dt. Untertiteln: http://cigdemtoprak.de/sehenswert/; Kai STRITTMATTER, Eingebrannt in die Erinnerung, Süddeutsche Zeitung, 2. Juli 2008: www.sueddeutsche.de/politik/-jahrestag-des-massakers-von-sivas-eingebrannt-in-die-erinnerung-1.179909.

6 Siehe *Deutsch Türkische Nachrichten* vom 7. März 2012: www.deutsch-tuerkische-nachrichten.de/2012/03/436194/alevitische-foederation-%E2%80%9Everbrechen-

gegen-die-menschlichkeit-duerfen-nicht-verjaehren%E2%80%9C/.

7 Zit. n.: http://de.danielpipes.org/8894/rushdie-regeln-erreichen-florida.

8 Necla KELEK, Die fremde Braut. Ein Bericht aus dem Inneren des türkischen Lebens in Deutschland, Köln 2005, 12, 218–221.

9 Offener Brief, erschienen in Die Zeit, 1. Februar 2006: www.bipad.de/aktuelles/ offenebriefeundstellungsnahmen/offenebriefe/migrationsdebatte/1.htm

10 Ebd.

11 Gegenaufruf „Gerechtigkeit für demokratische Islamkritikerinnen" von Hartmut KRAUSS, und 53 weiteren Unterzeichnern: www.giordano-bruno-stiftung.de/ Aktuell/kelekkontroverse.html.

12 Stefan APFL, „Ich habe abgeschworen", in: Falter 09/2010, 3. März 2010: www. falter.at/web/print/detail.php?id=1104.

13 Ulrike ACKERMANN, Eros der Freiheit. Plädoyer für eine radikale Aufklärung, Stuttgart 2008, 53.

14 Jürgen FUCHS, „„Stören wir?'. Rede auf dem Schriftstellerkongress 1983 in Mainz", in: Jürgen FUCHS, Einmischung in eigene Angelegenheiten. Gegen Krieg und verlogenen Frieden, Reinbek bei Hamburg 1984, 165.

15 Monika MARON im Interview in: www.berlinonline.de/berliner-zeitung/kultur/ interview-monika-maron-ein-verhaeltnis-zu-verfall-und-vergehen/346277.php.

16 ACKERMANN, Eros, 45.

17 Siehe Karl POPPER, Die offene Gesellschaft und ihre Feinde. Band° 1: Der Zauber Platons, Tübingen 2003.

18 Mark TERKESSIDIS, „Die renovierte Version eines Ressentiments", in: Frankfurter Rundschau, 17. Februar 2006, 15: www.bipad.de/aktuelles/offenebriefeundstellungsnahmen/offenebriefe/migrationsdebatte/13.htm.

19 Elisabeth BECK-GERNSHEIM, „Türkische Bräute und die Migrationsdebatte in Deutschland": www.bpb.de/publikationen/1X22BD.html. Ähnliche Vorwürfe finden sich auch in der Studie: ZENTRUM FÜR SOZIALE INNOVATION, Zwangsverheiratung und arrangierte Ehen in Österreich mit besonderer Berücksichtigung Wiens. Situationsbericht und Empfehlungskatalog, Wien 2007, 71: www.wendepunkt.or.at/dokumente/bericht_zwangsheirat_2007.pdf.

20 Timothy Garton ASH, „Es ist ein großer Fehler, die Dissidenten innerhalb des Islam zu ignorieren", in: www.perlentaucher.de/artikel/3787.html.

21 MALIK, Internalisierung.

22 Elham MANEA, Ich will nicht mehr schweigen. Der Islam, der Westen und die Menschenrechte, Freiburg im Breisgau 2009, 36.

23 Fuad ZAKARIYA, „Säkularisierung – eine historische Notwendigkeit", in: Michael LÜDERS (Hg.), Der Islam im Aufbruch? Perspektiven der arabischen Welt, München 1992, 232 f.

24 Hamed ABDEL-SAMAD, Der Untergang der islamischen Welt. Eine Prognose, München 2010, 88.

25 Focus, 26. Juni 2009, Literatur: „Freispruch für Nedim Gürsel": www.focus. de/kultur/diverses/literatur-freispruch-fuer-nedim-guersel_aid_411796.html; NZZ, 16. April 2009, „Türkischer Schriftsteller muss vor Gericht": www.nzz.ch/ nachrichten/politik/international/tuerkei_1.2413964.html.

26 Julia GERLACH, „Es war ihr Traumjob. Bis sie die Lügen nicht mehr aushielt", in: Brigitte 9/2011, 88 101.

27 Khaled al MISR, „Assad macht Zugeständnisse in die falsche Richtung", in: Tagesspiegel, 11. April 2011: www.tagesspiegel.de/politik/assad-macht-zugesta-endnisse-in-die-falsche-richtung/4048718.html.

28 ABDEL-SAMAD, Untergang, 213.

29 Zit. n.: Amory BURCHARD, „Was dem Islam zur Moderne fehlt", in: Tagesspiegel, 28. April 2011: www.tagesspiegel.de/wissen/was-dem-islam-zur-moderne-fehlt-/4105206.html.

Judenfeindschaft

1 Ernst H. GOMBRICH, Jüdische Identität und jüdisches Schicksal. Eine Diskussionsbemerkung, Wien 1997, 57; „Bei der feierlichen Inthronisation jedes neuen Papstes wurde ihm von den Judenältesten die Torah, der Text des Pentateuch, präsentiert, was der Papst mit den Worten zur Kenntnis nahm: ‚Wir bestätigen das Gesetz, aber wir verdammen die Juden und wie sie es auslegen.' (confirmamus sed non consentimus).", ebd.

2 Die früheste Erwähnung des Gottesmordes findet sich in der ältesten erhaltenen Osterpredigt des Bischofs Melito von Sardes (gest. 180): „Der Gott – ist getötet worden; der König Israels – ist beseitigt worden von Israels Hand.", siehe: Wolfgang WIRTH, „‚... von jener schimpflichen Gemeinschaft uns trennen'. Judenfeindschaft von der frühen Kirche bis zu den Kreuzzügen", in: Günther B. GINZEL (Hg.), Antisemitismus. Erscheinungsformen der Judenfeindschaft gestern und heute, Bielefeld 1991, 58.

3 Siehe etwa: Heinz SCHRECKENBERG, Die christlichen Adversus-Judaeos-Texte und ihr literarisches und historisches Umfeld, Frankfurt-Bern 1982.

4 Klaus LOHRMANN, „Mythos Rasse, Mythos Nation. Traditionelle Judenfeindschaft und moderner Antisemitismus", in: Das Jüdische Echo. Zeitschrift für Kultur & Politik, Vol. 46, Oktober 1997, 78.

5 Michael SCHIESTL, Judenfeindschaft und Antisemitismus in Österreich. Kontinuität und Wandel, ungedr. phil. Diss., Wien 1992, 55 f; Nina SCHOLZ, Heiko HEINISCH, „‚...alles werden sich die Christen nicht gefallen lassen.' Wiener Pfarrer und die Juden in der Zwischenkriegszeit", Wien 2001, 49–57, 113.

6 Siehe etwa die 1811 gegründete *Deutsche Tischgesellschaft*, unter deren Schriften sich auch antisemitische Aufsätze befanden und deren Statuten Juden und jüdische Konvertiten ausschlossen. Zu ihren Mitgliedern zählten unter anderem Achim v. Arnim, Clemens Brentano, Friedrich Schleiermacher und Johann Gottlieb Fichte. Siehe auch: Michael LEY, Genozid und Heilserwartung. Zum nationalsozialistischen Mord am europäischen Judentum, Wien 1993, 101–127.

7 Friedrich HEER, Gottes erste Liebe. Die Juden im Spannungsfeld der Geschichte, München–Berlin 1981, 63; siehe auch: SCHOLZ, HEINISCH, Christen, 113–117; Heiko HEINISCH, „Judenfeindlichkeit in der christlichen Tradition", in: Heimo HALBRAINER (Hg.), „Feindbild Jude". Zur Geschichte des Antisemitismus, Graz 2003, 35–55.

8 Muhammad ibn ISHAQ, Das Leben des Propheten, hg. und übersetzt von Gernot ROTTER, Kamden 2004, 180; Koran 33, 26.

9 Folgt man neueren Forschungen, die davon ausgehen, dass der Islam aus einer nicht trinitarischen Richtung des Christentums hervorgegangen ist, so ist die Übernahme christlichen Antijudaismus selbstverständlich. Siehe die Beiträge in: Karl-Heinz OHLIG, Gerd R. PUIN (Hg.), Die dunklen Anfänge, Berlin 2007; Karl-Heinz OHLIG (Hg.), Der frühe Islam, Berlin 2007; Karl-Heinz OHLIG, Markus GROSS (Hg.), Schlaglichter. Die beiden ersten islamischen Jahrhunderte, Berlin 2008; Barbara KÖSTER, Der missverstandene Koran. Warum der Islam neu begründet werden muss, Berlin; Tübingen 2010.

10 Michael KÜNTZEL, „‚Islamischer Antisemitismus' – Ursprünge und Entwicklungen in der islamischen Welt und in Europa", in: Friedrich Ebert Stiftung (Hg.), „Islamischer Antisemitismus" und „Islamophobie". Zwei unterschiedliche Begriffe – ein Phänomen der Diskriminierung?, Berlin 2008, 6: http://library. fes.de/pdf-files/akademie/berlin/05925.pdf.

11 Michael KIEFER, Antisemitismus in den islamischen Gesellschaften: Der Palästina-Konflikt und der Transfer eines Feindbildes, Düsseldorf 2002, 53–55.

12 Bernard LEWIS, Die Juden in der islamischen Welt. Vom frühen Mittelalter bis ins 20. Jahrhundert, München 1987, 151, 164 f.

13 KIEFER, Antisemitismus, 43 f.

14 Die Annäherung an Russland wurde den Armeniern allerdings zu Beginn des 20. Jahrhunderts zum tödlichen Verhängnis.

15 Etwa Dschamal ad-Din al-Afghani (1837–97), Muhammad Abduh (1849-1905), siehe: Mohammed Abed Al-JABRI, Kritik der arabischen Vernunft. Die Einführung, Berlin 2009, 65–68.

16 Klemens Ludwig hat sich eingehend mit diesem Thema beschäftigt: Klemens LUDWIG, Die Opferrolle. Der Islam und seine Inszenierung, München 2011.

17 Matthias KÜNTZEL, Islamischer Antisemitismus und dt. Politik, Berlin 2007, 42.

18 Ebd., 42.

19 LEWIS, Juden, 165–167.

20 Zit. n.: www.uebersetzerportal.de/nachrichten/n-archiv/ 2002/2002-07/2002-07-14.htm.

21 KÜNTZEL, Antisemitismus, 42 f; siehe auch: KIEFER, Antisemitismus, 68 f.

22 Mathias KÜNTZEL, Djihad und Judenhass. Über den neuen antijüdischen Krieg, Freiburg 2003, 42.

23 KÜNTZEL, Antisemitismus, 47, 77.

24 Zit. n.: Matthias KÜNTZEL, „Von Zeesen bis Beirut. Nationalsozialismus und Antisemitismus in der arabischen Welt", in: Doron RABINOVICI, Ulrich SPECK, Natan SZNAIDER, Neuer Antisemitismus? Eine globale Debatte, Frankfurt 2004, 278.

25 SCHOLZ, HEINISCH, Christen, 114.

26 Etwa in einem Vortrag vor Imamen der Bosniaken-SS-Division, siehe: KÜNTZEL, Antisemitismus, 81.

27 Bassam TIBI, „Der Islam und der Westen. Der importierte Hass", in: Die Zeit 07/2003: www.zeit.de/2003/07/Islamismus_neu; KÜNTZEL, Zeesen, 288 f.;

siehe auch: Thomas SCHMIDINGER, Zur Frage der Islamisierung des Antisemitismus, in: DOKUMENTATIONSARCHIV DES ÖSTERRIEICHISCHEN WIDERSTANDS (Hg.), Jahrbuch 2008, 134.

28 KÜNTZEL, Djihad, 112–116.

29 Ebd., 68 f.

30 KIEFER, Antisemitismus, 93 f; LEWIS, Juden, 166.

31 Ebd., 75 f.

32 KÜNTZEL, Antisemitismus, 17 f. SS-Standartenführer Leopold Gleim, ehemaliger Gestapoführer in Polen, organisierte die Geheimpolizei für Gamal Abd al-Nasser und war in dieser Position auch für die Überwachung der ägyptischen Juden zuständig. SCHMIDINGER, Frage, 120 f.

33 Die Geschichte von Flucht und Vertreibung der Palästinenser ist noch immer nicht hinreichend erforscht. Schätzungen belaufen sich auf bis zu 780.000 Flüchtlinge. Siehe: KIEFER, Antisemitismus, 88 f.

34 Berliner Zeitung, 7./8. Oktober 2006, „Flucht vor dem tödlichen Hass", Magazin, 1–2. Die Forschungen über die genauen Zahlen der Ermordeten und Vertriebenen stehen noch am Anfang.

35 Zit. n.: KÜNTZEL, Antisemitismus, 157 f. Dieser Spruch entstammt einem bei al-BUCHARI überlieferten Hadith, Volume 4, Book 52, Number 177.

36 Artikel 22 der Charta der Hamas, zit. n.: KÜNTZEL, Antisemitismus, 159. Der Geist dieser Ausführungen samt der meisten Beispiele scheint unmittelbar aus Adolf Hitlers *Mein Kampf* entnommen. Siehe etwa: Adolf HITLER, Mein Kampf, München 1934, 62 f., 345–347, 420, 498, 553, 751.

37 Artikel 32 der Hamas Charta. Siehe: www.thejerusalemfund.org/www.thejerusalemfund.org/carryover/documents/charter.html.

38 KÜNTZEL, Antisemitismus, 24–26. Siehe: HITLER, Kampf, 70.

39 Zit. n.: KÜNTZEL, Antisemitismus, 21.

40 Ebd., 24.

41 KIEFER, Antisemitismus, 120.

42 Tuvia Tenenbom, „Das Land, das mich nicht will", in: Die Zeit 12/2008, 13. März 2008: www.zeit.de/2008/12/Undercover.

43 KÜNTZEL, Antisemitismus, 35 f.

44 Siehe den Ausschnitt auf Youtube, „Rothschild Legacy of Controlling the World in the Syrian-Produced Antisemitic TV Series Al-Shatat": www.youtube.com/watch?v=U9HqWrKnWEk.

45 KÜNTZEL, Antisemitismus, 2.

46 Zit. n.: Ebd., 88 f.

47 Hannah ARENDT, Eichmann in Jerusalem, München 1986, 81.

48 KÜNTZEL, Antisemitismus, 139.

49 Auf dieser türkischen Website ist das Buch zu sehen: www.tikla24.de/kitap-musanin-cocuklari.html.

50 Anna VAKALI, „Populäre Paranoia", FAZ 19. Juli 2007: www.faz.net/aktuell/feuilleton/tuerkei-populaere-paranoia-1464206.html; Boris Kálnoky, „Die Türkei steckt ihre besten Autoren ins Gefängnis", Die Welt 9. Mai 2011: www.welt.de/politik/ausland/article13362055/Die-Tuerkei-steckt-ihre-besten-Autoren-ins-Gefaengnis.html.

51 Armin PFAHL-TRAUGHBER, „Antisemitismus im Islamismus", Bundes-zentrale für politische Bildung: www.bpb.de/popup/popup_druckversion.html?guid=49NBGK.

52 Bassam TIBI, „Der importierte Hass", Zeit 7/2003: www.zeit.de/2003/07/Isla-mismus_neu.

53 Bernard Schmid, „Aus für Al Manar-TV", 19. Dezember 2004, in: http://de.qantara.de/Aus-fuer-Al-Manar-TV/3249c3343i1p396/.

54 www.bmi.bund.de/SharedDocs/Reden/DE/2006/05/bm_vorstellung_verfas-sungsschutzbericht.html.

55 In einer Ausgabe aus den 1990er Jahren heißt es etwa: „Ein Jude unterscheidet sich vom Satan durch nichts.", siehe: KIEFER, Antisemitismus, 126.

56 www.landtag-bw.de/wp14/drucksachen/0000/14_0096_d.pdf; www.hamburg.de/archiv/232516/hetzvideos-igmg-artikel.html.

57 Maria STERKL, „Keine Absage an den Antisemitismus", derStandard.at, 19. Juli 2011: http://derstandard.at/1310511624786/Fuat-Sanac-Keine-Absage-an-den-Antisemitismus.

58 Sina ARNOLD, Günther JIKELI, Judenhass und Gruppendruck – Zwölf Gespräche mit jungen Berlinern palästinensischen und libanesischen Hinter-grunds, in: Wolfgang BENZ (Hg.), Jahrbuch für Antisemitismusforschung 17, Berlin 2008, 107, 112 f., 119, 122, 124.

59 Benannt nach Muhammad ibn Abd al-Wahab (1703-1792), einem Wanderprediger. Der Wahabismus ist eine puritanische, rückwärtsgewandte Auffassung des Islam, welche die Meinung vertritt, der ursprüngliche Islam sei verfälscht worden. Mit dem Wahabismus sei die reine Lehre wieder hergestellt. Das Zusammentreffen Abd al-Wahabs mit dem Stamm der Sauds begründete ein religiös politisches Bündnis, das bis heute die Geschicke Saudi-Arabiens bestimmt und darüber hinaus dem „wahren Islam" mittels Öl-Milliarden, die als Gottes Geschenk und Verpflichtung betrachtet werden, in der gesamten islamischen Welt Geltung zu verschaffen sucht. Siehe: Michael LEY, Das Öl, der Islam, der Westen. Die ersten hundert Jahre, Berlin–Tübingen 2011, 50–58.

60 Uta RASCHE, „König-Fahd-Akademie verherrlicht Kampf gegen ‚Ungläubige'", in: FAZ, 23. Juni 2004: www.faz.net/aktuell/politik/inland/islamismus-koenig-fahd-akademie-verherrlicht-kampf-gegen-unglaeubige-1162549.html; http://daserste.ndr.de/panorama/archiv/2003/erste8146.html; Tagesspiegel, 5. Mai 2010, „Saudi-Schule in Westend geplant": www.tagesspiegel.de/berlin/saudi-schule-in-westend-geplant-/1814296.html; taz, 24. Juni 2010, „Schule nicht ver-dächtig": www.taz.de/1/archiv/digitaz/artikel/?ressort=ba&dig=2010%2F06%2F24%2Fa0140&cHash=b0ac0a2959; LUDWIG, Opferrolle, 58.

61 BBC-Sendung auf BBC One, 22. November 2010, 20.30 Uhr, „British Schools, Islamic Rules", siehe: Spiegel-online, 22. November 2010: www.spiegel.de/schulspiegel/ausland/0,1518,730495,00.html.

62 Thomas SCHMIDINGER, Dunja LARISE, Zwischen Gottesstaat und Demokratie, Handbuch des politischen Islam, Wien 2008, 272 f.

63 Die Studie findet sich unter: www.spiegel.de/media/0,4906,3553,00.pdf; siehe auch: Lars LANGENAU, „Scheu vor unangenehmen Wahrheiten", in: Spiegel-online, 3. Februar 2003: www.spiegel.de/politik/deutschland/0,1518,276734,00.

html; Joseph CROITORU, „Unter Verschluss", FAZ, 26. November 2003: www.faz.net/aktuell/feuilleton/antisemitismus-studie-unter-verschluss-1129004.html; KÜNTZEL, Antisemitismus, 36.

64 Caroline FETSCHER, „Du Opfer, du Jude!", in: Tagesspiegel 24. Juni 2010: www.tagesspiegel.de/meinung/du-opfer-du-jude/1867888.html; siehe auch: ARNOLD, JIKELI, Judenhass, 108 f.

65 Sven RÖBEL, „Gemeinsames Feindbild", in: Der Spiegel, 28/2010, 26 f.; www.spiegel.de/spiegel/print/d-71558774.html.

66 Joachim WAGNER, „Hitler gefällt mir", in: Die Zeit, 7. Juni 2007: www.zeit.de/2007/24/Muslim-Antisemitismus.

67 KÜNTZEL, Djihad, 143 f.

Integration

1 Siehe die von Diodorus im 1. Jahrhundert v. Chr. wiedergegebene „Geschichte Ägyptens" des Hekataios von Abdera aus dem 3. Jahrhundert v. Chr. und: Flavius JOSEPHUS, Über die Ursprünge des Judentums, 1,227–254.

2 Katrin SCHÄFER, Klaus ATZWANGER, „Xenophobie aus verhaltensbiologischer Sicht", in: Irene ETZERSDORFER, Michael LEY (Hg.), Menschenangst. Die Angst vor dem Fremden, Berlin 1999, 37 f., 46.

3 Daniel COHN-BENDIT, Thomas SCHMID, Heimat Babylon. Das Wagnis der multikulturellen Demokratie, Hamburg 1993, 209–218.

4 Benjamin FRANKLIN, „Observations Concerning the Increase of Mankind and the People of our Countries", übersetzt bei: Hans Jürgen WENDLER, Universalität und Nativismus: Das nationale Selbstverständnis der USA im Spiegel der Einwanderungspolitik, 383, zit. n.: COHN-BENDIT, SCHMID, Heimat, 179.

5 Ebd., 183–191.

6 Ebd., 223–227; allerdings waren die meisten Spieler der 1930er Jahre keine Nachkommen katholischer Polen sondern evangelischer Masuren, die ebenfalls slawische Namen trugen.

7 dtv-Lexikon in 20 Bänden, München 1995, Band 1 und 8.

8 Bassam TIBI, „Leitkultur als Wertekonsens. Bilanz einer missglückten deutschen Debatte", in: Politik und Zeitgeschichte 1-2/2001: www.bpb.de/publikationen/40QIUX,1,0,Leitkultur_als_Wertekonsens.html#art1.

9 COHN-BENDIT, SCHMID, Heimat, 28, 56–59; ähnlich ging es auch Zuwanderern aus Algerien in Frankreich. Siehe dazu etwa: Fadela AMARA, Weder Huren noch Unterworfene, Berlin 2005, 22.

10 Cengiz DURSUNs Blogg: www.primaverablog.de/2011/10/23/niemand-wird-auf-dich-herabsehen-wenn-du-die-deutsche-sprache-besser-beherrschst-als-der-eingeborene/.

11 Fuad KANDIL, Blockierte Kommunikation: Islam und Christentum. Zum Hintergrund aktueller Verständigungsprobleme, Berlin 2008, 160 f.

12 www.berlin-institut.org/fileadmin/user_upload/Zuwanderung/090122_Zusammenfassung.pdf.

13 Der Gesprächsleitfaden findet sich in der taz, 4. Januar 2006, „Die Gesinnungs-prüfung": www.taz.de/1/archiv/archiv/?dig=2006/01/04/a0154.

14 Zeit-online, 30. November 2011 „Junger Muslim darf nicht in der Schule beten": www.zeit.de/gesellschaft/zeitgeschehen/2011-11/religionsfreiheit-schule-gebet.

15 Siehe etwa: Manfred Weber-Lamberdière, „Frankreich: Die Hölle der Frauen", in: Focus 41/2003: www.focus.de/politik/ausland/frankreich-die-hoelle-der-frauen_aid_195689.htm; FAZ, 4. Oktober 2006, „Die schleichende Machtübernahme", 39.

16 Wolfram Eberhardt, „Ausland: Allahs Vorhut in Europa", Focus 5/2010: www.focus.de/politik/ausland/ausland-allahs-vorhut-in-europa_aid_475700.html.

17 Peter A. ULRAM, „Integration in Österreich. Einstellungen, Orientierungen, und Erfahrungen von MigrantInnen und Angehörigen der Mehrheitsbevöl-kerung", 2009: www.bmi.gv.at/cms/BMI_Service/Integrationsstudie.pdf, 16, 45 f. Angesichts einer neuen Studie (2011) über polnische Migranten heißt es aus dem Österreichischen Staatssekretariat für Integration, dass diese nicht zu den Problemgruppen gehörten, sondern im Gegenteil gut integriert seien. Die Problemfälle kämen aus der Türkei, den arabischen Ländern und teilweise vom Balkan. Siehe: Michael LACZYNSKI, „Die Unauffälligen", in: Die Presse am Sonntag, 13. November 2011, 9.

18 Necla KELEK, „Wir müssen den Schleier lüften", FAZ, 12. Juni 2009: www.faz.net/frankfurter-allgemeine-zeitung/bilder-und-zeiten/wir-muessen-den-schlei-er-lueften-1813983.html; vgl. auch: Interview mit Efgani DÖNMEZ, Bundesrat der Grünen in Österreich, in: Die Presse, 29. August 2010, „Wir sind doch in keinem Phallusrennen", 3.

19 Laut der 2005 veröffentlichten PISA-Studie sprechen nur rund 30% der Jugend-lichen türkischer Herkunft in Deutschland im Alltag deutsch, obwohl 75% von ihnen in Deutschland geboren sind. Siehe: Stefan LUFT, Abschied von Multi-kulti. Wege aus der Integrationskrise, Gräfelfing 2006, 297.

20 Joachim WAGNER, „Gegen das Braune in uns", in: Tagesspiegel, 20. November 2011, www.tagesspiegel.de/meinung/gegen-das-braune-in-uns/5866374.html.

21 KELEK, Schleier.

22 Interessant ist in diesem Zusammenhang ein Vergleich zwischen muslimischen pakistanischen auf der einen und indischen Zuwanderern in Großbritannien auf der anderen Seite. Siehe dazu: Walter LAQUEUR, Die letzten Tage von Europa. Ein Kontinent verändert sein Gesicht, Berlin 2006, 201 f.

23 Barbara KERBEL, „Ohne Härte geht es nicht", in: Der Tagesspiegel, 6. September 2011: www.tagesspiegel.de/berlin/schule/ohne-haerte-geht-es-nicht/4578374.html.

24 In Österreich wenden sich selbst Journalisten bei Fragen zu Jugendlichen tür-kischer oder arabischer Herkunft fast ausschließlich an die *Muslimische Jugend Österreichs* (MJÖ), die Jugendorganisation der Islamischen Glaubensgemein-schaft, obwohl nur ein verschwindender Teil muslimischer Jugendlicher in ihr organisiert ist. (Thomas SCHMIDINGER, Dunja LARISE, Zwischen Gottesstaat und Demokratie, Handbuch des politischen Islam, Wien 2008, 275). Diese Jour-nalisten kämen wahrscheinlich nicht auf die Idee österreichische Jugendliche auf die *Katholische Jugend* zu reduzieren.

25 Heiner BIELEFELDT, Menschenrechte in der Einwanderungsgesellschaft. Plädoyer für einen aufgeklärten Multikulturalismus, Bielefeld 2007, 122.

26 www.ufuq.de/newsblog/308-yusuf-al-qaradawi-und-islam-online.

27 Yusuf al-QARADAWI, Erlaubtes und Verbotenes im Islam, München ⁴2003, 258–260, 284 f., 326.

28 Der Text des Buches findet sich samt Geleitwort unter: www.scribd.com/doc/4447099/Erlaubtes-und-Verbotenes-im-Islam-Jusuf-alQaradawi.

29 http://islam.de/1641.php, unter Punkt 17.

30 www.musliminnen-tirol.org/themen/umwelt-soziales/konfliktl%C3%B6sung-im-islam/.

31 www.muslim-buch.de/Gottesdienst-Fiqh/Erlaubtes-und-Verbotenes-im-Islam::211.html.

32 Nina WEISSENSTEINER, „Ein neuer Präsident mit alten Troubles", in: der-Standard.at, 30. Juni 2011: http://derstandard.at/1308680104739/Ein-neuer-Praesident-mit-alten-Troubles.

33 www.bmi.bund.de/DE/Themen/PolitikGesellschaft/KirchenReligion/Islam/Islam_node.html.

34 Siehe den Hamburger Verfassungsschutzbericht: Landesamt für Verfassungsschutz, Verfassungsschutzbericht, 2005, 53–64: www.hamburg.de/contentblob/232532/data/vsb2005-aex.pdf; www.hamburg.de/archiv/232516/hetzvideos-igmg-artikel.html; Klaus HOLZ, Michael KIEFER, „Islamistischer Antisemitismus. Phänomen und Forschungsstand", in: Wolfram STENDER, Guido FOLLERT, Mihri ÖZDOGAN (Hg.), Konstellationen des Antisemitismus. Antisemitismusforschung und sozialpädagogische Praxis, Wiesbaden 2010, 114–116.

35 www.verfassungsschutz.de/download/SHOW/vsbericht_2010.pdf, 255–257.

36 Zit. n.: Lale AKGÜN, Aufstand der Kopftuchmädchen. Deutsche Musliminnen wehren sich gegen den Islamismus, München 2011, 107.

37 http://islam.de/1641.php#euf/sexverweigerung01.html.

38 Gespeichert am 21. Dezember 2008: http://replay.web.archive.org/20081221043935/http://islam.de/1641.php, siehe auch: AKGÜN, Aufstand, 193 f.

39 http://islam.de/1641.php#deutsch/vielehe_d.html.

40 http://islam.de/1641.php#deutsch/Nichtmuslime_in_isl_Laendern.html.

41 Heinz Buschkowsky im Interview in: Der Tagesspiegel, 6. Oktober 2010: www.tagesspiegel.de/berlin/buschkowsky-im-interview-das-ist-ein-kulturell-muslimisches-problem/1950048.html.

42 Frank JANSEN, „Rassismus. Bedrohte Schweinefleischfresser", in: Der Tagesspiegel, 7. Juli 2011: www.tagesspiegel.de/meinung/rassismus-bedrohte-schweinefleischfresser/4365764.html.

43 COHN-BENDIT, SCHMID, Heimat, 325.

44 Susanne VIETH-ENTUS, „Kreuzberger Fluchtbewegung", in: Tagesspiegel, 24. Juni 2008: www.tagesspiegel.de/berlin/landespolitik/kreuzberger-fluchtbewegung/1264798.html.

45 LUFT, Abschied, 417.

46 Frank A. MEYER, „Die drei Affen", in: Cicero 1/2011, 40; Meyer zitiert das

Beispiel der deutschen Lehrergewerkschaft Erziehung und Wissenschaft, die in ihrer Zeitung zunehmende „Deutschfeindlichkeit" von Schülern mit Migrationshintergrund diagnostizierte, den Begriff dann aber zurücknahm und künftig nicht mehr verwenden wollte.

47 LUFT, Abschied, 320.
48 Susanne KARSTEDT, „Die moralische Stärke schwacher Bindungen. Individualismus und Gewalt im Kulturvergleich", in: Monatsschrift für Kriminologie und Strafrechtsreform, 3/2001, 226, 230, 233 f.

Religionsfreiheit

1 Gabriel N. TOGGENBURG, Günther RATZ, ABC des Minderheitenschutzes in Europa, Wien–Köln–Weimar 2010, 144.
2 Heimo Schwilk, „Das schwere Los der Christen im Islam", in: Welt-online, 5. Dezember 2009: www.welt.de/politik/ausland/article5436121/Das-schwere-Los-der-Christen-im-Islam.html.
3 Necla KELEK, „Freiheit, die ich meine", in: FAZ, 15. Dezember 2007: www.faz.net/aktuell/feuilleton/2.1782/integration-freiheit-die-ich-meine-1494157.html.
4 Zit. n.: Necla KELEK, Bittersüße Heimat. Bericht aus dem Inneren der Türkei, Köln 2008, 67.
5 Süddeutsche Zeitung, 18. März 2010, „Neue Behörde für Auslandstürken": http://archiv.sueddeutsche.de/u5E38D/3267589/Neue-Behoerde-fuer-Auslandstuerken.html.
6 Michael GERMAN, „Religion und Staat in der Bundesrepublik Deutschland", in: Bernd SCHRÖDER, Wolfgang KRAUS (Hg.), Religion im öffentlichen Raum. Deutsche und französische Perspektiven, Bielefeld 2009, 51. Im deutschen Grundgesetz ergibt sich die negative Religionsfreiheit aus Artikel 140, der Artikel 136 der Weimarer Verfassung zum Bestandteil des GG erklärt, in dem dieses Recht ausdrücklich erwähnt wird. Siehe: Maria POTTMEYER, Religiöse Kleidung in der öffentlichen Schule in Deutschland und England. Staatliche Neutralität und individuelle Rechte im Rechtsvergleich, Tübingen 2011, 159.
7 Ludger KÜHNHARDT, Die Universalität der Menschenrechte, Bonn 1987, 94, 40.
8 Heiner BIELEFELDT, Menschenrechte in der Einwanderungsgesellschaft. Plädoyer für einen aufgeklärten Multikulturalismus, Bielefeld 2007, 66.
9 Michael GENNER, „Religionsfreiheit", 2006: www.asyl-in-not.org/php/religionsfreiheit,12313,5468.html.
10 Jan ASSMANN, Die Mosaische Unterscheidung, München–Wien 2003, insbesondere 23–28.
11 Ulrike ACKERMANN, Eros der Freiheit. Plädoyer für eine radikale Aufklärung, Stuttgart 2008, 87.
12 Berliner Zeitung, 5. April 2007, „Aus dem Islam kann man nicht austreten", 25; siehe auch: www.exmuslime.at/pressemeldungen-ueber-den-zde/87-kreuz-und-quer-religion-oder-rebellion-orf; od.: www.youtube.com/watch?v=y7zGo3weeZM.

13 POTTMEYER, Kleidung, 154.

14 Franz TRINKBECHER, „Meinungsfreiheit steht über Religionsfreiheit", 4. Januar 2010, in: http://zoelibat.blogspot.com/2010/01/meinungsfreiheit-ist-ein-grundrecht_04.html.

15 Zit. n.: Klemens LUDWIG, Die Opferrolle. Der Islam und seine Inszenierung, München 2011, 123.

16 Carla Amina BAGHAJATI, „‚Burka' – in Österreich kein Thema", 20. September 2011, in: www.derislam.at/?c=content&p=beitragdet&v=beitraege&cssid=Stellun gnahmen&navid=888&par=50&bid=64.

17 Dialogue on issues of Religious Slaughter (DIALREL), siehe: www.dialrel.eu.

18 Siehe den Dokumentarfilm *CUT* von Eliyahu UNGAR-SARGON, USA 2007: www.cutthefilm.com/Cut_Website/Home.html.

19 European Journal of Pediatric Surgery 4/2008, 289.

20 http://dip21.bundestag.de/dip21/btd/16/035/1603579.pdf.

21 BVerwG-Urteil vom 11. Dezember 1997: www.maria-syndrom.de/bvg~1.htm.

22 Heiner BIELEFELDT, Philosophie der Menschenrechte. Grundlagen eines weltweiten Freiheitsethos, Darmstadt 1998, 94.

Kopftuch

1 Zit. n.: Christopher HITCHENS, Thomas Paine. Die Rechte des Menschen, München 2007, 95.

2 www.gruene-muslime.de/Seyran_Ates_Offener_Brief.pdf, siehe auch: Michael WID-MANN, Das Kopftuch. Gefahr für die plurale Gesellschaft?, Augsburg 2005, 11.

3 Siehe auch die Schilderung bei: Seyran ATEŞ, Der Multikulti-Irrtum, Berlin 2007, 127–130.

4 Maria POTTMEYER, Religiöse Kleidung in der öffentlichen Schule in Deutschland und England. Staatliche Neutralität und individuelle Rechte im Rechtsvergleich, Tübingen 2011, 227.

5 ATEŞ, Multikulti-Irrtum, 131.

6 Vgl. etwa die Argumentation in dieser Richtung bei: WIDMANN, Kopftuch, 11.

7 Heiner BIELEFELDT, Menschenrechte in der Einwanderungsgesellschaft. Plädoyer für einen aufgeklärten Multikulturalismus, Bielefeld 2007, 147; siehe auch: POTTMEYER, Kleidung, 239.

8 Hartmut KRAUSS, „Der ‚Kopftuchstreit' als diskursives Chaos und Ablenkungsmanöver. Zum Elend einer oberflächlichen, halbherzigen und verstümmelten Islam-Debatte", in: www.glasnost.de/autoren/krauss/kpst.html; siehe auch: Offener Brief an Marieluise Beck, „Für Neutralität in der Schule" aus dem Jahr 2004, in: www.bpb.de/themen/VKZXQL,0,F%FCr_Neutralit%E4t_in_der_Schule.html.

9 Steffen GASSEL, „Die zwei Gesichter der Hamas", Stern, 23. September 2009: w.stern.de/politik/ausland/gaza-streifen-die-zwei-gesichter-der-hamas-1510424.html; Focus, 23. November 2006: www.focus.de/politik/ausland/nahost/gaza-streifen_aid_120239.html.

10 Andy BUDIMAN, „Islamisierung indonesischer Medien. Geiseln einer Tyran-

nei der Mehrheit", 4. November 2011, in: http://de.qantara.de/Geiseln-einer-Tyrannei-der-Mehrheit/17648c18249i0p16/index.html.

11 www.rp-online.de/panorama/ausland/Indonesische-Provinz-verbietet-Jeans-fuer-Frauen_aid_863033.html; siehe auch: www.zeit.de/2009/18/Padang-Indonesien; Klemens LUDWIG, Die Opferrolle. Der Islam und seine Inszenierung, München 2011, 175.

12 Betsy UDINK, Allah & Eva. Der Islam und die Frauen, München 2007, 98.

13 Lale AKGÜN, Aufstand der Kopftuchmädchen. Deutsche Musliminnen wehren sich gegen den Islamismus, München 2011, 211; Seyran ATEŞ, Der Islam braucht eine sexuelle Revolution. Eine Streitschrift, Berlin 2009, 121.

14 Maren ZEIDLER, „Zerrissene Nation", 15. Juni 2011, in: http://de.qantara.de/Zerrissene-Nation/16390c39/index.html.

15 In einigen Berliner und Wiener Moscheen werden Männer, deren Frauen kein Kopftuch tragen, angehalten, auf ihre Frauen einzuwirken. Siehe: ATEŞ, Multikulti-Irrtum, 120; Martina SCHMIED, Familienkonflikte zwischen Scharia und Bürgerlichem Recht. Konfliktlösungsmodell im Vorfeld der Justiz am Beispiel Österreichs, Frankfurt/Main 1999.

16 Manfred WEBER-LAMBERDÈRE, „Frankreich: Die Hölle der Frauen", Focus, 6. Oktober 2003: www.focus.de/politik/ausland/frankreich-die-hoelle-der-frauen_aid_195689.htm.

17 Siehe u. a. das Buch von Samira BELLIL, Durch die Hölle der Gewalt, Zürich 2005.

18 Fadela AMARA, Weder Hure noch Unterworfene, Berlin 2005.

19 Siehe: Ayaan Hirsi ALI, „Die schleichende Machtübernahme", in: FAZ, 4. Oktober 2006, 39.

20 Siehe den Beitrag der Schweizer Tagesschau vom 15. April 2011: www.youtube.com/watch?v=SmCPpLOxp9I.

21 ATEŞ, Multikulti-Irrtum, 129.

22 www.morgenpost.de/printarchiv/berlin/article339337/Der_Brief_des_Schulleiters_im_Wortlaut.html.

23 Stefan LUFT, Abschied von Multikulti. Wege aus der Integrationskrise, Gräfelfing 2006, 202; Zu Kopftüchern bei kleinen Mädchen: Stefan APFL, „Die Kopftuchträgerin im Kindergarten", Falter 27/11, www.stefanapfl.com/2011/07/07/die-kopftuchtragerin-im-kindergarten/.

24 ATEŞ, Multikulti, 126.

25 AKGÜN, Aufstand, 225.

26 Stefan APFL, „Der muslimische Mustergardist", in: Falter 26/2011, 11 f.

27 Werner SCHIFFAUER, Die Gewalt der Ehre. Erklärung zu einem türkisch-deutschen Sexualkonflikt, Frankfurt 1983, 65.

28 Gudrun HARRER, „Frauen wagten sich nur zaghaft auf die Straßen", dieStandard.at, 17. Juni 2011: http://diestandard.at/1308186324437/Women2Drive-Frauen-wagten-sich-nur-zaghaft-auf-die-Strassen; Mai YAMANI, Leben in einem versteinerten System, 30. Juni 2011, in: http://de.qantara.de/Leben-in-einem-versteinerten-System/16476c16698i1p144/index.html.

29 Siehe etwa: Farideh AKASHE-BÖHME, Sexualität und Körperpraxis im Islam,

Frankfurt/Main 2006, insbesondere S.31–44; Cheryl BENARD, Edit SCHLAF-FER, Die Grenzen des Geschlechts. Anleitung zum Sturz des internationalen Patriarchats, Reinbek bei Hamburg 1984, 135–138, 142 f.

30 Rosa MAYREDER, Zivilisation und Geschlecht, Wien 2010.

31 BENARD, SCHLAFFER, Grenzen, 136; Edward Selim ATIYAH, An Arab Tells His Story. A Study in Loyalities, London 1947.

32 Reza BARAHENI, Der Clan der Kannibalen, München 1977, 61.

33 Zit. n.: Rauf CEYLAN, Die Prediger des Islam. Imame – wer sie sind und was sie wirklich wollen, Freiburg i. Breisgau 2010, 157.

34 Im Koran meint der Begriff ganz allgemein eine Prüfung der Gläubigen, die so schwerwiegend ist, dass sie zur Spaltung und Abkehr von Gott führen kann.

35 Lamya KADDOR, Muslimisch – Weiblich – Deutsch!, Mein Weg zu einem zeit-gemäßen Islam, München 2010, 17.

36 BENARD, SCHLAFFER, Grenzen, 165–178.

37 www.igfm.de/Die-Wiedereinfuehrung-des-islamischen-Strafrechts-in-Iran.612.0.html.

38 U. a.: Heide OESTREICH, Der Kopftuch-Streit. Das Abendland und ein Qua-dratmeter Islam, Frankfurt/Main 2004, 31; Weltwoche vom 11. Mai 2010, „Ich wünsche es jeder Frau“, Beate HAUSBICHLER, „Debatte hat pornographischen Aspekt“, dieStandard.at, 22. Juli 2010, in: http://diestandard.at/1277338245106/dieStandardat-Interview-Debatte-hat-pornographischen-Aspekt; Leila MASSOU-DI, „Zwischen Eros und Neurose“, in: Islamische Zeitung, 10. Juli 2009: www.islamische-zeitung.de/iz3.cgi?id=10964.

39 Elfriede HAMMERL, in: Profil, 16. August 2010, 25.

40 AKASHE-BÖHME, Sexualität, 41; BENARD, SCHLAFFER, Grenzen, 180 f.

41 Zit. n.: ATEŞ, Multikulti-Irrtum, 125. Dschalal ad-Din Muhammad Rumi, ge-nannt Mevlana (persisch Maulana=unser Herr), geb. 1207 in Balch in Persien, gest. 1273 in Konya in der heutigen Türkei.

42 Beispielsweise im deutschen Grundgesetz in Artikel 3 und in der österreichischen Verfassung Artikel 7,2.

43 2 BvR 1693/04.

44 POTTMEYER, Kleidung, 43, 163, 166 f.

45 Sabine STRASSER, „Ist Kultur doch an allem schuld?“, in: Birgit SAUER, Sabine STRASSER (Hg.), Zwangsfreiheiten. Multikulturalität und Feminismus, Wien 2009, 68.

46 Zit. n.: Elisabeth HOLZLEITHNER, „Herausforderungen des Rechts in multi-kulturellen Gesellschaften. Zwischen individueller Autonomie und Gruppen-rechten“, in: SAUER, STRASSER, Zwangsfreiheiten, 35.

47 Jochen LEFFERS, „Auch muslimische Mädchen müssen Sexualkunde lernen“, in: Spiegel-online, 21. Januar 2004: www.spiegel.de/schulspiegel/0,1518,282744,00.html; http://islam.de/1125.php.

48 Siehe auch: Offener Brief an Marieluise Beck, „Für Neutralität in der Schu-le“ aus dem Jahr 2004: http://www.bpb.de/themen/VKZXQL,0,F%FCr_Neutralit%E4t_in_der_Schule.html.

49 Zit. n.: Necla KELEK, Himmelsreise. Mein Streit mit den Wächtern des Islam, Köln 2010, 155.

50 Gudrun KRÄMER im Interview auf Quantara.de, 4. Februar 2011 : http://de.qantara. de/Mit-rationalen-Argumenten-gegen-die-Islamfeindlichkeit/4227c144/index. html.
51 Elfriede HAMMERL, „Muselmanie", in: Profil 19, 10. Mai 2010, 36.
52 pro/Christliches Medienmagazin 3/2010, 6.
53 http://islam.de/17987.php.
54 Élisabeth BADINTER im Interview in: Die Welt, 16. April 2011, „Hier ist doch nicht Afghanistan", im Internet: www.welt.de/print/die_welt/kultur/article13189066/Hier-ist-doch-nicht-Afghanistan.html.

Ehre und Gewalt

1   Kwame Anthony APPIAH, Eine Frage der Ehre oder Wie es zu moralischen Revolutionen kommt, München 2011, 162 f.
2   Hürriyet vom 18. September 2006, zit. n.: Necla KELEK, Bittersüße Heimat. Berichte aus dem Inneren der Türkei, Köln 2008, 118.
3   Seyran ATEŞ, Der Multikulti-Irrtum. Wie wir in Deutschland besser zusammenleben können, Berlin 2007, 76.
4   Dagmar BURCKHARDT, Eine Geschichte der Ehre, Darmstadt 2006, 113 f.
5   Ebd., 66.
6   Der in Paris lebende tunesische Literaturwissenschaftler und Autor Abdelwahab Meddeb ruft dazu auf, jenem Hadith zu widersprechen, welches Muslime dazu auffordert, dem Bruder im Glauben stets zu Hilfe zu kommen, unabhängig davon, ob dieser Henker oder Opfer ist. Diesem Gebot zu widersprechen sei „der Beweis des Bruchs mit dem traditionellen Gemeinschaftspakt und das Zeichen des Eintritts in den kosmopolitischen Horizont, der überkommene Unterschiede zunichte macht." Abdelwahab MEDDEB, Zwischen Europa und Islam. 115 Gegenpredigten (März 2003–Januar 2006), Heidelberg 2007, 144.
7   Rafik SCHAMI, Damaskus im Herzen und Deutschland im Blick, München; Wien 2006, 163 f.
8   BURCKHART, Geschichte, 205; Werner SCHIFFAUER, Die Gewalt der Ehre. Erklärungen zu einem türkisch-deutschen Sexualkonflikt, Frankfurt/Main 1983, 67.
9   KELEK, Heimat, 270.
10 Ebd., 39, 260; Necla KELEK, Himmelsreise. Mein Streit mit den Wächtern des Islam, Köln 2010, 56 f.
11 Zit. n.: Hans-Joachim LÖWER, Atatürks Kinder. 30 Porträts der heutigen Türkei, München 2007, 201.
12 SCHIFFAUER, Gewalt, 34.
13 Ebd., 87, siehe auch 38.
14 Ebd., 65, 27.
15 Mathias DEISS, Jo GOLL, „Verlorene Ehre – Der Irrweg der Familie Sürücü", eine Fernsehdokumentation ausgestrahlt auf ARD am 27. Juli 2011, 23:00 Uhr, siehe: www.ardmediathek.de/ard/servlet/content/3517136?documentId=7780680.
16 Seyran ATEŞ, Multikulti-Irrtum, 73.

17 Vgl.: Cheryl BENARD, Edit SCHLAFFER, Die Grenzen des Geschlechts. Anleitung zum Sturz des internationalen Patriarchats, Reinbek bei Hamburg 1984, 139.

18 Farideh AKASHE-BÖHME, Sexualität und Körperpraxis im Islam, Frankfurt a.M. 2006, 48.

19 BURKHART, Geschichte, 200.

20 Roswitha BADRY, „„Sexual revolution' – media myth or reality?", in: Roswitha BADRY, Maria ROHRER, Karin STEINER (Hg.), Liebe, Sexualität, Ehe und Partnerschaft – Paradigmen im Wandel, Freiburg 2009, 210 f.; ATEŞ, Multikulti, 168–172.

21 Sana Al-KHAYYAT, Ehre und Schande. Frauen im Irak, München 1991, 33.

22 DJURA, Der Schleier des Schweigens. Von der eigenen Familie zum Tode verurteilt, München 1991, 23.

23 ATEŞ, Multikulti, 41.

24 Necla KELEK, Die fremde Braut. Ein Bericht aus dem Inneren des türkischen Lebens in Deutschland, Köln 2005, 47.

25 Delfina SERRANO, „Muslim Feminists' Discourse on zina: New Paradigms in Sight?", in: BADRY, ROHRER, STEINER, Liebe, 105–108.

26 Siehe etwa: 1.Korinther 7,8–11; 1.Thessalonicher 4,3–5

27 Hans BAUER (Hg.), Islamische Ethik nach den Originalquellen übersetzt und erläutert: Al-Gazali, Von der Ehe, Halle 1917, 65.

28 Eine theologische Schule des ausgehenden 8. und 9. Jahrhunderts. Die Mutaziliten bestanden auf dem freien menschlichen Willen und gingen von der Erschaffenheit des Koran aus. Sie widersprachen der traditionalistischen Theologie, die den Koran wortwörtlich nahm, und behaupteten stattdessen, dass dieser interpretiert werden müsse.

29 Jim AL-KHALILI, Im Haus der Weisheit, Die arabischen Wissenschaften als Fundament unserer Kultur, Frankfurt am Main, 2011, 357, 28

30 AKASHE-BÖHME, Sexualität, 50 f.

31 Lamya KADDOR, Muslimisch – Weiblich – Deutsch!, Mein Weg zu einem zeitgemäßen Islam, München 2010, 64–69; Siehe u. a.: Fadela AMARA, Weder Hure noch Unterworfene, 19 f.

32 ATEŞ, Multikulti, 46; Necla KELEK, Heimat, 271.

33 BENARD, SCHLAFFER, Grenzen, 145; siehe auch: Erika GLASSEN, Geschlechterbeziehungen im Wandel, in: BADRY, ROHRER, STEINER, Liebe, 163 f.

34 ATEŞ, Multikulti, 92.

35 Siehe die Zusammenfassung der Studie in: Necla KELEK, „Gewaltbereitschaft als Kultur", in: FAZ, 14. Juni 2010: www.faz.net/s/Rub9B4326FE2669456BAC-0CF17E0C7E9105/Doc~E130529FC08664FB18812BD5ACB586EB2~ATpl~Ecommon~Scontent.html; Die Studie findet sich unter: www.kfn.de/versions/kfn/assets/fb107.pdf.

36 KADDOR, Muslimisch, 69.

37 ATEŞ, Revolution, 107 f.

38 KELEK, Heimat, 93 f.

39 Susanne GÜSTEN, „Vier Kühe für eine zwölfjährige Braut", in: Tagesspiegel, 18. April 2010: www.tagesspiegel.de/politik/vier-kuehe-fuer-eine-zwoelfjaehrige-braut/1803568.html.

40 KELEK, Heimat, 93 f.

41 Thomas MIRBACH, Torsten SCHAAK, Katrin TRIEBEL, Zwangsverheira-
tungen in Deutschland, Leverkusen 2011; Der Tagesspiegel, 9. November 2011,
„Zwangsehen: Tausende Migranten jährlich betroffen": www.tagesspiegel.de/
politik/zwangsehen-tausende-migranten-jaehrlich-betroffen/5814896.html;
Miriam HOLLSTEIN, „Zwangsheirat – Jede Vierte mit dem Tod bedroht", Die
Welt, 9. November 2011: www.welt.de/politik/deutschland/article13705727/
Zwangsheirat-Jede-Vierte-mit-dem-Tod-bedroht.html.

42 Kurier, 25. November 2011, „TV-Serie gegen Zwangsehen hat großen Erfolg";
Susanne GÜSTEN, „Verkauft und missbraucht. Kinderbräute in der Türkei",
Deutschlandfunk, 25. November 2011: www.dradio.de/dlf/sendungen/europa-
heute/1613039/.

43 Siehe u. a.: www.sarsura-syrien.de/zwangsheiraten-und-verschleppungen-neh-
men-zu-1840.html; http://europenews.dk/de/node/34800; Anna REIMANN,
„Schutzbrief für Ferienbräute", in: Spiegel-online, 21. Mai 2008: www.spiegel.
de/politik/deutschland/0,1518,554496,00.html.

44 Bundesministerium für Familie, Senioren, Frauen und Jugend, „Lebenssituation, Sicherheit und Gesundheit von Frauen in Deutschland. Eine repräsentative Untersuchung zu Gewalt gegen Frauen in Deutschland", 2004, 130 f.: www.
bmfsfj.de/RedaktionBMFSFJ/Abteilung4/Pdf-Anlagen/langfassung-studie-
frauen-teil-eins,property=pdf,bereich=bmfsfj,sprache=de,rwb=true.pdf. Dieser
Befund wird vom Interkulturellen Beratungs- und Therapiezentrum Zebra für
in Graz angebahnte Ehen junger türkischer Erwachsener bestätigt, siehe: Falter
(Steiermark) 37/2007, „Im Namen der Ehre".

45 Rossalina LATCHEVA, Julia EDTHOFER, Melanie GOISAUF, Judith OBER-
MANN, „Situationsbericht & Empfehlungskatalog: Zwangsverheiratung und
arrangierte Ehen in Österreich mit besonderer Berücksichtigung Wien", in:
MA 57 (Hg.), Frauenförderung und Koordinierung von Frauenangelegenheiten,
Wien 2007, 50.

46 Siehe ATEŞ, Multikulti, 53; Rudi PARET, „Zur Frauenfrage in der Arabisch-
Islamischen Welt", in: Joseph van ESS (Hg.), Rudi Paret, Schriften zum Islam.
Volksroman – Frauenfrage – Bilderverbot, Stuttgart-Berlin-Köln-Mainz 1981,
135–205, 182 f.

47 ATEŞ, Multikulti-Irrtum, 54 f.

48 Siehe auch: Ebd., 108–110.

49 www.islamisches-zentrum-muenchen.de/html/islam_-_frau_und_familie.html.

50 Thomas SCHMIDINGER, Dunja LARISE (Hg.), Zwischen Gottesstaat und
Demokratie. Handbuch des politischen Islam, Wien 2008, 129 f.

51 www.islamiccentre.at/freitagspredigt.php?id=13&submit=Finden+.

52 Christina NEUHAUS, „Jung – weiblich – türkisch – und suizidgefährdet", in:
Die Welt, 21. Mai 2010: www.welt.de/politik/deutschland/article7409642/Jung-
weiblich-tuerkisch-und-suizidgefaehrdet.html.

53 Heinrich MAETZKE, „Tanzt nicht aus der Reihe!", in: FAZ, 7. Juli 2008: www.
faz.net/artikel/C30190/zwangsehen-in-grossbritannien-tanzt-nicht-aus-der-
reihe-30095068.html.

54 FAZ, 30. März 2008, 11.

55 Kurier, 26. November 2009, 7 „Frauen fordern höhere Strafen".

56 ATEŞ, Multikulti, 80; Christiane SCHLÖTZER, Das Mädchen mit dem falschen Namen. Türkische Tabus, Wien 2006, 49 f.

57 Betsy UDINK, Allah & Eva. Der Islam und die Frauen, München 2007, 32.

58 Lebenssituation, Sicherheit und Gesundheit von Frauen in Deutschland, 121–124; siehe auch: ATEŞ, Multikulti-Irrtum, 103 f.

59 Zit. n.: FAZ, 9. Februar 2008, 33, „Gehorsam und Erziehung zur Gewalt".

60 ATEŞ, Revolution, 58; siehe auch: Unni WIKAN, „Das Vermächtnis von Fadime Şahindal", in: Brigitte SAUER, Sabine STRASSER (Hg.), Zwangsfreiheiten. Multikulturalismus und Feminismus, Wien 2009, 135.

61 Florian PEIL, Sonja ERNST, „Sie hat ja wie eine Deutsch gelebt", in: Spiegelonline, 19. Februar 2005: www.spiegel.de/panorama/0,1518,342484,00.html; siehe auch die Schülerreaktionen auf den Ehrenmord an Orsal Obeidi im April 2008 in Hamburg in den NDR-Nachrichten am 29. Mai 2008: www.youtube.com/watch?v=DLwCC-55ONs.

62 Siehe auch: Melanie BERGS, „In Zwangsehen leiden auch Männer", in: Der Westen, 11. Februar 2009: www.derwesten.de/leben/partnerschaften/In-Zwangsehen-leiden-auch-die-Maenner-id398670.html.

63 Todesstrafe derzeit in: Iran (4.000 Hinrichtungen seit 1979), Jemen, Mauretanien, Nigeria, Saudi-Arabien, Teile von Somalia, Sudan.

64 Ferda ATAMAN, „‚Ehrenmord‘ an einem Homosexuellen: Die Angst der anderen", in: Der Tagesspiegel, 1. April 2010: www.tagesspiegel.de/weltspiegel/ehrenmord-an-einem-homosexuellen-die-angst-der-anderen/1781652.html; siehe auf der Website von *BEaRGi* den Artikel zu Ahmet Yıldız auf den Seiten 40–43: www.beargi.com/beargi.php?sayi=45.

65 Siehe etwa: Falter (Steiermark) 37/2007 „Im Namen der Ehre"; FAZ, 21. April 2010 „Verwandte stellen ihn auf eine harte Probe"; ZDF-Dokumentation „Zur Heirat verurteilt", 25. Mai 2010, 22:15 Uhr.

66 http://www.diefremde.de/.

67 ATEŞ, Multikulti-Irrtum, 79.

68 Manfred FERNER, Kulturschock Türkei, Bielefeld 2004, 112.

69 Die ganze Geschichte bei: Werner SCHIFFAUER, Parallelgesellschaften. Wie viel Wertekonsens braucht unsere Gesellschaft? Für eine kluge Politik der Differenz, Bielefeldt 2008, 22–40.

70 APPIAH, Frage, 184.

71 Rana HUSSEINI, „Ehrenmorde in Jordanien sind keine Einzelfälle", 3. November 2011, in: http://de.qantara.de/wcsite.php?wc_c=3227.

72 Interview mit Rana HUSSEINI, 13. Juli 2007, in: http://de.qantara.de/Ehrenmorde-im-globalen-Kontext-einordnen/16548c16792i0p303/index.html.

73 http://www.greenpeace-magazin.de/index.php?id=2771

74 SCHLÖTZER, Mädchen, 47, 49; exemplarisch: Zülfü LIVANELI, Glückseligkeit, Stuttgart 2007.

75 KELEK, Heimat, 119; DEISS, GOLL, Verlorene Ehre, Filmdokumentation.

76 www.derislam.at/haber.php?sid=83&mode=flat&order=1; www.igmg.de/nachrichten/artikel/2011/04/20/schura-hamburg-verurteilt-zwangsverheiratungen-

und-ehrenmorde.html; http://islam.de/7163.php.
77 Siehe auch: SERRANO, Discourse, 105–125.

Dschihad

1 *Islamischer Dschihad* in Palästina, *al-Dschihad* in Ägypten, *Eritrean Islamic Jihad Movement*, *al-Dschihad* in Indien, *Lasker Jihad* in Indonesien usw.
2 Exemplarisch: http://replay.web.archive.org/20090306080654/http://www.muslima-aktiv.de/dschihad.htm. Diese Seite ist nur noch über das angegebene Webarchiv abrufbar in einem Screenshot vom 6. März 2009.
3 www.derislam.at/islam.php?name=Themen&pa=showpage&pid=48.
4 http://al-shia.de/artikel/wirsindislfundis.htm.
5 Albrecht NOTH, Heiliger Krieg und Heiliger Kampf in Islam und Christentum. Beiträge zur Vorgeschichte und Geschichte der Kreuzzüge, Bonn 1966, 22.
6 Isam Kamel SALEM, Islam und Völkerrecht. Das Völkerrecht in der islamischen Weltanschauung, Berlin 1984, 96.
7 Axel HAVEMANN, „Heiliger Kampf und Heiliger Krieg – Die Kreuzzüge aus muslimischer Perspektive", in: Peter BRUNS, Georg GRESSER (Hg.), Vom Schisma zu den Kreuzzügen, Paderborn–Wien 2005, 158.
8 Ursula SPULER-STEGEMANN, Die 101 wichtigsten Fragen zum Islam, München 2007, 125.
9 NOTH, Krieg, 22.
10 So etwa Ibn QUDAMA (gest. 1223), siehe: SALEM, Islam, 105 f.; NOTH, Krieg, 33–35, 147 f.
11 Siehe hierzu: Albrecht NOTH, „Glaubenskriege des Islam im Mittelalter", in: Peter HERRMANN, Glaubenskriege in Vergangenheit und Gegenwart, Göttingen 1996, 114.
12 SALEM, Islam, 104.
13 Francesco GABRIELI, Geschichte der Araber, Stuttgart 1963, 89; Efraim KARSH, Imperialismus im Namen Allahs. Von Muhammad bis Osama Bin Laden, München 2007, 47 f.
14 Murad Wilfried HOFMANN, Der Islam als Alternative, München 1995, 194; siehe auch: www.derislam.at/islam.php?name=Themen&pa=showpage&pid=48.
15 Die Abbasiden, eine persische Dynastie, hat sich in einer Revolution gegen die arabischen Umayyaden 750 an die Macht geputscht.
16 Baihaki, as-Sunna al-kubra, Band 9, siyar, 164, zit. n.: NOTH, Krieg, 24.
17 NOTH, Krieg, 23; Mathias ROHE, Das islamische Recht. Geschichte und Gegenwart, München 2009, 150.
18 SALEM, Islam, 98 f.
19 ROHE, Recht, 149.
20 Franz BABINGER, Mehmed der Eroberer. Weltenstürmer einer Zeitenwende., München 1987, 92.
21 Zit. n.: ebd., 92.
22 Steven RUNCIMAN, Die Eroberung von Konstantinopel 1453, München [5]2005, 83.

23 Siehe: „Griechen und Türken zetteln YouTube-Krieg an", Welt-online, 7. März 2007:; siehe auch den folgenden Artikel samt Leserkommentaren: Gerd HÖHLER, Griechen und Türken, in: Handelsblatt 21. Juni 2007: http://blog. handelsblatt.com/global-reporting/2007/06/21/griechen-und-turken/; ein Forum, in dem die Auseinandersetzung gepflegt wird: www.politik.de/forum/ mittelmeer/135489-griechen-42.html.

24 Gerd HÖHLER, „Griechenland rüstet auf – gegen die Türkei", in: Der Tagesspiegel, 28. Januar 2009: www.tagesspiegel.de/politik/international/griechenland-ruestet-auf-gegen-die-tuerkei/1429746.html.

25 Der türkische Musiker und Schriftsteller Zülfü Livaneli und der griechische Musiker und Komponist Mikis Theodorakis gründeten 1987 die „Griechisch-türkische Freundschaftsgesellschaft", um alte Feindschaften ab- und gegenseitiges Verständnis aufzubauen. Diese Initiative brachte Livaneli in seiner Heimat zahlreiche Anfeindungen ein, während sie in Griechenland auf Anerkennung stieß, wie Livaneli in seinem jüngsten Buch (Roman meines Lebens. Ein Europäer vom Bosporus, Stuttgart 2011) berichtet.

26 Der Standard, 15. Dezember 2009, „Hamas will Israel ‚niemals anerkennen'".

27 Muwatta, Ed. Kairo 1348 h., Band 1, 312, zit. n.: NOTH, Krieg, 23 f.

28 Rüdiger LOHLKER, Dschihadismus. Materialien, Wien 2009, 20.

29 Abdelwahab MEDDEB, Zwischen Europa und Islam. 115 Gegenpredigten (März 2003 - Januar 2006), Heidelberg 2007, 384–388.

30 Bassam TIBI, Kreuzzug und Djihad. Der Islam und die christliche Welt, München 2001, 74; Bassam TIBI, Die Verschwörung. Das Trauma arabischer Politik, München 1994, 33.

31 Muhammad EL-GHAZALI, „Streben nach einem höheren Ethos", in: Hans KÜNG (Hg.), Ja zum Weltethos. Perspektiven für die Suche nach Orientierung, München; Zürich 1995, 244.

32 Egon FLAIG, Weltgeschichte der Sklaverei, München 2009; www.afrikanet. info/menu/diaspora/datum/2009/01/21/die-schwarzen-sklaven-der-osmanen-schwarze-in-der-heutigen-tuerkei/; Susanne GÜSTEN, „Fernseh-Sultan im Harem bringt Politiker auf die Palme", in: Der Tagesspiegel, 7. Januar 2011: www.tagesspiegel.de/medien/fernseh-sultan-im-harem-bringt-politiker-auf-die-palme/3692574.html; arte-dokumentation „Sklaven für den Orient", 24. Juni 2008, 21.45: www.arte.tv/de/2038212,CmC=2049194.html; ZDF-Doku „Versklavung im Namen Allahs", 21.Mai 2010: www.3sat.de/page/?source=/ kulturzeit/lesezeit/144916/index.html; eine literarische Aufarbeitung eines Eunuchenschicksal bei: Zülfü LIVANELI, Der Eunuch von Konstantinopel, Zürich 2000.

33 Erol ÖNDEROĞLU, In Last Three Months, 186 People Are Tried For Their Thoughts, 3. Mai 2008, in: www.bianet.org/english/freedom-of-expression/106724-in-last-three-months-186-people-are-tried-for-their-thoughts.

34 Nedim GÜRSEL, Der Eroberer, Zürich 2000; siehe die Buchbesprechung von Günter SEUFERT: www.amazon.de/Eroberer-Nedim-G%C3%BCrsel/dp/ product-description/3250600121.

35 Eine Filmkritik: Micha BRUMLIK, „Die größte Kanone der Welt", in: taz, 8.

März 2012: www.taz.de/1/archiv/digitaz/artikel/?ressort=ku&dig=2012%2F03
%2F08%2Fa0163&cHash=eae01e009c.
36 Der vollständige Text findet sich unter: www.enfal.de/news5.htm, http://web.
archive.org/web/20090310125556/http://www.muslima-aktiv.de/erziehung_un-
serer_kinder.htm; und zum Bestellen als Buch u.a.: www.kitapshop.de/products/
Verlage/D/Dar-us-Salam/Die-Erziehung-Unserer-Kinder.html.
37 www.islam.de/1641.php#sonst/dschihad.html.
38 Interview mit Nadeem ELYAS, „Das Wahre und Schöne", in: www.islaminstitut.
de/Artikelanzeige.41+M5b37ebae366.0.html.
39 www.interkultureller-rat.de/wir-ueber-uns/.
40 Siehe Verfassungsschutzbericht Bayern 2009, 62–65: www.verwaltung.bayern.
de/Anlage4001080/Verfassungsschutzbericht2009.pdf; siehe auch: Report
München, „Islamische Netzwerke: Spenden für den Terror?", Juni 2009.
41 Verfassungsschutzbericht, 62–65; Report München.

Die Kreuzzüge

1 Karsten KJAER, „Teuflische Karikaturen, Dokumentarfilm, deutsche Erstaus-
strahlung": Arte, 16. Oktober 2007, 20.40 Uhr.
2 Zit. n.: Bassam TIBI, Kreuzzug und Djihad. Der Islam und die christliche Welt,
München 2001, 15.
3 Ebd., 43.
4 Ebd., 113; vgl. auch: Ingo AHLERS, „Die Kreuzzüge. Feudale Kolonialexpansion
als kriegerische Pilgerschaft", in: Peter FELDBAUER, Gottfried LIEDL, John
MORRISSEY (Hg.), Mediterraner Kolonialismus. Expansion und Kulturaus-
tausch im Mittelalter, Essen 2005, 59.
5 U.a.: TIBI, Kreuzzug, 122 f.
6 Wie schon an anderer Stelle bemerkt, beschreiben neuere Forschungen die
ersten eineinhalb Jahrhunderte der arabischen Expansion als innerchristliche
Auseinandersetzung zwischen Byzanz und arabischen Christen. Erst unter den
Abbasiden ab 750 habe sich der Islam als eigenständige Religion in Abgrenzung zu Byzanz und Rom herausgebildet. Die islamische Geschichtsschreibung,
wie auch Teile der Islamwissenschaft verlassen sich jedoch auf die islamische
Überlieferung, wonach die Araber seit spätestens 632 islamisch gewesen seien.
Für die Darstellung in unserem Zusammenhang ist entscheidend, dass Mus-
lime selbst die arabische Eroberungsgeschichte als Konfrontation des Islam
mit dem Christentum beschreiben. Für die neueren Forschungen siehe u.a.:
Christoph LUXENBERG, Die syro-aramäische Lesart des Koran – Ein Beitrag
zur Entschlüsselung der Koransprache, Berlin 2000; Karl-Heinz OHLIG, Gerd
R. PUIN (Hg.), Die dunklen Anfänge. Neue Forschungen zur Entstehung und
frühen Geschichte des Islam, Berlin 2006; Karl-Heinz OHLIG (Hg.), Der frühe
Islam. Eine historisch-kritische Rekonstruktion anhand zeitgenössischer Quellen, Berlin 2007; Markus GROSS, Karl-Heinz OHLIG (Hg.), Schlaglichter. Die
beiden ersten islamischen Jahrhunderte, Berlin 2008.

7 Steven RUNCIMAN, Geschichte der Kreuzzüge, München 1995, 65, 72.

8 Ebd., 29–35.

9 Heinz HALM, „Die Fatimiden", in: ders. (Hg.), Geschichte der arabischen Welt, München 2001, 177–180.

10 Ebd., 177–180.

11 RUNCIMAN, Geschichte, 35–38; Ulrich HAARMANN (Hg.), Geschichte der arabischen Welt, München 1987, 185.

12 Hans Eberhard MAYER, Geschichte der Kreuzzüge, Stuttgart; Berlin; Köln 1995, 18–22.

13 Ebd., 11.

14 Ebd., 13; Robert PAYNE, Die Kreuzzüge, Düsseldorf 2004, 24–28.

15 Teile der Rede abgedruckt in: Régine PERNOUD, Die Kreuzzüge in Augenzeugenberichten, München 1977, 21–23; neuere Forschungen weisen darauf hin, dass der Aufruf zum Kreuzzug nicht Teil des Konzils war, sondern erst im Anschluss daran erfolgte. Siehe dazu: Georg GRESSER, „Die Kreuzzugsidee Papst Urbans II.", in: Peter BRUNS, Georg GRESSER (Hg.), Vom Schisma zu den Kreuzzügen 1054-1204, Paderborn 2005, 133–154.

16 Bernard LEWIS, Die Wut der arabischen Welt. Warum der jahrhundertelange Konflikt zwischen dem Islam und dem Westen weiter eskaliert, Frankfurt/Main 2004, 71.

17 Michael MITTERAUER, „Der Krieg des Papstes", in: Beiträge zur historischen Sozialkunde 3/1996, 116 f.

18 Ralph-Johannes LILIE, Byzanz und die Kreuzzüge, Stuttgart 2004, 157–180.

19 Torquato Tasso, italienischer Dichter, 1544-1595.

20 Johann Wolfgang v. GOETHE, „Wallfahrten und Kreuzzüge", in: Vollständige Ausgabe letzter Hand, Stuttgart–Tübingen 1828, Band VI, Noten und Abhandlungen zum besseren Verständnis des West-östlichen Divans, 186.

21 Johann Gottfried HERDER, Ideen zur Philosophie der Geschichte der Menschheit, Band 2, Leipzig ³1828, 20. Buch, Teil III: Kreuzzüge und ihre Folgen, 491–497.

22 Friedrich SCHLEGEL, Vorlesungen über Universalgeschichte (1805-1806), hg. von Jean-Jaques ANSTETT, Kritische Friedrich-Schlegel-Ausgabe, Band 14, München; Paderborn; Wien 1960, 210, 160.

23 Kaspar ELM, „O beatas idus ac prae ceteris gloriosas! Die Eroberung Jerusalems 1099 und der Erste Kreuzzug in der Geschichtsschreibung Raouls von Caen", in: Gabriele THOME, Jens HOLZHAUSEN (Hg.), Es hat sich viel ereignet, Gutes wie Böses. Lateinische Geschichtsschreibung der Spät- und Nachantike, München–Leipzig 2001, 153 f.; Matthias Schwerendt hat die gleiche Tendenz in deutschen Geschichtsbüchern des 19. Jahrhunderts festgestellt: Matthias SCHWERENDT, „Araber, Türken, Ungläubige. Islamrepräsentation in Kreuzzugsnarrativen deutscher Geschichtsbücher des 19. Jahrhunderts", in: Zeitschrift für Geschichtswissenschaft, Berlin, Heft 7/8, 58/2010, 636.

24 ELM, Eroberung, 154 f.

25 Carl ERDMANN, Die Entstehung des Kreuzzugsgedankens, Stuttgart 1955, 124.

26 MITTERAUER, Krieg, 120–122.

27 Die Geschichtswissenschaft nummeriert nur die großen Kriegszüge, deren Ziel das Heilige Land war. Dazu gehört auch jener „Vierte Kreuzzug", in dessen Verlauf Konstantinopel erobert wurde, der aber nie im Heiligen Land ankam.

28 MAYER, Geschichte, 51.

29 Nach der auf das frühe dritte Jahrhundert zurückgehenden Abgarlegende erhielt der armenische König Abgar V. einen Brief von Jesus persönlich, der ihm darin die Sendung eines Jüngers nach der Himmelfahrt versprach und die Heilung von seiner Krankheit, um die ihn der König gebeten hatte. Siehe: Peter BRUNS, Die Kreuzzüge in syrisch-christlichen Quellen, in: BRUNS, GRESSER, Schisma, 51 f.

30 Anneliese LÜDERS, Die Kreuzzüge im Urteil syrischer und armenischer Quellen, Berlin 1964, 82–85.

31 MAYER, Geschichte, 59.

32 TIBI, Kreuzzug, 43–46.

33 Siehe u.a.: Amin MAALOUF, Der Heilige Krieg der Barbaren. Die Kreuzzüge aus der Sicht der Araber, München 2003, 54 f., 66 f.

34 BRUNS, Kreuzzüge, 59 f.

35 Tamim ANSARY, Die unbekannte Welt der Mitte. Globalgeschichte aus islamischer Sicht, Frankfurt/Main 2010, 153–156; MAALOUF, Krieg, 205–217.

36 BRUNS, Kreuzzüge, 45 f., 50 f., 59 f.

37 Ebd., 61, Fußnote 92; Axel HAVEMANN, „Heiliger Kampf und Heiliger Krieg. Die Kreuzzüge aus muslimischer Perspektive", in: BRUNS, GRESSER, Schisma, 168–171.

38 PAYNE, Kreuzzüge, 220 f.

39 MAALOUF, Krieg, 152; BRUNS, Kreuzzüge, 52–55.

40 MAALOUF, Krieg, 268.

41 Ebd., 277; TIBI, Kreuzzug, 128.

42 PERNOUD, Kreuzzüge, 351 f.

43 LILIE, Byzanz, 61.

44 Quellen aus dem 11. und 12. Jahrhundert können nicht umstandslos als Tatsachenberichte betrachtet werden. Die kritische Quellenforschung konnte nachweisen, dass beispielsweise die christlichen Beschreibungen der Eroberung Jerusalems sich literarisch stark an alttestamentarische Berichte anlehnen, wie zum Beispiel an den Text *Völkergericht und endzeitliches Heil* im Buch Jesaia 63,1 – 66,24, siehe: ELM, Eroberung, 161–164.

45 HAVEMANN, Kampf, 156; Hamed ABDEL-SAMAD, Der Untergang der islamischen Welt, München 2010, 36; siehe auch: LEWIS, Wut, 71.

46 MAYER, Geschichte, 56.

47 MAALOUF, Krieg, 72.

48 HAVEMANN, Kampf, 162 f.

49 MAALOUF, Krieg, 77–79.

50 Ebd., 87–89.

51 Ebd., 104 f.

52 Ebd., 144–146.

53 MAYER, Geschichte, 61; siehe auch: HALM, Fatimiden, 194.

54 Zit. n.: MAALOUF, Krieg, 281, 201; MAYER, Geschichte, 138.

55 LÜDERS, Kreuzzüge, 98.

56 HALM, Fatimiden, 192; siehe auch: Bernard LEWIS, Die Juden in der islamischen Welt. Vom frühen Mittelalter bis ins 20. Jahrhundert, München 1987, 70 f.

57 LEWIS, Wut, 68.

58 Klemens LUDWIG, Die Opferrolle. Der Islam und seine Inszenierung, München 2011, 191.

59 HAVEMANN, Kampf, 165 f.

60 MAYER, Geschichte, 99 f.

61 MAALOUF, Krieg, 159.

62 Es handelt sich u.a. um das Werk des al-Mušarraf ibn al-Muraǧǧā al-Maqdisī.

63 BRUNS, Kreuzzüge, 51, Fußnote 43.

64 Od. auch: „Gute Taten des Glaubens".

65 HAVEMANN, Kampf, 168–171.

66 Zit. n.: ebd., 171.

67 MAALOUF, Krieg, 244–247.

68 HAVEMANN, Kampf, 171.

69 Ebd., 174.

70 LEWIS, Wut, 69.

71 MAALOUF, Krieg, 259–264.

72 Friedrich KLÜTSCH, „Schwerter des Geistes – Die Blüte von Kultur und Wissenschaft", in: Bernhard v. DADELSEN (Hg.), Aufbruch ins Morgenland. Weltreligion Islam: Geschichte, Kultur, Gesellschaft, Gütersloh 2009, 122.

73 ABDEL-SAMAD, Untergang, 35 f.

74 Ebd., 38; zu ähnlichen Ergebnissen kommt eine Untersuchung von Sozialkunde- und Geschichtsschulbüchern mehrerer arabischer Länder durch den Religionswissenschaftler Wolfram Reiss. Vor allem in Ägypten wird der Westen „als aggressiver Feind der islamischen Kultur dargestellt", von den Kreuzzügen wird eine direkte Linie zur Kolonialzeit gezogen. In Syrien hingegen ist der zentrale Feind Israel, das aber mit den Kreuzfahrern gleichgesetzt wird. In Algerien wiederum wird nicht der Westen als Ganzes zum Feindbild, sondern fast ausschließlich die ehemaligen Kolonialmächte Spanien und Frankreich: Wolfram REISS, Das Bild des Anderen: Die Darstellung Europas und seiner Geschichte in arabischen Geschichtsbüchern, in: www.historikertag.de/Berlin2010/index. php/wissenschaftliches-programm/sektionsuebersicht/details/429-Wolfram%20 Reiss.html.

75 HAVEMANN, Kampf, 173–176.

76 LEWIS, Wut, 71.

77 ABDEL-SAMAD, Untergang, 39.

78 LEWIS, Wut, 74 f., vgl. auch: Albert HOURANI, Die Geschichte der arabischen Völker, Frankfurt/Main 2001, 325.

79 ABDEL-SAMAD, Untergang, 36.

80 HAVEMANN, Kampf 155 f.

81 Abdelwahab Meddeb bezeichnet die anhaltende Bedeutungslosigkeit der

islamischen Welt als „die ständig schmerzende Wunde der Erniedrigung des islamischen Subjekts": „Trotz des Reichtums, trotz der großen Zahl (1,2 Milliarden Menschen) bleibt das islamische Subjekt von den Entscheidungen ausgeschlossen, welche das Begehren, eine Perspektive für die Welt festzulegen, zufriedenstellen." Abdelwahab MEDDEB, Die Krankheit des Islam, Heidelberg 2002, 185.

82 LUDWIG, Opferrolle, 110.
83 Ebd., 110.

Scharia

1 Wolfram EBERHARDT, „Allahs Vorhut in Europa", in: Focus, 5/2010: www.focus.de/politik/ausland/ausland-allahs-vorhut-in-europa_aid_475700.html.

2 Thomas BURMEISTER, „Anglikanischer Primas sticht ins Wespennest", Wiener Zeitung, 8. Februar 2008: www.wienerzeitung.at/nachrichten/politik/europa/264077_Anglikanischer-Primas-sticht-ins-Wespennest.html; siehe auch den Kommentar von Ednan ARSLAN, Die Presse vom 15. Februar 2008, 41.

3 Axel REISERER, „Erzbischof will Scharia zulassen", Die Presse, 9. Februar 2008: http://diepresse.com/home/panorama/religion/361663/England_Erzbischof-will-Scharia-zulassen.

4 Spiegel-online, 30. Oktober 2008, „CSU erzürnt über Scharia-Äußerungen aus der FDP": www.spiegel.de/politik/deutschland/0,1518,587568,00.html; Manuela MAYR, „Georg Barfuß zur Scharia: Moslems einbinden", in: Augsburger Allgemeine, 2. November 2008: www.augsburger-allgemeine.de/Home/Nachrichten/Bayern/Artikel,-Man-muss-die-Menschen-einbinden-_arid,1374644_regid,2_puid,2_pageid,4289.html.

5 EBERHARDT, Allahs Vorhut.

6 Peter, A. ULRAM, „Integration in Österreich, Einstellungen, Orientierungen, und Erfahrungen von MigrantInnen und Angehörigen der Mehrheitsbevölkerung", Wien 2009: www.bmi.gv.at/cms/BMI_Service/Integrationsstudie.pdf.

7 Süddeutsche Zeitung, 31. Juli/1.August 2010, „Richter ohne Auftrag"; Joachim WAGNER, Richter ohne Gesetz. Islamische Paralleljustiz gefährdet unseren Rechtsstaat, Berlin 2011.

8 Susanne SCHANDA, „Wir wollen in der Schweiz keine Scharia", in: swissinfo, 15. Januar 2009: www.swissinfo.ch/ger/Home/Archiv/Wir_wollen_in_der_Schweiz_keine_Scharia.html?cid=7151378; Gieri CAVELTY, „Freiburger Professor will Scharia einführen", in: Tagesanzeiger, 29. Dezember 2008: www.tagesanzeiger.ch/schweiz/standard/Freiburger-Professor-will-Scharia-einfuehren/story/15342529.

9 Alexander MÜLLER; „Freispruch für Basler Muslim-Sekretär", in: Tagesanzeiger, 10. September 2010: www.tagesanzeiger.ch/schweiz/standard/Freispruch-fuer-Basler-MuslimSekretaer/story/26091301; EBERHARDT, „Allahs Vorhut"; www.islamisches-zentrum-muenchen.de/html/islam_-_fragen_und_antworten.html#16.

10 Andreas UNTERBERGER, „Scharia in Österreich", in: Wiener Zeitung-online, 26. Oktober 2007: www.wienerzeitung.at/DesktopDefault.aspx?TabID=4447& Alias=wzo&cob=309290&currentpage=3.

11 SCHANDA, Schweiz.

12 EBERHARDT, Allahs Vorhut.

13 Heiner BIELEFELDT, Menschenrechte in der Einwanderungsgesellschaft. Plädoyer für einen aufgeklärten Multikulturalismus, Bielefeld 2007, 115; Aydin FINDIKÇI, „Warum die Scharia die Integration erschwert", in: https://toumai1470. wordpress.com/2011/01/01/warum-die-scharia-die-integration-erschwert/.

14 Bassam TIBI, „Im Namen Gottes? Der Islam, die Menschenrechte und die kulturelle Moderne", in: Michael LÜDERS, Der Islam im Aufbruch? Perspektiven der arabischen Welt, München 1992, 153.

15 Stefan WEIDNER, Manual für den Kampf der Kulturen. Warum der Islam eine Herausforderung ist, Frankfurt; Leipzig 2008, 142; Nahed SELIM, Nehmt den Männern den Koran! Für eine weibliche Interpretation des Islam, München-Zürich 2006, 111–115, 127; Tilman NAGEL, Geschichte der islamischen Theologie. Von Mohammed bis zur Gegenwart, München 1994, 81–86.

16 Nasr Hamid Abu ZAID, Mohammed und die Zeichen Gottes. Der Koran und die Zukunft des Islam, Freiburg-Basel–Wien 2008, 173.

17 Said RAMADAN, Das Islamische Recht. Theorie und Praxis, Wiesbaden 1980, 34; siehe im Gegensatz dazu NAGEL, Geschichte, 174 f., der davon ausgeht, dass der schariatische Islam erst im 11. Jahrhundert vollendet war.

18 Zit. n.: Irsahad MANJI, Der Aufbruch. Plädoyer für einen aufgeklärten Islam, Frankfurt 2003, 64.

19 Farideh AKASHE-BÖHME, Sexualität und Körperpraxis im Islam, Frankfurt/ Main 2006, 130.

20 Mathias ROHE, Das islamische Recht. Geschichte und Gegenwart, München 2009, 9; Christine SCHIRRMACHER, Ursula SPULER-STEGEMANN, Frauen und die Scharia. Die Menschenrechte im Islam, München 2006, 25.

21 Murad Wilfried HOFMANN, Der Islam als Alternative, München 1995, 152, 115 f.

22 U.a.: www.derislam.at/islam.php?name=Themen&pa=showpage&pid=97; http:// moschee-bamberg.de/B%FCcherlieste.pdf (Teil des Verbands der Islamischen Kulturzentren).

23 Klemens LUDWIG, Die Opferrolle. Der Islam und seine Inszenierung, München 2011, 118.

24 Siehe das Interview: Augsburger Allgemeine, 2. November 2008: www.augsburger-allgemeine.de/Home/Nachrichten/Bayern/Artikel,-Man-muss-die-Menschen-einbinden-_arid,1374644_regid,2_puid,2_pageid,4289.html.

25 SCHIRRMACHER, SPULER-STEGEMANN, Frauen, 133; das Handbuch findet sich u.a. als PDF-Datei: www.way-to-allah.com/dokument/Handbuch_der_muslimischen_Frau.pdf und als Buch zu bestellen u.a.: www.muslim-buch.de/Nachschlagewerke/Handbuch-der-muslimischen-Frau::93.html; www.em-buch.com/ index.php?main_page=pubs_product_book_info&products_id=125.

26 Die Presse, 15. Februar 2008, 12; Spiegel, 6. Mai 2011 „Chamenei beschuldigt Ahmedinedschad der Hexerei": www.spiegel.de/politik/ausland/0,1518,761080,00.html.

27 Javier CÁCERES, „Auge um Auge", in: Süddeutsche Zeitung, 6. März 2009: www.
sueddeutsche.de/panorama/saeureattacke-im-iran-auge-um-auge-1.401336.

28 http://islam.de/16008.php.

29 dieStandard, 12. September 2005, „Doch keine Scharia in Ontario": http://die-
standard.at/2172430; siehe auch den Film „Mit Gott gegen alle – der religiöse
Fundamentalismus auf dem Vormarsch", 2007, von Dirk Laabs, ausgestrahlt auf
3Sat am 6. Januar 2007.

30 ROHE, Recht, 323 f.

31 Ebd., 320 f., 330–332.

32 Mathias ROHE, Scharia in Deutschland?, 2008, 2, in: www.zr2.jura.uni-erlangen.
de/islamedia/publikation/Scharia%20in%20Deutschland.pdf; siehe auch:
Willibald POSCH, Spannungsfelder zwischen Scharia und österreichischem
Zivilrecht, in: Österreichisches Archiv für recht&religion, Jg. 57/2010, Heft 1,
85-87.

33 Siehe dazu die Ausführungen für Deutschland bei ROHE, Scharia, 4.

34 So der Dekan der Rechtswissenschaftlichen Fakultät der Universität Graz, Prof.
Willibald POSCH im Interview in: Der Standard, 20. Mai 2011: http://derstan-
dard.at/1304552477373/Dann-kommt-die-Scharia-zur-Anwendung.

35 ZENTRUM FÜR SOZIALE INNOVATION (Hg.), Zwangsverheiratung und
Arrangierte Ehen in Österreich mit besonderer Berücksichtigung Wiens. Situationsbericht und Empfehlungskatalog, Wien 2006, 90 f.

36 POSCH, Spannungsfelder, 75, 78, 88 f.

37 ROHE, Scharia, 1.

38 Martina SCHMIED, Familienkonflikte zwischen Scharia und Bürgerlichem
Recht. Konfliktlösungsmodell im Vorfeld der Justiz am Beispiel Österreichs,
Frankfurt–Berlin–Bern–New York–Wien 1999, 96.

39 VwGH 14.5.1984, 84/0024, zit. n.: ebd., 91-94; siehe auch: POSCH, Spannungsfelder, 80–83.

40 SCHMIED, Familienkonflikte, 97.

41 OGH 10.7.1986, SZ 59/128=JBl 1987, zit. n.: POSCH, Spannungsfelder, 80.

42 Siehe etwa OGH 7.11.1974, 7 Ob 218/47, zit. n.: SCHMIED, Familienkonflikte,
108.

43 Dagmar I. LARSSEN, SüdSüdOst Mekka. Pakistanische Muslime in Norwegen,
Berlin 2010, 99 f.; ZENTRUM FÜR SOZIALE INNOVATION, Zwangsverheiratung, 90, 93, 140.

44 Johannes HARNISCHFEGER, Demokratisierung und Islamisches Recht. Der
Scharia-Konflikt in Nigeria, Frankfurt 2006, 19.

45 BIELEFELDT, Menschenrechte, 107.

46 Süddeutsche Zeitung v. 31.Juli/1.August 2010, „Richter ohne Auftrag".

47 Wolfgang HUBER, „Unvereinbare Gegensätze? Scharia und säkulares Recht",
26. Mai 2005, in: http://www.ekd.de/vortraege/huber/huber_scharia_und_sae-
kulares_recht.html.

48 BIELEFELDT, Menschenrechte, 79.

Menschenrechte

1 Mirko NOVÁK, Gabriele ELSEN-NOVÁK, „Der ‚König der Gerechtigkeit'– Zur Ikonographie des ‚Codex' Hammurapi", in: Bagdader Mitteilungen 37/2006, 142–149: http://archiv.ub.uni-heidelberg.de/propylaeumdok/voll-texte/2011/935/pdf/Novak_Koenig_der_Gerechtigkeit_2006.pdf

2 Ebd., 145.

3 Friedrich EBEL, Georg THIELEMANN, Rechtsgeschichte Band I: Antike und Mittelalter, Heidelberg 1989, 70; Wolfgang REINHARD, Geschichte des modernen Staates. Von den Anfängen bis zur Gegenwart, München 2007, 67.

4 Arnold ANGENENDT, Das Frühmittelalter. Die abendländische Christenheit von 400 bis 900, Stuttgart 2001, 304.

5 NOVÁK, ELSEN-NOVÁK, König, 145; siehe auch: EBEL, THIELEMANN, Rechtsgeschichte, 10 f.

6 Siehe etwa Immanuel KANT, Grundlegung zur Metaphysik der Sitten, Köln 2008, 38: „Woher haben wir aber den Begriff von Gott als dem höchsten Gut? Lediglich aus der Idee, die die Vernunft a priori von sittlicher Vollkommenheit entwirft, und mit dem Begriffe eines freien Willens unzertrennlich verknüpft."

7 Norbert ACHTERBERG, „Gewaltenteilung bei Althusius", in: Karl-Wilhelm DAHM, Werner KRAWIETZ, Dieter WYDUCKEL (Hg.), Politische Theorie des Johannes Althusius, Berlin 1988, 502.

8 Linda-Marie GÜNTHER, Perikles, Leipzig 2010, 18.

9 Giovanni SARTORI, Demokratietheorie, Darmstadt 1997, 281.

10 EBEL, THIELEMANN, Rechtsgeschichte, 28; Ludger KÜHNHARDT, Die Universalität der Menschenrechte, Bonn 1987, 40 f.

11 Alfred VERDROSS, Die Würde des Menschen und ihr völkerrechtlicher Schutz. Vortrag gehalten vor der Niederösterreichischen Juristischen Gesellschaft, St. Pölten 1975, 6.

12 Zit. n.: ebd., 6.

13 Alfred VERDROSS, Die Idee der menschlichen Grundrechte, Wien 1955, 388.

14 KÜHNHARDT, Universalität, 46.

15 Thomas von AQUIN, „Das irrende Gewissen", in: Summa theologiaeIa-IIae, Frage 19, Artikel 5-6; siehe auch: Ulrike ACKERMANN, Eros der Freiheit. Plädoyer für eine radikale Aufklärung, Stuttgart 2008, 75.

16 Johannes HIRSCHBERGER, Geschichte der Philosophie, Bd. I: Altertum und Mittelalter, Freiburg–Basel–Wien [14]1991, 319 f.

17 Rainer FORST, Toleranz im Konflikt. Geschichte, Gehalt und Gegenwart eines umstrittenen Begriffs, Frankfurt/Main 2003, 336.

18 KÜHNHARDT, Universalität, 47.

19 Ernst REIBSTEIN, Johannes Althusius als Fortsetzer der Schule von Salamanca, Karlsruhe 1955, 27.

20 Ebd., 42–46, 49–51.

21 VERDROSS, Würde, 5.

22 Bernd RÜTHERS, „Reformation, Recht und Staat", in: DAHM, KRAWIETZ,

WYDUCKEL, Theorie, 57; siehe auch: Sibylle MÜLLER, Gibt es Menschenrechte bei Samuel Pufendorf?, Frankfurt/Main 2000, 56; Dieter HÜNING, „Souveränität und Strafgewalt. Die Begründung des jus puniendi bei Samuel Pufendorf", in: Dieter HÜNING (Hg.), Naturrecht und Staatstheorie bei Samuel Pufendorf, Baden-Baden 2009, 73 f.

23 REIBSTEIN, Althusius, 156.

24 Ebd., 91, 128 f.

25 Wilhelm SCHMIDT-BIGGEMANN, „Althusius' politische Theologie", in: DAHM, KRAWIETZ, WYDUCKEL, Theorie, 227; REIBSTEIN, Althusius, 196 f.

26 Rudolf HOKE, „Althusius und die Souveränitätstheorie", in: DAHM, KRAWIETZ, WYDUCKEL, Theorie, 246 f.; Heinhard STEIGER, „Zur Kontroverse zwischen Vultejus und Antonius", in: Ebd., 364 f.

27 Hasso HOFMANN, „Repräsentation in der Staatslehre der frühen Neuzeit", in: DAHM, KRAWIETZ, WYDUCKEL, Theorie, 538.

28 KÜHNHARDT, Universalität, 59 f.

29 MÜLLER, Menschenrechte, 93 f., 32, 21.

30 Dieter WYDUCKEL, „Althusius – ein deutscher Rousseau?", in: DAHM, KRAWIETZ, WYDUCKEL, Theorie, 470.

31 SCHMIDT-BIGGEMANN, Theologie, 218.

32 Norberto BOBBIO, Das Zeitalter der Menschenrechte. Ist Toleranz durchsetzbar?, Berlin 1998, 10 f., 67.

33 MÜLLER, Menschenrechte, 31 f.

34 Martin KRIELE, „Zur Geschichte der Grund und Menschenrechte", in: Norbert ACHTERBERG (Hg.), Öffentliches Recht und Politik. Festschrift für Hans Ulrich Scupin zum 70. Geburtstag, Berlin 1973, 194.

35 EBEL, THIELMANN, Rechtsgeschichte, 128–133; siehe auch die Stadtrechte von Braunschweig (1160) und Magdeburg (1261) auf 201.

36 Ebd., 128–133.

37 KÜHNHARDT, Universalität, 49 f.

38 MÜLLER, Menschenrechte, 16.

39 Landrecht III, 42, §1, 2 und 5, zit. n.: EBEL, THIELMANN, Rechtsgeschichte, 204 f.; Siehe auch im Original: Friedrich EBEL (Hg.), Sachsenspiegel. Landrecht und Lehnrecht, Stuttgart 2005, 136–138.

40 EBEL, THIELMANN, Rechtsgeschichte, 201.

41 ANGENENDT, Frühmittelalter, 148 f.

42 EBEL, THIELMANN, Rechtsgeschichte, 123.

43 Walther HUBATSCH, Die englischen Freiheitsrechte, Hannover 1962, 13–16, 30–43; siehe auch: KÜHNHARDT, Universalität, 50 f., 243; Heiner BIELEFELDT, Philosophie der Menschenrechte. Grundlagen eines weltweiten Freiheitsethos, Darmstadt 1988, 120.

44 KÜHNHARDT, Universalität, 52.

45 Gerald STOURZH, „Grundrechte zwischen Common Law und Verfassung. Zur Entwicklung in England und den nordamerikanischen Kolonien im 17. Jahrhundert", in: Gerald STOURZH (Hg.), Wege zur Grundrechtsdemokratie. Studien

zur Begriffs- und Institutionengeschichte des liberalen Verfassungsstaates, Wien–Köln 1989, 84 f.

46 HUBATSCH, Freiheitsrechte, 19, das Dokument findet sich ebd., 43–48.

47 Ebd., 22 f., das Dokument findet sich ebd., 48–59.

48 Gerald STOURZH, „Zur Konstitutionalisierung der Individualrechte in der Amerikanischen und Französischen Revolution", in: STOURZH, Wege, 157.

49 Gerald STOURZH, „Vom Widerstandsrecht zur Verfassungsgerichtsbarkeit: Zum Problem der Verfassungswidrigkeit im 18. Jahrhundert", in: STOURZH, Wege, 39–42; HUBATSCH, „Freiheitsrechte", 24 f., das Dokument findet sich ebd., 59–67.

50 STOURZH, Konstitutionalisierung, 155 f.

51 Jürgen HEIDEKING, Geschichte der USA, Tübingen; Basel 1999, 29.

52 Ebd., 30–33, STOURZH, Widerstandsrecht, 51–53.

53 KRIELE, Geschichte, 199.

54 Zit. n.: Gerald STOURZH, „Vom aristotelischen zum liberalen Verfassungsbegriff. Staatsformenlehre und Fundamentalgesetze in England und Nordamerika im 17. und 18. Jahrhundert", in: STOURZH, Wege, 30.

55 Ebd., 30 f.

56 Ebd., 33.

57 Zit. n.: ebd., 33; STOURZH, Konstitutionalisierung, 158 f.

58 KÜHNHARDT, Universalität, 71 f., STOURZH, Konstitutionalisierung, 162.

59 Alexis de TOCQUEVILLE, Werke und Briefe. Band 1: Über die Demokratie in Amerika, Stuttgart 1959, 289, 296 f.

60 STOURZH, Wege, XII.

61 John Stuart MILL, Über die Freiheit, Köln 2009, 13.

62 ACKERMANN, Eros, 71.

63 Karl A. WITTFOGEL, Die Orientalische Despotie. Eine vergleichende Untersuchung totaler Macht, Köln; Berlin 1962, 25.

64 Ebd., 115.

65 Ebd., 349, 360, 369.

66 Ebd., 134.

67 EBEL, THIELMANN, Rechtsgeschichte, 89.

68 Albrecht BERGER, „Konstantinopel", in: Martin HOSE, Christoph LEVIN (Hg.), Metropolen des Geistes, Frankfurt/Main–Leipzig 2009, 199.

69 Anna Komnena, älteste Tochter des Kaisers Alexios I. und Geschichtsschreiberin, hielt die Ereignisse des Zusammentreffens schriftlich fest, in: Régine PERNOUD (Hg.), Die Kreuzzüge in Augenzeugenberichten, München 1977, 49–56.

70 WITTFOGEL, Despotie, 383.

71 Zit. n.: ebd., 189.

72 Ernst TUGENDHAT, „Die Kontroverse um die Menschenrechte", in: Stefan GOSEPATH, Georg LOHMANN (Hg.), Philosophie der Menschenrechte, Frankfurt/Main 1998, 49 f.; siehe auch: Hans RYFFEL, „Zur Begründung der Menschenrechte", in: Johannes SCHWARTLÄNDER (Hg.), Menschenrechte, Tübingen 1978, 60.

73 BOBBIO, Zeitalter, 52.

74 Jean-Jaques ROUSSEAU, „Vom Gesellschaftsvertrag oder Prinzipien des Staatsrechtes", in: Jean-Jaques ROUSSEAU, Politische Schriften Band 1, Paderborn 1964, 77, 171.

75 ACKERMANN, Eros, 91.

76 TUGENDHAT, Kontroverse, 51.

77 Zit. n.: ACKERMANN, Eros, 100.

78 Zit. n.: KÜHNHARDT, Universalität, 119.

79 Volkmar GÖTZ, Hasso HOFMANN, Grundpflichten als verfassungsrechtliche Dimension, Berlin 1983, 19.

80 Art. 24 II, 25 IV, 10 II, nach: ebd., 20.

81 Siehe: Horch und Guck. Zeitschrift zur kritischen Aufarbeitung der SED-Diktatur, 17. Jg., 2/2008, Heft 60, mit dem Themenschwerpunkt „Von Asozial bis Zwangsarbeit".

82 UNO Resolutionen 39/11 vom 12. November 1984, 36/133 vom 14. Dezember 1981, nach: KÜHNHARDT, Universalität, 249.

83 KÜHNHARDT, Universalität, 248–257.

84 Alfred BAUMGARTEN, „Das Recht auf Frieden als Menschenrecht", in: Staat und Recht, 3/1954, Berlin (Ost), 178, zit. nach: KÜHNHARDT, Universalität, 251.

85 Ebd., 150–152.

86 Ulrike ELSDÖRFER, Menschenbilder. Menschenrechte. Kontroversen in Bahá'i, Christentum und Islam, Sulzbach/Ts 2009, 69.

87 BIELEFELDT, Philosophie, 119 f.

88 Egon FLAIG, Weltgeschichte der Sklaverei, München 2009, 200; BIELEFELDT, Philosophie, 81.

89 www.oic-oci.org/english/conf/fm/19/19%20icfm-political-en. htm#RESOLUTION%20NO.%2049/19-P; Die Kairoer Erklärung wurde von 45 der 57 Staaten der OIC unterzeichnet, die Türkei gehört nicht zu den Unterzeichner-Staaten.

90 KÜHNHARDT, Universalität, 140 f.

91 BIELEFELDT, Philosophie, 136; ELSDÖRFER, Menschenbilder, 79 f.

92 BIELEFELDT, Philosophie, 13; KÜHNHARDT, Philosophie, 30.

93 BIELEFELDT, Philosophie, 17 f.

94 Richard David PRECHT, „Lieber böse als dumm", in: Tagesspiegel, 21. April 2011: www.tagesspiegel.de/wissen/lieber-boese-als-dumm/4084272.html.

95 Vgl.: Demosthenes SAVRAMIS, „Menschenrechtliche Aspekte in den großen Weltreligionen: Hinduismus, Islam, Buddhismus", in: Ruprecht KURZROCK (Hg.), Menschenrechte. Band 1: Historische Aspekte, Berlin 1981, 37 f.

96 Siehe: Richard DAWKINS, Das egoistische Gen, Jubiläumsausgabe München 2007, 316–334; Susan BLACKMORE, Die Macht der Meme, Heidelberg–Berlin 2000.

97 Ebd., 79–85.

98 BIELEFELDT, Philosophie, 82; STOURZH, Widerstandsrecht, 56; STOURZH, Konstitutionalisierung, 167; in der Folge reihten sich zahlreiche Gerichtspro-

zesse aneinander, wie etwa der Amistad-Prozess (1839–1841) gegen eine Gruppe Sklaven, denen es gelang, die Mannschaft des Sklavenschiffes auszuschalten. In einem aufsehenerregenden Prozess wurden sie vom Vorwurf des Mordes und der Meuterei freigesprochen, da das Gericht ihr Recht auf persönliche Freiheit feststellte und ihnen somit das Recht auf Widerstand gegen ihre Verschleppung zubilligte.

99 Sadik AL-AZM, Islam und säkularer Humanismus, Tübingen 2005, 13.